信息组织与利用

陈剑光　毛一国　赵惠芳　编著

ZHEJIANG UNIVERSITY PRESS
浙江大学出版社

内容简介

本书系统阐述了人文社会科学文献信息的组织原理和方法。详细介绍了一些具有重大利用价值的纸质中外文工具书,分为目录、索引与文摘、词典、百科全书、年鉴、手册、表谱、典章制度、机构名录、传记资料、地理资料、统计资料等十多种类型。着重介绍人文社会科学领域中最为常用的 50 多个中外文数据库的基本特点、常用检索技巧和步骤等,以及网络开放资源的利用。本书把传统纸质型工具书与现代数据库结合起来,把中外文工具书和数据库融合,图文并茂,直观易用,可作为高等学校文科专业文献信息检索课程的教材,也可供图书情报人员、社科研究人员学习、工作时参考。

前　言

从 20 世纪 90 年代以来,在网络数字化革命的冲击下,人类的文献信息传递方式发生了剧烈的变革,美国哈佛大学图书馆馆长罗伯特·达恩顿(Robert Darnton)这样指出:"电子传播模式的爆炸式发展就像活字印刷术发明一样具有革命性。"中国大学图书馆购置了现代化的数据存储与传输设备,并购买大量中外文电子文献数据库,学术论文的获取从原先的"图书馆订购主要的学术期刊→读者到馆阅抄或全文复印"的模式转换为"图书馆订购学术期刊数据库→读者通过网络终端浏览、下载"的模式,读者的阅读习惯正在潜移默化地发生变化,文献信息获取的传统方法渐渐远去,新技术新方法不断出现。图书馆已处在一个纸质文献与电子文献共存的时代,学术论文的获取也已由网络传输所主导。与传统模式相比,新的学术文献传递模式具有两个明显的优势:一是读者能迅速、及时地获取国内外的学术信息,节省了大量宝贵的时间;二是大学图书馆还将所购买的数十、数百个数据库整合到一个检索平台上,使整个数据库的容量大大超过了任何一个传统图书馆所购买的印刷型期刊所包含的信息量,读者的查找结果也不再局限于狭窄的专业范围,得到更多跨学科的相关信息,极大地拓展了读者的视野,提高了学习和研究的效率,可以说,纸质文献的数字化和文献信息传递的网络化,极大地便利了中外文献信息资源的获取。

计算机网络技术的应用,特别是将纸质文献数字化以后,研究者可以对某些(个)学科的文献进行分析研究,从而开辟了众多新的研究领域。最为明显的例子是 20 世纪 90 年代《四库全书》电子版的出现,克服了纸质版不具备全文检索的弊病,于是研究者利用《四库全书》光盘数据库对一些研究领域进行深入的挖掘整理,做了前人无法开展的跨时代、跨领域的研究。从引文分析法演变而来的一些科学研究工具数据库,如 SCI,SSCI 数据库等,也在学术研究中担任着重要的角色。总之,形形色色的数据库在当前和今后的学术研究中发挥极为重要的作用,这种革命性的信息获取方式对于学习和研究的影响是巨大和深远的。如何有效获得所需的信息,特别是有价值的学术信息就显得尤为重要。本书参考了《实用社会科学文献信息检索》(毛一国、卓勇,2006),对古今中外传统的印刷型工具书重新进行了梳理、补充和修改,保留了至今仍然有使用价值的部分,着重介绍了中外数据库的使用,同时对网上免费的各种开放学术资源作了较为详细的阐述。限于笔者水平,书中难免有疏漏和谬误之处,恳请读者批评指正。

本书共分 15 章,陈剑光对全书的大纲、结构和内容等作统一规划和制定。其中,第 6、7、8、9、10、11、12 章由陈剑光撰写;第 1、2、3、4、5、14、15 章由毛一国撰写;第 13 章由赵惠芳撰写。

目　录

第 1 章

绪 论

1.1 信息社会和信息素质教育

1.1.1 信息与信息社会

"信息"一词在英文、法文、德文、西班牙文中均是"information",日文为"情报",我国台湾地区称之为"资讯"。信息泛指音讯、消息、通信系统传输和处理的对象,是人类社会传播的一切内容。作为科学术语最早于 1928 年出现在哈特莱(R. V. Hartley)撰写的《信息传输》一文中,关于信息的定义,不同的研究者从各自的研究领域出发,给出了不同的定义。如信息奠基人香农(Claude Elwood Shannon,1916—2001)认为"信息是用来消除随机不确定性的东西",这一定义被人们看作是经典性定义并加以引用。电子学家认为"信息是电子线路中传输的信号"。经济学家则认为"信息是提供决策的有效数据"。

一般认为,信息有三方面的用法:一是作为事物的信息,二是作为知识的信息,三是作为过程的信息。信息贯穿了现代工业生产的全过程并渗透到人们生活的方方面面。现代社会用来获取、存储、传递和利用信息的技术被称为信息技术(information technology,IT),它包括计算机技术、通信技术、传感技术和控制技术等相关技术。随着信息技术在当今世界各国的飞速发展,形成了极为庞大的信息产业(information industry)。

20 世纪 60 年代后,在西方发达国家的产业结构中,信息、知识成为重要的生产力要素,形成了一批新兴产业,并促进了新产业结构的形成,数字化生产工具在生产和服务领域被广泛应用。工业社会所形成的各种生产设备被信息技术改造为智能化的设备。通信和计算机等信息技术还被广泛应用到电信、银行、物流、电视、医疗、商业、保险等服务行业。固定电话、移动电话、电视、计算机等各种信息化的终端设备无处不在。易用、价廉、随身的数字产品及各种基于网络的家电被广泛应用到人们的工作和生活中。信息社会的工业生产发生了巨变,信息社会也被西方国家称为后工业社会(post-industrial society)。

相比人类社会所经历的农业社会、工业社会,信息社会具有以下一些特征:

1. 知识是信息社会的最重要因素

在工业经济中,劳动和资本密集产业是主导产业,资金、原材料和能源是主要战略物资;而信息社会,起主导作用的产业是信息产业,知识、技术和信息是战略物资。信息技术极大地提高了传统产业的劳动生产率,并推动了微电子、数字技术等高科技信息产业的发展,其中计算机产业的增长最为迅速。这也导致了经济和产业结构的巨大变化,即从事物质生产的人数越来越少,从事信息职业等第三产业的人数越来越多。信息社会也是"知识经济"(knowledge-bases economy)时代,知识经济与农业经济、工业经济相对应,它直接依赖于知识或有效信息的积累和利用。"经济合作与发展组织"(OECD)在 1996 年的《科学、技术与产业展望》报告中指出:"知识经济是建立在知识和信息的生产、分配和使用之上的经济","知识是支撑 OECD 国家经济增长的最重要因素"。在信息社会中,起决定作用的生产要素不是资本,而是信息知识,价值的增长主要通过知识。未来学家约翰·奈斯比特曾在其《大趋势》一书中指出:"知识是我们经济社会的驱动力。"知识和信息成为财富和力量。

2. 计算机和互联网技术的广泛使用

从 20 世纪世界各国的发展历程来看,信息社会的发展经历了几个阶段:20 世纪 50—70年代为第一阶段,电子信息技术的重大突破使得信息产业开始崛起;20 世纪 80 年代为第二阶段,其主要特征是个人计算机的使用开始走向普及;20 世纪 90 年代是第三阶段,主要标志是开启席卷全球的"信息高速公路"和全球信息化的浪潮。在西方国家的影响和推动下,世界各国都融入了这一浪潮中,也标志着人类社会真正步入了信息社会这一新的文明时代。

20 世纪是人类理性日益成熟的世纪,在科学上取得了一系列的重大发现,其中,相对论、量子论、基因论和信息论的研究发现最为突出。在信息领域,微机的出现和网络技术、通信技术的快速发展和普遍应用,极大地改变了整个人类社会的生产和生活,使得全球经济得以迅速增长。其中最明显的是信息技术革命在全世界范围日渐兴起,互联网的建设和多种通信方式的使用,特别是商业通信卫星的使用,使跨界、远距离信息传送成为可能,信息技术开始在社会生活中的各个领域迅猛扩张和渗透。冷战结束后,国际竞争的重心转向以科技为先导、以经济为中心的综合国力竞争,加速了全球经济信息化和知识化的步伐。

3. 社会生活受到信息技术的深刻影响

在信息社会,每个人的生活都深受信息技术革命的影响。利用计算机或个人移动终端获取信息极大地便利了人们的衣食住行,既节省了时间,又提高了人们生活的质量。在知识获取的方式上,由于计算机和网络技术在教育、科研中的普遍使用,知识和信息可以通过网络随时随地获取。

信息社会也带来了"信息爆炸"和信息获取不平等等一系列问题。统计表明,在 20 世纪80 年代,全球信息量每 20 个月就增加近一倍。进入 90 年代,信息量继续以几何级别增长,到 90 年代末,随着互联网的出现,信息爆炸,信息量增长的速度远比人类理解的速度快,并以海浪式从四面八方涌入人类的生活。大量色情、暴力、虚假广告等有害信息也同时侵入人们的生活,垃圾信息的泛滥形成了网络新公害,人们需要从技术和管理两个方面着手解决信息爆炸带来的问题。

信息不平等(Information inequality)问题在 20 世纪 70 年代就由西方学者提出,90 年代在信息技术革命的冲击下,迅速成为信息社会的重要现象。此后,信息社会中的"数字鸿沟"

(digital divide)、信息贫困等信息不平等现象成为学术研究的热点。信息不平等是社会不平等的一个侧面反映,反映了社会成员在信息获取时存在不平等。一般认为,政府是消除信息不平等的责任主体,经济发展、政治民主化和网络使用的普及是消除国民信息不平等的主要措施。没有经济的发展就不可能进行大的信息基础设施建设;政治民主化才会更多地关注民生和民权,改善国民的教育文化等公共设施;现代化网络等通信技术的广泛采用,让每个人成为数字网络的用户,能够迅速获得信息,消除"数字鸿沟"。作为信息使用者的个人,在克服"信息不平等"中也有不可推卸的责任,当外部信息环境变得良好时,个人的信息获取能力则显得十分重要。在当今信息网络社会,信息技术的发展变化十分迅速,这使得部分人特别是老年人无法跟上信息社会发展的步伐。信息素养教育是信息社会公民终身教育的重要组成部分,获取有效的信息已成为人们需具备的一个重要的生活能力。关于信息素养,1989年美国图书馆协会(ALA)作了如下定义:"能够感知信息的需求,有能力获取、评价、有效利用所需信息,并具备学习的能力。"可以说,外部的信息不平等可能会经过不长的时间得以改变,而一个人的信息素养却不能在短时间内得以提高,特别是涉及学术水平、外语阅读能力等。因此,个人信息素养的提高在某种程度上比改变外部信息不平等更加困难。

1.1.2 信息素质教育

信息素质(information literacy),又称信息素养,1989年美国图书馆协会(ALA)曾对信息素养的重要性作出描述:"具备信息素质的人,能够识别何时需要信息,知道如何查找、评估和有效利用需要的信息来解决实际问题或者作出决策,无论其选择的信息是来自计算机、图书馆、政府机构、电影还是其他任何可能的来源。"信息素养强调采取各种信息获取方式来解决实际问题的能力,信息素质和读、写、算一样成为人们的立足之本和就业必备能力,信息素质与公民的终身学习(教育)有着密切的关系。

20世纪60年代美国首先开始尝试信息素质教育,其他西方发达国家也十分重视高校学生的信息素质教育,信息素质教育成为衡量高校教育水平高低的标志之一。信息素质包括信息意识、信息知识、信息能力和信息道德四个方面。

目前国内外实行的信息素质教育形式多种多样,主要归纳为以下几种:

1. 信息素质教育课程

以课程形式由教师专门讲授并指导实践,教师主要来自学校图书馆,也有由专业教师为本院系的学生开设专业领域的信息素质课程。目前我国大部分高校开设的文献检索课属于这一形式,它主要向学生讲授各种文献源的使用方法,使学生能够快速掌握信息检索能力。

2. 嵌入其他课程的信息素质教育

这是国外较为常见的一种教学方式,即在专业课程中增加信息素质教育的内容。这一方式由专业教师和图书馆员共同合作完成。

3. 在线指导

这是高校图书馆普遍采用的利用网络技术开展的一种新的信息素质教育方式。其形式包括文本式的图书馆利用指南,互动式的多媒体教学片和测试程序等,学生可以随时在线浏览和使用。

4. 读者培训活动

由图书馆员通过讲座、短期培训、现场咨询等多种形式开展的常年教育活动,它侧重信息技能的培训,帮助学生解决大量实际问题。

国外大量的调查研究发现,信息素质教育对高等教育起到非常积极的作用。如美国西弗吉尼亚大学图书馆自 1998 年以来连续 12 年对该校 15000 多名本科生跟踪研究表明,那些选修了信息素质课的学生比没有选修该课的学生有明显的更高的毕业率;英国哈德斯菲尔德大学对英国 8 所大学 33074 名大学生调研发现,学生对图书馆数字资源的利用率、借书率、入馆率与他们的学位获得率之间存在正相关关系。

信息素质教育对于高等学校的人才培养也具有积极的作用,具体表现在以下几方面:第一,信息素质教育能提高在校学生的综合职业能力,特别是学习能力。学习能力是学习的方法与技巧,是以快捷、简便、有效的方式获取准确知识、信息,并将它转化为自身能力的才能,包括信息获取、加工和利用的能力。开展信息素质教育,有助于提高在校学生的自主学习能力。现代生理学研究表明,人们在智力上的差别很小。人与人之间学习能力的差异主要是由后天多方面因素造成,表现在有的人非常善于吸收知识和信息,而有的人则不能很好地处理各种信息。对于那些学习能力欠缺的人,一旦提升信息处理的能力,则他们的学习能力也随着得到提高。第二,信息素质教育能够培养学生独立探索和解决问题的能力。应用型人才的特点就是在实践中善于使用所掌握的知识,并懂得如何获取有用的信息来解决各种学习和工作问题,驾驭运用知识比拥有知识重要得多。通过信息素质课程的学习,学生了解了哪些信息源可以利用,如何迅速检索到需要的信息,如何把所获得的信息写成报告或科学论文等。总之,在当今知识和信息爆炸的时代,信息素质教育使学生掌握了一种可终身运用的能力。

1.2　社会科学文献信息检索

1.2.1　社会科学之概念

关于什么是"社会科学",中外学术界对此有不同的观点,我国的社会科学是广义社会科学,欧美国家的社会科学是狭义社会科学。我国长期以来把自然科学以外的大部分学科划归为社会科学,而欧美国家理解的社会科学则不仅以自然科学为界线,而且以人文科学(humanities)为界线,即社会科学是一个相对于自然科学、人文科学的独立的学科。下面对社会科学这一概念在中外实际使用的情况作进一步说明。

1. 广义社会科学

我国一直使用的社会科学概念多属广义,人文科学并没有从社会科学概念中完全分离出来。现虽在使用"人文科学",但仍常常与"社会科学"一词连用,如"人文社会科学"、"人文与社会科学"等。在我国的《中国图书馆分类法》中将知识分为"哲学"、"社会科学"、"自然科学"三大部类,这一体例和编排源于毛泽东同志关于知识的论述:"什么是知识?自从有阶级的社会存在以来,世界上的知识只有两门,一门叫作生产斗争知识,一门叫作阶级斗争知识。自然科学、社会科学,就是这两门知识的结晶,哲学则是关于自然知识和社会知识的概括和总结。"可见,我国理解的社会科学是广义的,并非严格意义上的"社会科学",与西方国家的理解有很大的不同。

2. 狭义社会科学

关于"社会科学"的历史,《简明不列颠百科全书》(中文版)(第 7 卷 121 页)对它作了这样的概括:"社会科学研究的课题是人类在社会和文化方面的行为,包括经济学、政治学、社会学、社会和文化人类学、社会心理学、社会和经济地理学;也包括教育的有关领域,即研究学习的社会环境以及学校与社会秩序之间的关系。严格说来,社会科学是在 19 世纪才出现的。社会科学建立之初,是想建立一门总体社会科学,而有些人则追求单科的专门化,结果是后者取得胜利。经济学和政治学首先达到独立的科学地步,其次是人类学和社会学。社会心理学也开始于 19 世纪,但轮廓不如其他各科清晰。最后出现的是社会统计学和社会地理学。另一倾向是多科性的相互补充和合作,新出现了政治社会学、经济人类学、选举心理学和工业社会学"。

在西方,一般认为严格意义上的社会科学只是在 19 世纪才出现,而人文科学则起源于古希腊,后者要早于前者两千年。既然社会科学属于"科学"范畴,而"科学是理性的产物,使用事实、规律、原因等概念",而"人文科学是想象的产物,使用现象与实在、命运与自由意志等概念,并用感情性和目的性的语言表达"。狭义社会科学概念也在《美国国会图书馆分类法》的类目中得到反映,即只有统计学、经济学和社会学三门学科属于社会科学。这三门学科的一个共同特点是都大量使用了数学方法,正如马克思所说:"一门科学,只有当它成功地运用数学时,才能达到真正完善的地步。"尽管如此,西方对社会科学与人文科学的界限仍不十分明确,无论是它们的外延还是内涵,都存在着相互交叉的情况,以历史学为例,有时它被划到社会学科名下,有时则被划归为人文学科。特别是科技高度发达的今天,传统的人文学科融进了更多现代科学研究的方法,人文学科也不能绝对地被看作是人文学科了,如语言学。一般地,欧美国家把文学、艺术、哲学、宗教、音乐、美术、语言学、人类学、史学、法学归为人文科学,把经济学、政治学、心理学、统计学、社会学、人口学等归为社会科学,这在欧美的出版物中常常得到反映。但我们在本书中仍然使用广义的社会科学概念,即包括社会科学和人文科学的各门学科。

关于社会科学与人文科学的分支学科,可见于美国科学信息研究所(Institute for Scientific Information,ISI)的 Web of Science 引文索引数据库在其"社会科学引文索引"(Social Sciences Citation Index,SSCI)和"艺术与人文科学引文索引"(Arts & Humanities Citation Index,A&HCI)这两个数据库关于社会科学和人文科学的细目划分。

1.2.2 文献信息资源

1. 文献信息概念

社会科学的文献信息是我们讨论和研究的重点。文献是记录有知识或信息的一切载体。"文献"一词最早见于《论语·八佾》篇,千百年来其含义几经变化。1983 年国家颁布的《文献著录总则》将文献定义为"记录有知识的一切载体"。具体来说,文献由三个基本要素构成:(1)知识信息内容(或称文献信息),这是文献的灵魂所在;(2)信息符号,即揭示和表达知识信息的标识符号,如文字、图形、数字代码、声频、视频等;(3)载体材料,即可供记录信息符号的物质材料,如龟甲兽骨、纸张、胶片、磁带、磁盘、光盘等;文献的记录方式,则有手刻、誊写、印刷、光感、磁化等;文献信息的载体形态,即文献表现形式,又可分为图书、杂志、档案、光盘、数据库等。

　　信息是文献蕴含的内容,是文献的价值所在,文献是信息的载体。

　　2.文献信息特征

　　文献特征在内容上表现为一定的学科主题内容。任何文献信息都反映一定的内容,文献加工机构通过分类号、主题词、摘要等方式将其表现出来,以便于文献的存贮、利用和传递。文献特征在外表上表现为文献有题名、责任者、出版事项、篇幅、尺寸、价格等,文献的某些外表特征具有检索意义。文献的内容特征与外表特征共同构成了文献的整体特征,在文献加工、存贮、利用中起决定性的作用。

　　社会科学文献除了具备文献的基本特征外,其内容还有如下特点:(1)社会科学文献具有一定的政治性。自然科学研究的对象是自然现象,自然科学研究成果一般不具有政治倾向性,而社会科学研究的对象是人类社会现象,其研究成果难免受到研究者个人世界观的影响,因此,社会科学研究成果或多或少带有一定的政治倾向性。研究对象越是涉及国家上层建筑及意识形态的学科,其研究所产生的阶级性和政治性就越强,如政治学、法学、伦理学、历史学、社会学,而其他学科的政治性相对要弱一些,如语言、考古、美术等学科。由于社会科学文献的政治性这一特点,其在传播和接受上表现出一定的地域性,不像自然科学文献那样在传播上具有广泛的国际性。(2)社会科学文献具有较长的效用性。自然科学发展快,文献老化周期也快,而社会科学文献虽然也在大量积累,但有些学科的文献老化速度与文献的生产速度并不成正比,如《易经》《论语》等的价值并不因时代的发展而削弱,相反,人们对其研究的热情持久不衰。因此,社会科学中的历史、文学等学科的文献老化速度较慢,而经济学等学科的文献老化速度则相对较快。

　　3.文献信息类型

　　文献可按不同的标准加以划分。根据文献加工深度的级别与层次可分为零次文献、一次文献、二次文献和三次文献。零次文献是指从未公开发表的原始文献,如私人笔记、书信、发言稿及内部档案等;一次文献是指已在社会上公开传播使用的文献,包括期刊论文、专著、会议论文、技术标准等,其内容成熟,数量庞大,是文献的主要形式;二次文献是对一次文献加工、整理后衍生的文献,如书目、索引、文摘等,故又称为检索性文献,具有汇集性、工具性、系统性等特点;三次文献是根据一定的目的和需求,对有关的知识信息进行综合、分析、提炼而生成的再生信息资源,三次文献又可分为两类,一是文献性的综述、书评,二是数据型的词典、百科全书、数据手册等。

　　根据出版物的形式,文献又可细分为:(1)图书。它具有独立的内容体系,一定的篇幅和完整的装帧形式。国际标准化组织规定:“凡篇幅达48页以上并构成一个书目单元的文献称为图书。”图书的内容特点是主题鲜明突出且系统完整,论述较为深入,知识成熟稳定,大多是编著者长期经验和学识的积累;其形式特征是有相当篇幅且装订成册,一般由封面、书名页、篇章目次、正文等部分组成。图书是人们系统学习各科知识和查考各种数据资料的工具,按其用途可分为阅读性图书和工具书两大类;按其文种可分为中文图书、西文图书、俄文图书、日文图书等;按其装帧形式可分为精装书、平装书、线装书等;按其卷帙多少可分为单卷书、多卷书、丛书等。(2)连续出版物。又分为:①期刊,又称杂志,其特征是定期或不定期连续刊行;有统一的名称、固定的版式、开本和篇幅;用连续的卷期或年月顺序编号;汇集若干作者分别撰写的多篇文章、资料或线索;由常设编辑人员编辑出版。全世界现行刊物在十几万种以上。期刊登载的多是某一学科或行业里的最新信息,因此,它在学术交流、成果推广、信息传播等方面发挥着重要的作用。按出版周期可分为周刊、旬刊、双周刊、半月刊、月刊、双月刊、季刊、半年刊、年刊等;按内容性质可分为学术期刊、技术期刊、普及期刊、检索期刊等;按文献级别可分为一次文献期刊、二次文献期刊等。期刊还有连续性、及时性、稳定性等特点。②报纸,属新闻性质的出版物,与杂志相同的是它也有统一的名称且连续出版,但时间性更强,出版周期更短,以最快的速度宣传报道最新消息,内容更加广泛,版面较大。报纸是社会绝大多数人每天阅读的必需品,也是各种信息情报的来源之一。报纸有日报、三日报、周报、旬报等不同出版周期之分;有综合性、专业性不同范围之分;还有地方性、全国性之分。此外,目前许多报纸既出版印刷版,也出版网络版,网络媒体的传播发展迅速,有取代纸质媒体的趋势。(3)特种文献,这是对出版形式较为特殊的文献的总称,又称特种资料、特种出版物、非书刊资料。主要包括专利文献、标准文献、报告文献、会议文献、政府出版物、学位论文、档案文献、产品文献等类型。特种文献的特点有以下几点:一是形式独特,介于图书与期刊之间,似书非书,似刊非刊,文献收藏机构大多对其进行单独处理;二是数量庞大,连续发行,但出版周期有定期也有非定期,有公开出版也有内部发行,有一定的保密性,不易收集;三是内容广泛,现实性很强,具有较高的情报价值,对于科研和生产均有参考与应用价值。

另外,也可以按照载体分为纸质文献和非纸质的电子文献,后者包括光盘、磁盘记录的文献,以及网络计算机文献等。21 世纪以来,文献信息的数字化和传播的网络化已成为发展的趋势。

4. 文献信息分布规律

20 世纪中叶以来,随着科技文献的迅速增加而产生的"信息爆炸"现象,引起了学者对人类文献增长现象的深入研究,产生了文献计量学、科学学、科学计量学等学科,许多研究成果反映和揭示了人类科学研究的规律,以及科研文献的增长、分布、传递和利用特征。下面简单介绍几个理论:

(1)文献信息的增长规律。有学者统计发现,人类社会文献总量第一次翻番的时间是公元元年到 1750 年,用了 1750 年;第二次翻番的起止时间为 1751—1900 年,用了 150 年,第三次翻番是从 1901—1950 年,用了 50 年,第四次从 1951—1960 年只用了 10 年。可见科学知识翻番的周期越来越短,这也标志着科学发展的速度越来越快。美国著名情报学家普赖斯(Derek John de Solla Price,1922—1983)根据研究结果,于 1971 年提出科学文献指数增长规律(普赖斯曲线),指出科学文献量的增长与时间成指数函数关系。后来又有科学家提出了一些数学模型,修改和完善了他的理论。关于各个学科文献信息增长的研究表明,新兴学科领域,如纳米材料,处于学科发展的活跃期,文献存量相对较少,因此文献增长相对较快,翻番的周期短,有的只需几年。而一些相对成熟的经典学科领域,如数学,文献存量相对较多,文献增长相对较慢,翻番周期较长。

(2)文献老化规律。随着时间的推移,一切知识或其相应的载体逐渐会失去原有的价值,这是文献老化现象。有的文献载体老化了,而其所含知识内容(信息)并不一定老化。导致文献老化的原因有多种,如文献所含的知识已过时,有的文献的信息已为人们普遍了解,文献不再被人们使用(或引用);基础性学科文献相对应用型学科文献老化速度更慢;图书文献内容比科技论文老化要慢。

目前测定文献老化的指标主要是文献半衰期,1958年由科学家贝尔纳(J. D. Bernal)首先提出,是指某学科(专业)尚在利用的全部文献中较新的一半是在多长一段时间内发表的。文献半衰期不是针对个别文献或某一组文献,而是指某一学科或专业领域的文献总和。如中文计算机学科的"文献半衰期"是5.5年,则意味着:统计研究的当年,尚在利用的全部中文计算机学科文献中的50%是在最近的5.5年内发表或者出版的,同时也意味着经过5.5年,中文计算机学科文献集合中的一半文献的利用价值已在不断衰减中。目前一般采用引文分析方法来研究文献的半衰期。大量研究表明,科技文献半衰期较短,社科文献则较长。

(3)文献信息的分布规律。科学文献分布存在一个普遍的现象,即某一专业学科领域的科技论文比较集中地发表在本领域核心期刊上的同时,也大量地发表在相关或其他领域的期刊上。英国著名文献学家布拉德福(B. C. Bradford)于1934年率先提出描述文献分散规律的经验定律——布拉德福定律:如果将科技期刊按其刊载某学科专业论文的数量多少,以递减顺序排列,那么可以把期刊分为专门面对这个学科的核心区、相关区和非相关区。各个区的文章数量相等,此时核心区、相关区、非相关区期刊数量成 $n_1:n_2:n_3=1:a:a^2$ 的关系。式中的 a 是比例常数,或称为布拉德福常数。对于不同的学科专业而言,a 值不尽相同,约为5.0左右。与其他学科专业相关性、交叉性强的学科专业其 a 值相对较大;反之,则可能较小。如布拉德福曾经举例:某一年,刊载某一专业研究领域相关文献共计1500篇,涉及期刊589种。根据布拉德福文献分散定律的区域描述,Ⅰ区(核心区)的期刊数量仅为19种,Ⅱ区(相关区)的期刊数量为95种($n_2=n_1\times a=19\times a=19\times5=95$),Ⅲ区(外围区)的期刊数量为475($n_3=n_1\times a^2=n_2\times a=95\times5=475$)。Ⅰ、Ⅱ、Ⅲ区所含期刊刊载的有关文献均为500篇。以上只是布拉德福文献分散定律的区域表述在理想状态下的理论值。布拉德福文献分散定律后又经过其他学者不断地修正和完善。

布拉德福文献分散定律的应用较为广泛,在确定某一专业学科的核心期刊和学术专著方面具有较大的价值。

1.2.3　社科文献信息检索

1. 文献检索工具

人类的知识浩瀚博大,一个人除了掌握其中的一小部分外,其余大量的知识仍要借助各种工具书才能迅速地获得。工具书是图书中较为特殊的一类,从使用角度看,图书可分为两类,一类是阅读性图书,它主要是供人们系统阅读、以获取知识为目的而编著;另一类则是供人们查找特定文献信息资料、按特定体例编排的图书,即工具书。工具书的特点是内容概括、信息密集、知识成熟、编排合理、查检方便。工具书虽不以供人们系统阅读为目的,但使用性强,是人们求知治学、解疑释惑不可缺少的工具。

纸质工具书一般又分为两类。一是检索工具书,它对特定的资料进行加工、整理,并按一定的方式编排文献的线索与出处,即检索工具书不直接向人们提供所需的文献资料,只提供文献的线索而已,用户再根据有关的线索去查找所需的文献。检索工具书主要有书目、索引和文摘等。二是参考工具书,它是根据人们的需要,广泛汇集一定范围内比较成熟的知识,按一定规则编排组织的工具书。参考工具书包括字典、词典、类书、百科全书、政书、年鉴、手册、名人录、表谱、图录、地图等。

全文数据库是一种新的检索工具,集巨量内容和检索便捷性于一体,实现了文本内容按多种检索方式输出的功能。

2.信息检索的方法

我们正处在一个传统纸质文献与现代数字化文献信息并存的时代,纸质文献由于符合人们阅读习惯等原因,将长期保存并被人们所阅读和使用,而文献的数字化是发展的大趋势,海量的数字资源满足了人们对文献信息快速索取的需求。针对以上两种不同储存形态的文献,其检索方法亦有所不同。

广义上,信息检索是指将信息按一定的方式组织和存储起来,并根据信息用户的需要找出有关信息的过程,即信息存储与检索。狭义的信息检索仅指从信息集合中找出所需信息的过程。按检索手段的不同,信息检索可分为手工检索、光盘检索、联机检索和网络检索。按检索对象形式的不同,信息检索可分为:(1)文献型信息检索,以文献(包括全文、文摘和题录)为检索对象,主要借助于各种书目检索工具;(2)数值型信息检索,以数值或数据为检索对象,如某一数据、公式、图表、化学分子式等,主要借助于各种数值和统计工具书,特别是数据库;(3)事实型信息检索,以某一客观事实为检索对象,如某一事件发生的时间、地点等,各种百科全书、手册、年鉴及全文数据库是主要的检索工具。

检索方法是为实现检索计划或方案而采用的具体操作方法和手段。检索方法有多种多样,究竟采取哪一种方法应视检索工具内容编排的特点、性能及用户需求而定,只有灵活运用各种检索方法,才能取得满意的检索效果。在手工检索中,常用的检索方法有以下几种:一是追溯法,即利用已知文献的引用文献或参考文献查找相关文献的方法,也称引文追溯法。根据国外学者的调查研究,该方法是社会科学研究者最常用的一种检索方法,利用循环追溯检索,可以查到更多的相关文献。二是工具法,即利用各种检索工具进行常规性文献检索的方法,是较为常用的文献检索方法,只要用户对某一学科的工具书及其检索方法有一定的了解,就可以查到大量相关的文献线索,主要通过题名、著者、分类、主题等途径来获取所需的文献。

网络环境下的信息检索主要根据各个数据库检索界面所提供的功能而采取不同的方法。20世纪90年代以来,信息爆炸带来了海量文献,利用计算机进行存储和检索的研究已成为各国研究的一个热点,发展人工智能的自动分类和主题标引技术对文献进行处理,有的是基于人工的分类表、主题词表对数据库的文献进行处理,有的则完全以一种新的职能搜索引擎技术来处理海量的网络信息。目前,各种文献数据库的检索系统仍然是对传统的人工检索语言进行综合、集成,根据数据库所涉及的文献的类型相应地架构集中检索界面和检索功能。比较常见的检索功能有:浏览、简单检索、高级检索、专家检索等。

(1)浏览(Browse),该检索功能常见于按学科、刊名字顺、出版社名称浏览等(见图1-1)。

(2)简单检索(Simple Search, Easy Search, Quick Search, Basic Search),又称基本检索、快速检索等,检索界面一般只有一条检索框,系统默认在全库或相应的检索字段中进行检索(见图1-2)。若读者的检索结果不理想,可利用高级检索功能。

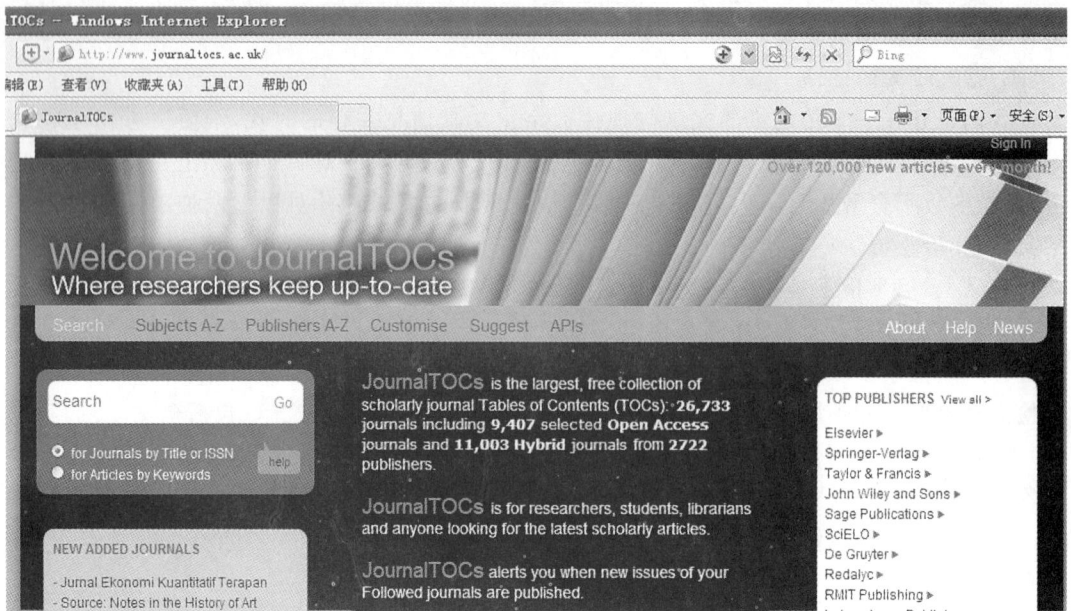

图 1-1　浏览检索

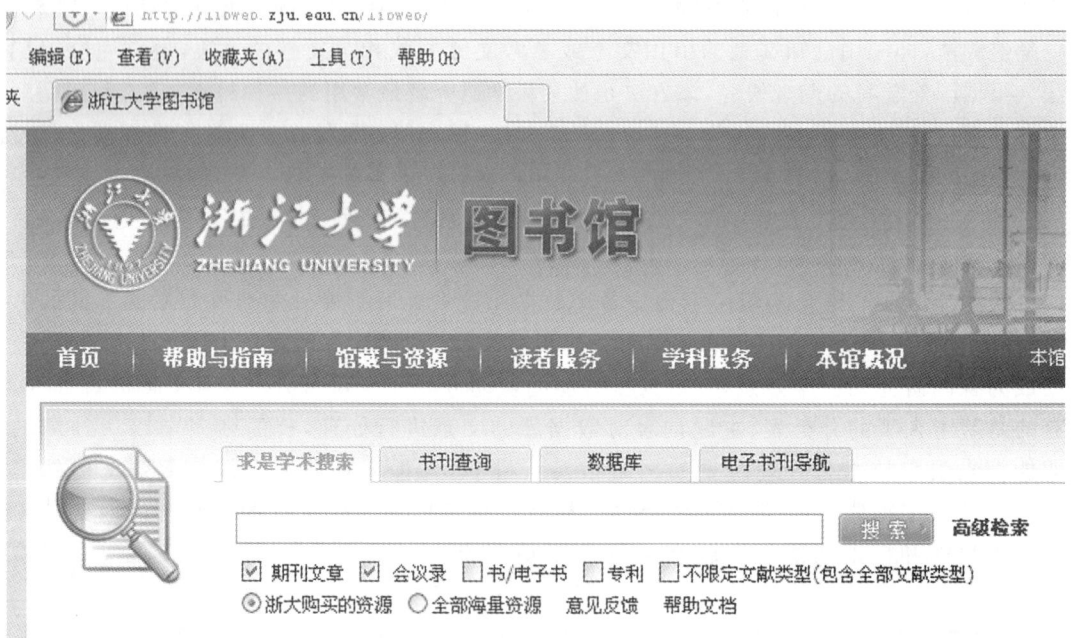

图 1-2　简单检索

(3)高级检索(Advanced Search),该功能可为用户提供对应的检索字段和限定条件,帮助用户进行精确检索,检索结果更加精准和全面(见图 1-3)。有的检索系统把高级检索称为标准检索。

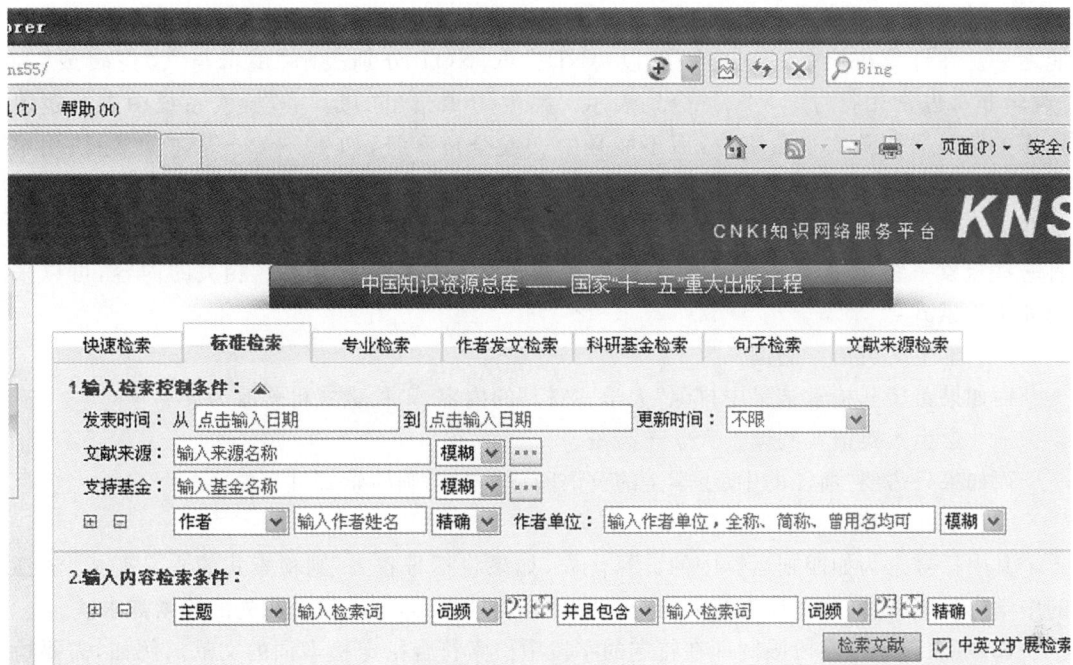

图 1-3　高级检索

（4）专家检索（Expert Search），有的称为专业检索（Professional Search），适用于熟悉检索语言的专业检索人员，使用专家检索可以构架复杂的检索式，获得确切的检索结果（见图1-4）。

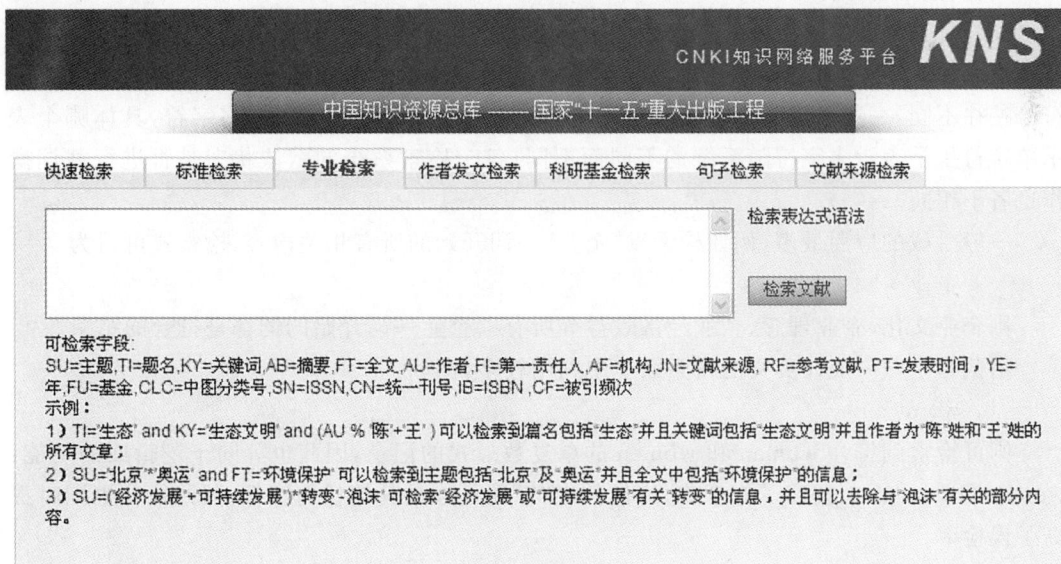

图 1-4　专家检索

构造检索式是专家检索的核心，专家检索有专门的字段代码表，一些大型的数据库使用运算符构造复杂的检索式。数据库检索常用以下一些方法来构造检索式以增强检索功能，以便在庞大的数据中获得满意的检索结果。

（1）逻辑操作。通过逻辑功能对检索词或检索表达式进行组合是检索技术的基本功能之一。在计算机检索系统中一般以 AND、OR、NOT 分别表示"逻辑与"、"逻辑或"和"逻辑非"，也常用符号 ＊、＋、－分别表示。需要着重指出的是一般检索系统中表示逻辑操作的符号需用英文半角字符，而不能是中文或全角字符，如 ＊、＋、－等，在实际使用中应注意输入法的中、英文输入法和全角、半角状态，但也有一些中文检索系统中可以通用这些表示法。在一些检索系统中对逻辑操作功能的 AND、OR、NOT 单词有大小写限制，有一些检索系统则不作限制。例如，需要检索与"学生英语阅读能力"相关的内容，可以采用如下检索式：

　　　　学生 ＊ 英语 ＊ 阅读

而如果希望从检索结果中排除"大学、高校"的内容，则检索式可修改为：

　　　　学生 ＊ 英语 ＊ 阅读－大学－高校

而如果只需要"浙江的中、小学生的英语阅读"内容，则检索式可写成：

　　　　浙江 ＊ 英语 ＊ 阅读 ＊（中学＋小学）

其中括号意为如四则运算中的计算优先，如果将括号省去，则检索式的含义变成"浙江的中学生英语阅读"加上所有只要与"小学生"有关的内容，已不符合原先的检索需求。

（2）字段限制。字段限制即在特定的字段中检索符合指定检索词的文献。例如，需要检索题名（假定以缩写 TI 表示）中含有"人文"一词而主题词（假定以缩写 SU 表示）中含有"浙江"的文献，检索大致可表示为：

　　　　（TI＝人文）＊（SU＝浙江）

当然，具体的表达式格式会随检索系统的不同而有所区别，如字段名称置于检索词的后面，使用其他的符号标记等等。

（3）截词匹配。截词匹配功能一般用于检索与所选检索词一部分相符合，其他部分可以是任意字符的场合。根据截词的位置一般可分为后截、中截和前截。不同检索系统的截词符号往往不同，一般采用"?"或" ＊ "较多，一个表示单字符，另一个表示多字符，具体哪个表示单字符哪个表示多字符随系统的不同而不同，各个检索系统的默认状态是否进行截词操作也各不相同。

一般后截的应用最多，例如检索以"企业"一词开始的所有相关内容，检索式可写为：

　　　　企业 ＊

则企业文化、企业理念、企业经济效益等所有以企业一词开始的词都是符合的结果。

前截和中截一般在英文的检索系统中利用较多，例如：

　　　　wom?n

则可检索到符合 woman 和 women 的单复数形式的记录，因此也等同于逻辑或的功能：woman OR women，提高了查全率，当然其中"?"还可以是其他任何字符，因此往往也同时提高了误检率。

（4）词位限制。词位限制有时也称作邻近检索功能，也常用于英语检索系统中，可分为限制检索词次序（WITH）及不限检索词次序（NEAR），以及限制多个检索词在同一句子或段落中出现（SAME）等。例如在 Dialog 联机检索系统中，有如下实现（其中 n 为 1，2，3，…）：

　　　　A（nW）B

表示 A，B 两词次序不变，但最多只可以间隔 n 个词。

A（nN）B

表示 A,B 两词次序不限,但最多只可以间隔 n 个词。

在很多系统有如下实现:

A（S）B

表示 A,B 在同一检索字段中。当然,在具体的检索系统中,具体的表达式形式会有所不同。

其他还有一些检索功能,如用双引号表示的对词组的精确检索,也称作短语检索功能,还有如区别英文的大小写、对检索词加权、采用同义词表等功能,近年来发展较大的还有自然语言解析、语音识别输入等辅助技术,这些智能化技术的发展应用使人们在使用文献信息时更加方便有效。

1.3 社科文献信息检索在学习、科研中的作用

自 20 世纪 70 年代以来,文献信息迅速增加导致了"信息爆炸",庞大的社会科学文献信息与个人的特定需求之间的矛盾日益加剧,于是便产生了文献信息检索这一解决办法。目前,除了传统的手工检索这一手段外,计算机检索也得到了广泛的应用,尤其是自然科学文献已基本实现了计算机检索。文献信息检索技术在学习、科研中发挥着越来越大的作用,具体而言,文献信息检索的作用体现在以下几方面:

1. 治学门径

掌握文献检索技能,对于读书治学十分有益。大家在学习过程中常常会遇到各种各样的问题,为此,可借助有关的工具书进行释疑:欲查找字、词的读音和含义可用字典、词典;欲明了各学科知识可翻阅百科全书;欲了解各学科、行业过去一年里的发展动态可使用年鉴;欲查找某一人物的资料可利用名人录、传记词典等。可以说,书海漫漫,知识万千,如果人人都学会利用各类工具书和数据库,则能做到事半功倍,学业有成。

2. 科研向导

科学研究是一项在前人基础上的创造性活动,任何创造性的科研活动都必须以前人已有的知识为起点,如果重复前人早已知晓的真理,则这项科研活动不但价值不大,而且浪费时间、精力、物力。据统计,由于信息不畅等原因,目前我国每年约有百分之五十的研究课题与国外已有的成果重复,而国内彼此重复的课题又有三分之二,重复研究所造成的人力、物力浪费现象十分严重。因此,要进行有价值的科学研究,首先就应尽量掌握该课题所涉及的文献资料,了解该领域的最新进展,从而决定是否有必要进行研究。文献检索是所有科研活动的前提,并伴随着整个研究活动直至结束。

3. 文献信息检索是大学生的人生必修课

自"二次大战"结束以来,社会的快速发展改变了人们的传统教育观念,终身教育的观念深入人心。在过去,我们把教育仅仅理解为人生某一年龄段的知识学习,从学校所学的知识可以受用终身,一旦学成毕业,教育即告终止。而自 20 世纪以来,科学技术的迅猛发展与知识的不断膨胀更新使一劳永逸的教育不再可能,教育空间已不再限于学校。人们可以通过广播、电视、书刊等多种渠道进行学习,教育不单是青少年的权利,也是其他年龄段人的权利,教育贯穿于人的一生,教育是终身的。教育开始重视能力的培养,学习的内容也不再局

限于教科书,还包括大量的参考书。教育愈来愈依赖于图书馆,表现在图书馆不仅在学校教学中的作用开始凸显,而且在全社会的终身教育方面发挥着巨大的作用。对于图书馆的社会教育职能,我国著名图书馆学家刘国钧先生曾作过精辟的论述,他认为,"图书馆在教育上的价值,有时竟过于学校",根据在于:①"学校之教育,止于在校之人数,图书馆之教育,则遍于社会。"我国的公共图书馆面向社会公众开放,图书馆教育弥补了学校教育资源之不足,使因各种原因不能继续学业的人们可以利用图书馆这所社会学校来继续学业。②"学校之教育,迄于毕业之年,图书馆之教育则无年数之限制。"一个人在学校接受教育的时间毕竟有限,而此后的学习则伴随终身,在当今迅速发展的竞争社会,我们只有不断学习才能跟上社会发展的步伐,而图书馆,特别是公共图书馆就是理想的学习场所,是我们的"终身大学"。③"学校之教育,有规定课程之限制,而图书馆之教育则可涉及一切人类所应有之知识。"实践证明,不管学校设置的课程多么全面,学生从课堂上学到的知识,无论在深度还是广度上,都无法满足其将来实际工作的需要,因此,每一个学生走出校门后都面临着补充、深化和更新知识的任务,图书馆是理想的学习场所。

综上所述,终身教育将伴随着我们每一个人,而图书馆是其中最为理想的学习场所之一,学会如何利用图书馆已成为大学生必须掌握的一项基本技能。文献信息检索,它作为一门课程,早在1984年就被国家教育部正式列入高等学校教学计划中,实践证明,文献检索课培养了大学生的信息检索和信息利用技能,使他们终身受益。当前,我国公共图书馆纷纷向读者提供免费的数据库信息检索服务,人们可以利用网络终端获取学术研究信息。尽管读者直接去图书馆借阅文献的次数可能有所减少,但读者利用图书馆网络资源获取文献信息的次数却比以往更多。

第 2 章

信息组织

2.1 信息组织概述

2.1.1 信息组织的内涵

关于什么是"信息组织",目前有多种具有代表性的观点,如"信息组织,亦称信息资源组织,是根据信息检索的需要,以文本及各种类型的信息资源为对象,通过对其内容特征等的分析、选择、标引、处理,使其成为有序化集合的过程"(马张华),"信息组织,亦称信息整序,是利用一定的规则、方法和技术对信息的外部特征和内容特征进行描述和揭示,并按给定的参数和序列公式排列,是信息从无序集合转换为有序集合的过程"(马费成)。综合各种观点,我们认为,信息组织是运用一定的方法和技术,根据一定的标准或规则,对信息进行加工整理,使其有序化和增加运用的功能,以满足人们对信息再次检索利用的需要。信息有序化和可用于检索是信息组织工作的最终目的。

在人类社会的历史发展进程中,信息组织经历了手工编排和计算机处理两个阶段。从古代到 20 世纪的 70、80 年代,是人类手工处理文献信息阶段。在编制书目、档案等文献的过程中,积累了大量信息组织的经验,如编制图书分类法、主题词表和各类文献的著录规则,这一切为计算机的信息处理奠定了基础。以计算机、通信技术和网络技术为代表的现代信息技术的导入,则把信息组织推向了一个新的发展水平。信息处理不再局限于文献信息,扩大到非文献信息;不仅有文字信息,也有声音、图形、动画或视频信息。信息组织实现了计算机化,但文献信息处理的主要原理和方法并无大的改变。针对互联网信息数量庞大、类型繁多、难以规范的特点,研制出了适用于网络信息组织的搜索引擎,以及适用于网络信息资源描述与组织的工具——元数据(Metadata)。

信息组织是一项学术性、技术性较强的工作,一般认为,信息组织必须具备信息资源、专业工作人员、设备和管理制度四个要素。

2.1.2 信息组织的方法

1.传统印刷型载体信息的组织方法

一直以来,纸张是人类信息记录的主要载体,因此基于纸张载体的文献组织方法,即分类组织法、主题组织法和对文献进行描述的著录规则成为最主要的信息组织方法。经过人类几千年的发展,特别是近现代以来文献数量的剧增,在20世纪下叶有关纸质文献的组织方法已经较为全面,各国的图书情报机构编写了图书分类法、主题词表、文献著录规则等。但此时基于纸质文献的传统信息组织方法仍以手工操作为主,效率较低,信息的共享十分困难。

2.网络环境下信息资源的组织方法

网络环境下,信息资源以数字化信息为主,信息种类增多,除文本信息,还有大量非文本信息,如图像、图形、声音信息等。因此,针对网络信息,传统的信息组织方式已不能满足现实的需求。目前,网络信息资源分为网上一次信息和网上二次信息两种,前者主要是以WWW主页形式(Home page)组织的信息,这一方式将有关的信息集中组织起来,以结点为基本单位,结点间以链路相连,形成一个信息的网络,目前因特网上绝大部分一次信息采用这种组织方式。一次信息还有电子邮件、BBS等。网上二次信息是将网上一次信息源进行重组、综合后形成的信息产品。目前网上二次信息组织主要通过搜索引擎(Search engine)这一方式,如Yahoo、百度等的检索是由用户输入自己的检索问题,由搜索引擎自动将其余储存在服务器上的索引库信息按特征进行比较匹配,将符合用户要求的网上一次信息的网页或网址显示给用户。菜单索引(Menu index)是另一种常见的组织网上二次信息的方式,它主要的作用是浏览信息,适合用户检索对非确定信息的查阅需求。目前因特网上的大部分网站的首页都有菜单索引的功能,分类法和主题法是最为重要的两种方法,广泛用于所谓的门户网站,各网站使用的分类、主题法各不相同,大多来自针对印刷型文献分类表和主题表的改编。

2.1.3 信息组织的作用

信息是知识的源泉及主要表现形式,各种类型的信息资源是现代国家发展的重要资源。发达国家掌握着绝大部分的信息资源,落后国家拥有的信息资源的数量和质量,以及获取信息的能力都要远远低于发达国家。信息社会是建立在知识和信息的生产、消费和使用上的社会,信息的开放和使用都离不开信息组织。信息组织将无序的信息变成有序的信息集合,使信息得到了增值,实现了信息的检索和利用。

信息检索(Information retrieval),是根据特定的用户需求,运用某种检索工具,按照一定的方法,从大量的信息中查出所需的信息的过程。信息检索的构建包括信息组织和检索两个方面。信息组织是根据信息资源的内容和外部特征,依据信息组织的规则进行标引和描述,并对处理后的有序信息输入检索系统。信息检索则是根据用户的需要,从检索系统中进行信息组织的反向过程,即对用户的需求进行分析,得出检索的特征并形成检索命令,输入检索系统后进行检索词汇的匹配和查找,最后输出相应的信息。

信息分析(Information analysis),信息的组织是为了更好地利用,信息的分析和利用已成为当今重要的产业。发达国家形成了庞大的信息数据库产业,随着纸质学术期刊的电子化和媒体的数字化,全世界形成了多个学术文献的数据库,如Elsevier,Wiley,Wilson,

SAGE,"中国知网"等。国外有众多的信息咨询机构,如美国的兰德(Rand)公司,日本的野村综合研究所(NRI),英国的伦敦国际战略研究所(The International Institute for Strategic Studies,IISS)等。目前各国在技术、经济、金融情报上的信息分析利用尤其引人注目,企业间更有"竞争情报"的分析活动。信息分析和利用都以信息组织为基础,信息组织的好坏事关信息分析的结果。

2.2　分类组织概述

2.2.1　分类组织

分类是根据实物的特征与共性进行的区分和类聚。对事物进行分类是人类认识实物、区别实物的一种古老的思维方式,所谓的物以类聚、人以群分就是这种思维的体现。分类的方法不但可以用于具体实物的划分,也可以用于抽象概念的归纳。在现代社会中分类的方法被广泛使用,如分类统计、分类词典、分类广告、分类目录等。

信息的分类组织是依据类别的特征对信息进行属性或特征的分析,为它们赋予分类代码或词语形式的类别标识,然后,再按照类别的不同或分类代码的某种词序,排列组织所有的被加工的信息。我国公元前 1 世纪西汉时期的刘向、刘歆父子从河平三年(公元前 26 年)到建平二年(公元前 6 年)21 年间,主持编辑整理了西汉国家藏书 596 家 13269 卷,并相继编撰了综合性国家藏书目录《别录》和《七略》。他们把著录的书分为六略,即六艺略、诸子略、诗赋略、兵书略、术数略、方技略,首创图书六分法。此后,我国的图书分类法在各朝代中又不断研究和完善,在清朝形成《钦定四库全书》的图书四分法。《四库全书》的内容十分丰富。按照内容分类,包括 4 部 44 类 66 属。分经、史、子、集四部,故名四库。经部包括易类、书类、诗类、礼类、春秋类、孝经类、五经总义类、四书类、乐类、小学类等 10 个大类;史部包括正史类、编年类、纪事本末类、杂史类、别史类、诏令奏议类、传记类、史钞类、载记类、时令类、地理类、职官类、政书类、目录类、史评类等 15 个大类;子部包括儒家类、兵家类、法家类、农家类、医家类、天文算法类、术数类、艺术类、谱录类、杂家类、类书类、小说家类、释家类、道家类等 14 个大类;集部包括楚辞、别集、总集、诗文评、词曲等 5 个大类。近代以来,我国引进国外的图书分类法,编制了多部图书分类法,一般将文献分为十大类。《中国图书馆分类法》是目前我国使用最广的分类法,初版于 1975 年,至今已出版 5 版。

互联网门户网站大多也采用分类法来组织信息,但由于各网站的主题、功能、信息收录范围和侧重各不相同,网络信息分类到目前还没有一部统一的分类法,网络信息增长迅速,网站信息组织主要以面向用户的应用为主。

2.2.2　类目体系

类目体系,亦称分类表,它通常由类目表、标记符号、注释和索引四部分组成。以下结合《中国图书馆分类法》(下称《中图法》)介绍图书分类表的具体结构。

1. 类目表

类目表包括基本大类、简表、详表和复分表。

基本大类是分类表的大纲,各个分类表在基本大类的设置上多有不同,美国的《杜威法》

是世界较早的图书分类法,共设置 10 个大类,世界其他国家的分类法受其影响也大多设为十大类。我国的《中图法》共设有 22 个基本大类(见表 2-1)。

表 2-1 《中国法》大类

A	马克思主义、列宁主义、毛泽东思想、邓小平理论	N	自然科学总论
B	哲学、宗教	O	数理科学和化学
C	社会科学总论	P	天文学、地球科学
D	政治、法律	Q	生物科学
E	军事	R	医药、卫生
F	经济	S	农业科学
G	文化、科学、教育、体育	T	工业技术
H	语言、文字	U	交通运输
I	文学	V	航空、航天
J	艺术	X	环境科学、安全科学
K	历史、地理	Z	综合性图书

简表又称基本类目表,它只能起一个引导作用,不是分类的依据。

详表是分类表的正文,又叫主表,是用以分类信息资源的真正依据。

复分表,也叫副表、辅助表、共性区分表。就是将一组可适用于多个类别的子目结构,单独制表。在分类时,若有需要用到这个复分结构时,可以自行组合运用。常见的复分表有形式复分表、时代复分表、国别复分表、语言复分表等。依据适用范围分为通用复分表和专类复分表。通用复分表一般均列在主表之后;专类复分表则列于相应的大类之下。仿分也是一种以统一的方式处理共性子目的方法,仿分有类似专类复分表的作用。利用复分表处理共性区分问题,可达到缩小类目的篇幅等作用。《中图法》目前共有《总论复分表》、《世界地区表》、《中国地区表》、《国际时代表》、《中国时代表》、《世界种族与民族表》、《中国民族表》、《通用时间、地点和环境、人员编》8 个通用复分表。专类复分表分散在详表之中。无论是通用复分表还是专类复分表,使用时一般应注意:①除有明确规定外,一般不得单独使用,必须结合主要类目使用;②是否使用复分表,应按表中有关的规定进行,通常可根据复分表中的说明以及类目下的注释确定;③各文献单位可以根据需要对复分表的使用加以调整或限制,但一旦明确,就应严格遵守,不得随意改动,以确保复分表使用的一致性。

2. 标记符号

每一部分类法都采用一套符号体系来标记类目,所有的类目都有一个对应的标记符号来代替,在分类法中标记符号又称为分类号。采用标记符号是为了简洁地标识类目,标记符号还能显示类目之间的关系,便于文献信息的存放和取用。

标记符号通常是数字、字母或数字加字母的形式。《杜威法》用的是单纯的数字号码,而《中图法》使用字母加数字的混合号码。无论采用何种符号,分类法在编排标记符号时应尽量考虑它是否具有助记性、可扩充性和简明性等。

符号标记制度,也即配号(编号)制度,是编制分类标记的具体方法。《中图法》主要采用增累制,类号位数越少,类目级别越高,反之则越低。如:

D92 中国法律

D923 民法

　　D923.9　婚姻家庭法

　　《中图法》的号码还有一些使用规则,阿拉伯数字采用三位加实心句点截断的方式,如"美国金融法"的类号是 D971.222.8。

　　辅助符号,分类法往往还使用一些辅助符号来增强标记作用,如《中图法》采用的辅助符号有:"—"用于总论复分号,如 Q1—53 表示"生物学论文集";"="用于时代区分号,如K828.5=6 表示"民国时期中国妇女人物传记"。

　　3.注释

　　注释是对分类法的编制、类目含义、使用操作所作的说明,注释分散在分类法的各处。类目注释的比例最大,对于把握分类法的使用至关重要。类目注释一般又可归纳为范围注释和方法注释两种。

　　(1)范围注释:说明某些类目的内容和范围以及与其他类目的关系。

　　①指明类目的同义词,《中图法》采用在类目后用圆括弧注明同义词的办法。如:

　　B82　伦理学(道德哲学)

　　②指明类目的内容,解释该类目的内涵与外延,一般采用列举的办法。如:

　　I242.1　笔记小说

　　③指明类目参照,对于有关联的类目,指出它们间的关系,以便使用时斟酌取类。如:

　　O629.73　蛋白质

　　参见　Q51、TQ931

　　④指明交替类目,交替类目是指向另一处的使用类目。如:

　　[劳动统计学]

　　宜入　F222.32

　　(2)方法注释:说明某些类目使用时的特殊分类方法,一旦执行,以后应该固定采用,并加以注明。

　　①指明如何复分,如:

　　B979　基督教史

　　依世界地区表分

　　②指明本类目的特殊分类方法,如:

　　H152.3　应用文

　　总论入此

　　专论入有关各类。如:新闻写作方法入 G212.2;传记写作方法入 K810.1;司法文书写作入 D916.13;行政文书写作入 C931.46。

　　4.索引

　　类目索引是以类目名称为标题按字顺编排,并附以相对应的类号,用以帮助分类法使用者从自然语言入手就能找到相应分类法类目的一种辅助工具。类目索引附在分类法之后,也可以单独成册。使用计算机编制的类目索引比传统的印刷型索引有更多的导引功能,目前的分类法索引大多为计算机检索版本。

2.2.3 《中图法》类目设置特点及使用要点

1. 设置类目特点

(1)类目设置的一般规律是先理论类目后应用类目,先中国类目后外国类目。如:

B 哲学、宗教

　0 哲学理论

　1 世界哲学

　2 中国哲学

　3 亚洲哲学

　4 非洲哲学

　5 欧洲哲学

　6 大洋洲哲学

　7 美洲哲学

(2)设置了一些特殊的类目。如 A 类是"马克思主义、列宁主义、毛泽东思想、邓小平理论",有关鲁迅的著作及研究列有专类:

I210 鲁迅著作及研究

　　I210.1 全集

　　I210.2 选集、文集

　　I310.3 理论著作

　　I210.4 杂文、散文

　　……

(3)加"0"问题,"0"在《中图法》中是一个使用频率较高的标记和识别符号,涉及加"0"问题的情况较多也较复杂,这个问题一直是《中图法》使用的难点。加"0"问题主要发生在类目的复分、仿分中。在某些复分表中也有说明,如"世界地区表"指出:在本表所列的世界各个地区下(如亚洲、东南亚),如采用其他标准细分,则必须在地区号码后加"0",以便与该地区所属的国家区别开来,如《北美洲地理》号码为 K971.02。

2. 复分举例

《中图法》第 5 版共设 8 个复分表,其中"总论复分表"和"世界地区表"是使用频率最高的复分表。在"总论复分表"中,使用时可以根据类目中的说明加以复分,也可以根据分类时的文献对象的主题内容主动加以复分,如:《英语同义词反义词词典》的分类号取为 H313.2－61,其中的"－61"是分类人员根据"总论复分表"的"－61"是指"名词术语、词典、百科全书(类书)"的解析而加以复分的,故取号为"H313.2"(英语同义词、多义词、反义词)＋"－61"(词典)。

《中图法》第 5 版世界地区表设置类目多达 394 个,凡涉及除中国之外的其他国家的主题,按照类目说明使用世界地区表。如:

J909 电影、电视艺术史

电影、电视事业史入此

依世界地区表分

3. 仿分举例

所谓仿分,就是利用某一类的子目进行仿照细分,仿分在《中图法》中几乎随处可见。

A71　马克思

　　　A711　传记

　　　A712　生平事迹、回忆录

　　　A713　年谱、年表

　　　A714　纪念文集

　　　A715　阐述、研究

　　　A716　肖像、照片、画传、像章

　　　A717　纪念地、故居、遗物

A72　恩格斯

　　　仿 A71 分

A73　列宁

　　　仿 A71 分

A74　斯大林

　　　仿 A71 分

A75　毛泽东

　　　仿 A71 分

A76　邓小平

　　　仿 A71 分

在这个例子,A71 马克思的所有子目(A711—A717)同时也是 A72—A76 各类的共同子目。分类法没有把这些子目分别在 A72、A73、A74、A75 等类下详细列出,而是做了省略处理,在实际分书时却需要按这些子目细分,因此只在"71"类下详细列出这些子目,用类目注释的方法规定 A72—A76 各类仿 A71 分。

在《中图法》里还有把一些类目均出现共性问题时,先列出共性类目,概括为一般性问题然后专门列出一个表,以供其后的类目仿分。如:

R5/8　临床各科

除 R73 外,均可依下表分。例:甲状腺疾病的诊断为 R581.04

01　预防、控制和卫生

02　病理学、病因学

03　医学微生物学、医学免疫学

04　诊断学

05　治疗学

　　059.7　急诊、急救处理

06　并发症

07　预后

08　诊疗器械、用具

09　康复

上表可用于类目 R5 至 R8(除 R73 外)进行细分时仿效,如传染病天花的诊断的分类,则取"R511.3 天花"＋"04 诊断学",形成分类号 R511.304。

　　总之,《中图法》的使用还是一个比较复杂的工作,需要使用者拥有广博的知识,熟悉《中图法》各个学科和类目的名称、上下位类目的关系和构成,并结合本馆的藏书结构和服务对象等,灵活地使用《中图法》来处理图书。在新主题文献不断涌现的今天,使用者必须不断学习新知识,才能驾驭好《中图法》。使用《中图法》进行文献分类时最为重要的一个原则是,辨明文献主题的内涵、外延及与其他主题的关系,切忌望文生义,贸然决断。如"新马克思主义"是西方马克思主义和东欧马克思主义的统称,并非真正的马克思主义,就其本质应归入"D089 其他政治理论问题"。对于那些从源主题分化出来的众多新主题,一般可以采用归入上位类的办法——"上位归类法"来处理,因为这些新主题是从上位概念分化出来的,在还没有设立专门类目时应归入其源主题的类目,即上位类。有的新主题还可以采用"靠位归类法"来处理,即归入与其主题概念密切相关的类目中去,因为,这些新主题既无现成类目可入,也无上位类目可寻。

2.2.4　网络信息分类

　　1. 网络信息分类的原则

　　网络信息资源的分类体系是根据网络信息以及用户的检索需要而设置的,与纸质文献信息相比,网络信息分类有其不同的原则。

　　(1)直观性。网络信息是网站为了用户的检索而设立的,其类目设置不宜层次过多,必须体现信息分类的直观性,让用户对其结构一目了然。

　　(2)实用性。网络是面对用户的信息集合,所用的类名一般使用用户熟知的自然语言,类目层次少,结构简单易记,以便快速查找。

　　2. 网络信息分类法的构建

　　经过近 20 年的发展,国内外互联网在网络信息分类构建方面取得了一定的经验,主要有:

　　(1)按需设类,突出重点,便于浏览。网站围绕用户的使用习惯而设立类目,对于与主题无关的栏目则删除或不立。网站对于栏目的设立并不完全根据纸质文献信息类目层次的设置逻辑,而更多根据信息量和访问频率。网站始终强调把最有价值的内容放到突出位置,把访问频率最高的栏目置于最醒目位置。

　　(2)以传统分类主题为基础,构建多维分类体系。在传统文献信息分类法基础上,根据用户浏览习惯,建立多维分类模式。比如,为了突出重点类目,可以在多个母类下重复出现这一重点类目,一个母类也可以采用多种标准进行划分。这一做法正是互联网本身超链接优势的体现——用户可以从多个入口访问。

　　(3)分类主题一体化,网络信息分类的着眼点是用户的信息利用需求,因此在类目设置上必须考虑信息分类法与主题词表的结合,体现分类主题一体化的融合趋势。

　　3. 网站分类实例

　　(1)Yahoo! 雅虎是最著名的网络分类网站,创建于 1994 年,对其后创建的网站在信息组织上有较大的影响,成为各大门户网的效仿对象。雅虎的信息分类并非一成不变,早期收录较多的学术信息,而目前则侧重于娱乐和生活方面,主页上的信息按主题分为 19 个类目:news、sports、finance、weather、autos、fantasy、shopping、makers、parenting、health、style、 beauty、politics、movies、travel、tech、TV、celebrity、games。

（2）网易，也是一个分类主题一体化的网站，设有新闻、财经、科技等 18 个类目，每个类目下又设有众多的子类目。

当前人工智能研究领域研究重点之一是将人工智能研究领域中的文本自动分类技术应用于信息资源管理。目前，对文本进行自动分类的技术不断成熟，如基于《中图法》分类体系下的文本自动分类，其基本做法是，建立基于《中图法》的专家知识系统，包括《中图法》库、《汉语主题词表》库、分类号主题词对应库、同义词库、关键词库以及人工标引词库等若干数据库或者其中一部分，应用文本自动分类技术，通过对原始数据的有效整理，找出关键词、主题词和分类号之间隐含的概念关系，形成分类类目与标引词串的对应款目，自动生成分类号。

2.3　主题组织概述

2.3.1　主题、主题词、主题词表

主题是指信息所表达或反映的主要内容、问题或事物。按信息所表达的中心问题数量的多少，主题可以分为单主题和多主题两种类型。

主题词是指用于描述、存储、检索信息主题的受控词汇，是主题表中能够表达一定意义的最基本词汇单元。主题词是事物本质属性的概括，是一个类称概念。主题词的选用要考虑到它的出现频率、标引频率和查找频率，即是否具有实际检索意义。主题词分为单元词、标题词、叙词和关键词四种。主题词表是将主题词按一定方式、规则组织成的词汇表，它通过确定概念词的关系来组织主题词并用以标引、组织和检索信息。主题词表有标题词表、单元词表和叙词表三类，关键词是一种接近自然语言非受控的主题语言，因而没有关键词表。

2.3.2　标题词语言

标题词（Subject heading）是经过规范和标准化处理的表达信息对象论及或涉及的事物即主题的词语，它选自自然语言中经过控制的语词术语作为标识，是一种完全受控的主题标识。标题词表是最早的一种主题语言，最为典型的标题词表是 1909—1914 年出版的《美国国会图书馆标题表》（Library of Congress Subject Headings，LCSH）。此后，标题语言在国际上有过较大的发展，综合性和专业性的标题表多达百种，如《西尔斯标题表》、《工程标题表》、《医学主题词表》（Medical Subject Headings，MeSH）等。

《美国国会图书馆标题表》是目前世界上使用时间最长、范围最广、规模最大、影响也最大的一部综合性标题表，我国图书情报单位的西文文献主题标引工作也大都采用 LCSH 词表作为典型的标题词表，LCSH 对于词汇的规范控制表现在：

（1）词形控制，即控制标题的字面形式，对标题的同义词、准同义词、反义词，或不同的书写形式等进行规范，确定其中之一作为正式标题，其他作为非正式标题，通过见参照指向正式标题，这样统一标题的材料都集中在一起，选用不同的入口词，均能查到所需的材料。例如，东南部澳洲就有 Australia，Southeastern/Australia，South East/Australia，South Eastern/Australia，Southeast/South East，Australia/South Eastern，Australia/Southeast，

Australia/Southeastern Australia 等 8 种拼写法。用作地理复分的地理名称都是已规范化的标题词,如东南部澳洲只有 Australia,Southeastern 是规范化的可用作地理复分的标题词,其他 7 个都是不能用作地理复分的非规范化地理名称。

（2）词间关系控制,通过编制参照,设置副标题、次副标题,明确标题之间的等级从属关系和相关关系,从而形成一个暗含的分类体系。

Physics
    BT Physical sciences
    NT Agricultural physics
        Communication in physics
        Information theory in physics
        Solid state physics
        ……（共列出 61 个标题词）

这个等级参照关系表示,physics 是隶属于或包含于 physical sciences 的标题词,而 Agricultural physics 等 61 个标题词是由 physics 分出来的、含义较窄的标题词。NT（Narrower Topic,含义范围较窄的论题）标题词一般都由其 BT（Broader Topic,含义范围较广的论题）标题词加限定词（语）构成,如某学科的分支学科,某个整体的部分等。

2.3.3　单元词语言

单元词（uniterm）又称元词,是从文献中抽取出来并经过控制处理的能够表达文献主题最小、最基本的而且不能再分解的概念。元词是能够独立地描述文献所论及或涉及的事物的词汇单位。元词可以是一个单纯词,如"山"、"马克思"、"哈尔滨",也可以是一个合成词,如"图书馆"、"马车"等。这些词在概念上不能进行进一步的分解,若进一步分解则不能表达原来的概念,从而失去检索意义。单元词法就是用规范了的单元词来表达文献主题的方法。然而,单元词往往不能单独直接表达文献主题,只有用单元词的相互组合才能构成一个个专指的标题。因此,单元词可以组合（配）成复杂的概念,同样,任何完整、复杂的概念也都可以分解成一般的单元概念。主题词的组配是从主题词表中选取若干个主题词,按照一定的概念组合关系和符号,把它们有机地组合起来,以表达更为专指的主题。单元词的组配,如表 2-2 所示。

表 2-2　单元词的组配

单元词	复杂概念
隔音＋板	隔音板
隔音＋塑料＋板	塑料隔音板

单元词法是基于对文献信息最小的基本单位的标引,后来被叙词法和计算机的全文检索所采用。

2.3.4　叙词语言

叙词是以受控的自然语言为语词基础,以语词的概念组配而不是字面组配为重要特征的一种标引和检索文献信息的方法,也称叙述词,国内也叫主题词。叙词法形成于 20 世纪

50 年代末,它吸收了单元词法、标题词法的优点。至今,国内外的叙词表有上千种之多,成为当代信息组织语言的主流。

叙词法的主要特点是:

(1)直接以规范的自然语言——叙词作为标识符号,直观性强,当词表中的单个主题词不能够表达主题时可以进行组配,如"对华政策—美国";有的文献信息涉及多个主题时可以标引几个最密切相关的主题词,如"飞机结构"和"飞机设计"表达了"飞机结构设计"这一主题。

(2)直接从文献信息论述的具体对象和问题出发进行选词,一般采用能够表达学科或事物概念的语词,不仅收单元词,也收词组,如"橡胶工业"按单元词法必须拆分成"橡胶"和"工业",而叙词法则可以把"橡胶工业"作为单元概念的语词,使揭示的主题更为准确。

(3)完善了标题法的参照系统,采用了体现分类法的基本原理编制叙词分类索引(范畴索引)和等级索引(词族索引),编制叙词轮排索引,从多方面显示叙词间的相互关系,以保证准确、全面地选用叙词进行标引和检索。

《汉语主题词表》是我国第一部大型的综合性叙词表,由中国科技信息研究所和北京图书馆负责主持,1975 年开始编制,1980 年正式出版,参编人员达 9000 人。该词表分为社会科学、自然科学和附表 3 卷,共 10 个分册,全表共收录主题词 108568 个,该词表主要供电子计算机系统存储和检索文献用。我国还先后编制了《航空科技资料主题表》、《教育分面叙词表》。国外编制有《美国航空航天局叙词表》、《科学技术用语叙词表》(JICST)等。

2.3.5　关键词语言

关键词是指在文献的标题、摘要或正文中出现,对表达文献主题内容具有实质意义、能作为检索入口的、具有关键性描述作用的词汇。关键词既可以是叙词,也可以是非叙词。很多关键词没有被收进任何叙词表,为非叙词。用词的自由性是关键词与叙词等人工语言词语的最大区别之处。关键词抽取的这种自由性大大方便了标引工作,提高了标引速度,降低了标引成本,特别适宜于海量化文献网络环境中的信息处理,因而是当前互联网最主要的检索语言。现代科学技术的飞速发展,也给文献信息工作者带来了巨大的挑战:首先是文献信息数量剧增;其次是文献类型多样化;再次是文献信息跨学科、交叉和渗透现象日益普遍;最后是新学科、新概念、新名词、新技术、新产品日新月异。面对这些新情况,人工语言即使采用多种控制手段,也难以及时、准确、直接、快速反映出具体的专指概念和组合概念。我们以《汉语主题词表》为例,它未能及时地将"因特网"、"黑客"、"知识经济"、"数字图书馆"、"经济合同法"、"克隆技术"、"千年虫"等数以千计的新名词收入词表中。再以美国《国会主题词表》为例,尽管它一版再版,无论如何也赶不上时代发展对文献信息处理的需要。而我国的《汉语主题词表》由于修订周期的滞后,更是远远地落了时代的后面。叙词标引要求标引人员具备一定的专业学科知识与熟练的标引技能,以确保对文献主题的准确理解与标引的一致性。但鉴于叙词标引的复杂性,标引的速度往往较慢,在文献信息海量化的网络时代,叙词语言难以适应海量文献信息的处理要求。目前互联网多数网站采用关键词语言。尤其是近些年开发的自动标引和抽词技术,使得计算机自动处理文献信息的优势远远超出人工信息处理的速度和能力。对于网络用户来说,利用关键词语言比人工语言方便,关键词语言易掌握,但检索的准确性较差。关键词语言检索到的内容非常庞大,用户只需使用其 30% 就足以了解最新信息,由此自然语言的天然优势在计算机检索时能够得以充分发挥。

关键词的特性。作为一种自然语言,关键词存在着名义性、同义性、模糊性、词量大、较专指等特性,特别是同义词与近义词、上位词与下位词、全拼词与缩略词均可能同时被标引,加上一直不编制关键词表,因而缺乏必要的词间联系,普遍造成检索效果欠佳,又难以扩检和缩检。因此,关键词的标引必须扬长避短,并适当加以控制,才能在网络时代中发挥其重要作用。关键词有优点,也有缺点,作为一种情报检索语言,关键词语言虽然属非控语言,但适当的控制还是必要的。正如有的专家指出:不管今后计算机技术和自然语言系统如何发展,情报检索的基本原理——对词汇的控制,是永远不会取消的,变化的只是词汇控制的方式、方法和手段。

未加任何词语控制的关键词检索系统只能是低水平的。一般说,词汇控制的内容很多,包括词量、词类、词形、词义、词间关系、专指度等方面,关键词语言控制具有其特点。

(1)关键词可以为单字、单词或复合词,一般应采用名词,不用动词、形容词等词类,如"决策性"一词为形容词,用来作为关键词标引就不妥。

(2)关键词应力求词义明确,尽量避免产生歧义。如"藏"、"阅"的词义不够明确,应标引为"收藏"、"阅览"。又如"考证"一词,本身既有历史研究上的"考证",也有通过考试获取某种资格证书的"考证",是个两义词,后者应明确为"资格证书考试"。

(3)关键词力求专指。既要避免用上位关键词标引,如"注释"一词,其下包括"类目注释"和"叙词注释"等词,显然不能只标引为"注释";也要防止用交叉组配的办法,把一个专指词分解为两个词来标引,如不要用"期刊外借"和"外借工作"来标引"期刊外借工作",不能要求用户都用交叉组配来检索。

(4)专有名词应直接标引。一是通过加标识的办法,如对题名加题名号,以与通用词语区别开来,以免造成关键词的同名异义。如"情报科学"一词,包括了《情报科学》刊名与情报科学学科名。二是禁止切分,如"中国标准书号",不能改用"中国"和"标准书号"两个词来标引。

(5)外文缩略词和中文简称的标引应避免多义性。外文缩略词往往是一词多义,所以应在缩略词后用括号注该词的中译名。中文简称,除已约定俗成者外,应尽量不用,这样才能使标引与检索需求相匹配。

(6)关键词字段不宜规定长度,若规定关键词的最长限度为 7 个字,则会导致大量的关键词词不达意,或削足适履。若将"联合国教科文组织"标引为"联合国"及"教科文组织",这样会提高检索难度,多耗机时。

2.4 信息描述概述

信息描述(information description),是指根据信息组织和检索的需要,依据一定的规则和标准,对信息资源的内容和外部特征进行分析、选择、记录的活动。信息描述的结果是一条有关该信息资源的数据记录,它由若干信息描述项组成。在传统的文献组织中,信息描述又称为文献著录和书目著录。在网络时代,信息描述的结果是信息记录,被称为元数据(Metadata)。元数据是关于数据的数据,也称"描述数据的数据",早期用于网络信息资源的组织,是促进网络信息资源的组织和发现的有力工具,网上搜索引擎就是通过搜索网页内嵌的 Meta 来获得待定网页的。元数据后来扩展到各种电子资源的描述数据,现已被广泛运用于一般的信息组织的信息描述。

一个元数据条目构成了一个信息资源的基本数据,是信息组织和信息检索的基本手段。它可以代表信息资源本身,起到揭示、传播原信息资源的作用;元数据提高了信息资源的出处、位置,提供检索和利用;元数据是信息资源的精炼描述,通过它可以实现对信息资源的管理。

2.4.1 信息描述的规范

信息资源的描述要根据信息检索的要求,确定描述的成分要素,并按照一定的次序和形式加以记录。为便于不同机构和信息系统之间的信息交换,信息描述必须制定一定的规则。

国际性的文献描述标准,即文献著录标准,始于 20 世纪 70 年代的"国际标准书目著录"(International Standard Bibliographic Description,简写为 ISBD),由国际图书馆协会联合会和联合国教科文组织合作,根据 1969 年丹麦哥本哈根国际编目专家会议精神制订。ISBD 有:《国际标准书目著录(总则)》,简称 ISBD(G),1977 年版;《国际标准书目著录(专著)》,简称 ISBD(M),1974 年第一版,1987 年第二版;《国际标准书目著录(连续出版物)》简称 ISBD (S),1977 年第一版,1987 年第二版;《国际标准书目著录(地图资料)》,简称 ISBD(CM),1977 年第一版,1987 年第二版;《国际标准书目著录(非书资料)》,简称 ISBD(NBM),1977 年第一版,1987 年第二版;《国际标准书目著录(乐谱)》,简称 ISBD(PM),1980 年版;《国际标准书目著录(古籍)》,简称 ISBD(A),1980 年版;《国际标准书目著录(分析著录)》,简称 ISBD(CP),1982 年版;《国际标准书目著录(机读文档)》,简称 ISBD(CF)1990 年版。这些针对各种文献类型的描述标准为各国文献描述的标准化和统一发挥了重要作用。我国于 1983 年发布全国文献著录标准《文献著录总则》,此后又公布了一系列与文献目录制作有关的标准,如《连续出版物著录规则》、《档案著录规则》、《古籍著录规则》、《文后参考文献著录规则》等。

元数据的记录问题是近些年信息描述标准化最为关注的热点之一。20 世纪 90 年代以来,各国图书馆、计算机、网络界共同创建了一系列描述规范,如《都柏林核心集》(Dublin Core,DC)、《可视资源核心范畴》(Core Categories for Visual Resources,CCVR)、《政府信息定位服务》(Government Information Locator Service,GILS)等。这些描述规范一般由信息资源领域的专业人员制定,成为与传统文献描述规范共存的标准,网络信息资源描述的规范仍在不断完善和探索之中。

2.4.2 MARC

MARC(Machine readable catalogue,MARC)是机器可读目录的简称,由美国国会图书馆于 20 世纪 60 年代研制,1966 年试制了 MARC I,此后,欧美国家图书馆研发了各自的基于计算机识读的目录,中国的机读目录是"中文机读目录"(CNMARC)。MARC 将传统的卡片目录内容以标准数据形式记录在计算机等特殊设备上,占用空间小,便于保存,尤其在网络环境下,世界各国图书馆的馆藏目录纷纷数字化以供读者网络检索,MARC 的良好功能得以显现。

1. MARC21(ISO2709)

目前,国际上使用的 MARC 标准是 1973 年基于美国的 MARC Ⅱ 而起草并通过的《文献工作——文献目录信息交换用磁带格式》,即 ISO2709－1973(E)。MARC 21 的设计是为重新定义 MARC 格式,增进其检索功能以求适用于 21 世纪的网络环境。MARC 21 有五种资料格式:书目格式、权威格式、馆藏格式、分类格式及社区资讯格式。现阶段的 MARC 21 已成功地被应用于大英图书馆、美国国会图书馆及加拿大国家图书馆。

MARC 21 书目格式是对各种文献类型进行著录、检索的详细说明,将文献分为 7 种类型:图书(专著)、连续出版(或连续性资源)、地图、电子资源、乐谱、视觉资料和混合资料。建立 MARC 书目记录的目的是全球书目资源的共享,共享的前提是数据的可交换性,MARC 21 书目记录的交换格式是 ISO 2709(GB 2901－82),一种标准记录结构,由记录头标、目次区、数据区和记录分隔符 4 部分组成。

(1)头标区,标位于每个记录的开头,固定长度为 24 个字符位置(00－23),提供对记录进行处理的参数。头标的数据元素按字符位置定义,其中有些是由系统自动生成的,有些需要由编目员根据文献特征选择相应的代码。

(2)目次区,是记录中每个可变长控制字段和可变长数据字段位置的索引,由计算机自动生成。

(3)数据区,由标识符、指示符和数据 3 个部分组成。数据字段是 MARC 记录的核心,每个数据字段可包括数个子字段。MARC 21 通过字段块来揭示文献信息记录的内容,因此,能否识读各字段及其所表达的信息内容对一般的读者来说至关重要。以下是 MARC 21 的字段块结构:

00X	控制字段
01X－09X	各种号码和代码字段
1XX	主要款目字段
2XX	题名、版本、出版项等字段
3XX	载体形态项等字段
4XX	丛编说明等字段
5XX	附注字段
6XX	主题检索字段
7XX	名称等附加款目、连接字段
8XX	丛编附加款目、馆藏信息等
9XX	地方用字段

以《Gone with the wind》一书著录的 MARC 为例:

000 00845cam 2200265Ia 4500
001 0000239567
003 OCoLC
005 20060522143700.0
008 930723c19931936nyu 000 1 eng d
020 ＿＿ |a 0446365386 (pbk.) : |c CNY50.00
040 ＿＿ |a MLN |c MLN

043 __ |a n—us—ga |a n—us———

050 10 |a PS3525. I972 |b G6 1993

082 04 |a 813. 52 |b M694go，1993

090 __ |a I712. 45E/M682G

093 __ |a I712. 45E |2 4

100 1_ |a Mitchell，Margaret，|d 1900—1949.

245 10 |a Gone with the wind / |c Margaret Mitchell.

250 __ |a Warner Books ed.

260 __ |a New York ：|b Warner Books，|c 1993，c1936.

300 __ |a 1024 p. ；|c 18 cm.

600 10 |a Mitchell，Margaret，|d 1900—1949. |t Gone with the wind.

651 _0 |a United States |x History |y Civil War，1861—1865 |x Fiction.

651 _0 |a Georgia |x History |y Civil War，1861—1865 |x Fiction.

920 __ |a 231270 |z 2

该 MARC 信息的主要字段的中文说明如下：

题名/责任者：Gone with the wind / Margaret Mitchell.

版本说明：Warner Books ed.

出版发行项：New York ：Warner Books，1993，c1936. ISBN：0446365386（pbk. ）：

载体形态项：1024 p. ；18 cm.

个人责任者：Mitchell，Margaret，1900—1949.

个人名称主题：Mitchell，Margaret，—1900—1949. -Gone with the wind.

地理名称主题：United States-History-Civil War，1861—1865—Fiction.

地理名称主题：Georgia-History-Civil War，1861—1865—Fiction.

中图法分类号：I712. 45E

2. CNMARC

CNMARC 是中国机读目录（China Machine Readable Catalogue，CNMARC）的简称，它是我国根据 MARC(ISO2709)结合中国文献的记录要求而制定的标准，1992 年国家公布了 CNMARC(GB/T2901—92)。

现以中文普通图书为例，说明各个字段及其含义：

001 记录控制号

005 记录版次标识

010 国际标准书号

020 国家书目号

021 版权登记号

022 政府出版物号

091 统一书刊号

100 一般数据处理（如入档日期、出版日期、阅读对象代码等）

101 作品语种

102 出版国别

105 编码数据字段:图书(如图表代码、内容特征代码、会议代码等)

106 文字资料的形态特征

200 题名与责任说明项

205 版本项

210 出版发行项

215 载体形态项

225 丛编项

300 一般性附注

304 题名与责任者附注

305 版本沿革附注

306 出版发行项附注

307 载体形态项附注

310 装订与获得方式附注

320 书目附注

327 内容附注

328 学位论文附注

330 提要或文摘

410 丛编

411 附属丛编

500 统一题名

501 作品集统一题名

503 统一惯用标目

510 并列题名

512 封面题名

513 附加题名页题名

515 逐页题名

516 书脊题名

517 其他题名

540 编目员补充的附加题名

541 编目员补充的翻译题名

600 个人名称主题

601 团体名称主题

602 家族名称主题

604 作者/题名主题

605 题名主题

606 普通主题

607 地理名称主题

610 非控制主题词

660 地区代码

690《中图法》分类号

692《科图法》分类号

700 人名——主要责任者

701 人名——等同责任者

702 人名——次要责任者

710 团体名称——主要责任者

711 团体名称——等同责任者

712 团体名称——次要责任者

720 家族名称——主要责任者

721 家族名称——等同责任者

722 家族名称——次要责任者

801 记录来源

905 馆藏信息

以《文学与媒体》一书的中文 MARC 为例：

000 01085nam 2200289 450

001 0001486391

005 20160113085300.0

010 __ |a 978－7－211－07198－2 |d CNY32.00

100 __ |a 20151027d2015 em y0chiy50 ea

101 0_ |a chi

102 __ |a CN |b 350000

105 __ |a k a 000yy

106 __ |a r

200 1_ |a 文学与媒体 |A wen xue yu mei ti |f 黄发有著

210 __ |a 福州 |c 福建人民出版社 |d 2015

215 __ |a 235 页 |d 23cm

225 2_ |a 闽籍学者文丛 |A min ji xue zhe wen cong |h 第一辑

314 __ |a 黄发有,1969 年 10 月生,福建省上杭县人。现为南京大学中国新文学研究中心教授、博士生导师。

320 __ |a 有书目

330 __ |a 本书讨论了文学期刊、文学出版、影视文化、媒体趣味与小说创作的关系,考察文学环境与文学生产的互动模式。作者黄发有在史料发掘基础上,深入进行文学传媒研究,以传媒研究印证和补充文学史,以传媒研究拓展和深化文学史。

410 _0 |1 2001 |a 闽籍学者文丛

606 0_ |a 中国文学 |A zhong guo wen xue |x 当代文学 |x 文学研究

690 __ |a I206.7 |v 5

701 _0 |a 黄发有, |A huang fa you |f 1969— |4 著

801 _0 |a CN |b SHISUL |c 20160113

905 __ |a SHISUL |d I206.7/H23.2

920 ＿＿ ｜a 231270 ｜z 1

该 MARC 信息的主要字段说明如下：

题名/责任者：文学与媒体/黄发有著

出版发行项：福州：福建人民出版社，2015

ISBN 及定价：978－7－211－07198－2/CNY32.00

载体形态项：235 页；23cm

丛编项：闽籍学者文丛.第一辑

个人责任者：黄发有,1969－著

学科主题：中国文学－当代文学－文学研究

中图法分类号：I206.7

责任者附注：黄发有,1969 年 10 月生,福建省上杭县人。现为南京大学中国新文学研究中心教授、博士生导师。书目附注：有书目

提要文摘附注：本书讨论了文学期刊、文学出版、影视文化、媒体趣味与小说创作的关系,考察文学环境与文学生产的互动模式。作者黄发有在史料发掘基础上,深入进行文学传媒研究,以传媒研究印证和补充文学史,以传媒研究拓展和深化文学史。

第 3 章

参考工具书

3.1 参考工具书概述

3.1.1 工具书定义与类型

什么是工具书？从使用的角度上看，图书可分为两类：一类是阅读性图书，它主要供人们系统阅读、以获取知识为目的而编写；另一类是按某种体例编排，专供查找特定资料而不是供系统阅读的图书，即工具书(Reference books)。工具书的特点是内容概括、信息密集、知识成熟、编排合理、查检方便。工具书虽不以供人们系统阅读为目的，但使用性强，是人们求知治学、解疑释惑不可缺少的工具。

工具书一般又分为两类。一是检索工具书，它对特定的资料进行加工、整理，并按一定的方式编排文献的线索与出处，即检索工具书不直接向人们提供所需的文献资料，只提供文献的线索而已，用户再根据有关的线索去查找所需的文献，主要有书目、索引和文摘等。二是参考工具书，它是根据人们的需要，广泛汇集一定范围内比较成熟的知识，按一定规则编排组织的工具书。参考工具书包括字典、词典、类书、百科全书、政书、年鉴、手册、名人录、表谱、图录、地图等。工具书在出版物中数量比例不大，然而却非常重要，是学术研究必不可少的工具。

3.1.2 工具书的主要排检方法

工具书是按特定方式编排的一类书，使用工具书必须首先熟悉和掌握工具书的主要排检方法。从古到今我国汉语工具书曾使用的方法五花八门，但大多没有推行开来。目前比较常用的方法是依汉字形体特点设计的部首法、笔画法、号码法和依汉字读音设计的拼音法、韵目法以及内容分类法等几种。由于任何一种排检方法都有其自身的局限性，而工具书又要求提供较多的检索途径，所以现有的工具书大都同时编排了几种查检方法。汉语工具书的排检方法主要有以下几种：

1. 形序排检法

形序排检法是指依据汉字的形体特点制定的排检方法，主要包括部首法、笔画法和号码法。

(1)部首法，是我国工具书中传统的排检方法，由于该法比较适合汉字形体结构的特点，几千年来成为汉语工具书中最基本、常用的排检方法之一。它首创于东汉许慎的《说文解字》，分为 540 部首。明代梅膺祚的《字汇》减为 214 部首。清代的《康熙字典》也采用《字汇》的 214 部首，使这一方法广为流传。现代的字典、词典又根据汉字特点略有加减，如《辞海》采用 250 部首，而《汉语大字典》和《汉语大词典》采用 200 部首。部首法的具体规则可归纳为以下几点：①一般取字的上、下、左、右、外等部位作部首；这些部位没有部首的，取中坐；中坐没有部首的，取左上角。如"今"取"人"部，"想"取"心"部，"躯"取"身"部，"我"取"戈"部，"国"取"囗"部，"夹"取"大"部，"嗣"取"口"部。②一个字上、下都有部首的，取上，不取下；左、右都有部首的，取左，不取右；内、外都有部首的，取外，不取内；中坐、左上角都有部首的，取中坐，不取左上角；下、左上角或右、左上角都有部首的，取下、取右，不取左上角。如"含"取"人"部，"相"取"木"部，"因"取"囗"部，"坐"取"土"部，"渠"取"木"部，"凯"取"几"部。③同一部位有多笔和少笔几种部首互相叠合的，取多笔部首，不取少笔部首；单笔部首和复笔部首都有的，取复笔部首，不取单笔部首。如"意"取"音"部，"灭"取"火"部。④部首无从采取或所在位置不合规定的，按起笔查单笔部首。如"东"取"一"部，"长"查"丿"部。

(2)笔画法，是按照汉字的笔画数目来排列顺序的一种方法。其基本规则是：汉字笔画少的居前，多者居后；笔画数相同的，再看起笔笔形，起笔笔型一般按横、竖、撇、捺、折排序；笔画和笔形相同的再看字型结构，先左右形字，次上下形字，后整体形字。

(3)号码法，是以数码代表汉字的某些笔形或部件，并据以排列先后顺序的方法。在现有的汉语工具书中，常见的号码法主要有四角号码法和中国庋字撷法。四角号码法是 20 世纪 30 年代由王云五先生发明，其基本形式：根据汉字四个角的笔形决定其代码，按代码大小排列单字的先后顺序。小码居前，大码列后。四角号码相同的，再按附角号码排列。四角和附角均相同的，则根据汉字所含横笔的数量排列，横笔少者居前，多者列后。四角号码法把所有汉字四个角上出现的笔形概括为 10 种类型，每种类型用一个号码代替，其取号法归纳成歌诀：横 1 竖 2，3 点捺，叉 4 插 5 方块 6，角 7 八 8，9 是小，点下一横是 0 头。四角号码的取角规则还包括其他一些特殊的规定，要熟练掌握具有一定的难度。中国庋字撷法是原哈佛燕京学社引得编纂处于 20 世纪 30 年代设计指定的一种汉字排检方法，曾用于该处所编的 64 种引得(即索引)。

2. 音序排检法

音序排检法是指依据汉字的读音设计制定排列顺序的方法，主要包括古代的韵目排检法和现代的汉语拼音排检法。

(1)韵目法，是我国古代的一种音序排检法，主要用于古代的字书、韵书、类书等，现代编纂出版的一些与古代读音有关的工具书，也有采用此方法的，但一般同时编排现代人熟悉的其他排检法来配合使用。古代韵书把同韵的汉字归并在一起，称为一个韵部，每个韵部用一个汉字来代表，这个汉字便称为韵目。韵目排检的基本形式是先将汉字按平、上、去、入四声分类，每一声类内的汉字按韵目顺序排列，同一韵目汉字再依小韵排列。我国古代影响较大的韵目系统有《广韵》、《集韵》的 206 韵目系统,还有宋金"平水韵"的 106 韵目系统,明清以来"平水韵"广为流行,许多工具书都采用它编排。

(2)汉语拼音法,自 1958 年《汉语拼音方案》公布后,按汉语拼音排检工具书就成为一种最主要的方法。1982 年国际标准化组织承认汉语拼音为拼写汉字的国际标准,汉语拼音又走向了国际。汉语拼音法的规则:①汉字按汉语拼音字母顺序排列。②第 1 个字母相同的汉字,依第 2 个字母顺序排列;前两个字母均相同的,再依第 3 个字母排列,余类推。③声母和韵母均相同的汉字,按声调阴平、阳平、上声、去声的顺序排列。④读音完全相同的汉字(即声母、韵母、声调均相同),按起笔笔形顺序或笔画多少排列。⑤复音词先按第 1 个字的音序排列,第 1 个字相同的,按第 2 个字的音序排列,第 2 个字也相同的,按第 3 个字的音序排列,余类推。

3.分类与主题排检法

分类与主题排检法是按工具书内容进行的排检法。

(1)分类法,是将词目、条目或文献按知识内容、学科属性分门别类地加以归并集中,按逻辑原则进行排列的一种方法。分类法往往选某种常用的分类表为依据,如汉语工具书有时采用《中国图书馆分类法》。

(2)主题法,是以规范化的自然语言为标识符号来标引文献中心内容的一种排检方法。作为标识符号的"规范化自然语言"的主题词是用来标引和检索文献的标准词汇,它能比较深入地揭示文献的中心内容或对象,主题词本身则按首字读音或笔画等顺序排列。主题法一般选用标准的主题词表为标引工具,主题标引是一项专业性较强的工作。

4.计算机化工具书检索方法

计算机化工具书也称机读版工具书、电子版工具书,它有单机版和网络版之分。与印刷型工具书相比,计算机化工具书具有无可比拟的强大检索功能:①检索点更多,印刷型工具书的检索入口一般只有题名、著者、分类号等几种,而电子版工具书的检索点已扩大到主题词、关键词、出版社、丛书名、ISBN(或 ISSN)等,也可根据文献内容把国别、性别、民族、朝代、生卒年月、籍贯等作为检索点,当然也可以小到文献中的任何一个字、词。②具有模糊检索功能,即在检索条件非精确输入或输入有误的情况下,计算机系统能自动匹配出正确的或接近正确的检索条件,实现自动纠错,达到检索目的。③具有组配检索的功能,这是电子版工具书智能化的表现,计算机系统可根据用户的要求,将两个以上的检索条件优化组配起来进行检索,这也是印刷型工具书所不具备的检索功能。④其他功能,计算机化工具书还具有印刷型工具书不具备的其他众多检索功能,如全文检索,即把文本中的每一个字都作为检索点;超文本检索,即把文献文本中处于不同序列、不同层次上的相关信息以非线性的形式连接起来,使用者可同时打开多个窗口,同时阅览分散在多处的不同内容。

3.2　目　　录

3.2.1　概　　述

目录(bibliography),是著录一批相关文献,并按照一定次序编排而成的一种揭示与报道文献的工具,它不仅反映图书,而且还包括报刊、声像资料、数据库等形式和载体的文献。

在文献以图书为主体的古代,目录专指图书目录,通常称书目。自古以来目录还有录、略、志、考、解题、簿、书录、提要等不同称谓。书目作为一种重要的文献检索工具,既可反映某一图书馆,甚至一个国家的文献收藏与出版情况,也可反映某一学科的最新进展,书目对于读书治学的作用尤为明显。

我国是世界上最早出现书目的国家之一,早在西汉时期,刘向、刘歆父子就编撰了《别录》、《七略》两部书目,反映先秦以来的文献,对推动当时学术的发展发挥了重要作用。后汉的班固又在《七略》的基础上编成《汉书·艺文志》,这是我国首部史志目录。从此,形成了我国各朝代都编写艺文志或经籍志的传统,对我国文化典籍的继承和学术发展起着巨大的作用,并逐渐形成了目录学这一学科。书目在西方也具有悠久的历史,考古研究表明,从古代的埃及、两河流域、印度到古希腊、罗马,都曾编写过大量的书目,书目是人类文明发展的见证。16 世纪,瑞士学者格斯纳(Conrad Gesner,1516－1565)编写的 4 卷本《世界书目》著录了 12000 多种图书,创造了个人编目的奇迹。20 世纪以来,由于文献数量的空前增长,书目编制走向了标准化、国际化,计算机在书目编制中的广泛应用也使图书馆的编目工作从个体走向联合。

书目可按多种标准进行分类,西方国家一般把书目分成两大类:一是列举式书目(也称描述性书目),即对文献的题名、著者、出版项、页码等作详细的描述,这是最常见的;二是评论性书目,对著作的版本、著者身世等作详细的介绍,相当于我国的版本目录,多见于古籍目录。目前世界各国在书目著录上多采用国际通用的著录方式——国际标准书目著录(International Standard Bibliographic Description, ISBD),使不同语种文献的书目资源实现国际共享。图书馆目录是书目中最有代表性的,它向读者揭示图书馆所藏文献(图书、期刊、视听资料等)内容。以图书目录为例,一张目录揭示图书的两个特征:一是内在特征,通过分类号、主题词、提要项来反映;二是外在特征,包括书名、著者、出版项等。普通图书的印刷型卡片式著录格式如下:

正书名＝并列书名:副书名及题名说明文字/第一责任者;其余责任者. —版次及其他版本形式/与本版有关的责任者. —出版发行地:出版发行者,出版年

页数或册数:图;尺寸＋附件. —(丛书名/编者,国际标准连续出版物编号;丛书编号)

附注项

国际标准书号:获得方式(或价格)

内容提要

图书馆目录多种多样,按文献文种可分为中文文献目录、西文文献目录、俄文文献目录、日文文献目录等;按文献类型可划分为图书目录、报刊目录、视听资料目录等;按目录载体(物质形态)可划分为卡片目录、书本式目录、缩微目录、机读目录等;按编制目的可分为馆藏目录、新书目录、推荐目录、专题目录等;按检索途径可分为分类目录、题名目录、责任者目录和主题目录四种。

目录是文献信息的集合,是按一定次序编排而成。随着目录的数字化和计算机管理的应用,目录检索更加方便快捷,读者无须深入了解其编排机理。

3.2.2　图书目录

1. 古籍书目

古籍是古代一切图书典籍的总称。在图书馆图书编目工作中,古籍指 1911 年前(含 1911 年)的抄本和印本、1911 年后重印的线装书,到目前为止,我国古籍图书达十几万种。为方便保管,古籍书一般单独存放。古籍书目以中国古籍为收录对象,根据收录的内容,古籍书目又分为以下几大类别。

(1)史志书目。东汉班固撰《汉书》时始著"艺文志",从而开创了正史艺文志之先河;《隋书》时改"艺文志"为"经籍志"。"艺文志"和"经籍志"汇集了历代及当时所见之书目。二十五史中只有《汉书·艺文志》、《隋书·经籍志》、《旧唐书·经籍志》、《新唐书·艺文志》、《宋史·艺文志》和《明史·艺文志》六部,其他正史都没有艺文志。因此,后人补志工作相习成风,特别是清代学者补撰了正史艺文志,且往往一史艺文志有几家补撰,不但对原正史无艺文志进行补撰,而且原正史有艺文志的也有的再作补注。为了查找方便,上海开明书店于 1936—1937 年把诸家补志汇为《二十五史补编》一书出版,并先后于 1957 年、1992 年重印。该书共收录艺文、经籍补志 32 种,基本上包括了历朝艺文的补志:

《汉书艺文志考证》十卷　(宋)王应麟

《汉书艺文志拾补》六卷　(清)姚振宗

《汉书艺文志条例》八卷　(清)姚振宗

《汉书艺文志举例》一卷　(民国)孙德谦

《前汉书艺文志注》一卷　(清)刘光蕡

《补续汉书艺文志》一卷　(清)钱大昭

《补后汉书艺文志》四卷　(清)侯康

《补后汉书艺文志》十卷　(清)顾櫰三

《后汉书艺文志》四卷　(清)姚振宗

《补后汉艺文志》一卷考十卷　(民国)曾朴

《补三国艺文志》四卷　(清)侯康

《三国艺文志》四卷　(清)姚振宗

《补晋书艺文志》四卷补遗一卷勘误一卷　(民国)丁国钧撰,丁辰注并撰勘误

《补晋书艺文志》六卷　(清)文廷式

《补晋书艺文志》四卷　(清)秦荣光

《补晋书经籍志》四卷　(民国)吴士鉴

《补晋书艺文志》四卷　(民国)黄逢元

《补宋艺文志》一卷　聂崇歧

《补南齐书艺文志》四卷　(民国)陈述

《隋书经籍志补》二卷　(民国)张鹏一

《隋书经籍志考证》十三卷　(清)章宗源

《隋书经籍志考证》五十二卷　(清)姚振宗

《补南北史艺文志》三卷　(民国)徐崇

《补五代史艺文志》一卷　(清)顾櫰三

《宋史艺文志补》一卷 （清） 黄虞稷

《西夏艺文志》一卷 （清） 王仁俊

《辽艺文志》一卷 （民国） 缪荃孙

《辽史艺文志补证》一卷 （清） 王仁俊

《辽史艺文志》一卷 （民国） 黄任恒

《补元史艺文志》四卷 （清） 钱大昕

《补辽金元史艺文志》一卷 （清） 倪灿等

《补三史艺文志》一卷 （清） 金门诏

以上六部史志书目加上《二十五史补编》和《清史稿艺文志及补编》（全二册）〔（清）朱师辙等编，武作成补编，中华书局1982年版〕等其他官私目录，我们可以比较全面地了解历代著述的情况。

另一考查古籍流传的工具是《艺文志二十种综合引得》（哈佛燕京学社引得编纂处1933年编印，中华书局1960年重印）。该书收录的二十种艺文志包括正史艺文志7种、补志8种、禁毁书目4种和征访书目1种，即《汉书艺文志》、《后汉书艺文志》、《三国艺文志》、《补晋艺文志》、《隋书经籍志》、《旧唐书经籍志》、《新唐书艺文志》、《补五代史艺文志》、《宋史艺文志》、《宋史艺文志补》、《补辽金元艺文志》、《补三史艺文志》、《补元史艺文志》、《明史艺文志》、《清史稿艺文志》、《禁书总目》、《全毁书目》、《抽毁书目》、《违碍书目》与《征访明季遗书目》，这二十种书目基本反映了我国从上古至清代的古籍。《艺文志二十种综合引得》对每一种书和每一位著者进行了标引，可以了解到一部古籍曾在哪几部书目中著录过，以及某人写过哪些著作，在哪些书目中有著录。

史志书目对于查考古籍流传，了解学术发展等都具有重要的价值。但史志书目只反映历史上曾经存在过的书籍，至于现今是否仍然存世无法肯定，查考现存世的古籍，可利用的有以下几部书目：

①《四库全书总目》（即《四库全书总目提要》），（清）永瑢、纪昀等编，1793年刊行，简称《四库提要》，中华书局1965年、1983年出影印本，上、下两册。2000年，河北人民出版社也出版了《四库全书总目提要》4卷本。

《四库全书》是我国历史上规模空前、影响深远的一部大型丛书，清代乾隆皇帝以"稽古右文"为名，而实际上是推行"寓禁于征"的文化专制主义产物。该书共收书3503种、79337卷，计36304册，分经、史、子、集四部类。《四库全书》于1782年修成后又陆续缮写了7部正本、一部副本，正本分藏在紫禁城内的文渊阁、北京圆明园的文源阁、承德避暑山庄的文津阁、沈阳的文溯阁、扬州的文汇阁、镇江的文宗阁、杭州的文澜阁，副本藏于翰林院。与此同时，该书的编纂也使大批书籍遭到禁毁、删节与窜改。据陈乃乾《禁书总录》统计，被全毁与抽毁的书籍近3000种，正如鲁迅所指出："清人纂修《四库全书》而古书亡。"（《且介亭杂文·病后杂谈之余》）。《四库全书》几经沧桑，现尚存4部：文津阁本存北京图书馆、文溯阁本存甘肃省图书馆、文澜阁本存浙江图书馆、文渊阁本存台湾省。其中文渊阁本和文津阁本都已影印出版，国内大中型图书馆多已购存。

《四库全书总目》初稿完成于清朝乾隆四十六年（1781）。随着《四库全书》不断增补与一些著作的抽换，这部书目也有过几次变动。大约于乾隆五十八年才由武英殿刊版印行。乾隆六十年，浙江谢启昆据文澜阁所藏武英殿刊本翻刻以后，《四库全书总目》才得以广泛流传。

《四库全书总目》200 卷,共著录书籍 10254 种,172860 卷。其著录之书分两部分,一是收入《四库全书》的著作,共 3461 种,79309 卷;另一部分是不收入《四库全书》,但列有存目,共 6793 种,93551 卷。可见,《四库全书总目》基本上收入了当时所见的自先秦以来的文献。每部书籍均注明来源,有采进本,如《史记索隐》30 卷(江苏巡抚采进本);内府本,如《明一统志》90 卷(内府藏本);敕撰本,如《钦定大清会典》100 卷(乾隆二十九年奉敕撰);进献本,如《舆地广记》38 卷(浙江鲍士恭家藏本);永乐大典本,如《孙子算经》3 卷;通行本,如《吴子》1 卷。每部书籍附以提要,为了解古籍的编纂经过、著作内容及其得失、文字异同、版本源流,以及著者生平事迹等提供了有价值的参考资料。这些提要均由纪昀修改审定。《总目》中全部书籍按经、史、子、集四部分类法编排,类目如下:

经部十类:易类、书类、诗类、礼类(周礼、仪礼、礼记、三礼总义、通礼、杂礼)、春秋类、孝经类、五经总义类、四书类、乐类、小学类(训诂、字书、韵书)。

史部十五类:正史类、编年类、记事本末类、别史类、杂史类、诏令奏议类(诏令、奏议)、传记类(圣贤、名人、总录、杂录、别录)、史钞类、载记类、时令类、地理类(宫殿疏、总志、都会郡县、河渠、边防、山川、古迹、杂记、游记、外记)、职官类(官制、官箴)、政书类(通制、典礼、邦计、军政、法令、考工)、目录类(经籍、金石)、史评类。

子部十四类:儒家类、兵家类、法家类、农家类、医家类、天文算法类(推步、算书)、术数类(数学、占候、相宅相墓、占卜、命书相书、阴阳五行、杂技术)、艺术类(书画、琴谱、篆刻、杂技)、谱录类(器物、食谱、草木鸟兽虫鱼)、杂家类(杂学、杂考、杂说、杂品、杂纂、杂编)、类书类、小说家类(杂事、异闻、琐语)、释家类、道家类。

集部五类:楚辞类、别集类(汉至五代、北宋建隆至靖康、南宋建炎至德祐、金至元、明洪武至崇祯、清朝)、总集类、诗文评类、词曲类(词集、词选、词话、词谱词韵、南北曲)。

经部反映的是封建正统文化,这一部类是封建社会统治阶级"认可"的必读书,主要包括十三经、四书、古乐、文字学等方面的书籍,以及解释经书的著述。史部主要是各种体裁的史书,如纪传体、编年体、纪事本末史籍,也包括地理著作、政书、目录书。子部范围极广,收书比较复杂。有哲学书,也包括算书、天文、生物、医学、农学、军事、艺术、宗教著作、笔记小说与类书。子部还包括一些迷信色彩的类目,如术数类的数学、占候、相宅相墓、占卜、命书相书等。集部收历代作家一人或多人著作的集子,一人著作的集子称之为别集,多人著作的集子称之为总集。历代作家的文集既有文学作品,也包括评论诗、文、词、曲的著作;虽以文学为主,但又不限于文学。

《总目》中的部、类前有大、小序,以说明该类书籍的学术源流,对于认识与使用《总目》颇有意义。

《总目》初稿完成时,由于卷帙太繁,翻阅不便,纪昀等又删节提要,不录存目,于清乾隆四十六年编成《四库全书简明目录》,20 卷。后由《四库全书》馆馆臣赵怀玉于清乾隆四十九年录出副本,刊行于杭州。该书在收书范围、提要详略两方面均有别于《四库全书总目》,一繁一简相辅而行。《简明目录》只为《四库全书》中的 3000 余种古籍附以提要,且文字极其简明。

《四库全书总目》对于查找现存古籍,了解古籍内容,颇为有用。但《总目》毕竟成书较早,加之当时被禁毁或后来又被发现的古籍从中不可能查到;同时《总目》内容也有不少错误后来屡被发现,这就需要查其他著作或书目,予以补充。

纠正《四库全书总目》中谬误的著作和书目主要有：

《四库提要辨证》，余嘉锡撰，中华书局，2007 年版。经作者多年研究，对《四库全书总目》中近 500 种古籍，从内容、版本及作者生平作了科学的考辨、订正。全书亦按《四库全书总目》次序编排。这是查阅古籍必备的学术著作。

《四库全书总目提要补正》，胡玉缙撰，上海书店出版社，1998 年版。编者从诸家藏书志、读书记、笔记、日记、文集中，汇录了前人对《总目》与清人阮元所撰《四库未收书目提要》（记载《四库全书》未收 174 种书籍的提要）共 2000 种书籍的匡谬补缺文字。全书按《四库全书总目》次序编排。

《四库提要订误》，李裕民著，书目文献出版社，1990 年版。2005 年，中华书局又出增订本。

《四库提要补正》，崔富章著，杭州大学出版社，1990 年版。

补充《四库全书总目》的主要有：

《影印文渊阁四库全书目录索引》，该书是 1986 年台湾商务印书馆影印出版文渊阁《四库全书》的配套。

《四库全书目录索引》，上海古籍出版社，1989 年版。可查到《四库全书》中各种古籍书名、作者及文渊阁本影印本的册数、页数。

《四库全书存目丛书·目录索引》，《四库全书存目丛书》编纂委员会编，齐鲁书社，1997 年版。《四库全书存目丛书》收录散藏于世界各地 200 余家图书馆、博物馆及私人藏书家手中的四库全书 4508 种，6 万余卷，原版影印，由齐鲁书社于 1997 年出齐。其中八成为宋、元、明及清初善本，三成为孤本，学术价值、史料价值和版本价值均很高。该书是为查阅《四库全书存目丛书》而编制，由总目录、书名索引和著者索引三部分组成。

《续修四库全书总目提要》，中国科学院图书馆整理，中华书局出版。该书是对 1931—1945 年我国学者为续修《四库全书总目》所撰写的典籍提要进行整理、编辑而成。1927 年，"北京人文科学研究所"以日本退还的部分"庚子赔款"为经费，进行《续修四库全书总目提要》纂修工作，参与其事者有 70 多位。至 1942 年，提要的撰写工作基本结束，共撰成提要稿32960 多篇。此后由于太平洋战争的影响，纂修工作基本停顿，部分工作则延续至 1945 年。抗战胜利后，中国政府接收了这批遗稿。1949 年新中国成立后，收藏于中国科学院图书馆。20 世纪 80 年代初，中国科学院图书馆开始对这批遗稿进行整理编辑。1993 年由中华书局公开出版。

《续修四库全书总目提要》所收录的典籍主要包括：清乾隆以前出现而《四库全书总目》未收的，或是《四库全书总目》虽已收录，但窜改、删削严重，版本不佳的；清乾隆以后出现的各类典籍。其中对以下 5 类典籍给予了特别关注：一是禁毁书；二是佛、道藏中的重要典籍；三是词典、小说及方志类典籍；四是敦煌遗书；五是外国人的汉文著述。提要稿的分类，大类依经史子集，小类基本上据当年"北京人文科学研究所"设计的分类表。《续修四库全书总目提要》在内容上与《四库全书总目》互为补充，在时间上基本衔接，二者之和，基本上反映了古代至 20 世纪 30 年代存世典籍的概貌。

20 世纪 90 年代以后，《四库全书》被电子化，先后以光盘版和网络版面世，其全文检索系统为读者的实用带来了极大的便利。

②《书目答问补正》，范希曾编，上海古籍出版社，2011 年版。

该书原由清代张之洞撰，初刊于清光绪二年（1876）。该书原是为生童指引"读书门径"，共列举经过选择的古籍 2200 种左右。其中《四库全书》未有者十之三四,《四库全书》有其书而校本注本晚出者十之七八。每种书先列书名,次注作者,再注各种版本,不单纯追求古本,而是以不缺少误,习见常用为主。全书按经、史、子、集、丛 5 部 36 类编排。并附"别录目"与"国朝著述诸家姓名略总目"。从"总目"中可窥见清代学术流别,具有相当的学术参考价值。《书目答问》流传以后,又不断有新的著述问世,有些古籍也陆续翻刻、重印。1931 年范希曾编写的《书目答问补正》出版,收录 1200 多种书,一部分属《书目答问》漏收,大部分是光绪二年以后几十年整理和研究中国古籍的新著述,还纠正了《书目答问》所记书名、卷数、作者方面的错误。1963 年中华书局将《书目答问补正》和《书目答问》合一出版,仍然以《书目答问补正》为书名。

③《贩书偶记》,孙殿起编,上海古籍出版社,1999 年版。

该书初刊于 1936 年,是编者几十年所见古籍的记录。1982 年上海古籍出版社新一版附有正误及补遗。该书收录的绝大部分是清代著作,同时兼收少许明代小说与辛亥革命至抗战前(止于 1935 年)的有关古代文化的著作。书中著录不仅有编者目睹的善本,也有一些近代作家的稿本、抄本。见于《四库全书总目》的清代著作,只录其卷数、版本不同者。后来,又有孙殿起仿《贩书偶记》体例,汇编了《贩书偶记续编》,经雷梦水整理由上海古籍出版社于1980 年出版,书中记载清代著述 6000 种。

查考新中国成立后整理出版的古籍概况,目前专门的工具书是《古籍整理图书目录(1949—1991)》,国务院古籍整理出版规划小组办公室编,中华书局,1992 年版。该书收录1949 年 10 月至 1991 年 12 月我国整理出版的各类古籍,主要包括辛亥革命以前的著作;辛亥革命以后对古籍整理加工的著作;有关古籍的工具书;部分汉译少数民族古籍。正文采用按年编排的方法,便于了解历年古籍整理出版的概况。同一年内,分类排列。附有按四角号码顺序编排的书名索引。

(2)丛书目录。丛书是将若干单独的图书汇集,给予一个总书名而组成的一套书。我国古代丛书始见于南宋,明代的丛书渐多,清代中叶以后丛书刻印成风。有些古籍无单刻本或单印本,只能见之于丛书中,有些古籍虽有单印本,但也常常为一种或多种丛书所收。据估计,收入丛书中的古籍约有 4 万余种。目前查古籍丛书最理想的书目是《中国丛书综录》。

①《中国丛书综录》,上海图书馆编,1959—1962 年由中华书局上海编辑所出版,1982—1983 年上海古籍出版社新版,1986 年又出缩印本。2007 年上海古籍出版社再版。

该书汇集了全国 41 所图书馆所藏丛书 2797 种,共计子目 7 万余条,去其重复,共收古籍 38891 种,是一部全国性的古籍丛书联合目录,我国现存古籍绝大部分都可在此书中查到,也是目前查找古籍丛书最理想的书目。

该书编排特点:全书分 3 册。第一册是"总目分类目录",即丛书的分类目录,下又分"汇编"和"类编"两部分,可供读者从不同的类目去检索。"汇编"下分杂纂、轶佚、郡邑、氏族、独撰五类。"类编"按经、史、子、集四部编排,各部之下再细分类目。每一种丛书著录的内容包括书名、编者、版本,然后列出该丛书所包括的子目书籍的书名、卷数及编纂者(见样条 1)。后附有:a."全国主要图书馆收藏情况表",以表格形式注明每一种丛书的收藏单位;b."丛书书名索引",按被检索书名的四角号码编排;c."索引字头笔画检字"。

鐵香室叢刻

　　（清）李世勛輯
　　　　清光緒中刊本
　　初集
　　　明夷待訪錄一卷　（清）黃宗羲撰
　　　樞言一卷　（清）王柏心撰
　　　罪言存略一卷　（清）郭嵩燾撰
　　　籌洋芻議一卷　（清）薛福成撰
　　續集
　　　乘槎筆記二卷　（清）斌椿撰
　　　使西紀程二卷　（清）郭嵩燾撰
　　　使東述略一卷雜記一卷　（清）何如璋撰
　　　出洋瑣記一卷　（清）蔡鈞撰
　　　滬游脞記一卷　（清）黃楙材撰
　　　日本記游一卷雜記一卷　（清）□□撰

样条 1　《中国丛书综录》(1)

　　第二册是"子目分类目录"，以丛书子目为著录对象，即把 2797 种丛书所包括的 38891 种古籍，按经、史、子、集分类排列，每一种古籍下著录其所属丛书名称（见样条 2）

職官之屬

官　制

通　制

　　歷代銓政要略一卷
　　　（宋）楊億撰
　　　　學海類編（道光本、景道光本）·集餘
　　　　二
　　職官分紀五十卷
　　　（宋）孫逢吉撰
　　　　四庫全書·子部類書類
　　　　四庫全書珍本初集·子部類書類
　　歷代職源撮要一卷
　　　（宋）王益之撰
　　　　適園叢書第五集
　　職源撮要一卷
　　　　續金華叢書·史部
　　歷代銓選志一卷
　　　（清）袁定遠撰
　　　　學海類編（道光本、景道光本）·集餘
　　　　二

样条 2　《中国丛书综录》(2)

　　第三册是"子目书名索引"和"子目著者索引"，该册与第二册配合使用。索引按首字四角号码排列，对于不熟悉四角号码者，可先使用前面的"索引字头笔画检字"与"汉语拼音检字"两个表，然后确定某字的四角号码，再到表上检索。

　　近年来，上海古籍出版社又陆续将该书 3 册再版，订正了原版中的一些错误，增补了黑龙江省图书馆、广西壮族自治区第一图书馆和第二图书馆、青海图书馆、宁夏回族自治区图书馆、中央民族大学图书馆收藏的丛书。

《中国丛书综录》也有疏漏和错误之处，对其补正的有《中国丛书综录补正》，阳海清撰，蒋孝达校订，江苏广陵古籍刻印社 1984 年版。《中国丛书目录及子目索引汇编》，施廷镛主编，南京大学 1982 年印行，该书增补了《中国丛书综录》漏收或未收丛书 977 种。

②《四部丛刊书录》，孙毓修编，商务印书馆，1922 年版。2010 年，国家图书馆出版社影印出版（与《四部备要书目提要》合订）。

《四部丛刊》是近代张元济编辑的一部著名丛书，分初编、续编、三编，共收书 504 种，影印了宋元的旧刻，明清的精刻本、精钞本和手稿本。《书录》是初编的目录，按经、史、子、集四部编排。每书详载版本和收藏图记。

③《四部备要书目提要》，中华书局 1936 年编印。2010 年，国家图书馆出版社影印出版（与《四部丛刊书录》合订）。

该书是供查找《四部备要》子目之用的。《四部备要》是中华书局辑印的另一部著名丛书，分 5 集，收书 336 种，大部分是古籍中极为重要的著作，所据多为清代学者整理过的本子，用仿宋铅字排印。《书目提要》按经、史、子、集四部编排，每书首列"著者小传"，然后照录"四库提要"或新编"本书述略"，简介内容，最后记载"卷目"。

④《丛书集成初编目录》，商务印书馆编，中华书局 1983 年重印。

该书供查找《丛书集成初编》所收丛书及其子目用。《丛书集成初编》由商务印书馆于1935 年编辑出版，选定宋、元、明、清四代丛书百部，原收书约 6000 种，删去重复，实存约4100 种，多于《四库全书》所收书十分之二，但书未出齐。中华书局所出《丛书集成初编目录》新本，即吸收了上海古籍书店重编本加工的成果，又作了若干订正。书前有百部丛书提要，简介丛书编者生平、丛书内容、特点及编辑概要。子目按总类、哲学、宗教、社会科学、语文学、自然科学、应用科学、艺术、文学、史地 10 类编排。已出版各书书名前冠以书号，未出版各书书名后注明"未出"。书后附"书名索引"与"未出书名索引"。

⑤《中国丛书广录》，阳海清编撰，湖北人民出版社，1999 年版，上下册。

该书收录《中国丛书综录》所未收的古籍丛书，包括历史上曾经有过而今仅"存目"之丛书，共计 3279 种。

（3）方志目录。方志是记载某一地区古今历史、地理及各种事物的"百科全书"，在古籍中占有较大的分量。早在先秦时期我国就已出现，但直至明清时各地才开始普遍编修。全国现有历代方志八千多种，基本上都是明清两代的，宋元方志传世者不过三十多种，宋以前只有几种。方志目录有各收藏单位编撰的馆藏方志目录和多个收藏单位的联合目录两种，后者学术研究作用尤为明显，其中最著名的首推《中国地方志联合目录》。

《中国地方志联合目录》，中国科学院北京天文台主编，中华书局 1985 年版。本书以《中国地方志综录（增订版）》（朱士嘉编，商务印书馆 1958 年版）为蓝本补充、修订而成。该书收录全国图书馆、博物馆、文化馆、档案馆等 190 个单位所藏历代方志 8200 多种，收录范围为省志、府志、州志、厅志、县志、卫志、所志、乡镇志、岛屿志、乡土志、里镇志，以及具有方志性质的志料等。所收方志时间截至 1949 年，1949 年以后编纂的地方志另收入《新编中国地方志目录》。每一部方志的著录包括书名、卷数、编纂者、版本、收藏单位、备注等（见样条 3）。

〔成化〕杭州府志六十三卷首一卷
　　（明）陳讓等修　夏時正等纂
　　明成化十一年(1475)刻本
　　　　北京(存卷1—3, 7—10, 60, 61, •, 又有膠卷)
　　　　南京　上海(膠卷)
　　　影抄本
　　　　浙江

〔萬曆〕杭州府志一百卷
　　（明）劉伯縉修　陳善等纂
　　明萬曆七年(1579)刻本
　　　　北京(存卷1, 2, 4—12,15—100)　上海(存卷
　　　　1—18)　南京　南京地理所　溫州　臺灣
　　　清抄本
　　　　南通

〔康熙〕杭州府志四十卷圖一卷
　　（清）馬如龍修　楊鼐等纂
　　清康熙二十五年(1686)刻本
　　　　北京　科學　上海　南大　浙江
　　　清康熙三十三年(1694)李鐸增刻本
　　　　南京　南大　浙江

样条 3　《中国地方志联合目录》

　　本书编排与检索特点：①正文按 30 个省直辖市、自治区依次编排，其下再以省、府、州、县、乡为序。②书后附有"书名索引"，按书名首字的四角号码编排，从书名首字四角号码就能确定该书在正文中的页码。对于不熟悉四角号码的用户，可以先查阅另一附表"笔画索引与四角号码对照表"，从中找到某一字对应的四角号码，进而到"书名索引"中检索。

　　国内各大图书馆所编方志目录主要有《北京图书馆方志目录》（全六册），北京图书馆1933—1957 年编印，该书分三编：第一编收各省、府、厅、州、县志及边镇、卫、所、关、场、盐井等志 5200 余部；第二编收 1933—1936 年入馆的新志 862 部；第三编收新购入的方志 2357余种。《上海图书馆地方志目录》，1979 年编印，收方志 5400 余种。《中国人民大学图书馆地方志目录》，1987 年由中国人民大学古籍所编印，收方志 2400 余种。国内其他图书馆也编有本馆所藏方志目录，在此不一一介绍。

　　各地也编写了不少地方志目录，主要有：《河北省地方志综录（初编）》（1982 年）、《山西省地方志联合目录》（1980 年）、《陕西地方志书目》（1981 年）、《山东省地方志联合目录》（1981 年）、《河南地方志提要》（1982 年）、《广西地方志文献联合目录》（1988 年）、《台湾公藏方志联合目录（增订本）》（1981 年）。国外所藏地方志目录有《美国国会图书馆藏中国方志目录》（朱士嘉编，1985 年台湾新文丰出版公司出版），《日本见藏稀见中国地方志书目》（崔建英编，书目文献出版社，1986 年版）。

　　1949 年以后编修出版的方志，习惯上称为"新方志"。反映新方志基本情况的综合性书目是《中国新方志目录》，由全国地方志资料工作协作组编纂，该书已于 1993 年由书目文献

出版社出版,共 3 册,收录自 1949 年 10 月至 1997 年 1 月的新方志共 9500 余种,卷末附台湾省所编方志及总索引。

目前,中国国家图书馆已经把我国的地方志进行数字化,其"数字方志"收录 6000 多种地方志,可以在线免费阅览。

(4)版本目录。我国雕版印刷始于唐代,自从有了雕版印刷,便有版本之说。研究和鉴定版本的方法,即版本学。我国版本学始于南宋,大盛于清代中叶。版本学所涉及的范围很广,版本的名称也很多。以经营刻书事业之不同,分为官刻本、家刻本和坊刻本三种;按刻书的时代,又可分为宋本、元本、明本、清本;按刻书的地点又可分为浙本、闽本、蜀本、江南本等;按内容增减和批校评注的不同,分为校本、批校本、注本、节本等;按印刷时间先后不同,有初刻本(原刻本)、翻刻本、仿刻本等;按文物价值不同,有秘本、珍本、善本等。在各版本中,古籍善本尤为重要。关于善本的定义,学术上颇有争议,目前我国所指善本为凡具有古籍的历史文物性、学术资料性、艺术代表性三方面之一、二的古籍。具体包括:①元及元以前刻本、抄写本;②明刻本和明抄本(刻印模糊和流传多的除外);③清代乾隆及乾隆以前流传较少的刻本和抄本;④太平天国及历代农民革命政权所刻印的图书;⑤辛亥革命前反映某一时期、某一领域或某一事件资料方面的稿本以及流传很少的刻本、抄本,有名人学者亲笔批校、题跋、评论的刻本、抄本;⑥在印刷上能反映中国古代印刷技术水平的各种活字印本、套印本或有较精版画的刻本;⑦明代的印谱、清代的集古印谱,名家篆刻的印谱(有特色又系足本或有亲笔题记的)。目前国内编印的古籍善本目录主要有:

《中国古籍善本书目》,中国古籍善本书目编委会编,上海古籍出版社 1986—1996 出版。本书是根据 1975 年周恩来总理的有关指示编纂,全书汇集全国各省、市、县公共图书馆、博物馆、文管会、高等院校、科学院系统图书馆、中等学校、文化馆、寺庙等单位所藏古籍善本约六万余种,十三万部,分经、史、子、集、丛五部。该书是我国现存古籍善本图书的总汇,有很高的学术价值与使用价值。该书编排简明易检,正文按类编排所收图书,每种书都给予一个编号,卷末附有"藏书单位号表"和"藏书单位检索表",可确定每一种书为哪几所单位所收藏。

国内各大图书馆也编有本馆的馆藏善本书目:《北京图书馆古籍善本书目》,北京图书馆善本特藏部编,书目文献出版社 1987 年版,五册,共收古籍善本近两万种,按经、史、子、集四部编排;《上海图书馆善本书目》,上海图书馆 1957 年编印,共五卷,收录该馆 1956 年 9 月以前入藏的善本共计 2470 种,按经、史、子、集、丛五部编排;《北京大学图书馆藏善本书目》,1958 年编印,2 卷,收录善本 7800 种;《中国人民大学图书馆古籍善本书目》,中国人民大学古籍研究所编,中国人民大学出版社 1991 年版,收善本 2400 余种;《南京大学图书馆馆藏古籍善本图书目录》,南京大学图书馆 1980 年编印,收善本 1400 余种;《中国科学院图书馆藏中文古籍善本书目》,中国科学院图书馆编,中国科学出版社 1994 年版。此外,还有我国台湾图书馆 1967 年编印的《"国立中央"图书馆善本书目》,收录了善本 11000 余种,1986 年增订第 2 版,收书达 15770 部。

有关国外图书馆所藏中文善本书目也有出版,如《美国哈佛大学燕京图书馆中文善本书志》,沈津著,上海辞书出版社,1999 年版,收录宋至明末刻本图书 1433 种。

"中华古籍善本国际联合书目系统",约有 30 余家图书馆参加了中文善本书国际联合目录项目,中国有中国科学院图书馆、北京大学图书馆、天津图书馆、辽宁省图书馆、湖北省图书馆、复旦大学图书馆及中国人民大学图书馆。在北美，除了美国国会图书馆以外，所有主要的有中文古籍善本收藏的图书馆都参加了这一项目。中文善本书国际联合目录数据库著录了北美图书馆的几乎全部藏书以及中国图书馆的部分藏书，数据达 2 万多条。中国用户可以通过中国国家图书馆网站来检索。

（5）其他目录。历代禁书可查《中国禁书大观》，安平秋、章培垣主编，上海文化出版社，1990 年版。该书包括中国禁书简史、中国禁书解题、中国历代禁书目录三部分，开列了从秦代至清代的全部禁书目录。《中国历代禁书》雒启坤，王德明主编，九洲图书出版社，1998 年版。《清代禁书知见录》，孙殿起辑。该书与《清代禁毁书目（补遗）》（清人姚觐元撰）合为一书，由商务印书馆于 1957 年出版。在《清代禁书知见录》中，编者根据自己所见到的禁书，记其书名、卷数、作者和刊刻年代。同时将一部分不见于禁书书目而似在禁毁范围的古书，作为外编附于书后。该书录为查找清乾隆时查禁书中尚存的著作提供了线索。《清代禁毁书目（补遗）》，包括《全毁书目》、《抽毁书目》、《禁书总目》与《违碍书目》，该书目可查考清乾隆时的禁毁书籍。其他可查考的还有《清代各省禁书汇考》（雷梦辰编，书目文献出版社，1989 年版）与《四库采进目录》（吴慰祖校订，商务印书馆，1960 年版）。

历代文集目录，有《唐集叙录》，万曼著，中华书局，1980 年版；《元人文集篇目分类索引》，陆峻岭编，中华书局，1979 年版；《清代文集篇目分类索引》，王重民、杨殿珣编，中华书局，1965 年版；《清人文集别录》，张舜徽著，中华书局，1980 年版。

目前，"中国历代典籍总目"是最大型的中国古籍书目数据库，由国家图书馆和北京大学联合研制推出，以史志、官修和馆藏目录为基础，以知见、私藏和国家珍贵古籍名录为补充，从 30 余种目录文献中，整理收录了 240 余万书目。汇总中国历代书目，堪称当代"历史艺文志"。

2．现代书目

我国晚清以后逐渐采用从国外引进的印刷技术印制书报，这些采用新技术印刷的文献属现代文献，收录现代文献的书目也就称为现代书目。下面是较为重要的几部。

（1）《民国时期总书目》，北京图书馆编，书目文献出版社 1986 年起陆续出版，1997 年出版完毕。

该书收录从 1911—1949 年我国出版的中文图书 10 万种左右，约占该时期出版物总数90％以上。所收图书主要以北京图书馆、上海图书馆、重庆图书馆藏书为主，兼收其他图书馆的书目资料，但不收录以下出版物：①期刊，②线装书和少数民族文字图书，③外国驻华使馆等机构印行的图书。本书按学科分册编辑，共分 20 大类：

一、哲学·心理学（3450 种）

二、宗教（4617 种）

三、社会科学总类（3526 种）

四、政治（14697 种）

五、法律（4368 种）

六、军事（5563 种）

七、经济（16034 种）

八、文化科学（1585 种）

九、艺术（2825 种）

十、教育·体育(10269 种)

十一、中小学教材(4055 种)

十二、语言文学(3861 种)

十三、中国文学(16619 种)

十四、世界文学(4404 种)

十五、历史地理(11029)

十六、自然科学(3865 种)

十七、医药卫生(3863 种)

十八、农业科学(2455 种)

十九、工业技术·交通运输(3480 种)

二十、综合性图书(3479 种)

编排与检索特点：正文所收图书均采用分类编排法,分类体系参考《中国图书分类法》,卷首有分类目录可供检索,卷末附有按汉语拼音字母顺序编排的书名索引。每种图书著录内容包括流水编号、书名、著者、出版项、页码、尺寸、丛书项、提要项、馆藏标记 9 项。例如：

```
01225
抗战中的文学    徐中玉著
    重庆    国民图书出版社 1941 年 1 月初版
    60 页    36 开
        本书分"抗战以新的生命给了文学"、
    "文学用什么报答了抗战"、"怎样加强文学
    的抗战"、"文学目前的任务:抗战第一,胜利
    第二!"4 章,讲述抗战时期的文学问题。
                                    (B.S.C.)
```

注：01225 是图书的流水编号,B. S. C. 代表北京图书馆、上海图书馆、重庆图书馆。

(2)《中国近代现代丛书目录》,上海图书馆 1980 年编印。

该书收录上海图书馆所藏 1902—1949 年全国出版的中文丛书(线装古籍除外)5549 种,子目 30940 余条。正文按丛书书名首字笔画排列,每种丛书著录书名、编者、出版项、丛书子目,卷前列有"丛书书名首字索引"(按笔画顺序排列),卷末附有"丛书出版年表"(1902—1949 年)。为了便于检索该书子目,上海图书馆于 1982 年编印了《中国近代现代丛书目录索引》(上、下册),上册为子目书名索引,下册为子目著者索引,卷末附"中国著者名、字、号、笔名录"和"外国著者中文译名异名表"。

此外,可参考的近代书目还有《生活全国总书目》,平心编,上海生活书店,1935 年出版,收录 1911—1935 年出版的书籍 2 万余种,以今人所撰写的新文化著作与当时正在发售的图书为主。《抗战时期出版图书书目(1937—1945)》,重庆图书馆 1957—1959 年编辑刊行,收录 1937—1945 年在重庆、上海、汉口、长沙、桂林、昆明等地出版的中文图书。还有《解放区根据地图书目录》,中国人民大学图书馆编,中国人民大学出版社 1989 年出版,收录了 1937—1949 年解放区根据地出版的各类书籍和国统区出版的进步书籍 6000 多种。

3. 出版书目

出版书目是指一个出版社或多个出版社,甚至全国所有出版社所出版图书的目录,出版书目能够反映一定时期内图书出版的情况。一国出版书目的汇编即成为国家书目,出版书目对于图书采购和科研均有重要的参考作用。国内外较为重要的出版书目有:

(1)《全国总书目》,是《全国新书目》的年度累积本,原由中国版本图书馆编辑、中华书局出版,现由新闻出版署信息中心编辑出版。1949—1954 年合订一册,1955—1965 年为年刊,1966—1969 年停刊(后补编),1970 年恢复为年刊。本书目全面反映了我国各正式出版机构当年出版发行的各种书刊,具有图书年鉴的性质。全书分"分类目录"、"专题目录"和"附录"三部分,正文主要按分类编排,专题目录包括少年儿童读物、少数民族文字图书、外国文字图书、盲文数据、翻译出版的外国著作和工具书等,附录包括报纸杂志目录、出版者一览表等。为了检索方便,书后还附有按笔画顺序排列的书名索引,书中还有当年各种出版物的统计数据。本书目由于具有连续出版的特点,对于了解新中国成立后书刊的出版历史,以及有关学科专题文献的出版情况等都有相当重要的作用。

(2)《中国国家书目》,是由中国国家图书馆(原称北京图书馆)于 1985 年开始编辑的国家书目。其收录范围为汉语文普通图书、连续出版物、地图、乐谱、博士论文、技术标准、非书资料、书目索引、少数民族文字图书、盲文读物,以及中国出版的外国语文献,年报道量约 3 万种。按照"国际标准书目著录"(ISBD)和我国的文献著录标准进行著录,依据《汉语主题词表》、《中国图书馆分类法》和《中国科学院图书馆图书分类法》进行文献学科内容的标引。

(3)西方国家的书目出版业发达,尤其是利用现代技术出版的联合书目已为世界各国所广泛利用,并已形成了一批商业化的书目数据库系统。在英语出版物中,较为知名的出版书目有美国的《累积图书索引》(Cumulative book index, a world list of books in the English language, 1928/32 −. New York:Wilson, 1933 −. Monthly and Various Cumulations, CBI)、《美国在版书目》(Books In Print,BIP),英国的《惠特克在版书目》(Whitaker's Books In Print. London:Whitaker,1874−),《法国在版书目》(Les Livres Disponibles),《德国在版书目》(Verzeichnis Lieferbarer Bucher)等。目前,西方国家的出版书目已合并到数据库Global Books In Print (GBIP),又称 Bowker's Global Books In Prints(在版书目网络版),是全球最大网络版的图书信息查询系统,涵盖全球逾 1100 万本在版、绝版以及即将出版的纸本图书、电子图书、音像以及视频资料。其中,音像以及视频资料记录有 60 多万种。该库的主要资料来源自英语系及西班牙语系国家,包括美国、英国、加拿大、澳大利亚、新西兰以及南非等国家。

4. 专科(题)书目

专科(题)书目是针对特定范围读者,就某一专门领域文献而编制的书目,往往不限出版物的国别、载体和类别。专科书目与专题书目的特点基本一样,但主要侧重于现期文献,而专题书目多为回溯性。专科(题)书目反映了某一学科领域的研究成果,是学术研究的重要检索工具。以下是社会科学研究领域的一些重要专题书目:

(1)哲学、宗教书目。《民国时期总书目·哲学心理学》,北京图书馆编,书目文献出版社1991 年出版,收录 1911—1949 年国内正式出版的哲学心理学中文图书 3450 种。《周秦汉魏诸子知见书目》,严灵峰著,中华书局,1993 年版,收录周秦汉魏六朝诸子书的各种著述(包括历代注释、校勘翻译及世界主要语言的著译)6000 余条。《孔子研究论著索引(1900—

1983.6)》，董乃强编，北京师范大学历史系 1984 年印，收录 1900—1983 年 6 月间国内（包括港、台）公开出版的孔子研究专著 116 种。《孔子研究论文著作目录(1949—1986)》，中国社会科学院哲学研究所资料室编，齐鲁书社 1987 年出版，收录 1949—1986 年国内出版的孔子研究专著、论文集、资料书籍 180 余种。《佛教书目》，佛经流通处 1938 年编印，收佛学图书 4000 余种。《新编汉文大藏经目录》，吕澂编，齐鲁书社，1980 年出版。《道藏辑要》，清彭定求辑刊，巴蜀书社，1985 年重印。《日本关于中国佛教史研究著作目录(1915—1975)》，载于《世界宗教研究》第一期，中国社会科学出版社，1979 年出版。《基督教神学书目》，纪元德编，台湾神学院 1983 年印，收 1981 年以前在台的有关中文图书 3026 种。《中国哲学史史料学》，张岱年著，三联书店，1982 年出版，书后附"有关中国佛教的思想文献简明目录"、"历代书目举要"、"有关哲学史的丛书举要"与"历代思想家传记资料要目"。

(2)社会学、人口学书目。《社会学参考书目》，中国社会科学院社会学研究所、南开大学社会学系编，南开大学出版社，1984 年出版，汇集我国 30 多家大型图书馆有关社会学方面的馆藏书目 3600 余条。《国内有关人口科学文献目录(1903—1981)》，河北师大地理系资料室 1982 年编印，收录 1903—1981 年国内公开出版的有关人口学书刊文献 2228 条，其中专著 77 种。

(3)《行政学论著目录与提要(1891—1988)》，刘绍华主编，能源出版社，1989 年版，收录 1891—1988 年国内外出版的有关行政方面的专著、论文 4200 余条，其中专著 920 余种。《战后国际共产主义运动史中文书目和论文资料索引(1949—1984)》，韩佳辰等主编，中国社会科学院马列主义毛泽东思想研究所 1985 年印，收录有关国际共产主义运动史方面的中文书目和论文篇目 1600 条。《中外关系参考书目(公元前 202—1919)》，中国历史博物馆图书资料室 1977 年编印，收录中国历代对外关系的图书 1500 余种。《中日关系史目录》，大连图书馆参考部编，东北地区中日关系史研究会 1980 年印。《华侨问题图书总目》，厦门大学南洋研究所资料室 1959 年编印。《毛泽东研究文献综目(1936—1991)》，朱建亮等主编，刊载于 1992 年《湘潭大学学报·社科版》第 16 卷增刊。

(4)法律书目。《中文法学和法律图书目录(1912—1949)》，刘希昭、席延涛等，陕西人民出版社，1985 年版，收录中文法学图书 6063 种。《中国法律图书总目》，中国政法大学图书馆编，中国政法大学出版社，1991 年版，收录 1911—1990 年内地及港、台出版的中文法律图书 28000 余种。《中华人民共和国法规目录(1949.10—1990.12)》，国务院法制局法规编纂室编，人民出版社，1992 年版。

(5)经济书目。《民国时期总书目·经济》，北京图书馆编，书目文献出版社，1993 年版，收录 1911—1949 年国内正式出版的有关经济方面的中文图书 16000 余种。《经济学著作要目(1949—1983)》，张泽厚、刘厚成主编，经济科学出版社，1987 年版，收录的书目达 7000 余条。《全国经济科学总书目》，辽宁大学图书馆 1986 年编印，汇集了 1949 年 10 月至 1985 年 12 月全国公开出版的有关经济学科的著作资料 16000 余种。《中国社会经济史论著目录》，中国社会科学院历史研究所经济史组编，齐鲁书社，1988 年版，收 1900—1984 年国内发表的有关中国社会经济史论文、著作 20000 余条。《中国农业经济文献目录(1900—1981)》，国务院农村发展研究中心发展研究所编，农业出版社，1988 年版，收录 1900—1981 年国内发表的有关中国农业经济的图书和报刊资料 14246 条。《中国金融图书辑要》，司理编著，中国金融出版社，1992 年版，汇集 1949 年以来国内出版的金融图书 1000 余种。《中国钱币学资料索引(1900—1983)》,中国钱币学会陕西分会1984年编印。

(6)语言文字学书目。《民国时期总书目·语言文字分册》,北京图书馆编,书目文献出版社,1986年版,收录1911—1949年出版的有关中文图书3800种。《语言文字学书目》,中国文字改革委员会图书资料室1955年、1957年编印,该书分两辑,共收3270余条目。《汉语语言学书目(1980—1997)》,徐烈炯、王志洁主编,外语教学与研究出版社,2001年版。

(7)文学书目。综合类:《中国二十世纪文学研究论著提要》,乔默主编,北京大学出版社1993年版,收录20世纪以来中国大陆学者研究中国文学、文艺理论、外国文学、民间文学和少数民族文学的论著1200种。《民国时期总书目·文学理论·世界文学·中国文学》,北京图书馆编,书目文献出版社,1992年版,收录1911—1949年国内正式出版的有关文学理论487种、世界文学1546种、中国文学14586种,共计中文图书16600余种。

文艺理论著作书目:《中国古代文学理论名著题解》,吴文治主编,黄山书社,1987年版,对146部我国古代文学理论名著作全面的介绍。《新中国40年文艺理论研究资料目录大全》,北京市社会科学院文学研究所编,中国和平出版社,1993年版,收录1949—1989年有关文艺理论的研究专著和论文。

世界文学著作书目:《民国时期总书目·外国文学》,北京图书馆编,书目文献出版社,1987年版,收录1911—1949年国内正式出版的外国文学作品及关于外国文学专著4400种。《1949—1979翻译出版外国文学著作目录和提要》,中国版本图书馆编,江苏人民出版社,1986年版,收录五大洲85个国家1909位作者5677部作品。《1980—1986翻译出版外国文学著作目录和提要》,中国版本图书馆编,重庆出版社,1989年版,收录了80多个国家1600位作者3300部作品和论著的提要。《俄苏文学译文索引(1949—1985)》、《俄苏文学译文索引》(1986、1987),北京外国语学院外国文学研究所1987、1988年编印,收录了新中国成立至1987年间我国翻译出版的俄苏文学中译本书目。

文学史著作书目:《中国文学史书目提要》,陈玉堂著,黄山书社,1986年版,收清末至新中国成立前出版的中国文学史论著320余部。

中国古代文学著作书目:《八百种古典文学著作介绍》、《八百种古典文学著作介绍续编》,黄立振编著,中州古籍出版社,1993年版,收录新中国成立以来至1980年间出版的中国古典文学原著、选编、辑佚和各种注释本800余种。《唐代文学论集》,罗联添编,台湾学生书局1989年版,收录1900—1978年6月间出版的中外学者研究唐代文学论著3068种。

中国现代文学著作书目:《中国现代文学总书目》,贾植芳、俞元桂主编,福建教育出版社,1993年版,收录1917—1949年间出版的文学书籍13500多种。《中国现代文学书目总编(初稿)》,周锦编,台北"国家"文艺基金会第三次文艺会谈秘书组印,收录1919—1979年中国现代文学作品约7000种。《中国现代作家著译书目》、《中国现代作家著译书目续编》,北京图书馆书目编辑组编,书目文献出版社,1982、1986年版,收录1919—1981年年底178位作家著、译、编、校图书6000多种。

中国当代文学著作书目:《中国当代文学作品词典》,牛运清编,北京大学出版社,1992年版,收录1949—1988年重要文学作品1500余种。《鲁迅研究书目》,纪维周编,书目文献出版社,1987年版,收录1926—1984年出版的论著1426种。《郭沫若研究资料》,王训昭等编,中国社会科学出版社,1986年版。《老舍研究资料编目》,首都图书馆编,北京图书馆学会 1981 年印,收录老舍研究图书报刊资料 1500 余种。

诗歌研究书目:《中国历代诗词曲论专著提要》,霍松林主编,北京师范学院出版社,1991年版,收录历代诗词曲论专著 400 余种。《中国现代文学书目汇要(诗歌卷)》,郭志刚主编,书目文献出版社,1994 年版,收录现代诗集 300 余种。《唐诗研究专著、论文目录索引》,陕西师范大学中文系资料室 1982 年编印,收录 1949—1982 年研究唐诗的专著和论文。《中国新诗集编目》,林焕章编,台北成文出版社,1980 年版,收录 1917—1979 年出版的新诗集1452 种。

小说书目:《古代小说鉴赏辞典》,本辞典编委会编,学苑出版社,1989 年出版,精选 300余部古代优秀小说作评介,附有中国古代小说全目 7000 余条。《中国通俗小说总目提要》,江苏社科院明清小说研究中心、文学研究所编,中国文联出版社,1990 年版,收录唐至清末的通俗白话小说 1164 部。《中国文言小说书目》,袁行霈等编,北京大学出版社,1981 年版,收录隋至清古代文言小说 2000 余种。《中国近代小说目录》,王继权、夏生元著,百花洲文艺出版社,1998 年版。《晚清小说目》,阿英编,见于《晚清戏曲小说目》,中华书局,1959 年版,收录清光绪初年至宣统末年发表的小说 1000 余种。《中国现代文学书目汇要(小说卷)》,郭志刚主编,书目文献出版社,1994 年版,收录现代中长篇小说 500 余种。《红楼梦研究文献目录》,宋隆发编,台湾学生书局,1982 年版,收录研究《红楼梦》论著 2000 余种。

戏曲书目:《中国戏曲研究书目提要》,中国艺术研究院戏曲研究所资料室编,中国戏曲出版社,1992 年版,收录有关戏曲研究专著 1600 种。《曲海总目提要》,(清)黄文旸原撰,董康辑补,人民文学出版社,1959 年版,收元、明、清初古代戏曲 684 种。《中国剧目辞典》,王森然遗稿,河北教育出版社,1997 年版。《中国近代戏曲论著总目》,傅晓航等著,文化艺术出版社,1994 年版,收录 1840—1949 年有关戏曲专著、论文共计 9000 多条。《元代杂剧全目》,傅惜华编,作家出版社,1958 年版,收录元代杂剧 737 种。《明代杂剧全目》,傅惜华编,作家出版社,1958 年,收录明代杂剧 523 种。《明代传奇全目》,傅惜华编,人民文学出版社,1959年版,收录明代传奇 950 种。《清代杂剧全目》,傅惜华编,人民文学出版社,1981 年版,收录清代杂剧 1300 种。《中国近代传奇杂剧经眼录》,梁淑安、姚柯夫编著,书目文献出版社,1996 年版。《弹词宝卷书目》,胡士莹编,上海古籍出版社,1984 年版。《弹词叙录》,谭正璧、谭寻著,上海古籍出版社,1981 年版,收录明清以来弹词 200 种。《宝卷综录》,李世瑜编,中华书局,1961 年版,收录宝卷 774 种。《子弟书总目》,傅惜华编,古典文学出版社,1957 年版,收录子弟书 400 余种。《京剧剧目辞典》,曾白融主编,中国戏曲出版社,1989年版,收录剧目 5300 余条。《古典戏曲存目汇考》,庄一拂编著,上海古籍出版社,1982 年版,汇集南宋至清代的古典戏曲剧目,计戏文 320 种,杂剧 1830 种,传奇 2590 余种。

散文民间文学书目:《中国现代散文集编目》,周丽丽编,台北成文出版社,1980 年版,收新文学运动至 1979 年我国出版现代散文集 1400 多种。《民间文学书目汇要》,老彭编,重庆出版社,1988 年版。

(8)艺术书目。《美术理论书目(1912—1949)》,温肇桐编,上海人民美术出版社,1965年版。《美术理论书目(1949—1979)》,温肇桐编,上海人民美术出版社,1983 年版。《书画书录解题》,余绍宋撰,浙江人民出版社,1982 年影印,著录汉代至近代有关书画的书籍 800余种。《中国古代书画目录》,中国古代书画鉴定组编,文物出版社,1984 年起陆续出版。《历代中国画学著述目录》(增订本),虞复编,朝花美术出版社,1962 年版。《重订清故宫旧藏书画录》，徐邦达编，人民美术出版社，1997 年版。《中国近代书画目录》，王建宇、邱东联编著，南方出版社，1999 年版。《中国现代书画目录》，邱东联、王建宇编著，南方出版社，1999 年版。《中国古代音乐书目》，中央音乐学院中国音乐研究所编，音乐出版社，1961 年版，收录我国 1840 年以前的音乐书籍 1400 种。《中国现代音乐书目（初稿）》，中央音乐学院音乐研究所编，音乐出版社，1965 年版，收录我国 51 个单位收藏的 1949—1959 年出版的音乐书籍 600 余种。《中国音乐书谱志》，中国艺术研究院音乐研究所编，人民音乐出版社，1984 年版，收录我国先秦至新中国成立以前刊印的音乐书谱 5000 余种。

（9）历史书目。综合类：《八十年史学书目（1900—1980）》，中国社会科学院历史研究所资料室编，中国社会科学出版社 1984 年版，收录史学著作 12400 余种。

世界历史书目：《世界历史书目（1949—1980）》，中国社会科学院世界历史研究所图书馆编，载于《中国历史学年鉴》（1982）。《七十年史学书目》（1900—1975），中国社会科学院历史研究所资料室编，中国社会科学出版社，1981 年版，收录中国人著译的史学著作 9000 余种。

中国历史书目：《中国历史书目（1912—1978）》，郭永芳编，载于《中国历史学年鉴》1981 年、1982 年、1983 年。《中国家谱综合目录》，国家档案局二处等编，中华书局，1997 年版。

中国古代史书目：《魏晋南北朝史书目论文索引（1900—1981）》，武汉大学图书馆 1982 年编印，收录有关学术书目 2678 种，其中中文图书 1252 种，日文图书 1426 种。《隋唐五代史论著目录》，中国社会科学院历史研究所编，江苏古籍出版社，1985 年版，收录中国（含港台）和日本 1900—1981 年所发表的有关论文和著作目录 18300 余条。《宋史研究论文与书籍目录（1905—1981）》（增订本），宋晞编，台湾中国文化大学出版社，1983 年版，收录 1905—1981 年出版的有关书籍 501 种。《辽史研究论文专著索引》，辽宁社会科学院历史研究所编辑出版，收清末至 1980 年国内外发表的有关论文、专著目录 1000 余条。《中国近八十年明史论著录》，中国社会科学院历史研究所编，江苏人民出版社，1981 年版，收录 1900—1978 年国内发表的有关论文和著作 10000 多条，其中著作 600 种。

中国近代史书目：《研究太平天国史著述综目》，姜秉正编，书目文献出版社，1984 年版，收录 1853—1981 年国内外出版的有关专著、论文和资料。《辛亥革命资料目录》，南京图书馆编，江苏省哲学社会科学联合会 1981 年印。《中国近代史论著目录（1949—1979）》，复旦大学历史系资料室 1980 年编，收录书籍 1200 余种。《国外出版中国近现代史书目（1949—1978）》，杨诗浩等编，上海人民出版社，1980 年版，收录中国香港和国外出版的外文著作和资料约 3500 条。

中国现代史书目：《中国现代史论文著作目录索引（1949—1981）》，荣天琳主编，北京大学出版社，1985 年版，收录 1949—1981 年国内有关的著作、史料共 2 万余条。《中国现代史论文书目索引（1949.10—1981.12）》，李光一主编，河南大学出版社，1985 年版。《五四运动史论文、专著资料索引（1919—1984）》，中山大学 1982 年编印。《抗日战争史参考资料目录》，周元正编，四川大学出版社，1985 年版，收录抗战时期出版的书籍资料 7626 种。《中国东北沦陷史论著资料目录（1931.9.18—1945.8.15）》，李凡、杜若主编，黑龙江人民出版社，1996 年版。《孙中山研究总目》，苏爱荣，刘永为编，团结出版社，1990 年版，收录 1900—1988 年港台和内地的孙中山著作目录、研究书目和论文篇目。

文物考古著作书目：《中国考古学文献目录（1900—1949）》，北京大学考古系资料室编，文物出版社,1991 年版,收录 1900—1949 年国内出版的有关书籍和报刊资料 8200 余条。
《中国考古学文献目录(1949—1966)》,中国科学院考古研究所图书资料室编,文物出版社,
1978 年版。《中国考古文献目录(1971—1982)》,中国社会科学院考古研究所资料信息中心
编,文物出版社,1998 年版。《中国考古文献目录(1983—1990)》,中国社会科学院考古研究
所资料信息中心编,文物出版社,2001 年版。《1949—1989 四十年出土墓志目录》,荣丽华
编,中华书局,1993 年版,收录 1949—1989 年各地出土的历代墓志 1467 方。《五十年甲骨学
论著目录(1899—1949)》,胡厚宣编,中华书局,1984 年版,收录 1899—1949 年中、日、俄等各
种文字的甲骨学专著和论文 876 种。《金石录》,(宋)赵明诚撰,中华书局,1985 年影印,著录
隋唐五代以前的金石拓本 2000 种。《1909—1983 敦煌学论著目录》,刘进宝编,甘肃人民出
版社,1985 年版。《敦煌遗书总目索引》,商务印书馆 1962 年编辑出版,中华书局 1983 年新
版,收录国内外以汉文为主的敦煌遗书 2 万余卷。

(10)地理书目。《中国历史地理学论著索引》,杜瑜等编,书目文献出版社,1985 年版,
收录 1900—1982 年我国(含港台)发表的著作 2800 多种,及日本学者著作 500 余种。《中国
学术著作总目提要(1978—1987):历史地理卷》,吉林教育出版社,1996 年版。《中国古代地
学书录》,李仲均等编著,中国地质大学出版社,1997 年版。《中国边疆图籍录》,邓衍林编,
商务印书馆,1958 年版,著录古今有关我国边疆书籍及舆图近万种。

3.2.3　报刊目录

报刊目录是为报纸、期刊编制的一种重要的目录。报刊目录一般分为馆藏报刊目录与
报刊发行目录,前者包括某一图书馆所藏报刊的目录和多个图书馆所藏报刊的联合目录两
种,后者为邮局等报刊发行机构所编的征订目录。与图书相比,报纸、期刊具有出版周期短、
发表文章快的特点,能够及时反映最新事件和科学技术方面出现的最新成果。期刊已成为
当今最重要的文献信息源,据统计,在全世界各类期刊上发表的科技论文,已占整个科技文
献来源的 65%~70%。我国化学研究人员的文献信息来源中期刊占 78.6%,工程技术人员
的文献信息来源中期刊占 63%~73%。报刊在文献信息机构的收藏比重也越来越大,我国
一些大型研究性图书馆报刊收藏已占馆藏文献总量 30%以上。报刊目录在学术研究、选购
方面有重要的参考作用。

1.期刊目录

(1)期刊联合目录

①《1833—1949 全国中文期刊联合目录(增订本)》,全国图书联合目录编辑组编,书目
文献出版社 1981 年版。

该目录收录了全国 50 所图书馆 1957 年年底以前所藏新中国成立前国内外出版的中文
期刊近 20000 种。所有期刊按刊名首字笔画排列,期刊的著录项目包括刊名、刊期、编辑者、
出版地、出版者,创刊、停刊情况,总的收藏情况,各馆收藏卷期等。

②《1833—1949 全国中文期刊联合目录补编本》,北京图书馆、上海图书馆编著,书目文
献出版社 1994 年出版。该书补编了增订本未收的清末至民国时期期刊 16400 余种。增订
本与补编本基本反映了 1833—1949 年我国期刊出版全貌及馆藏情况。

此外,我国一些大型图书馆也编写了本馆收藏报刊目录,如《北京大学图书馆中文旧期
刊目录》,北大图书馆 1956 年编印,收录该馆所藏新中国成立前出版的中文期刊 9000 余种;

《北京图书馆馆藏报纸目录》，该馆报纸期刊编目组编，书目文献出版社，1981 年版；《上海市报刊图书馆中文期刊目录(1881—1949)》，上海市报刊图书馆 1957 年编印，收录该馆所收新中国成立前中文期刊 8000 余种；《上海市报刊图书馆中文报纸目录(1861—1958)》，上海市报刊图书馆 1958 年编印。

(2)期刊名录

①《中文核心期刊要目总览》(第七版，2014 年版)，朱强等主编，北京大学出版社，第七版(2014 年版)，2015 年 9 月。初版于 1992 年，由北京高校图书馆期刊工作研究会、北京大学图书馆编辑。这是一部对中文期刊的选择有重要参考作用的工具书，采用了被索量、被摘量、被引量、他引量、被摘率、影响因子、他引影响因子、被重要检索系统收录、基金论文比、Web 下载量、论文被引指数、互引指数等 12 个评价指标，选作评价指标统计源的数据库及文摘刊物达 50 余种。统计文献量 65 亿余篇次(2009—2011 年)，涉及期刊 14700 余种。定性评价共有 3700 多位学科专家参加了核心期刊评审工作。经过定量评价和定性评审，从我国正在出版的中文期刊中评选出 1983 种核心期刊，分属 7 大编 74 个学科类目。该书由各学科核心期刊表、核心期刊简介、专业期刊一览表等几部分组成，不仅可以查询学科核心期刊，还可以检索正在出版的学科专业期刊。著录项目包括刊名、编辑机构、出版地、出版者、出版频率、《中图法》类号、国际标准刊号(ISSN)、国内统一刊号、邮发代号、国外发行号、编辑部地址和邮政编码、内容简介等。书后附数个索引。

②《乌利希国际期刊指南》(Ulrich's international periodicals directory, New York: Bowker，1932—)，是国际最权威的在版期刊目录，每年再版。

该刊 1932 年初版，名为《期刊指南》，主编是纽约公共图书馆期刊部主任卡罗琳·乌利希，1943 年起以乌利希命名。目前收录 200 种语言的 15 万个出版商的期刊资料，包括 33 万多种期刊的详细书目数据，覆盖 950 个学科。该指南虽为国际性，但以西方的刊物为主，不收中文日文、阿拉伯文、印地文等东方语言和非洲语言的刊物。正文按主题排列，著录详细，包括收录刊物著录详尽，一般包括刊名、副刊名、主办单位、创刊日期、刊期、价格、编者、出版者、出版地、URL 网址、发行量、杜威和国会图书馆分类号、国际标准刊号(ISSN)等，并指明被哪些索引和文摘收录。尤其是指明某刊物为哪些索引和文摘所收录，这在一定程度上指出了刊物使用价值的高低。卷末附有多种检索。目前，该指南有网络版(Ulrichsweb)，收录的连续出版物不仅数量多而且更新快(每周更新)，检索方式包括快速检索与高级检索两种，可以按照 ISSN、关键词、学科主题、完整刊名、刊名中的关键词等快速查找，也可以按照学科主题、ISSN 或 CODEN、出版国别、语种、分类号、电子版提供商等多种方式浏览。该指南可以用于查找和期刊有关的各类问题，如期刊刊名的变更情况、期刊的网址。

2.报纸目录

目前，我国还没有一部反映全国图书馆收藏报纸的联合目录，只有地区性的馆藏联合目录及单个馆的馆藏目录。较重要的有。

①《解放前中文报纸联合目录草目》(北京地区部分图书馆藏)，全国图书联合目录编辑组 1967 年编印。

该书收录北京图书馆、首都图书馆、中国科学院图书馆和中国人民大学、清华大学、北京师范大学、北京铁道学院、北京外交学院、北京政法学院图书馆入藏的解放前国内外出版的中文报纸 1000 多种，分解放区、国统区、港澳及海外地区三部分，各按报名笔画排列。

②《北京图书馆馆藏报纸目录》,北京图书馆报纸期刊编目组编,书目文献出版社,1981年版。

该书反映北图所收藏的中外文报纸。解放前中文报纸部分中解放区发行的报纸按报名笔顺排列;各省报纸按省市顺序排列,省市级以下报纸按报名笔顺排列。新中国成立后出版的报纸,按省、市自治区顺序排列。此外,还收录了港、澳及各国侨报。卷末附新中国成立前报纸索引和港、澳及各国侨报索引。

③《上海图书馆馆藏建国前中文报纸目录》,上海图书馆编,1984 年印行。

该书收录上海图书馆入藏的 1862—1949 年国内外出版的中文报纸 3500 余种。

第 4 章

索引与文摘

4.1　索引概述

　　索引(Index)是一种提供文献信息线索的常用检索工具,它将书刊中具有检索意义的重要文献信息,如篇名、人名、地名等文献单元,按一定的方式编排起来,以供人们能迅速地查检到其出处。索引与书目具有同样悠久的历史,我国古代的索引有"玉键"、"韵编"、"通检"、"备检"等称谓,"索引"一词是我国近代从日语转译而来的。一般认为,我国唐代林宝的《元和姓纂》是第一部真正意义上的人名检索图书,明清时期索引编制又有一定的发展,清代目录学家章学诚对索引的编制方法与理论进行了总结和概括。20 世纪以来,我国学者按西方索引理论和方法编制出一大批非常有价值的索引,如叶圣陶编的《十三经索引》,原哈佛燕京学社引得编纂处编制出版的 64 种古籍索引,对于整理古籍,推动国学研究都起到了十分重要的作用,这些索引至今仍被学术界广泛使用。西方的拼音文字似乎更适合于索引的编制,18 世纪以来,欧洲国家的索引编纂工作迅速发展,除小说外,一般图书往往在书后附有按字顺排列的人名、地名等以图书内容作"自我标引"的索引(或称内容分析索引)。19 世纪以后,随着学术研究的广泛开展,专题论文索引类刊物不断涌现,如 CA(《化学文摘》)等。索引类刊物的出版极大地方便了研究工作,推动了学术发展。"二战"以后,随着计算机在索引编制工作中的运用,克服了手工编制的种种不便,使索引的出版周期大大缩短,检索更为方便、快捷,并引发了西方发达国家数据库产业的迅速发展。在文献信息剧增的当今网络时代,索引这一检索工具在人类社会中的作用将越来越大。

　　索引的特点。索引和书目一样,都是一种揭示与报道文献的工具,有其共性。但是,索引和书目并不是等同概念,同书目相比,索引在结构和功能上的特点主要表现为:(1)侧重揭示文献的内部特征。书目重在书籍的宏观描述,对其外部特征给予详细的揭示;而索引则侧重文献的微观描述,即对其内部的特定事项或单元知识给予具体而深入的揭示,在深度方面满足读者的要求。(2)标明内容出处。索引标明文献信息单元在原文中的确切位置,这是索引区别于书目及其他检索工具的重要特征。(3)揭示范围广,信息含量大。书目的著录对象主要限于图书及其外部特征,而索引的著录范围涉及书、刊等各类文献,反映各类文献中的各种信息,容纳了较丰富的信息量。

索引的作用。可归纳为两个方面:(1)提供学术源流和科研成果。进行科学研究,必须了解课题的学术源流,借鉴古今中外的研究成果。如何从"书山"、"刊海"中查到所需文献,索引就此提供了可靠而便捷的途径。如目前国内编制出版了各个学科和专题的书名、论文篇名索引,这类索引把散见于书刊中有关某学科某专题的文献加以系统整理,使同一性质的资料聚集在一起。通过这些索引可了解我国某一学科领域研究的历史和现状,对确定研究课题的起点和方向,具有较高的学术参考价值。从这一点来看,索引具有"辨章学术,考镜源流"的作用。(2)索引能从多种途径为学习和研究提供较广较深的文献信息。学习和研究需参考引用大量资料,仅靠书目是不能完全解决的,还必须借助于索引。当前的科学研究,无论是自然科学还是社会科学,都需要借助于索引类刊物或数据库。因为期刊是反映各个学科研究前沿的主要文献载体,以期刊论文为标引对象的各类索引刊物和数据库汇总了最新的研究成果,是研究者的首选工具。所以,索引给学习和研究提供了广泛、准确、系统的参考资料,利用索引可收到"踏破铁鞋无觅处,得来全不费功夫"的效果。

索引的类型。可以从不同的角度来划分,按内容和收录范围可分为综合性索引与专科(题)索引;按收录资料的时期可分为现期索引和回溯性索引;按出版形式划分,有书籍索引、报纸索引和期刊索引;按被标引对象的不同又可分为书刊篇名索引和书籍内容索引等。本章把索引主要分为书刊篇名索引和书籍内容索引。

4.2　图书索引

图书索引包括图书的篇目索引、内容索引和引语书等几种。

4.2.1　篇目索引

篇目索引是专门对书籍中的篇名进行揭示的一种索引。篇目是图书的基本文献单元,与书目相比,篇目索引揭示的对象更为具体。从收录文献的数量和范围上分,篇目索引又具体分为群书(集)篇目分类索引和专书(集)篇目索引两类。

1. 群书篇目分类索引

群书篇目分类索引一般是对某一朝代或某一类文献的篇目进行汇编,其编制方法是:先把多部文集的篇目按内容分类集中,然后逐一注明每一篇目的具体出处。群书篇目索引的主要功用是既可以查考某一具体篇目的出处,又可集中查考不同文集中论述同一问题的相关篇目及出处。目前国内最著名的群书索引有两部:《元人文集篇目分类索引》和《清代文集篇目分类索引》。

(1)《元人文集篇目分类索引》,陆峻岭编,中华书局,1979 年版。

这部索引共揭示了元人 170 种文集的文章篇目(诗词一般不录),其中包括元人别集 151 种,总集 3 种,涉及元代史事的明初别集 16 种。所有的文章篇目按内容性质分为三大部分:一是人物传记,下分男子、妇女、释道、有姓无名 4 类;二是史事典制,下分政事、赋役、礼教、军事、刑法、营造、农民起义 7 类;三是艺文杂撰,下分经、史、子、集、杂撰 5 类。卷首列有目录,列出所收文集的卷数、作者、版本。

(2)《清代文集篇目分类索引》,王重民、杨殿珣主编,中华书局,1965 年重印,北京图书馆出版社,2003 年再版。

这是国内第一部群集篇目分类索引,全书揭示了 428 种清人总集的文章篇目(不包括诗歌篇目)。所有的文章篇目按内容分为三大部分:一是学术文,二是传记文,三是杂文。学术文下分经、史地、诸子、文集四大类,每一大类下又分若干小类,小类下分属。然后列出同类篇目,并注明出处。

传记文部分汇集了清人文集中记载历代人物生平事迹的传记性篇目。下分碑传、赠序、寿序、哀序、赞颂、杂类等。后附以被传人名为线索的"姓氏检字"索引。

杂文部分汇集了上述两部分以外的其他篇目,共分 4 类:一是书启,即书信;二是碑记;三是赋;四是杂文。每类下依作者、集中篇目进行检索。

2.专书篇目索引

(1)《全上古三代秦汉三国六朝文篇名目录及作者索引》,中华书局,1965 年版。

《全上古三代秦汉三国六朝文》(简称《全文》)是清代严可均编纂的一部文章总集,汇集了从上古至隋代 3400 多人的文章。全书 746 卷,按朝代顺序分为 15 集。1958 年中华书局影印了该书。本部的索引是为配合该书使用而编制。该索引包括篇名目录和作者索引两部分内容。篇名目录按照《全文》本来的朝代、作者及篇目顺序编排,以作者为纲,作者下列出篇目,并注明出处。如:

[汉]	
司马迁	
悲士不遇赋	270 下
报任少卿书	271 上

作者索引按照作者姓氏的四角号码顺序编排,如:

郦		
〜道元	后魏 41	3721
〜食其	前汉 14	202

(2)《全唐诗作者索引》,张忱石编,中华书局,1983 年版。

《全唐诗》是清代康熙年间编定的一部唐代诗歌总集,共收录唐、五代 2200 多人 48900 多首诗。1960 年,中华书局曾点校出版了《全唐诗》卷。《全唐诗作者索引》按作者姓氏的四角号码顺序编排,作者名下,注明该作者诗篇所在的册数、卷数和页码。

目前,已有《全唐诗分析系统》网络版,将传统的《全唐诗》和《全唐诗作者索引》合二为一,提供了更多的检索入口,另有《全宋诗分析系统》。

(3)《全唐文篇名目录及作者索引》,马绪传编,中华书局,1985 年版。

《全唐文》是清代继《全唐诗》之后编定的一部唐人文章总集,成书于嘉庆年间。全书 1000 卷,收唐五代文章 18488 篇,涉及作者 3042 人。光绪年间,陆心源又辑《唐文拾遗》和《唐文续拾》,前者收文 3000 篇,后者收文 310 篇。1983 年,中华书局据清内府刻本影印了《全唐文》,并附据《潜园丛书》本影印的《唐文拾遗》和《唐文续拾》。本索引即据此编制而成。篇名索引部分以作者为纲,作者下列篇目;作者索引部分以作者姓氏四角号码为序。后附索引字头笔画检字表。

(4)《道藏索引》,(法)施舟人原编,陈耀庭改编,上海书店出版社,1996 年版。

该索引是针对目前海内外通常使用的五种不同版本的《道藏》而编制的通用性索引。原由法兰西汉学研究所所长施舟人(又译施博尔)于 1975 年首创,现由我国宗教学专家陈耀庭改编。该索引采用逐字引得的编制方法,只需记得经名中的任何一个字即可迅速查到经名的全称及其所在经夹中的字号和涵芬楼石印本的册数。卷前有"道藏子目索引部首检字"、"道藏子目索引音序检字"、"道藏子目索引"、"五种版本道藏经书子目联合目录";卷末附有"《五种版本道藏经书子目联合目录》与哈佛燕京学社《道藏子目引得》编号对照表"、"道藏阙经目录"。

其他重要的专书篇目索引还有:《先秦汉魏晋南北朝诗作者篇目索引》,易小平编,中国社会科学出版社,2013 年版,该书专为《先秦汉魏晋南北朝诗》编制,分作者索引和篇目索引两部分。《乐府诗集 作者姓名篇名索引》,附于宋代郭茂倩编、1979 年中华书局出版的《乐府诗集》后。《全唐五代词作者索引》,见张璋等编、上海古籍出版社 1986 年出版的《全唐五代词》附录;《全金元词作者索引》,见唐圭璋编、中华书局 1979 年出版的《全金元词》附录。《金元散曲作家姓名别号、作品曲牌索引》,附于隋树森编、中华书局 1964 年出版的《金元散曲》后。《太平广记索引》,中华书局,1982 年版,根据中华书局 1961 年出版的《太平广记》点校本编制,分引书索引和篇目索引两部分。《全汉三国晋南北朝诗作者引得》,蔡金重编,哈佛燕京学社引得编纂处编印,1941 年,根据《全汉三国晋南北朝诗》编制而成。

目前,国内外图书馆单独或联合其他机构对中国古籍经典著作进行数字化方面取得了不菲的成绩,面世的全文检索系统集全文和索引为一体,如《宋人文集》系统。

马恩列斯毛经典著作类的篇目索引主要有:

(1)《马克思恩格斯全集目录(1—39 卷)》,人民出版社 1976 年编辑出版。

这部篇名索引是为查找《马克思恩格斯全集》中文版前 39 卷的篇目而编辑。《马克思恩格斯全集》从 1956 年开始编译出版,至 1974 年共出版 39 卷。后又出 11 卷,共有 50 卷。本索引只能用来查找前 39 卷的每篇著作和书信。具体分为两部分:"马克思恩格斯全集目录"和"马克思恩格斯全集篇目索引",后者包括马克思和恩格斯的著作索引、马克思和恩格斯书信索引、马克思恩格斯全集附录索引。1993 年,人民出版社又出版了《马克思恩格斯全集目录、说明、索引:第四十五至五十卷》。

(2)《列宁全集目录(第 1—39 卷)》,人民出版社 1965 年编辑出版,1980 年重印。

《列宁全集》中文版前 39 卷是根据《列宁全集》俄文第 4 版译出,始于 1955 年,至 1963 年出版完毕。1983 年马恩列斯著作编译局又开始出版根据俄文第 5 版编译的 60 卷本《列宁全集》。本索引只能查到《列宁全集》前 39 卷本的每篇著作、书信的出处。

其他重要的马恩列斯毛经典著作类篇目索引还有《斯大林全集 1—13 卷目录》,人民出版社 1960 年编辑出版。

4.2.2 内容索引

内容索引是对一书或群书中具有检索意义的人物、事物、地名、词名、主题等文献单元按一定的方式进行揭示而编排的,包括字词索引,文句索引和主题索引,图书内容索引对学术研究颇有帮助。

1. 字词索引

字词索引是将书中全部的字、词,逐字、逐词,按一定的次序加以编排,标明其在原文中的具体位置,如页码、篇数、段落、句数等,以便查找。其中,以字为标引单位进行逐字标引的称为"逐字索引";以词语为标引单位的,称为"语词索引"或"词语索引"。

逐字索引以一部图书中出现的每一个单字为标目,在每一个单字下面列出该书中包含该单字的所有文句,并逐一注明出处。下面以《尚书通检》(顾颉刚主编,哈佛燕京学社引得编纂处 1936 年印,书目文献出版社 1982 年重印)为例作一说明,如"册"字条:

```
    册(9 字)
260068   史乃○祝曰
  0247   乃纳○于金縢之匮中
330722   王命作○逸祝册
  0725   王命作册逸祝○
  0749   作○逸诰
340362   惟殷先人有○有典
420231   命作○度
  0508   御王○命
511005   康王命作○毕
```

由于逐字索引把文中的每一个字都作了标引,用它来查考诗词文句十分方便。由于手工编制逐字索引的工作量较大,现有的逐字索引数量不多,主要是原哈佛燕京学社引得编纂处所编的《毛诗引得》《周易引得》《尔雅引得》,以及 20 世纪 80 年代新出版的《诗经索引》,(陈宏天、吕岚编,书目文献出版社,1984 年版)、《李贺诗索引》(唐文等编,齐鲁书社,1984 年版)。另外,自 20 世纪 80 年代以来,利用计算机来编制逐字索引的工作也取得了很大的成功,显示了机编逐字索引的优越性能。机编逐字索引中较具代表性的有:《现代汉语语言资料索引》,武汉大学语言自动化处理研究组编,四川人民出版社 1983 年开始出版,已经出版23 辑。《全唐诗索引》,乐贵明等主编,中华书局、现代出版社 1991—1995 年版,这是中国社会科学院计算机室开发的《全唐诗》数据库的印刷版。近十几年来,国内外研究机构还在经典古籍文献方面进行了大量的开发,成功建立了计算机全文数据库检索系统,如深圳大学的《红楼梦》全文数据库,东北师范大学的《贞观政要》综合检索系统,香港中文大学于 1989 年开始的专收中文古籍的全文数据库——《汉达文库》,台湾汉珍公司出版《文渊阁四库全书电子版》《四部丛刊电子版》等。

语词索引,是以图书中出现的每一个词为标目,在每一个词下面,列出该书中包含了该词的所有文句,并逐一注明出处。汉语中的词,包括双音节词、多音节词、单音节词和词组,但不包括那些不成词的单字。《韩非子索引》是一部典型的古籍语词索引(周钟灵等主编,中华书局 1984 年版),它标引了《韩非子》中所有词,包括多音节词、单音节词、词组、短语,不能成词的单字则不予标引。所有词目按汉语拼音字母顺序排列。每一词目下列出《韩非子》中包含该词的全部文句,并注明该文句见于索引所附《韩非子》原文的篇、段、句。该索引卷首有汉语拼音检字、笔画检字、四角号码检字;卷末附有"人名索引"、"地名索引"、"官名索引"、"先秦诸子名词术语索引"4 种专题索引。

其他重要的语词索引还有《论语引得》、《孟子引得》、《孝经引得》、《荀子引得》、《庄子引得》、《墨子引得》等，皆为原哈佛燕京学社引得编纂处所编。由于汉语语词的计算机自动切分问题尚未解决，所以在机编索引中，语词索引还很少见。与逐字索引一样，手工编制语词索引的工作量比较大，它适合于那些经典性著作的索引。

2. 文句索引

文句索引是一种逐一标引图书中所有句子的索引。它以文句为单位，以文句首字或尾字为标目，一句话标引一次，然后注明这句话的出处。文句索引中最具代表性的是《十三经索引》（重印本），叶绍钧（圣陶）编，开明书店 1934 年初版，中华书局 1957 年重印，2003 年重订本。本书与《十三经注疏附校勘记》一书配合使用。

由《周易》、《尚书》等十三部古代儒家典籍组成的"十三经"在封建社会占有重要的地位，历代也都有译释十三经的著作。旧时称解释古书含义的为"注"（另有传、笺、解、章句等名称），称疏通注释意义的为"疏"（另有义疏、正义、疏义等名称），"注"和"疏"本来都是单独成书的，南宋时十三经的注、疏本合刻在一起，并称"注疏"。清代嘉庆年间重刻、印刷该书时改名为《十三经注疏附校勘记》，世称善本，中华书局 1980 年有影印本（上、下两册）。《十三经注疏附校勘记》的内容包括：《周易正义》10 卷，《尚书正义》20 卷，《毛诗正义》70 卷，《周礼注疏》42 卷，《仪礼注疏》50 卷，《礼记正义》63 卷，《春秋左传正义》60 卷，《春秋公羊传注疏》20 卷，《论语注疏》20 卷，《孝经注疏》9 卷，《尔雅注疏》10 卷，《孟子注疏》14 卷。

《十三经索引》是《十三经注疏附校勘记》的逐句索引，可以用来查考"十三经"中所有文句的出处。其编排体例是：以文句首字做标目；所有作为标目的单字依笔画顺序排列；每一单字下列出"十三经"中所有以该单字打头的文句，并注明出处简称及在《十三经注疏附校勘记》中的页次、栏数。该索引卷首有笔画检字、四角号码检字，还有篇目简称与全称对照表，供还原篇目全称之用。

国内出版的一些诗词鉴赏词典属文句索引，如由上海辞书出版社出版的《唐诗鉴赏词典》和《唐宋词鉴赏词典》等。

有关马恩列斯著作的文句索引有：《马克思恩格斯选集短句速查手册》，中央人民广播电台资料室编，大地出版社，1989 年版，名为"手册"，实为一部文句索引。《毛泽东选集（1—4 卷）索引》，周晓瑜、杨端志编，山东人民出版社，1993 年版，该书是"毛选"的句子索引。《毛泽东选集索引》，王世儒、王燕均等编，人民出版社，1994 年版，以人民出版社 1991 年 6 月出版的《毛泽东选集》（1—4 卷）第 2 版为底本编制而成。

3. 主题索引

主题索引是以文献中的主题词为标目，并按主题法原则编制的一种索引系统。关键词索引是主题索引的主要类型。关键词索引是一种标引句中关键性词语的索引。所谓关键性词语，指那些在文句中具有实质意义、可用于检索的词语，比如像文句中的人名、地名、书名、篇名、官名、历史事件名称、典章制度名称、学科术语等。关键词索引选择那些对揭示文句意义有关键性、实质性作用的词语加以标引，索引的单位和标目的设立都有较大的灵活性。原哈佛燕京学社引得编纂处曾编辑出版了多部关键词索引，如《食货志十五种综合引得》、《史记及注释综合引得》等。

规模较大的用于查考古代诗词文句出处的关键词索引是《佩文韵府索引》和《骈字类编索引》。

《佩文韵府索引》是商务印书馆在 1937 年影印出版《佩文韵府》时附编的一个索引,载于影印本《佩文韵府》之后。该影印本 1983 年由上海古籍出版社重印出版。《骈字类编索引》,何冠义等编,中国书店 1988 年版,是与中国书店 1984 年影印本《骈字类编》配套的索引,同时也适用于《骈字类编》的石印本及其他版本。

揭示近代以来重要著作文句出处的关键词索引目前数量不多,主要集中在马恩列斯毛等经典文集,文学方面主要是关于鲁迅的研究。

由于鲁迅研究方面的索引中有代表性的是《鲁迅著作索引五种》,《鲁迅大辞典》编纂组主编,四川人民出版社,1980 年版。这套索引依据人民文学出版社 1957—1958 年版 10 卷本《鲁迅全集》、1958—1959 年版 10 卷本《鲁迅译文集》、1976 年版 2 卷本《鲁迅书信集》和两卷本《鲁迅日记》编制,采用关键词索引的形式,对鲁迅著作的内容作了多层次、多角度的揭示,是目前查考鲁迅著作中文句出处最为详备的索引。全书共包括 5 个分册,即 5 种关键词索引。

有关马恩列斯著作中的人名、地名、报刊名、文句等资料的索引,主要有《马克思恩格斯全集人名索引(1—39 卷)》,中共中央马恩列斯著作编译局编,人民出版社,1979 年版;《列宁全集俄文第五版人名索引》,河北大学外语系俄语翻译组译,人民出版社,1979 年版。

查找马列主义经典作家的专题论述,可使用有关的专题索引,主要有《马克思恩格斯全集名目索引》,中共中央马恩列斯著作编译局编译,人民出版社,1986 年版。本索引根据《马克思恩格斯全集》俄文第 2 版 1—39 卷索引编译,收录了哲学、政治经济学、科学社会主义等专题的名词、术语、短语 2000 多个条目,1996 年,人民出版社又出版《马克思恩格斯名目索引:第四十至五十卷》。《列宁全集索引》(第 1—35 卷),中共中央马恩列斯著作编译局译,人民出版社 1963、1984 年版,共两册。上册为主题索引;下册包括列宁著作索引,列宁的笔名,列宁引用和提到的马克思、恩格斯、列宁、斯大林著作索引,人名索引,期刊索引,地名索引,列宁使用和提到的文学著作和文学评论著作、谚语、俗语、成语索引,以及 1996—1997 年再版的《列宁全集》分卷篇目索引。《斯大林著作专题分类索引》,上海师范大学图书馆 1975 年编辑刊行。《毛泽东、周恩来、刘少奇、朱德、邓小平著作主题集成》,于成主编,辽宁大学出版社,1991 年版。

4.2.3　引语书

引语书是一种常用的国外出版的工具书,它收录各类名言佳句,主要是文学作品的名句,并给出引语的上下文和出处。引语书的编排体例不尽相同,有的按作者的时代,有的按作者的姓氏字顺,有的按主题。但无论按何种方式编排,都有一个以引语书中出现的重要单词按字顺编排的索引,几乎把每个关键词或实词编了进去,检索十分方便。引语书为人们引用经典文句提供了方便,是写作时经常需要翻阅参考的工具书。英语中常用的引语书有以下几种:

(1)《牛津引语词典》(The Oxford dictionary of quotations, 4th ed. London: Oxford Univ. Pr., 1997. 1061p.)

该书初版于 1941 年。收录内容以英美古典作家的作品为主,共收 2500 名作家的 17500 条引语,也收录了非英美国家的引语。按著者字顺排列,附著者说明,索引的篇幅占全书的三分之一。2009 年,该书的第 7 版出版,收录的引语超过 2 万条。

该书有两种简本:The concise Oxford dictionary of quotations 和 The Oxford dictionary of modern quotations。

（2）《通晓引语》（Familiar quotations，16th ed.，edited by J. Kaplan. Boston：Little，Brown，1992. 1540p.）

该书初版于 1855 年，第 1 版至第 9 版由巴特利特（John Bartlett）编写。本版收录从古埃及到新版修订的 2500 名世界著名作家和匿名著作中的名句和格言，共有 23000 条。正文按著者生卒年排列，有著者和详细的 KWIC 索引。该书历史悠久，具有综合性、正确和方便使用等众多优点，是最著名的引语书之一。

（3）《史蒂文森引语大全》（The home book of quotations，classical and modern，10th ed.，edited by Burton E. Stevenson. N. Y.：Dodd Mead，1984. 2816p.）

共收世界各国 5000 多名作家的 75000 条引语，是目前引语书中收录范围最广、内容最丰富的一种。编者史蒂文森（Burton E. Stevenson）是美国作家兼图书馆学家。正文按主题、副主题字顺排列，副主题下再按著者排，另有 10 万条著者和首词索引。该书的特点是有简短的传记资料。

4.3　报刊索引

报刊索引是指发表在期刊、报纸上的文献篇名索引，具体又可分为期刊篇名索引与报纸篇名索引。报刊资料在现代人们的日常生活与科学研究中发挥着越来越大的作用，据统计，社会科学研究所需的信息有 50% 来自报刊，报刊信息一般可通过篇名索引或数据库的全文索引来检索。

4.3.1　期刊索引

期刊索引按语种可分为外文期刊（国外期刊）索引与中文期刊索引，按所收论文的时间可分为回溯性索引与现刊索引，按期刊出版发行情况分为公开期刊索引与内部期刊索引，按所收论文的学科情况分为综合性论文索引与专题论文索引。

1.《中国近代期刊篇目汇录》

由上海图书馆编，上海人民出版社，1965 年版，1979—1984 年重印。

本书是查找近代中文期刊资料较为完备的检索工具，全书收录 1857—1918 年出版的期刊 459 种、11000 多期。全书分 3 卷，共 6 册：

第 1 卷（1 册）　收录时间为 1857—1899 年

第 2 卷（3 册）　收录时间为 1900—1911 年

第 3 卷（2 册）　收录时间为 1912—1918 年

收入本书的期刊按统一的编目格式著录，著录内容包括刊名、创刊及停刊时间、刊期、编辑者、发行者、出版地点、卷次、期次、出版的年月日、分栏标题、篇名、著者、译者等。

新中国成立前的重要期刊篇目索引还有《东方杂志总目》（1904 年 3 月至 1948 年 12 月），三联书店 1957 年出版，1980 年重印。

2.《全国报刊索引》

由上海图书馆编辑出版，月刊，分哲学社会科学版和科学技术版。

这是目前国内收录报刊种类最多的中文报刊篇目索引，收录的报纸在 200 种以上，期刊

6700 多种。该索引创办于 1951 年,名为《全国主要期刊重要资料索引》,由山东图书馆编印,季刊。1955 年 3 月起由上海图书馆编印,改名为《全国主要报刊资料索引》,1959 年起分哲社版和科技版两种。1966 年 9 月停刊,1973 年 10 月复刊改用今名。

《全国报刊索引》的正文采用分类编排,先后采用过《中国人民大学图书分类法》和《报刊资料分类表》。自 1992 年 1 月起,改用《中国图书馆图书分类法》(第三版),按类目编排。1991 年 1 月开始,《全国报刊索引》按照 GB339－83"检索期刊条目著录规则"著录款目,实现了著录的标准化。同时,哲社版实现了电脑编排,增加了著者索引和题中人名分析索引,扩大了检索途径。1993 年《全国报刊索引》开始实施计算机化工程。该数据库自 1993 年至 1999 年 12 月累积数据已近 140 万条,年更新数据 20 多万条,具有关键词、分类号、责任者、文献题名、母体文献、卷期年月、题中人名等多种检索途径。电子版的出现,彻底改变了书本型索引检索入口少、检索速度慢的局面。

另一部知名的期刊论文索引是《报刊资料索引》由中国人民大学书报资料中心编印,出版形式为年刊。20 世纪以来,随着学术论文的全文数字化和检索的计算机网络化,报刊索引的功能已经被期刊数据库所取代。

4.3.2 报纸索引

报纸索引的正文一般按各自编排的主题排列,有月刊、季刊、年刊等多种出版形式,著名的报纸一般都编辑出版相配套的索引,国内的如《人民日报索引》(月刊,1951—)、《解放日报索引》、《光明日报索引》、《浙江日报索引》等,国外的如《纽约时报索引》(The New York Times Index,v.1—,1913—.s—m.,with quarterly an annual cumulations)、《泰晤士报索引》(The Times Index,1906—.London:Times,1907—.m.,with annual cumulations)等。报纸索引为报纸内容的检索提供了极大的方便,报纸索引除了印刷型外,还可以通过某报网站对其进行免费检索。

目前,国内也有了报纸全文数据库,报纸的索引与报纸的正文合二为一。

4.3.3 专题论文索引

查找论文,从综合性报刊资料索引中去检索,是常用的办法,但也颇费时,若能利用专题文献索引,则会事半功倍。特别是当需要系统地查找某一专题文献时,使用专题文献索引更为方便。在 20 世纪 90 年代中期以前,由于中文全文数据库和篇名数据库尚未被大量开发和应用,国内有关学术研究机构曾编制了各个学科的专题性论文索引。随着网络数据库的开发和应用,编制印刷型专题论文索引已无大的必要,但以前曾编印的专题论文索引仍具一定的参考作用。

1. 学习和研究马列主义毛泽东思想方面的论文

《马克思、恩格斯、列宁、斯大林、毛泽东生平、事业著作与思想研究论文资料索引(1949.10—1983.6)》,福建师范大学图书情报研究资料科等 1983 年编印。《毛泽东生平、著作研究索引(1937.7—1984.12)》,中国社会科学院马列所毛泽东思想研究室编,国防大学出版社,1986 年版。《毛泽东生平思想研究索引》,韩荣璋主编,武汉出版社,1994 年版,收录 1937 年 7 月至 1992 年 12 月国内外发表的研究毛泽东生平、思想的文章、书目题录近 2 万条。

2. 哲学论文

《中国哲学论文索引(1900—1980)》,南开大学图书馆、哲学系 1980 年编印。该书共 5 册:第一册 1900—1947 年;第二册 1949—1966 年;第三册 1967—1976 年;第四册 1977—1980 年;另收录台湾地区 1950—1970 年发表的论文编为第五册。《1900—1949 年全国主要报刊哲学论文资料索引、附解放后外国哲学史等专题论文资料索引(1949—1980)》,四川大学哲学系等编,商务印书馆,1989 年版。《哲学论文索引(1980—1985)》,中国社会科学院研究所资料室编,见于 1982—1986 年《中国哲学年鉴》每本附录。《全国报刊主要哲学论文索引》,附于《国内哲学动态》刊物之后,从 1979 年起每月一期。1980 年起改名为《全国报刊部分哲学论文目录索引》。《中国哲学史论文索引》,方克立等编,中华书局,1986 年版,按收录论文年限分为 4 册:第一册 1900—1949 年;第二册 1950—1966 年;第三册 1967—1976 年;第四册 1977—1984 年;另附编台、港 1950—1980 年发表的论文。《台、港研究近代学术思想史论文索引(1950—1979)》,任三颐编,见《中国哲学》第 6 辑。《台、港研究中国哲学史、思想史论文索引》,任三颐编,见《中国哲学》第 10 辑。《台、港研究宋元明清学术思想史论文索引(1950—1970)》,任三颐编,见《中国哲学》第 5 辑。

美学论文索引:《我国现代美学论文要目》(1918—1949.9)(浮石辑)、《我国当代美学译文要目(1949—1981.6)》(陈文良辑)、《美学论文要目(1949—1981.6)》(郭兰芳辑),均见于《美学向导》,北京大学出版社,1982 年版。《中国心理学文献索引(1949.10—1984.12)》,陈远焕编,南京大学出版社,1986 年版。《道家、道教、玄学部分论文索引(1949—1982)》,和光编,见《中国哲学》第 11 辑。

3. 史学论文

《中国史学论文索引》,全书分为两编,每编又分两册。第 1 编,中国科学院历史研究第一、二所和北京大学历史系合编,中华书局,1979 年版。第 2 编,中国科学院历史研究所资料室编,中华书局,1979 年版。两编分别收录清末至抗战前与抗战至新中国成立前国内 1960 余种期刊上发表的史学论文篇目 6 万余条,均按类编排。《1522 种学术论文集史学论文分类索引》,周迅等主编,书目文献出版社,1990 年版,收录从辛亥革命至 1986 年我国出版的 1522 种学术论文集中的史学论文 34146 篇,按类编排。《建国以来中国史学论文集篇目索引初稿》,张海惠、王玉芝编,中华书局,1992 年版,收录 1949 年 10 月至 1984 年年底所出版的中国史学论文集 1000 余种,揭示 15000 多篇论文篇目的出处。

中国古代史论文:《中国古代史论文索引》,复旦大学历史系资料室编,上海人民出版社,1985 年版。该索引分为上、下两册,收录 1949 年 10 月至 1979 年 9 月国内报刊上发表的中国古代史论文资料共 3 万余条。

中国断代史论文:《战国秦汉史论文索引:1900—1980》,张传玺等编,北京大学出版社,1983 年版,收录 1900—1980 年国内 1240 种中文报刊上的战国秦汉史论文篇目 1 万余条,并收录港台报刊上的有关论文篇目。《战国秦汉史论著索引续编》1992 年编辑出版,分上、下两篇:上篇收录 1981—1990 年的论文篇目;下篇收录 1900—1990 年的专著,《战国秦汉史论著索引三编:1991—2000》,北京大学出版社,2002 年版。《魏晋南北朝史书目论文索引(1900—1981)》,武汉大学图书馆 1982 年编印,分上、中、下 3 册,以收录 1900—1981 年年底公开发行或国内刊物上发表的研究魏晋南北朝史的专著及论文为主,酌收了一些内部印行的国外中文报刊有关论文,还兼收日文资料 1000 条。《隋唐五代史论著目录(1900—

1981)》,中国社会科学院历史研究所隋唐史研究室编,江苏古籍出版社,1985年版,收录中国、日本1900—1981年发表的隋唐五代史论文与著作。《宋史研究论文与书籍目录》(增订本),宋晞编,台湾中国文化大学出版社,1983年版,收录1905—1981年发表的宋史研究论文与专著,其中以台湾、香港学人发表的论著较多。《辽史研究论文专著索引》,辽宁社会科学院历史研究所1982编印,收录清末至1981年国内外正式发表的辽史专著与论文,港台与国外论著中有译文的亦予收入。《宋辽金史研究论著索引》(1900—1982),杭州大学古籍研究所、宋史研究室1985年编印,分甲编(上、下册)、乙编,收录我国(含港、台)专著、论文一万多条目。《二十世纪辽金史论著目录》,刘浦江编,上海辞书出版社,2003年版,收录论文、著作目录9216条,其中辽史4721条,金史4495条。《中国近八十年明史研究论著目录(1900—1978)》,中国社会科学院历史研究所明史研究室编,江苏人民出版社,1981年版,收录1900—1978年国内所发表的有关明史的论文与著作,全书收论文9400篇,著作600部。《清史论文索引》,中国社会科学院清史研究室、中国人民大学清史研究所合编,中华书局,1984年版,收录1903—1981年6月我国报刊、论文集中发表的有关鸦片战争前的清史论文、史料篇目24000条左右,其中包括1949年10月以后港台发表的论文篇目。

中国近代史论文:《中国近代史论文资料索引(1949—1979)》,徐立亭、熊炜编,中华书局,1983年版。《中国近代史论著目录》,复旦大学历史系资料室编,上海人民出版社,1980年版,主要收录1949—1979年全国报刊与80多种论文集中的论文资料篇目,报刊论文1万余条,著作1200余种。

中国现代史论文:《中国现代史论文著作目录索引》,荣天琳主编,北京大学出版社,1986、1990版,全书两册,分别收录1949—1981年、1982—1987年全国发表和出版的有关从五四运动到中华人民共和国建立这一历史时期的论文、著作和史料共约6万条目,这是迄今为止收录有关中国现代史论文著作最完备的一部工具书。《中国现代史论文书目索引(1949.10—1984.12)》,李光一主编,河南大学出版社,1986年版。《五四运动史论文、专著、资料索引(1919—1981)》,中山大学1982年编印。《新民主主义革命时期新文化运动回忆录索引(1977—1989)》,曹鹤龙主编,华艺出版社1991年版。《五十二种文史资料篇目分类索引》,复旦大学历史系资料室编,复旦大学出版社,1983年版,《文史资料选辑》是全国政协、各省市自治区政协、民盟北京市委与天津市委文史资料研究委员会编辑的,资料撰写人皆为近现代历史事件的参与者或目击者,因而此选辑具有较大的史料价值,是供查找1982年前上述单位所编52种《文史资料选辑》使用。近年编辑出版的《全国各级政协文史资料篇目索引:1960—1990》共5册,全书收录2300多种各地编辑出版的文史资料丛刊13000多辑(期)30万余条篇目,《浙江文史资料目录:1962—2002》,浙江人民出版社,2003年版。

中华人民共和国史论文:《中华人民共和国国史论著目录索引》,王美秀主编,当代中国出版社,2000年版,收录1949—1992年的论文、著作资料2万余条。

中国历史地理学论文:《中国历史地理学论著索引(1900—1980)》,杜瑜等编,书目文献出版社,1985年版。

边疆史地论文:《清代边疆史地论著索引》,中国人民大学清史研究所、中国社会科学院中国边疆史地研究中心编,中国人民大学出版社,1988年版。收录1900—1986年发表或出版的清代边疆史地论文8000余条,著作1200余种。涉及的地区限于云南、广西、台湾、海南岛以及东南亚海疆地区。

华侨史论文:《华侨史论文资料索引》,中山大学东南亚历史研究所、图书馆合编,1981年印行,收录1895—1980年365种中文期刊上所发表的有关华侨问题的论文、译文、资料篇目。后附《华侨问题书目》、《英文期刊论文索引》。《华侨华人史书刊目录》,郑民等编,中国展望出版社,1984年版,收录国内47家单位所藏书刊3000多种。《华侨华人研究文献索引(1991—1995)》,曾伊平编,厦门大学出版社,1996年版。

世界史论文:《世界通史论文资料索引》(上册),复旦大学资料室等编,复旦大学出版社,1987年版,收录1949—1984间发表的有关世界史总论、世界古代史、中世纪史方面的论文资料篇目。《世界现代史报刊论文资料索引》,华东师范大学历史系资料室1982年编印,收录1949—1981年发表于300多种报刊上有关世界现代史方面的论文篇目16000余条。《美国史论文资料索引(1901—1949)》、《美国史论文资料索引(1949—1982)》,四川大学历史系美国史组编,中国美国史研究会于1981—1983年刊印,前者收录论文4000余条,后者收录论文5000余条。《日本史论文索引》(1949—1984),河北师范学院历史系资料室1985年编印。《非洲问题研究中文文献目录》(1949—1981),中国非洲史研究会、北京图书馆文献研究室1982年编印,收录图书、论文目录3500条。

4. 语言、文学论文

语言学论文:《中国语言学论文索引(甲乙编1900—1963)》,中国科学院语言研究所编,分甲、乙编两册。甲编由科学出版社于1965年出版,收录1900—1949年全国报刊、论文集中语言学论文5000余篇;乙篇由商务印书馆1983年出版增订本,收录1950—1980年全国报刊、论文集的语言论文12000余篇。《语文教学篇目索引》,《中国语文》编辑部编,上海教育出版社,1982年版,收录1950—1980年报刊上所发表的语文教学论文约10000篇。《外国语言研究论文索引(1949—1989)》、《外国语言研究论文索引(1990—1994)》、《外国语言研究论文索引(1995—1999)》、《外国语言研究论文索引(2000—2004)》,路式成等编,上海外语教育出版社,1992—2006年版。《词典学论文索引(1900—1979)》,李大忠编,载于《辞书研究》1980年第3—4期。《词典学论文索引补编》,潘树广编,载于《辞书研究》1981年第3期。《外语教学与研究资料索引(1950—1979)》,兰州大学图书馆1980年编印,《外语教学与研究资料索引(1980—1985)》,甘肃省翻译工作者协会等编,1986年印。

中国文学研究论文:《文学论文索引》,陈璧如等编,中华图书馆协会1932—1936年印行。该书分初编、续编、三编3册,收录1905—1935年国内575种报刊上发表的中外文学论文。《文艺理论专题目录索引(1949—1981)》,山东师范学院中文系1981年编印。

中国古代文学论文:《中国古典文学研究论文索引(1949—1980)》,中山大学中文系资料室编,广西人民出版社,1984年版,收录1949—1980年全国报刊、高校学报、集刊上发表的中国古典文学研究的论文、资料篇目,酌收港台文学杂志上的论文资料篇目。《中国古典文学研究论文索引》,中国社会科学院文学研究所图书资料室编辑,中华书局陆续出版,共4种:1949—1966年,1979年出版(增订本);1966年7月—1979年,1982年出版;1980年1月—1981年,1985年出版;1984年1月—1985年12月,1995年出版。《中国古典文学理论批评史资料索引(正、续编1949.10—1979.12)》,复旦大学中文系1980年编印。《唐诗研究专著论文目录索引(1949—1981)》,陕西师范大学中文系1982年编印。《红楼梦研究论文资料索引(1874—1982)》,顾平旦主编,书目文献出版社,1983年版。

中国现当代文学论文:《中国现代文学期刊目录汇编》,唐沅等编,天津人民出版社,1988

年版,收录 1915—1949 年在我国现代文学史上有影响、有代表性的期刊 276 种,内容包括期刊简介、目录汇编、作者索引、馆藏索引,该书 2010 年由知识产权出版社再版,共 7 册。《中国现代当代文学研究论文》,天津师范学院中文系资料室编,南开大学出版社,1984 年版,收录 1949—1966 年 5 月与 1979—1982 年国内 700 多种报刊上发表的有关中国现代、当代 800 多位作家的作品研究论文篇目。《日本研究中国现当代文学论著索引(1919—1989)》,孙立川等编,北京大学出版社,1991 年版。《中国现代散文研究论文目录索引(1950—1980)》,锦州师范学院中文系 1983 年编印。《中国当代散文研究论文索引(1950—1983)》,王达敏编,安徽大学中文系 1984 年印。

民间文学研究论文:《中国民间文学论文索引(1949—1980)》,中国社会科学院民间文学室等 1981 年编印。《民间文学研究资料目录索引(1980—1983)》,李建中编,西南师范学院 1984 年印。

中国少数民族文学研究资料:《中国少数民族作家作者文学作品目录索引》,由中央民族学院图书馆 1978 年编辑印行,收录新中国成立初至 1977 年报刊所载与中央民族学院图书馆所收藏的 50 多位少数民族作家作品的资料。

儿童文学论文:《儿童文学论文目录索引》,少年儿童出版社,1961 年版,收录 1911 年 2 月至 1960 年 12 月所发表的儿童文学论文与著作。

外国文学研究论文:《外国文学研究资料索引(1919—1978)》,卢永茂编,河南师范大学中文系 1979 年印。《外国文学研究论文资料索引(1978—1985)》,河北教育学院图书馆、上海教育学院图书馆合编,上海社会学院出版社,1986 年版,收录 1978—1985 年报刊上发表的有关外国文学研究的论文资料。

5.法学论文

《法学论文目录集(1949—1984)》,袁兆洪、吕雪梅编,浙江人民出版社,1986 年版,收录 1949 年 10 月至 1984 年 12 月国内公开发行的 400 多种中文报刊上的法学论文,续编《法学论文目录集:1985—1987》,1993 年版。《法学资料索引》,兰州大学图书馆 1980—1985 年编印,共 4 辑,收录 1950—1984 年年底国内出版或报刊上发表的法学论文与资料。《全国主要报刊法学资料索引》,西南政法学院图书馆 1985 年编印,全书共 4 册,收录 1950—1984 年报刊法学资料 2 万余篇。《中文法律论文索引》,台湾东吴大学盛子良编,台湾三民书局,1972 年版,后又由东吴大学图书馆陆续编辑出版。全书 12 册,汇集了 1963—1984 年报刊所载法学论文 32517 篇。

6.经济学论文

中国经济史研究资料:《中国古代经济史研究资料索引》,中山大学历史系资料室、中国古代史教研室合编,1982 年印行,收录新中国成立初至 1981 年年底发表的上古至 1840 年前后有关中国经济史的学术论著与资料目录,并附有港台学者著述。《中国古代社会经济史论文目录索引》,山西省社会科学研究所历史研究室 1983 年编印,收录 20 世纪初到 1981 年间的经济史论文篇目约 2200 条。《中国古代近代经济史论著目录索引(1900—1984)》,李运元等编,湖北人民出版社,1985 年版。

外国经济资料:《国外经济文献索引》,中国社会科学院世界经济与政治研究所世界经济资料中心编辑,中国人民大学书报资料社出版,创刊于 1978 年,半年刊,收录美、法、德、日、俄、西班牙 6 国经济刊物中有关各国经济研究的资料。

金融、财经论文:《中国金融文库(1989—1993)》,秦池江编,警官教育出版社,1994 年版。《财经金融报刊资料索引(1949.10—1981.6)》,湖北财经学院图书馆 1985 年编印。

城市、农业经济论文:《城市经济资料专题索引(1952—1983)》,辽宁财政学院 1983 年编印。《中国农业经济文献目录(1900—1981)》,国务院农村发展研究中心研究所编,农业出版社,1988 年版。《中国农史论文目录索引》,中国农业博物馆资料室编,林业出版社,1992 年版,收录清末至 1991 年间有关农、林等 34 个专题的论文。

财会论文:《建国以来经济核算论文索引(1950—1979)》,张向敏等编,载于上海人民出版社 1980 年出版的《建国以来经济核算论文选》。《全国有关报刊财务会计资料索引 1928—1978)》,山西财经学院会计系 1979 年编。

7. 文化、教育论文

《教育论文索引(1949—1965)》,北京师范大学教育系、图书馆 1979—1980 年编印,共 16 册。《中文报刊教育论文索引》,中央教育科学研究所图书资料室 1982 年编印,每季一期,内部印行。《中小学教学论文索引(1949—1965)》,北京师范大学教育系资料室编,北京师范大学出版社,1984 年版。《20 世纪陶行知研究资料索引》,上海图书馆、丽水师范专科学校图书馆编,上海科学技术文献出版社,2001 年版。《语文教学篇目索引(1950—1980)》,《中国语文》编辑部编,上海教育出版社,1982 年版。

8. 其他学科论文

科学学论文:《科学学与科技管理文献资料索引》,梁宝林编,科学普及出版社,1986 年版,该书分"文选"和"索引"两部分。索引部分选自 1985 年前各主要报刊上的论文 5000 余条。《科学学文摘·索引》,中国科学院图书馆编辑刊行,创刊于 1980 年,原名《科学学文献索引》,自第 4 期增加文摘,改为现名。现为季刊,每期收录英、俄、日文科学学译文文摘与篇目。

人才学论文:《人才学研究资料目录》,韩静华、葛民编,江苏省图书馆学会 1981 年印,收录人才学论文篇目 1468 条。

人口学论文:《国内有关人口科学文献目录》,河北师范大学人口研究室 1982 年编印。收录 1903—1981 年有关人口学研究的文献篇目 2228 条、专著 77 种,引用报刊、文集 445 种。

日本学论文:《中国日本学论著索引(1949—1988)》,李玉等编,北京大学出版社,1991 年版,收录我国学者的专著、论文 8699 条,译著、译文 4089 条。《中国日本学文献总目录》,北京日本学研究中心编,中国人事出版社,1995 年版,收录先秦至 1993 年 3 月我国出版的日本学研究著作、译文、文章共 3 万多条。

藏学论文:《中国藏学论文资料索引》,刘洪记、孙雨志合编,中国藏学出版社,1999 年版,《中国藏学论文资料索引:1996—2004》,中国藏学出版社,2006 年版。

4.4　文　摘

文摘(Abstracts)是索引的延伸,它在指明资料来源方面和索引有着相同的作用。我国国家标准局关于文摘的定义为"以提供文献内容梗概为目的,不加评论和补充解释,简明、确切地记述文献重要内容的短文"。文摘主要摘录图书、期刊论文的内容。

文摘和索引虽有指引文献出处的共同点,但它们间又有一定的区别:(1)文摘不仅指明资料的出处,而且提供简要的内容摘要;索引只指明何处可查到资料,并不介绍资料的内容。(2)与索引相比,文摘一般倾向更狭窄的学科范围,即某一个专题方面的资料,但内容也往往是国际性的。(3)索引的收录对象以单一的出版物形式(如期刊论文)为多,而文摘往往兼收期刊、图书等多类出版物。(4)在编排方式上,索引大多按人名、主题和题名分别排列或混合排列,而文摘通常按分类排列为多。(5)索引往往有季度、年度,甚至跨年度累积本,而文摘除其索引有累积本外,本身一般无累积本。(6)索引的出版周期通常要短于文摘的出版周期。

文摘作为一种独立的文献形式最早产生于 17 世纪的欧洲,当时创办的学术杂志均设有文摘专栏,后来逐渐出现了各学科、专题的学术文摘刊物。目前世界各国出版有大量的文摘刊物,它是学术研究十分重要的参考工具。

4.4.1　国内社科文摘

(1)《新华文摘》,新华文摘社编,人民出版社 1979 年起出版,月刊。

原名《新华月报(文摘版)》,1981 年 1 月改为现名,是一种综合性文摘杂志,选用报刊 200 多种,绝大多数是中央和省一级的刊物。全文或部分转载政治、哲学、经济、历史、文学、文化教育、科技等方面的学术理论文章,也转载优秀的小说、散文、诗歌和美术作品。设有"论点摘编"、"台港澳学术"等专栏,发表 200~300 字的文摘。每期还附有"报刊文章篇目辑览",分政法、哲学、经济、历史、文艺、文教、科技 7 个专题,每期报道量 250 篇左右,仅列题名、作者、出处。另附"国内外大事记"。总的来说,该刊物虽非纯粹的检索刊物,但所摘录的文章具有较高的学术水平和参考价值。

(2)《高等学校文科学报文摘》,本刊编辑部编,上海师范大学高等学校学报文摘社出版。

1984 年创刊,季刊,1986 年改为双月刊。它以全国高校 200 多种文科学报为选材对象,每期摘录近 200 篇文摘,分类排列,书后附"学报文章篇目选录"。

(3)《中国社会科学文摘》,中国社会科学杂志社主办,2000 年 3 月创刊。

该刊从全国两三千种社会科学期刊,特别是 500 余种核心期刊中选优拔萃编辑而成。

4.4.2　国外社科文摘

西方国家在文摘出版方面有悠久的历史,如《历史文摘》(Historical abstracts,ABC-Clio)(q.),美国著名的威尔逊公司(H. W. Wilson)也出版多种综合性文摘,它们是《威尔逊艺术文摘》(Wilson art abstracts)、《威尔逊商业文摘》(Wilson business abstracts)、《威尔逊教育文摘》(Wilson education abstracts)、《威尔逊人文文摘》(Wilson humanities abstracts)等。

数字网络出版时代,文摘功能已不限于传统的提供内容摘要和出处,索引功能越来越强大,有的文摘库具有链接文本数据库的功能,有些期刊的网站免费提供每篇文章的摘要,用户下载时需要付费。

(1)PsycINFO 心理学文摘,是美国心理学协会(American Psychological Association,APA)出版的著名文摘索引数据库,收录有关心理学方面的期刊 650 种,近 200 万条文献。该文摘库可与 PsycARTICLES 和 Psychology and Behavioral Science Collection 数据库全文互连。

附录:燕大"引得"

　　燕大"引得"英文名称"Harvard-Yenching Institute sinological index series",意即"哈佛—燕京学社汉学引得丛刊",中文简称"引得"。燕大"引得编纂处"成立于1930年秋,成立后即开始对我国古籍进行整理和编制索引工作。1931年春开始出书,1950年冬止,前后20年,共编出了64种引得,其中分"正刊"和"特刊"两种。"特刊"附有原文,"正刊"则只有索引。

　　一、正刊(共41种):

1. 说苑引得	1931 年 2 月
2. 白虎通引得	1931 年 6 月
3. 考古质疑引得	1931 年 7 月
4. 历代同姓名录引得	1931 年 8 月
5. 仪礼引得附郑注及贾疏引书引得	1932 年 1 月
6. 四库全书总目及未收书目引得	1932 年 1 月
7. 全上古三代秦汉三国六朝文作者引得	1932 年 9 月
8. 三十三种清代传记综合引得	1932 年 12 月
9. 艺文志二十种综合引得	1933 年 1 月
10. 佛藏子目引得	1933 年 3 月
11. 世说新语引得附刘注引书引得	1933 年 5 月
12. 容斋随笔五集综合引得	1933 年 5 月
13. 苏氏演义引得	1933 年 10 月
14. 太平广记篇目及引书引得	1934 年 1 月
15. 新唐书宰相世系表引得	1934 年 3 月
16. 水经注引得	1934 年 5 月
17. 唐诗纪事著者引得	1934 年 7 月
18. 宋诗纪事著者引得	1934 年 7 月
19. 元诗纪事著者引得	1934 年 7 月
20. 清代书画家字号引得	1934 年 10 月
21. 刊误引得	1934 年 11 月
22. 太平御览引得	1935 年 1 月
23. 八十九种明代传记综合引得	1935 年 5 月
24. 道藏子目引得	1935 年 7 月
25. 文选注引书引得	1935 年 10 月
26. 礼记引得	1937 年 1 月
27. 崔东璧遗书引得	1937 年 3 月
28. 藏书纪事诗引得	1937 年 9 月
29. 春秋经传注疏引书引得	1937 年 11 月
30. 礼记注引书引得	1937 年 11 月
31. 毛诗注疏引书引得	1937 年 11 月
32. 食货志十五各种综合引得	1938 年 3 月

33. 三国志及裴注综合引得	1938 年 12 月
34. 四十七种宋代传记综合引得	1939 年 2 月
35. 辽金元传记三十种综合引得	1940 年 6 月
36. 汉书及补注综合引得	1940 年 8 月
37. 周礼引得附注疏引书引得	1940 年 12 月
38. 尔雅注疏及引得	1941 年 1 月
39. 全汉三国晋南北朝诗作者引得	1941 年 3 月
40. 史记及注释综合引得	1947 年 12 月
41. 后汉书及注释综合引得	1949 年 5 月

二、特刊(共 23 种)

1. 读史年表附引得	1931 年 2 月
2. 诸史然疑校订附引得	1932 年 4 月
3. 明代敕撰书考附引得	1932 年 6 月
4. 引得说附引得	1932 年 12 月
5. 勺园图录考附引得	1933 年 2 月
6. 日本期刊三十八种中东方学论文篇目引得	1933 年 9 月
7. 封氏闻见记校证引得	1933 年 11 月
8. 清画传辑佚三种附引得	1934 年 1 月
9. 毛诗引得	1934 年 10 月
10. 周易引得	1935 年 10 月
11. 春秋经传引得	1937 年 12 月
12. 琬琰集删存附引得	1938 年 10 月
13. 一百七十五种日本期刊中东方学论文编目附引得	1940 年 2 月
14. 杜诗引得	1940 年 9 月
15. 六艺之一录目录附引得	1940 年 9 月
16. 论语引得	1940 年 11 月
17. 孟子引得	1941 年 1 月
18. 尔雅引得	1941 年 6 月
19. 增校清朝进士题名碑录附引得	1941 年 11 月
20. 庄子引得	1947 年 5 月
21. 墨子引得	1948 年 5 月
22. 荀子引得	1950 年 3 月
23. 孝经引得	1950 年 12 月

燕大引得编纂处所编印之"引得",有编号者概如上录。此外尚发现有由其出版,而未编号的两种:

三字典引得(Trindex,an index to three dictionaries)(Frash 编)1936 年 5 月

尚书通检(顾颉刚编)1936 年 12 月

另燕大图书馆采用其排检法编印的有《燕京大学图书馆目录初稿(类书之部)》(邓嗣禹编,1935 年出版)一种。

4.5 学位论文

学位论文是指学生为获得专业资格的学位在高等学校或研究院所导师的指导下从事某一学术课题的研究,为介绍其研究成果而撰写的论文。学位论文分为三种:博士论文、硕士论文、学士论文,其中硕博论文有一定的学术参考价值。据统计,20 世纪中后期,世界上每年产生的博士和硕士学位论文约 10 万篇左右。学位论文除少数在答辩通过后发表或出版外,多数不公开发行,只有一份复本被保存在授予学位的大学图书馆中供阅览和复制服务。为充分发挥学位论文的参考作用,一些国家的大学图书馆将其制成缩微胶卷,编成目录、索引,并形成专门的学位论文数据库。也有少数国家对学位论文进行集中管理,如英国学位论文统一存储在不列颠图书馆,不外借,只对外提供原文缩微胶片;日本的学位论文也由日本国立国会图书馆统一管理。1938 年起美国的大学缩微胶卷公司编辑出版《国际学位论文文摘》月刊,分 A 辑(人文与社会科学)、B 辑(科学与工程),1976 年增加 C 辑(欧洲学位论文,季刊)。该公司 1973 年出版的《学位论文综合索引》报道了 1861—1972 年美国、加拿大和其他一些国家的 400 所大学博士论文 41.7 万篇,可按主题和著者姓名进行检索。近十几年来,硕博论文从收藏机构的内部资料逐步走向开放,已有专门的数据库收集和提供硕博学位论文的文摘或全文,因此,如何检索和利用学位论文已成为信息利用的一个课题。

4.5.1 中文学位论文检索系统

1. 中国博士学位论文全文数据库和中国优秀硕士学位论文全文数据库

这是"中国知网"的两个子库,覆盖基础科学、工程技术、农业、医学、哲学、人文、社会科学的各个领域,收录时间起于 1984 年,截至 2015 年年底,中国博士学位论文全文数据库收录了 25 万多篇论文,中国优秀硕士学位论文全文数据库收录了 230 万篇论文。

该数据库在阅读全文时需要下载并安装中国知网的 CAJ 阅读器。以下是博硕士学位论文的检索界面(见图 4-1)。

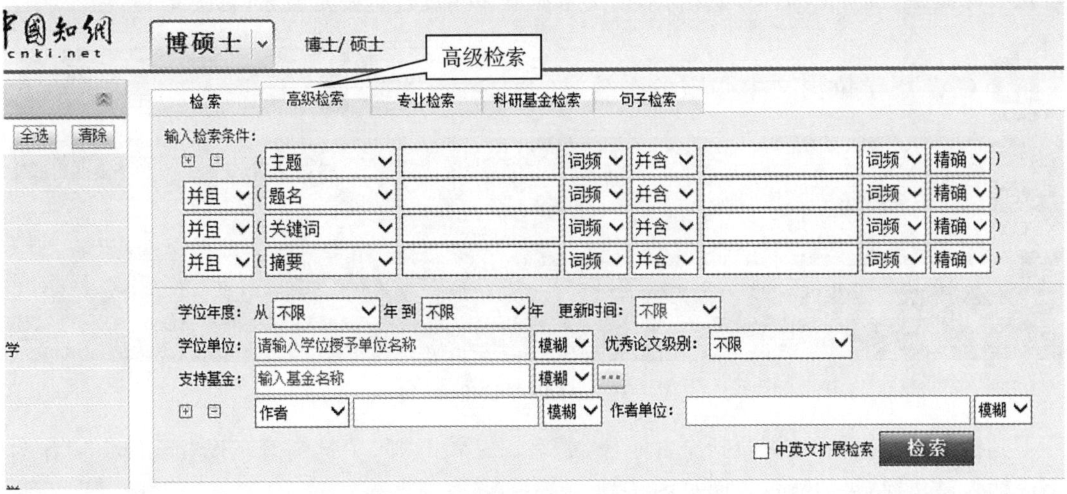

图 4-1 中国知网博硕士学位论文

　　从图4-1可见,该数据库提供一般检索、高级检索、专业检索等多个功能,以高级检索为例,有主题、关键词、题名、学位年度、学位单位等多个检索途径。

　　2.万方数据"学位论文"

　　收录1980年以来我国高校和科研院所的硕博学位论文25万多篇,一般检索可以从学科、专业目录,学校所在地两个途径入手,高级检索包括著者、关键词、发表时间等多个入口(见图4-2)。

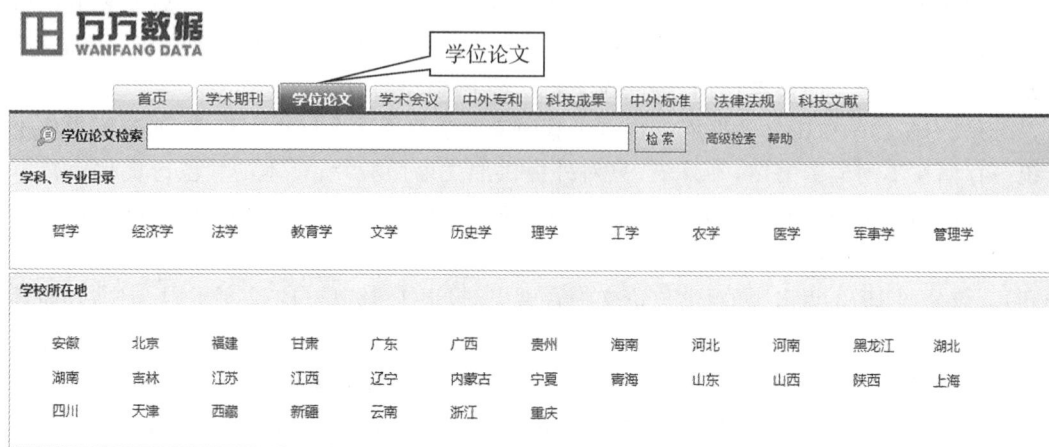

图4-2　万分数据学位论文

　　3.CALIS学位论文中心服务系统

　　CALIS是中国高等教育文献保障系统(China Academic Library & Information System,CALIS),是中国高等学校图书馆的联合中心,也是全国高等教育信息资源的共享平台,其"学位论文中心服务系统"提供国内外的博硕士论文。目前博硕士学位论文数据逾384万条,其中中文数据约172万条,外文数据约212万条,数据还在持续增长中。该系统采用e读搜索引擎,检索功能便捷灵活,提供简单检索和高级检索功能,可进行多字段组配检索,也可从资源类型、检索范围、时间、语种、论文来源等多角度进行限定检索(见图4-3)。

图4-3　CALIS学位论文(1)

　　其检索界面比较单一,包括全部字段、题名、作者、导师、关键词等。以"confucius"作为字段输入,检索结果的显示界面见图4-4。

图 4-4　CALIS 学位论文(2)

　　该数据库的特点是把中外文学位论文整合在一起,对全社会开放免费,用户若需学位论文文本可以通过文献传递获取。

4.5.2　外文学位论文检索系统

　　1. PQDT(ProQuest Dissertations & Theses)

　　是美国 ProQuest 公司(原名 UMI 公司)出版的博硕士论文数据库,原名 PQDD(ProQuest Digital Dissertations),是 DAO(Dissertation Abstracts Ondisc)光盘数据库的网络版。它收录了欧美 1000 余所大学 270 多万篇学位论文,每年约增加 4.5 万篇论文摘要,是目前世界上最大和使用最广泛的学位论文数据库。分为 ProQuest 学位论文文摘和 ProQuest 学位论文全文两个子库。ProQuest 学位论文全文库收录国外博硕士学位论文近 30 万篇(截至 2010 年年底)。另外,ProQuest 公司根据客户的需要,开发了 ProQuest Dissertations and Theses A&I: The Humanities and Social Sciences Collection 和 ProQuest Dissertations and Theses A&I: The Sciences and Engineering Collection 两个数据库,其特点是将二次文献与一次文献"捆绑"在一起,最终为用户提供文献获取一体化服务,即用户在检索文摘索引时就可以实时获取全文信息。

　　ProQuest 收录时间始于 1861 年,每周更新。1997 年以来的部分论文不仅提供文摘,而且提供前 24 页论文原文。其全文数据库正在输入以前的纸质文献,以便满足用户对回溯性博硕士论文的需要。CALIS 也有 ProQuest 的全文检索界面,可以免费从学科导航、高级检索途径来查询(见图 4-5)。

　　2. OCLC 博硕士论文目录

　　OCLC 于 2006 年整合了一个 WorldCatDissertations,即 OCLC 硕博士论文数据库,涉及所有学科和主题,约 800 万篇。从数据库高级检索的"互联网资源"中可获得近 20%,约 100 万篇的全文论文可免费下载。

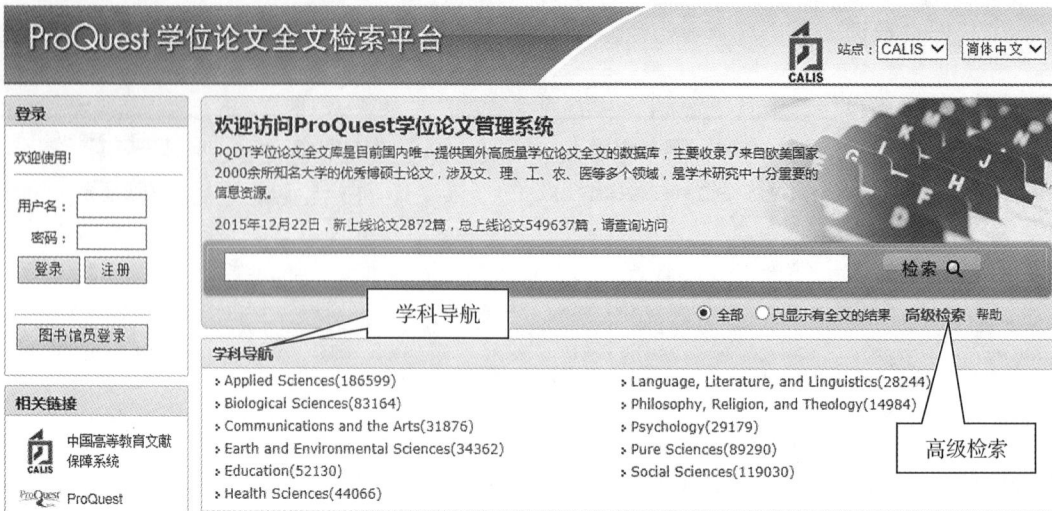

图 4-5 ProQuest

4.6 会议论文

会议文献是指在学术会议上宣读和交流的论文、报告及其他有关资料,会议文献多数以会议录的形式出现。世界上每年举办的科技会议达四五千个,产生会议论文约十余万篇。会议文献的特点是传递情报比较及时,内容新颖,经挑选而出版,质量较高,专业性和针对性强,能及时反映科学技术中的新发现、新成果、新成就以及发展趋向,是一种重要的情报源。会议文献可分为会前、会中和会后 3 种,其中会议录是会后将论文、报告及讨论记录整理汇编而公开出版或发表的文献。会议文献出版形式多样,据统计,以期刊形式出版的会议录约占会议文献总数的 50%。一些会议文献还常常汇编成专题论文集或出版会议丛刊、丛书。还有些会议文献以科技报告的形式出版。

为更好地利用会议文献,一些国家出版有各种会议文献检索工具或建立数据库,如美国的《世界会议》(1963 年创刊)、《会议论文索引》(1973 年创刊)、《科技会议录索引》(1978 年创刊),中国的《国内学术会议文献通报》(1982 年创刊)及其数据库等。

1. 中国知网"中国重要会议论文全文数据库"

收录了 1953 年以来中国会议文献 160 多万篇,涵盖各个学科专业。其检索界面见图 4-6。

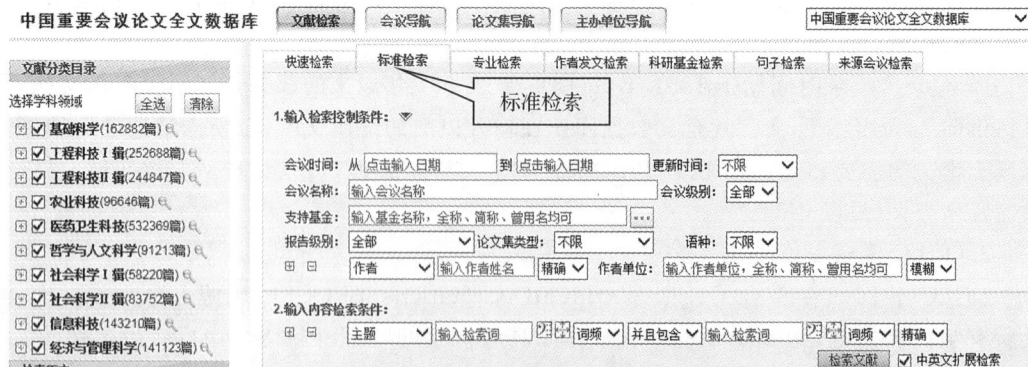

图 4-6 中国知网"中国重要会议论文全文数据库"

　　该数据库有 4 个检索界面:文献检索、会议导航、论文集导航和主办单位导航。"文献检索"界面如图 4-6 所示,可从会议名称、支持基金、主编以及会议主题、篇名等入手。其中"会议导航"和"论文集导航"是按学科专业的分类导航,分基础科学、工程科技Ⅰ、工程科技Ⅱ、农业科技、医药卫生科技、哲学与人文科学、社会科学Ⅰ、社会科学Ⅱ、信息科技、经济与管理科学 10 个大类,每一大类下细分若干类。"主办单位导航"可从主办单位名称或主办单位类属两个途径进行检索。

　　另一个中国会议文献检索数据库是万方数据的"学术会议",可从其"学术会议分类"、"会议主办单位",以及高级检索的多个入口查找。

　　2.OCLC 会议论文索引

　　该索引包括两个子库:一是 PapersFirst 数据库,是 OCLC 为在世界各地会议上发表的论文所编纂的索引,该数据库涵盖自 1993 年以来所有来自英国图书馆文献供应中心的相关资料,共 810 多万条记录。以论文为主,按何人、何时发表排序。二是 Proceedings 数据库,是 PapersFirst 的相关库,共 46 万条记录,是关于每次会议的文件清单,以了解每次会议活动的概貌。

第 5 章

词 典

5.1 概　述

　　语文词典是汇集语言文字中的字、词或词语的某些成分,根据一定的编纂目的加以处理和编排,供人们查考的工具书。它一般提供词语拼音、读音、音节划分、含义、用法等,有时还提供派生词、词源、同义词、反义词、缩略语、方言俚语等相关知识。就广义而言,词典分为语文词典和知识词典(或称学科词典)两大类,前者解释词语的语言方面的知识或本身的意义,说明它们的语音、语法和修辞特征;后者提供词语学科方面的知识,即解释在专科领域内词语所代表的事物和概念,作一定广度和深度的叙述。自 20 世纪以来,大型的语文词典不再只收语文词条,而是兼收知识词条。但知识词典一般都体例纯正,不收任何语文词条。

　　英文中 dictionary 一词来源于拉丁文 dicionarium。究其来源,系由 dictiones(字或词)和－arium(仓库)组成。字典、词典的同义、近义词还有 lexicon,特指古代语文词典,如 Liddell and Scott 主编的 A Greek-English lexicon;glossary 通常用于专科词典,如 Harrod 编的 The librarians' glossary;thesaurus 原义为"宝库"或"仓库",现泛指同义词词典,如 Roget 编的 Thesaurus of English words and phrases。西方语文中一般没有字、词之分,我国古代也无明确的字词概念,有关汇释字词的工具书统称为字书,"词典"这一叫法直到近代才出现。在现代汉语中,字、词是有区别的,字典和词典也有所不同,字典以收字为主,汇释字的读音、写法和意义;而词典以收词为主,解释词的意义和用法。汉语中的一个字往往就是一个词,但多数情况下一个词则由两个字组成,因此汉语词典在编排上以单字为领头,由单字带出复词、词组和成语。

　　语文词典的编纂历史悠久,词典的产生、发展与社会的需要和民族语言的形成密切相关。语文词典的出现要比一般书籍晚得多,早期的词典主要是语文词典。据说西方最早的词典是亚历山大城的潘菲勒斯(Pamphilus)的《词汇》,但无实据。词典的雏形产生于中世纪的说法较为可信。当人们阅读早期文献遇到难词、难句时,一种类似难词表的诠释词典就应运而生。据文献记载,我国在周宣王时就有了难字诠注式的字书《史籀》。第一部成熟的字典《说文解字》成书于后汉,不晚于公元 2 世纪,比西方词典的出现要早 1500 年。

每个汉字都具有形、音、义三个要素,古代的字书对三个方面各有侧重,从而形成了三大流派:(1)以义为系的字书,以汉代的《尔雅》为代表。《尔雅》是我国最早的一部词典,也是我国第一部训诂学著作。它按字词的性质和意义分编排列,辑录汉代以前的 2910 条古汉语词汇,解释从先秦到西汉初年这一时期词语的意义与用法。《尔雅》之后,历代都有人仿其体例编撰训诂书,大都以"雅"来命名,代表性如张揖的《广雅》(魏),陆佃的《埤雅》(宋),吴玉搢的《别雅》(清)等十几部。(2)以音韵为系的韵书。韵书是古代专门研究汉字审音辨韵的书籍,依字、词的音韵排列,兼及字义,供写韵文查找押韵时使用。我国最早的韵书是三国时期魏李登的《声类》(现已亡佚),宋代陈彭年、丘雍等编的《广韵》是韵书的代表作,该书收字 26194 个,将字分成 206 韵,每个字依韵归部,先释义,后注音,该书具有字、词典的作用。(3)以形体结构为系的字书,东汉许慎的《说文解字》为该流派之代表。《说文解字》是公认的我国第一部正规字典,该书汇集了当时通用的汉字 9353 个,另有重文 1163 个字,每字下先说解字义,然后分析文字的形体构造,最后注音。许慎对字的构造提出独到的见解。历代都有仿照《说文解字》体例编写的字书,如吕忱的《字林》(晋),王洙、司马光的《古今文字》(宋),尤其是清代张玉书的《康熙字典》是我国第一部以"字典"命名的字典,收字达 47035 个,代表了我国古代字典编纂的最高成就。

在西方词典发展史上,双语词典的出现早于单语词典。早期的双语词典大多数是用各民族的语言来翻译和诠释较发达的文明语言(如拉丁语)的词语。第一本用"dictionarium"作为书名的词典是英国人加兰德的约翰(John of Garland)于 1225 年编成的拉丁语词表。早期的英语词典诞生于文艺复兴的后期,其代表作出现于 1530 年,是由廷代尔(William Tyndale,? —1536)编写,附在《旧约全书》首 5 卷的末尾。真正的单语词典出现于 1604 年的《按字母顺序排列的英语难词词汇表》,收词 2500 个,是教师考德里(Robert Cawdrey,1580—1604)为妇女编写的。到了 17、18 世纪,欧洲的各民族语言获得很大发展,一批规范性的民族语言词典开始问世,较具代表性的有 1694 年出版的《法兰西学院词典》(2 卷本)和 1755 年塞缪尔·约翰逊(Samuel Johnson,1709—1784)编写的《英语词典》。19 世纪,西方词典编纂事业达到高峰,各种语言的巨型详解词典大量出现,美国词典也随之兴起。其中英国词典编纂家默雷(James A. H. Murray,1837—1915)主编的《牛津英语大词典》和诺亚·韦伯斯特(Noah Webster,1758—1843)主编的《美国的英语词典》是这一时期两部划时代的杰作,被誉为词典编纂史上的两块丰碑。

1.词典编纂法中的两大派别

规范派与描述派是西方词典编纂史中形成的两大对立学派。规范派形成于 18 世纪中期,对于当时民族语言的统一稳定,特别是词汇的标准化作出过贡献。规范化的依据是某种权威及所谓上流社会的习惯。权威性的代表作是上文中提到的约翰逊所编《英语词典》。它在问世后的百余年间,始终在词典界占据主导地位。上流社会习惯性用词的代表作是《法兰西学院词典》。描述派是 20 世纪初出现的一个新兴学派,主张词典编纂者应该客观、如实地记录语言发展的历史,而不是充当语言的评判者。它在一定程度上反映了当代语言和文化发展的特点,其代表作是《韦氏三版》。规范派的主要观点是:(1)词典编纂者的责任在于扬弃语言中不妥和谬误之处,以捍卫语言的纯洁性。强调选词稳妥、释义稳当,防止俚语、行话污染语言。认为词应是规范词，句是范句，纯净典雅，标准规范。(2)词语的定义和用法应以传统的、历史的规范为标准，保持语言的相对稳定，反对随意改变词义和用法。口语、"粗俗的"大众语言是不足取的。描述派的主要观点是：(1)语言是社会的产物，经常处在变动的过程中，这是一种正常的现象。一切用法都是相对的。一个词如被经常使用，就会被人们所接受。约定俗成是语言正确性的前提。(2)词典编纂者的责任不是充当语言的评判者，而应当忠实地记录语言。(3)反对厚古薄今，反对重视文字记载而轻视口语。例证不仅引用名作家的作品，还应广泛取材于当代的书报杂志、电视和演说，甚至广告和流行歌曲。词典应尽量减少告诫性标签的使用，而应紧跟时代的步伐。如果过多地作出人为的规定，就会阻碍语言的发展。

　　一般认为，规范派和描述派都是一定历史时期的产物，都对语言的发展作出了贡献。约翰逊对当时英语的混乱现象起过勘定的作用，功不可没。同时，也应看到语言在不断发展，规范和描述也是相对而言的。在一定时期内被认为是合理的规范，在另一历史时期就会与语言的发展相矛盾。因此，不论规范和描述都不能绝对化。在高度文明的今天，词语无比复杂丰富，要完全不偏不倚，做到兼收并蓄，不加任何取舍，也是做不到的。采用规范派抑或描述派原则，要根据词典的宗旨和类型而定。一般说来，足本和按历史原则编纂的词典采用描述原则较为适宜，各种学生词典则宜采用规范原则。

　　2.语文词典的类型

　　对词典的类型进行研究是词典学的重要课题之一，语文词典的种类很多，可以从不同角度进行分类，但至今尚无统一和公认为合理的分类原则和标准。(1)按词典的收词范围，分综合词典和专门词典。专门词典只涉及语言中某些特殊现象，是对综合词典在某一方面的补充，如缩略语、词源、方言、俚语、用法、同义反义词、读音、习语、外来语等。(2)按词典涉及的语言种类，分单语词典(monolingual dictionaries)、双语词典(bilingual dictionaries)和多语词典(polyglot dictionaries)。单语词典的词目和释义语言同属一种语言，是以本民族读者为主要对象，较为详尽深入。重要的单语词典能代表一个国家语言学研究和词典的编纂水平，具有较高的学术价值。双语词典是两种言语间的对译词典，是在一种语言的词汇单位与另一种语言的词汇单位之间找出意义相等的对应词，主要供学习外国语或从事翻译工作之用。多语词典大多适用于专门术语词典的领域，它实际上是多种语言词汇的对照表，只引词目，不作解释。(3)按词典的规范，有大、中、小型之别。西方通常分为足本(unabridged)、半足本(semi-abridged)、节本(abridged)和袖珍本(pocket 或 school)，其中节本词典通称"案桌词典"或"大学版词典"。一般来说，收一二万词条的是袖珍词典，三四万词条的是简明词典，七八万词条的是中型词典，十万词条以上的是大型词典。(4)按词典的使用对象，分成人、大中学生、儿童词典等。(5)按收词的历史阶段来分，可分为历时词典(diachronic dictionaries)和共时词典(synchronic dictionaries)。后者即涉及某一种特定时期，而不是考虑历史的演变。在现有的词典中，一本词典纯属某一类型的不多，常常是跨类的混合型。

5.2　汉语字、词典

　　1.汉语字典

　　汉语字典按收字的侧重情况可分为古汉语字典、现代汉语字典及兼收古、现代汉字的字典。

(1)《古汉语常用字字典》(修订本),该字典修订组编,商务印书馆,2008年,第4版(繁体字版)。

该字典集中收录了在古汉语中出现频率较高、经常使用的字词,共收古汉语常用字6400多个。本字典在解字释词上较好地做到了科学性与通俗性的统一,是国内最常用的古汉语字典。

(2)《汉语大字典》,徐中舒主编,四川辞书出版社、湖北辞书出版社1986—1990年联合出版,共8卷,第8卷为附录和索引。

本字典是国家规划编写和修订的四部大型汉字字典、词典之一(另三部是《辞海》、《辞源》和《汉语大词典》),共收字约56000个,是目前为止收汉字最多、单字释义最全的字典。所有古今文献中出现过的汉字,几乎都可以在该书中查到。其特点:①字形方面,每个字的条目下罗列了能反映该字形体演变的有代表性的古文字形体,如甲骨文、金文、小篆、隶书形体及其出处;②字音方面,不仅注出现代读音,而且列出中古的反切,标注上古的韵部。所谓反切,是中古时书的一种注音方法,即用两个汉字拼出一个读音,其基本拼法是以二字相切合,取上字的声母,取下字的韵母,声调一般随下字,如"土,tu,《广韵》他鲁切";③字义方面,对该字的各种含义作详细罗列(以阿拉伯数字依次排列)。

编排与检索特点:①按部首编,共立200部,同部首的汉字按笔画从少到多排列;同笔画的汉字按起笔横、竖、撇、捺、折的顺序排列。首卷前有"汉语大字典部首表","新旧字形对照举例"。②每卷前都有本卷部首目录和检字表,供查阅本卷内收录了哪些汉字。③第8卷为"附录和索引",列有"笔画检字表",从该表能快速查到字典所收的任何一个汉字所在的卷、页。该卷还附有"上古音字表"、"中古音字表"、"通假字表"、"异体字表"等。

此外,查古文字的汉语字典还有《甲骨文合集》,胡厚宣主编,中华书局,2015年版,以及《甲骨文合集补编》,马季凡等编著,语文出版社,1999年版。《金文编》,容庚编,张振林等补,中华书局,2002年第3版批校本,2册。《古玺文编》,罗福颐主编,文物出版社,1981年版,收秦以前官私印玺上文字2773字。

2. 汉语词典

以下几部大型汉语词典可以解决汉语词语方面的疑难问题。

(1)《现代汉语词典》(第6版),中国社会科学院语言研究所词典编辑室编,商务印书馆,2011年版。

该词典以收录现代汉语普通话词汇为主,共收录字、词、词组、成语、熟语等6万余条。它在字词形体、读音、用法等方面以规范著称,是一部重要的现代汉语语文词典。

(2)《汉语大词典》,罗竹风主编,上海辞书出版社,1986—1993年出版,共13卷,第13卷为附录和索引。

该词典按照"古今兼收,源流并重"的编辑原则,集古汉语和现代汉语词汇之大成,是一部反映汉语全貌的大型综合性汉语词典。共收词目约37万条,包括古今词语、熟语、成语、典故及常见的百科词语等,且释义确切,书证丰富。

编排与检索特点:单字按200部首编排,每一卷卷首都有部首检字表。但查找词语一般从第13卷(即《附录与索引卷》)的"单字笔画索引表"或"单字汉语拼音索引表"入手,能够迅速确定词语所在的卷页。

(3)《辞源》,陆尔奎等主编,商务印书馆,1915年初版,先后于三、四十年代修订出版,目前,该书版本众多。

该书于 1958 年重修时与《辞海》在条目收录上做了分工,《辞源》专收古代汉语词汇和成语,收词下限止于鸦片战争(1840 年),是一部阅读古典文献和研究文史的重要参考工具。

《辞源》修订本于 1983 年由商务印书馆出齐,全书 4 册,收单字 12890 个,复词 84134 条,按 214 个部首排列,使用繁体字。每册卷首有"部首目录"、"难检字表",卷末附该册的四角号码索引。第 4 册附有全书的单字汉语拼音索引。由于古汉字单纯从发音上检索难以奏效,因此四角号码查字法是检索古汉字的重要方法,1991 年商务印书馆将《辞源》的四角号码索引汇总出版了《辞源修订本索引》。

《辞源》仍存在错别字较多,释义不妥,书证引文不明确等明显缺点。可参阅田忠侠著《辞源考订》(东北师范大学出版社,1988 年版)和《辞源续考》(黑龙江人民出版社,1992 年版)。查古汉语词汇的相关词典还有《古汉语辞海》,国际广播出版社,1993 年版,该书收录古汉语词汇 5 万余条,单字 13000 余条。有关古汉语词语的词典还有很多,在此不作进一步介绍。

(4)《辞海》,中华书局 1936 年初版,解放后又多次修订出版,至今已有缩印版、增补版、三卷版和按学科编印分册等多个版本,其中最常用的是由上海辞书出版社出版的缩印版(一册)、三卷版(上、中、下三册)和五卷版。

这是一部以字带词,兼有字典、语文词典和百科词典的大型综合性辞典,该书的特点是内容比较注意增收知识条目,所收辞目包括普通和专科词语。普通词语包括单字、复词、成语、典故,专科词语包括各学科的术语、人物、著作、历史事件、团体组织及古今地名等。解释简明扼要,检索途径完备,卷首有笔画查字表,卷末附拼音索引和四角号码索引,可用部首、笔画、拼音、四角号码等多种方法进行查找,适合各种检索习惯的读者。

3. 专门词典

专门词典相对综合性词典而言,涉及语言中的某种特殊现象,如缩略语、俚语、同义反义词、读音、词源等,它弥补了综合词典某些方面解释词语不够深入的不足。

(1)虚词词典。虚词在古代一般直称为"词"、"辞",或者叫"语助"、"语辞",稍后,也称"虚字"。虚词的研究开始较早,这方面的工具书也多有出现,一般认为,元代卢以纬编纂的《语助》是最早的一部专门汇集解释虚词的著作,具有虚词词典的性质。清嘉庆年间王引之所编的《经传释词》,为清代虚词研究之代表作。后有商务印书馆 1928 年出版的《词诠》(杨树达著),是一部重要的古汉语虚词工具书。

在 20 世纪 80 年代以来出版的虚词词典中,较有代表性的是《古代汉语虚词通释》,何乐士等编,北京出版社,1985 年版。《古汉语虚词用法词典》,陕西师范大学词典编写组编,陕西人民出版社,1988 年版。《古代汉语虚词词典》,中国社会科学院语言研究所古代汉语研究所编,商务印书馆,2010 年版。查考现代虚词的词典较多,不在此罗列。

(2)义类词典。义类词是指那些意义相关的词语,相关关系主要包括同类、同义、近义、反义等。该类词典目前出版较多,且不断推陈出新,常用的如:《现代汉语同义词词典》,刘叔新主编,天津人民出版社,1987 年版。《现代汉语同义词词典》,朱景松主编,语文出版社,2009 年版,收词 2000 余组。《现代汉语反义词词典》,朱景松主编,语文出版社,2014 年版,收录反义词 2000 余组。

(3)方言词典。方言是一种语言的地方变体。我国幅员辽阔,人口众多,方言也比较复杂。一般认为,现代汉语有七大方言区,即北方方言区(又称官话方言区)、吴方言、湘方言区、客家方言区、赣方言区、闽方言区、粤方言区。不同方言区的方言,语音上的差别最为明显,同时,在词汇、语法上也有差别,方言研究历来是语言研究的一个重要方面。集中收录、解释方言词汇的工具书,是专门的方言词典。现代方言词典又分为综合方言词典和地方方言词典两大类。我国已出版了许多方言词典,目前具有总结性、集成性的现代汉语方言词典是《现代汉语方言大词典》,李荣主编,江苏教育出版社出版。有分卷本和综合本两种版本,1999 年 41 种分卷本全部出齐(见表 5-1)。

表 5-1　方言词典系列

卷名	作者	出版时间
崇明方言词典	张惠英	1998 年
厦门方言词典	周长楫	1998 年
苏州方言词典	叶祥苓	1998 年
长沙方言词典	鲍厚星等	1998 年
娄底方言词典	颜清徽、刘丽华	1994 年
太原方言词典	沈　明	1994 年
贵阳方言词典	汪　平	1994 年
西宁方言词典	张成材	1998 年
南昌方言词典	熊正辉	1995 年
武汉方言词典	朱建颂	1995 年
柳州方言词典	刘村汉	1995 年
忻州方言词典	温端政等	1995 年
梅县方言词典	黄雪贞	1995 年
黎川方言词典	颜　森	1995 年
南京方言词典	刘丹青	1995 年
丹阳方言词典	蔡国璐	1995 年
乌鲁木齐方言词典	周　磊	1995 年
金华方言词典	曹志耘	1996 年
海口方言词典	陈鸿迈	1996 年
洛阳方言词典	贺　巍	1996 年
扬州方言词典	王世华等	1996 年
徐州方言词典	苏晓青等	1996 年
西安方言词典	王军虎	1996 年
银川方言词典	李树俨等	1996 年
济南方言词典	钱曾怡	1997 年
福州方言词典	冯爱珍	1997 年
建瓯方言词典	李如龙等	1998 年
牟平方言词典	罗福腾	1998 年
萍乡方言词典	魏钢强	1997 年
上海方言词典	许宝华等	1998 年
哈尔滨方言词典	尹世超	1997 年
东莞方言词典	詹伯慧	1997 年
广州方言词典	白宛如	1998 年
杭州方言词典	鲍士杰	1998 年
成都方言词典	梁德曼	1998 年
南宁平话词典	覃远雄	1997 年
宁波方言词典	汤珍珠	1997 年
温州方言词典	游汝杰	1998 年
万荣方言词典	吴建生等	1997 年
于都方言词典	谢留文	1998 年
雷州方言词典	张振兴、蔡叶青	1998 年

(4)联绵词词典。联绵词是指那些有两个单字连缀成义而又不能分割的双音词，又称"联绵字"或"连语"。一般认为包括三类：一类是双声联绵词，如"犹豫"、"流连"等；一类是叠韵联绵词，如"徘徊"、"彷徨"等；一类是既非双声又非叠韵的联绵词，如"蟋蟀"、"淡漠"等。此外，也有人把"叠字"（又称"重言"，指由两个相同的单字重叠在一起形成的词，如"匆匆"、"津津"等）归入联绵词之内。联绵词是汉语中的一种特殊词汇，组合格式固定，不能随意分割。集中收录解释联绵词的工具书是《联绵字典》，符定一篇，中华书局，1932年版，中华书局1983年重印。该书收录的词汇皆是六朝以前古籍的双音词，其中多数都是联绵词。

(5)通假字字典。通假字就是古人用一个音同或音近的字来代替本字，即同音替代字。通假字习惯上也称为假借字。通假字是古代汉语中的特殊现象，在古籍中，特别是在秦汉以前的古籍中，通假字极为常见。从声音关系上来解释通假字，是清代学者的发现，也是清代以来文字、音韵、训诂研究方法上最为突出的贡献之一。有关通假字的工具书中，朱起凤编的《辞通》具有一定的代表性。该字典在1934年由开明书店初版，在1982年由上海古籍出版社重印，全书收词近4万条，是一部专门解释古汉语中双音词通假的辞书。目前常用的通假字字典有《古汉语通假字字典》，马天祥等编，陕西人民出版社，1991年版，收录古汉语通假字2820个，词语资料的年代下限是唐代。

(6)同源字字典。同源字是指那些音义皆近、音近义同，或义近音同的字。研究考察同源字，实际上就是从语源的角度分析汉语字、词发展演变的渊源关系。目前具有权威性的同源字工具书是《同源字典》，王力编，中华书局，2014年版。

(7)成语、典故词典。成语是人们在长期使用语言过程中形成的固定词组或短语；典故是指诗文中引用的古代故事和有来历出处的词语。许多成语典故从字面上不易准确理解，需要随时查考相关词典。

现有的成语词典具代表性的是《汉语成语大词典》，王兴国主编，华语教育出版，2017年版，共收成语26000多条。《中国成语大辞典》，王涛等编，上海辞书出版社，2007年版，收录古今汉语18000多条。《中国成语分类大词典》，韩省之主编，新世界出版社，1989年版，收成语20000多条。《现代成语巨典》，本书编委会编，大连出版社，1993年版，收现代成语20000余条。

规模较大的典故词典有《中华典故全书》，俞长江等主编，中国国际广播出版社，1994年版，共收录、解释各类典故22000多条。《中国典故大辞典》，辛夷等编，北京燕山出版社，1991年版，收历代典故8558条。《二十四史掌故辞典》，才晓予主编，中国发展出版社，1995年版。《全唐诗典故辞典》，范之麟、吴庚舜主编，崇文书局，2001年版。《全宋词典故考释辞典》，金启华编，吉林文史出版社，1993年版。《金元散曲典故辞典》，吕薇芬著，湖北辞书出版社，1985年版。

(8)谚语、俗语、歇后语、格言词典。谚语、俗语、歇后语、格言流行于民间，是群众口头流传的广泛使用的较为定型的语句，统称为熟语。俗语主要是指流行于民间的通俗语句，也叫"常言"，方言色彩较强的又称"俚语"。俗语通俗化、形象化的特点较为突出。谚语主要指流行于民间的一些现成固定的语句，它的事理性、简练性较俗语更强。因此，谚语和俗语，有时不大好区分。歇后语比较好鉴别，一般由比喻语和解说语两大部分组成。

查考古代谚语，收罗较为宏富的专书是《古谣谚》，（清）杜文澜编，周绍良校点，中华书局,2008 年版。集中收录、解释二十五史中歌谣、谚语的工具书有《二十五史谣谚通检》,尚恒元等编,山西人民出版社,1986 年版。汇集中国谚语最为丰富的资料性工具书是《中国谚语资料》,中国民间文学研究会资料室主编,上海文艺出版社,1961 年版,全书共 3 册,收录古今谚语 45800 多条。普通的谚语词典较多,不在此列举。

俗语词典中,目前较常用的是《中国俗语大辞典》,温端政主编,上海辞书出版社,2011年版。

歇后语词典中,可利用的有《歇后语大全》,中国民间文艺出版社资料室、北大中文系资料室编,中国民间文艺出版社,1987 年版,共收录歇后语 6 万多条。《歇后语大辞典》,王陶宇编,四川辞书出版社,1988 年版,共收录歇后语 16000 多条。该书编排方法较为新颖,以解说语立目,按条目意义分类集中。其他普通歇后语辞典的种类较多,不再一一列举。

格言词典主要有《中国古代格言大全》,陈宜民,杨正业编,重庆出版社,1986 年版。《警句格言分类大辞典》,张昌华等编,人民日报出版社,1989 年版。

5.3　英语词典及其他外语词典

1. 综合性词典

英语词典的种类很多,下面介绍几种常用的英语词典。

(1)《牛津英语大词典》(The Oxford English dictionary,2nd. Ed. ,by J. A. Simpson and E. S. C. Weiner,New York ：Clarendon Pr. / Oxford Univ. Pr. ,1989,20 v.),简称 OED_2。

该词典原名是《按历史原则编纂的新英语词典》(New English dictionary on historical principles),初版于 1884—1928 年,共 125 个分册,编成 10 卷。1933 年重印时为 12 卷,外加补编一卷,共 13 卷,并改为现名。1972—1980 年由牛津大学出版社负责编纂并出版了 4 卷补编,增加了大量英语国家的词汇。1989 年又将原书 13 卷与 4 卷补编排成 20 卷出版,改用国际音标注音。OED_2 收词条总数达 50 万条之巨,例证 240 万多条,集世界英语之大成,被誉为"词典之王"。除印刷版外,OED 还出版了光盘版和网络版。

该词典是按描述派观点编写,对每个词的释义按历史沿革(即自 12 世纪至编写时)的顺序列出其在不同时期的用法,并列出相应例证的出处与日期,内容极为详尽,这一忠实反映词语运用历史轨迹的记录使得 OED 成为一部富有极高学术性的著作,而不宜作为一般读者的便捷性参考工具。

OED_2 词条的编排按 A 至 Z 顺序逐词排列,查检十分方便,第 20 卷卷末附有书目,这是词典例证所引文献的书目,供读者进一步研究和参考(见样条 4)。

足本英语词典还有著名的《韦氏三版新国际英语词典》(简称"韦氏三版"——Webster's third new international dictionary of the English language, unabridged. Springfield,mass. : Merriam,2002,144a,662 p.)和《蓝登书屋足本词典》(The Random House unabridged dictionary, 2nd ed. , N.Y. ：Random House, 1993, 2478 p.),前者收词 45 万条,几乎所有大中型图书馆都有收藏,后者收词 32 万条,十分实用,颇受个人和家庭的欢迎。

earthquake ('ɜːθkweɪk). [f. EARTH *sb.*¹ + QUAKE *sb.*]

1. A shaking of the ground; usually *spec.* a convulsion of the earth's surface produced by volcanic or similar forces within the crust.

c **1340** *Cursor M.* 20499 (Trin.) An erþequake [*v.r.* erth-din] coom þat shoke alle þinge. **1382** *Pol. Poems* (1859) I. 252 The pestilens, and the eorthe-qwake, Those..thinges Beoth tokenes. **1432–50** tr. *Higden* (Rolls) III. 305 As thro an erthe qwake. **1513** DOUGLAS *Æneis* VIII. iv. 131 By fors of thunder or erdquayk wyth a clap. **1583** STANYHURST *Æneis* III. (Arb.) 73 Thee doors, thee laurel, thee mount with terribil earth quake Doo totter shiuering. **1635** N. CARPENTER *Geog. Del.* II. ix 156 After an Earth-quake many new springs..discouered themselues. **1719** DE FOE *Crusoe* I. 91, I plainly saw it was a terrible Earthquake, for the Ground I stood on shook three times at about eight Minutes distance. **1821** SHELLEY *Hellas* 5 All its banded anarchs fled, Like vultures frighted..Before an earthquake's tread. **1864** *Q. Jrnl. Science* I. 57 An Earthquake..is the transit of a wave or waves of elastic compression in any direction..through the substance and surface of the Earth, from any centre of impulse.

b. *fig.*

1641 MILTON *Animadv.* (1851) 188 Whosoever..so earnestly labours to keep such an incumbring surcharge of earthly things, cannot but have an earth-quake still in his bones. **1662** FULLER *Worthies* (1840) III. 310 In this age, wherein there is an earthquake of ancient hospitals. **1835** L. HUNT *Capt. Sword* II. lviii. See where comes the horse-tempest again, Visible earthquake. **1868** BRIGHT in *Star* 14 Mar., This social and political earthquake under which Ireland is heaving.

attrib. **1814** BYRON *Ode Napoleon* 30 The earthquake voice of Victory.

2. Comb. **a.** *attrib.*, as *earthquake-fiend, -gown, -pendulum-microphone, -shock, -voice, -wave.*

1821 SHELLEY *Prometh. Unb.* I. 38 The *Earthquake-fiends are charged To wrench the rivets from my quivering wounds. **1750** H. WALPOLE *Let. Sir H. Mann* 2 Apr., Several women have made *earthquake gowns, that is, warm gowns to sit out of doors all to-night [an earthquake having been predicted]. **1882** *Nature* XXVI. 220 For the study of ..seismological movements of the earth's crust as revealed by the microphone..Dr. A. V. G. Mocenigo..has devised an *earthquake-pendulum-microphone. **1878** HUXLEY *Physiogr.* 188 *Earthquake-shocks are happily of rare occurrence in this country. *Ibid.* An *earthquake-wave is a vibration of the solid crust of the earth.

b. *instrumental*, as *earthquake-rifted, -ruined, -shaken, -swallowed* adjs.

1819 SHELLEY *Prometh. Unb.* I, New fire From *earthquake-rifted mountains of bright snow Shook its portentous hair. *Ibid.* II. iv, The lurid smoke Of *earthquake-ruined cities. **1860** RUSKIN *Mod. Paint.* V. ix. iv. 240 Silent villages, *earthquake-shaken, gleam in white ruin. **1839** BAILEY *Festus* ix. (1848) 102 *Earthquake-swallowed cities.

样条 4　《牛津英语大词典》(OED)

（2）《梅里亚姆韦氏大学版词典》(Merriam Webster's collegiate dictionary，Springfield，Mass.：Merriam-Webster，2014)，1898 年初版，1993 年出版第 10 版时改用今名。

该词典是韦氏系统中销路最广、大学版词典中影响最大的一种，收词约 23 万条，释义 20 余万条。义项按历史先后顺序排列，卷末附有人物传记表、大学与学院名录，及各学科、专业所有符号之含义等多个附表。该词典的网络版可参见 14.2.8 第 2 条的介绍。

（3）《简明牛津词典》(The concise Oxford dictionary of current English，100th anniversity ed.，by H.W. and F.G. Fowler. New York：Oxford Univ. Pr.，2011)

初版于 1911 年，该词典是英国出版的最著名的中型英语词典，销量巨大。该书的特点是对常用词的用法解释较为详尽，例句丰富，尤适合于大中学生使用。

下列英语词典在欧美国家也有较高的知名度和销量：《钱伯斯二十世纪英语词典》

(Chambers twentieth century dictionary，Edinburgh：Chambers，1985，1600p.），《朗曼英语词典》(Longman dictionary of the English language)，《科林斯英语词典》(Collins English dictionary，6th ed. Glasgow：Harper-Collins Pub. ，2009，x，949 p.)。

2. 英语专门词典

专门词典是相对综合性词典而言的，涉及语言中的某种特殊现象，如缩略语、俚语、同义词、反义词、读音、词源等。专门词典弥补了综合词典解释词语某些方面不够深入的不足。

(1)缩略语词典。缩略语词典是英语专门词典中最常用的一种，据统计，西方文字中每年大约产生 2 万个新缩略语。缩略语可分为缩写词(abbreviations)、姓氏首字母(initialisms)、首字母拼音词(acronyms)和缩合词(contractions)等。缩略语在英文文献中大量使用，欲了解其含义，需借助缩略语词典，目前较为权威的英文缩略语词典有《首字母和缩略语词》(Acronyms，initialisms，and abbreviations dictionary，21st ed. Detroit：Gale，1997，3v.)。该词典初版于 1960 年，包括从古到今所有知识领域内出现的首字母和缩略语，该词典由三部分组成，不定期地滚动修订出版。

(2)词源词典。词源词典是追溯词的渊源，解释词的原始形式、意义、用法及其历史演变的词典。OED 可以看作是词源词典之大成。较著名的英语词源词典有《牛津英语词源词典》(The Oxford dictionary of English etymology，ed. by C. T. Onions. Oxford ：Clarendon，Pr. ，1966. Repr. with corrs. 1982)。该词典是在 OED 基础上扩充而成，收词 38000 多个，是同类词典中最好的一部。另外有《按历史原则编纂的美语词典》(A dictionary of Americanisms on historical principles，ed. by M. M. Mathews. Chicago：Univ. of Chicago Pr. ，1956. 2v.)，该词典收录了 5 万个产生于美洲大陆的词汇，从词源方面可以了解美语的发展史。

(3)同义和反义词词典。同义和反义词词典是将含义相同或相反的词列在一起，供读者参考选用。目前收词量大且最常使用的同义词词典是《罗热国际词库》(Roget's international thesaurus，7th ed. New York ：Harper Collins，2010，1282 p.)，该词典 1852 年初版，1992 年第 5 版，约每 10 年修订一次。第 7 版共收词 325000 个，分为 15 大类，1000 多个小类，每一小类都有一个关键词作标目。词汇和短语按词性排列在后，读者能从中选出合适的同义词，反义词一般紧跟在基本词目之后。该词典以检索为主，不提供词义和用法方面的指导，故对读者在语言知识方面有一定的基本要求。另一常用的同义词词典是《韦氏新编同义词词典》(Webster's new dictionary of synonyms，rev. ed. Springfield，Mass. ：Merriam，1984，942 p.)，该词典初版于 1942 年，修订版收词 7500 个，例证选自《韦氏三版》。

3. 双语词典

双语词典是指用一种语言解释另一种语言的词典，目前我国出版了大量汉语与其他语言间的双语词典，极大地方便了语言的学习和使用。据初步统计，目前已出版的汉语与外语的双语词典包括英汉、法汉、西汉、俄汉、日汉、阿拉伯汉语、泰汉、缅汉、越汉、朝汉(韩汉)、印尼语汉语、波斯语汉语、葡汉、意汉、捷克语汉语、乌克兰雨汉语、罗马尼亚语汉语、希腊语汉语、印地语汉语等。

我国有众多的少数民族语言，目前也出版了许多汉语与少数民族语言之间的双语词典，如《夏汉字典》，李范文编著，中国社会科学出版社，1997 年版；《新蒙汉词典》，商务印书馆，1999 年版；《女真文辞典》，文物出版社，1984 年版；《汉维大词典》，民族出版社，2006 年版；《藏汉大词典》，张怡荪主编，金启琮编著，民族出版社，2004 年版。

第 6 章

百科全书

6.1 概 述

百科全书是一种十分重要的工具书,它集各类型工具书之大成,被称为"工具书之王"。据统计,社会科学知识性问题中有一半以上可从百科全书中找到答案。英文的 encyclopaedia 一词源于希腊文"enkylios"和"paideia",原本是"普通的"和"教育"的意思。英文的 encyclopaedia 一词,由三个部分主成:en 是"全"的意思,cycle 是"圆圈"或"范围"的意思,paedia 是"讲学"和"教育"的意思,合起来的意思是:"把全部知识汇集到一起",引申为"普通教育"或"全面教育"。日语称百科全书为"百科事典",用以区别于辞典,我国的"百科全书"这一叫法从日语的"百科事典"转译而来。

1. 百科全书的定义

关于百科全书的定义,历史上和现代的百科全书专家下过许多定义。从这些定义中,不难看出百科全书的基本性质及其演变情况。法国中世纪百科全书编纂家文岑(Vincent,1190—1264)认为:百科全书"向人类说明世界是什么? 世界将会怎样?"。现代百科全书的奠基人狄得罗(Diderot,1713—1784)在他主编的著名的法国《百科全书》前言中写道:"百科全书旨在收集天下学问,举其概要,陈于世人面前,并传之于后世,俾世代先人的劳动成果,不致淹没无存"。《美国百科全书》(1974—1975 年版)的定义是:"百科全书是一切知识门类广泛的概述性的著述。"《苏联百科全书》(第 2 版)的定义是:"概括一切知识和实践活动领域基本资料的科学著述。"《不列颠百科全书》(1970—1977 年第十五版)的定义是:"百科全书是人类一切知识、卷帙浩繁的摘要汇编。"美国《图书馆学情报学百科全书》(Encyclopedia of Library and Information Science)对百科全书所下的定义和所作的解释,有助于理解百科全书的性质:"百科全书是人类最有用的知识的系统概述","把百科全书同辞典相比,辞典的作用是立界说、下定义,而百科全书则是既立界说、下定义,又对内容加以解释和说明。是接着辞典往下说。辞典回答是'什么',而百科全书除了回答是'什么',还有'什么时候'、'怎样'、'什么地方'和'为什么'"。美国《ALA 图书馆与情报学词汇》一书关于百科全书的定义则较为中肯:"一本或一套含有所有知识领域主题方面的资料性条目的图书,通常按字顺排列,或者是一种涉及一个专门学科或主题的同类著作。"可以说,百科全书是人类所有门类或某一专门知识的概述性著作,具有学术权威性和查考性的特点。

2. 百科全书的历史演变

百科全书这一体裁和形式源于西方,距今已有 2 千多年历史。从基本性质的变化方面,百科全书历经古代百科全书、中世纪百科全书和现代百科全书三个时期。从编撰组织方式的演变上分为:单一作者时期;单一汇编时期;单一编者时期;多编者与多专业作者时期。从编排方法上,古代至中世纪的百科全书主要采用了以"七科学艺"或译"自由七艺"(Seven liberal arts),即所谓"三学"(语法、逻辑、修辞学)、"四术"(算学、几何、天文、音乐)为主的分类编排。古希腊学者斯珀西波斯(Speusippus,? 一前 338)和亚里士多德(Aristotle,前 384一前 322)被认为是百科全书的首创者,他们都因编写了百科全书式的教材而被尊为"百科全书之父"。但按现代意义来说,他们的著作只能是当时人们知识的大汇编,主要是作为讲学用的教材而由个人编著,以教育作用为主,还不是真正的百科全书。中世纪的百科全书大多数是由神职人员为修道院培养神职人员所编。中世纪百科全书的另一特点是重视分类学。这一时期百科全书的编撰组织方式,是处于单一作者与单一汇编的过渡时期。圣伊西多尔(St. Isidor,560—636)编著的《词源》20 卷,文岑编著的《大宝鉴》,都是中世纪早期影响很大的百科全书。法国学者斯卡列哲(P. Scalich)于 1559 年编成的百科全书,虽然并无值得过分称道的特色,但却是历史上第一部正名的百科全书,即最初正式用 Encyclopaedie 作为书名的。在欧洲中世纪结束之前,百科全书大多仍被用作教科书使用。中世纪在科学分类学上对百科全书作出重大贡献的,是英国哲学家培根(F. Bacon,1561—1626)。他在 1620 年所著的未完成的作品《伟大的复兴》中提出了一个"知识大纲",首创科学分类学。他把科学分为:自然哲学(那个时代常把科学统称为"哲学");人的哲学(心理学、人体学说等);公民哲学(人与人的关系、政治)。培根的分类学基于他对人的三种精神能力以及与此对应的三个学科的观点,即历史表现记忆力,诗歌表现想象力,哲学表现理解力。18 世纪初,百科全书开始从分类编排向字顺编排过渡,内容进一步充实,工具书的特征开始变得明显。1751—1780 年,以狄德罗(Denis Diderot, 1713—1784)为首的法国"百科全书派"编纂出版了 35 卷本的《百科全书,或科学、艺术与手工艺大词典》,该书的出版标志着百科全书取得了划时代的发展。

19 世纪,百科全书的出版迎来了高峰时期,德国的《布洛克豪斯百科全书》(Brockhaus)、英国的《不列颠百科全书》、美国的《美国百科全书》和法国的《拉鲁斯大百科全书》(Larousse)都是百科全书的代表作。百科全书已经采纳了辞典编纂技术,大多以字顺编排条目,查检更为方便。百科全书虽然仍有教育之功效,但主要作为为工具书使用。百科全书的编纂出版是一项巨大的文化工程,编纂技术复杂,需花费大量人力、物力,全国性的百科全书是一国科学文化水平的体现,目前世界上多数国家都出版了本国的百科全书。

3. 类书与百科全书

我国历史上早期的类书可谓古代的百科全书。我国最早的类书是公元 220 年魏文帝时刘劭等人奉敕编撰的《皇览》,该书合四十部,一千余卷,八百多万字,至唐时散失。自《皇览》一书完成以来,两晋南北朝、隋、唐、五代、宋、元、明、清,类书之作历代不衰,可考者不下四百多种,至清初达到最盛时期。其中,唐欧阳询编《艺文类聚》,颜真卿编《韵海镜源》,宋李昉等撰《太平御览》,都是我国历史上重要的类书,而部头最大、最负盛名的则是明代的《永乐大典》和清代的《古今图书集成》。两书均达万卷以上,字数达数亿字,分类很细,收录极广。那么,类书是不是百科全书?从类书的性能上看,它具有概述性、汇编性、分类性、寻检性的特点,与百科全书的性质基本一致,虽然类书与现代的百科全书有很大的不同,但把类书看作是古代的百科全书亦是可以的,《不列颠百科全书》第十五版也特别指出,"《永乐大典》是世界上最大的百科全书"。

4. 百科全书的种类

通常分为综合性与专业性百科全书两类,前者是广收各个学科,各个知识领域的"包罗万象"的百科全书。在当今的综合性百科全书中,比较有名的如《不列颠百科全书》(原译《大英百科全书》)、德国《布洛克豪斯百科全书》、法国《拉鲁斯大百科全书》、《美国百科全书》、日本平凡社《世界大百科事典》、《苏联大百科全书》、英国《张伯斯百科全书》、《意大利科学、文学和艺术百科全书》和西班牙的《欧美插图综合百科全书》。上述百科全书篇幅都在几十卷以上,收录条目从数万至几十万不等。专业性百科全书是专收一个学科、一个门类或数个学科、数个知识领域的百科全书。按阅读对象的不同,百科全书也可分为成人百科全书、青年百科全书和少儿百科全书。百科全书还可按地域分为国际性百科全书和地域性百科全书。

5. 百科全书的编纂

百科全书以条目方式,由编纂者作概括性论述,而非简单地将有关资料汇集,这是百科全书与我国类书在编纂方式上的最大区别。在百科全书史上,长期存在大、小条目之争。一般来说,条目的平均字数在 500 个词以上者属"大条目编纂法"(by broad subject),反之属"小条目编纂法"(by specific subject)。《不列颠百科全书》是"大条目编纂法"的典型代表,它对条目论述详尽,具有相当的学术性;《美国百科全书》是"小条目编纂法"的代表,论述较为简练,把大主题的条目内容分解为众多的主题和条目,也便于读者检索。大、小条目之争,实际上是对百科全书教育作用和使用功能的不同认识。强调百科全书的教育作用,必然重视知识的系统性。编撰大条目,是保持知识系统性的重要手段。过分强调大条目,固然可以增加百科全书的教育作用,提高百科全书的学术性,但却会相对地减弱百科全书的工具书的作用。19 世纪,德国有一部超大型的百科全书《科学与艺术综合百科全书》,又常以其主编的名字称为"艾尔什格鲁伯百科全书"。这部百科全书从 1819 年编到 1889 年,历时 70 多年,出到 167 卷才仅为一半。仅"希腊"一条就占了八卷,数百万字,内容非常详尽又具学术性,但作为工具书却是不成功的,因而半途而废。强调百科全书的工具书作用,就要把条目尽量打散,按辞典的方式编排,以便于读者查找和参考。《不列颠百科全书》第十五版采取了另一种方式来解决这个矛盾。该书保持了原来的"大条目主义"传统,《百科详编》(Macropaedia)即大条目部分,19 卷共 22000 页,约合中文 4500 万字,仅收 4207 条。最小的条目约千余字,最大的条目 40 多万字。例如,"西方文学"一条就达 40 余万字,第二篇幅的"中国历史"一条约 25 万字,"世界大战"一条约 20 万字。该书还单独编了一卷《百科类书》(propaedia),作为人类全部知识的系统分类目录,把人类知识按发生学原理分为物质和能、地球、地球上的生命、人类生命、人类社会、艺术、技术、宗教、人类历史和纯科学等十大类,并附有各个门类和学科的概说性介绍。该书同时另用 10 卷、约 10000 页篇幅编了《百科简编》(Micropaedia),即小条目部分,收 102000 条,条目长短约为 100～1500 字。《百科简编》实际上是一部百科辞典,相当于我国的《辞海》,同时兼具《百科详编》索引的性质。《不列颠百科全书》的这种把大、小条目分开编,能否结合百科全书工具书功能与教育作用,解决大、小条目之争,现评论尚为时过早。不过,《不列颠百科全书》第十五版的"创新",对法国和日本都已产生了影响。从目前世界各国百科全书的出版情况已不难看出从"大条目主义"向"中、小条目主义"转变的趋势,当前百科全书的编纂趋势是采用中、小条目法。

随着人类知识的不断丰富,百科全书的内容也随着不断地更新。由于百科全书篇幅巨大,其修订时间间隔也相对较长。目前通常采用以下几种修订方式:一是再版制,新旧版之间的内容彻底更新,修订间隔一般在十年或更长的时间;二是补卷制,不定期出版补卷,成本较低,但读者使用较为不便;三是出版年鉴,收录一些重大事件、统计资料等,这是一种权宜之计;四是连续修订,即出版社保持原编辑班子,及时修订相关学科条目,每年出版,确保内容的更新。

6.2 古代类书

我国古代的类书是一种重要的工具书,有的学者把它比作古代的百科全书。类书主要是采撷文献中可供参考的资料,按类别(少数按韵)进行编排,以供查寻征引的一种工具书,主要具有以下三个特征:

(1)内容上广采博收,包罗宏富。类书收录范围非常广泛,古代的综合性类书,经、史、子、集四部都收,正如《古今图书集成》原编者陈梦雷所说:"凡六合之内,巨细必举,其在十三经、二十一史者只字不遗;其在稗史子集,十亦只剩一二。"在古代各类工具书中,类书内容之丰富,可谓首屈一指。

(2)对所收内容进行单纯的汇编。类书只是辑录原书原文,按类堆砌,并注明其出处,但不加解释,属于资料的汇编。

(3)内容主要按类编排。类书内容一般划分为天、地、人、事、物五大类,每类下再划分几小类。"天"部主要收天文、气象、灾害、神怪等方面的资料;"地"部主要收山川、湖泊、地理、古迹等方面的资料;"人"部主要收帝王君臣之事;"事"部收集政治、经济、文化方面的资料;"物"部收集自然、博物、农艺、医学、工艺、器物等方面的资料。各类部序清晰,便于查检。也有少数类书按韵部编排,如《永乐大典》和《佩文韵府》。

《古今图书集成》,(清)陈梦雷原编,蒋廷锡等重编。中华书局、巴蜀书局 1986—1988 年重印,共 82 册。

该书第 1 册为"总目",第 82 册为"索引"。全书按内容分为 6 个汇编:历象、方舆、明伦、博物、理学、经济。各汇编下又分典,共 32 典,即历象汇编下分乾象、岁功、历法、庶征 4 典;方舆汇编下分坤舆、职方、山川、边裔 4 典;明伦汇编下分皇极、宫闱、官常、家范、交谊、氏族、人事、闺媛 8 典;博物汇编下分艺术、神异、禽虫、草木 4 典;理学汇编下分经籍、学行、文学、字学 4 典;经济汇编下分选举、诠衡、食货、礼仪、乐律、戎政、祥刑、考工 8 典。每典之下又细分部,共有 6109 部。每部内容大致包括:汇考——引用各种资料来考证本类事物之原委;总论——收录经史子集中有关该事物的论述;列传——收录有关人物的传记资料;艺文、选句——选录涉及该事物的诗词;纪事、杂录、外编——选录其他认为足以补充汇考不足之资料。

该书的检索有两个途径:一是利用第 1 卷的"总目",按类一一查找。由于按类编排,汇编、典、部层层统摄,各层次间十分清晰,但对于跨类的交叉材料就难以查全。二是利用第 82 卷的索引查找,该索引包括以下 8 部分:①"经线要目简释"——各汇编、典、部之名称、册数及所在册次;②"经纬目录"——以表格形式列出每一汇编、典、部下之汇考、总论、图、表、列传、艺文、选句、纪事、外编所在的页次;③"部名索引"(按四角号码编排);④"图表索引"(按四角号码编排);⑤"人物传记索引"(按四角号码编排);⑥"职方典汇考索引";⑦"禽虫草木二典释名索引";⑧"笔画检字表"(即按笔画排列的字与四角号码字之对照表)。

6.3 综合性百科全书

(1)《新不列颠百科全书》(The new encyclopaedia Britannica, 15th ed., Robert McHenry, ed-in-chief. Chicago:Encyclopaedia Britannica Educational Corp., 2007, 32v.)(EB 15)

该书是西方百科全书中的佼佼者,为著名的英语三大百科全书 A、B、C 中之 B,一般称《不列颠百科》,首版于 1768—1771 年,在爱丁堡出版,此后不断修订出版。1889 年出版第九版时获得极大成功,蜚声欧美。1920 年由于经费原因,版权转让到美国。1974 年第 15 版时更名为《新不列颠百科全书》,1985 年又出版了第 15 版修订版。《不列颠百科》以文体庄重、严谨和很高的学术性而著称,是高校图书馆必备的工具书。《新不列颠》(修订版)可分为四个部分:

①百科简编:便捷参考(Micropaedia:ready reference),共 12 卷(第 1—12 卷)。按条目的字顺排列(A 至 Z),条目内容相对简练,一般为几百至一、二千词,共约 6 万条目。重要条目后附有书目,供读者进一步研读参考之用。

②百科详编:知识深义(Macropaedia:knowledge in depth),共 17 卷(第 13—29 卷)。条目也按字顺排列,采用大条目编纂法撰写,字数从 3 页至数百页不等,共约 4200 个条目。阐述十分详细,均由各国著名学者和专家撰写,其学术权威性为西方世界所公认。

③百科类目:知识纲要和"不列颠百科"指南(Propaedia:outline of knowledge and guide to the Britannica),共 1 卷(第 30 卷)。该卷是 EB 的框架,有助于读者对 EB 进行系统地阅读和进一步深入研究。它将所有条目分为 10 大类(parts),其下又分为 40 个中级学科(divisions)和 176 个分支学科(sections)。每一个分支学科再列出该学科的所有分支,并列出在 EB 中要阅读的条目名称,但条目后没有注明其所在的卷次与页码。此外,还列出了 3 万条按主题归类的推荐书目。

④索引(Index),共 2 卷(第 31—32 卷),按主题、人名的字顺混排,共 47.5 万条。

自 1938 年起,《不列颠百科》出版《不列颠百科年鉴》(Britannica book of the year)。1985 年起,年鉴并入《不列颠世界资料卷》(Britannica world date),后者汇编了世界各国最新的统计数据。

1992 年起,《不列颠百科》出版光盘版,1994 年起提供网络版。《不列颠百科》还被翻译成多种语言出版,中文版主要有《简明不列颠百科全书》,由中国大百科全书出版社于 1985—1986 年出版。它主要根据英文版《不列颠百科》(第 15 版)的"百科简编"编译而成,其中有关中国的条目则由我国专家学者重新撰写。全书共 10 卷,第 1—9 卷为正文,条目按汉语拼音音顺排列,第 10 卷是索引,包括"条目标题汉字笔画索引"和"条目标题外文(包括拼音)与汉文对照索引"。1991 年,中国大百科全书出版社出版了该书的第 11 卷(增补卷),该卷由 3 部分组成：①补充条目，包括我国党、政、军领导人的传记条目和台湾地区人物、机构条目等；②"不列颠世界资料"和 EB 年鉴的部分内容；③附录部分，包括诺贝尔得主名录、奥运会冠军名录等附表。

　　1999 年《不列颠百科全书》国际中文版由中国大百科全书出版社编译出版，共 20 卷。本书以《简明不列颠百科全书》为基础，增加了条目，更新增补了内容，是一部更完美的 EB 中文版。第 1—18 卷为条目正文，按英文条目标题的词序排列，后列相应的中文译名及内容，第 19—20 卷为索引："条目中文标题和内容索引"（按汉语拼音音序排列），和"条目中文标题笔画索引"。

　　1988 年台湾中华书局出版了中文版《简明大英百科全书》，该书系 EB"条目简编"的翻译，共 20 卷。

　　网络版 Encyclopedia Britannica Online（简称 EB Online）于 1994 年正式开通，包括了 Encyclopedia Britannica（《不列颠百科全书》完整版），还包括 Merriam-Webster's Collegiate Dictionary and Thesaurus（韦氏大词典及英语同义词字典），Britannica Book of the Year（《不列颠百科全书》精选年度参考书），World Atlas（交互式世界地图全集，收录超过 215 个国家的地图，同时链接地图、国旗及各国统计资料），Related Website（相关参考网络资源，提供 20 万个以上经过百科全书编者评审的优质网站链接），Britannica Spotlights（不列颠百科独家收录的特殊主题深度介绍），Timelines（大事纪年表，主题涵盖建筑、科技、生态、艺术等），还有 150 种经过筛选的在线杂志和期刊。Encyclopedia Britannica Online 在保留原百科全书质量和特点的基础上，又增加了许多新的功能，如按主题字顺排列的浏览功能，强大的检索功能，可检索词条达到 98000 个。不列颠百科全书网络版每周更新一次（见图 6-1）。

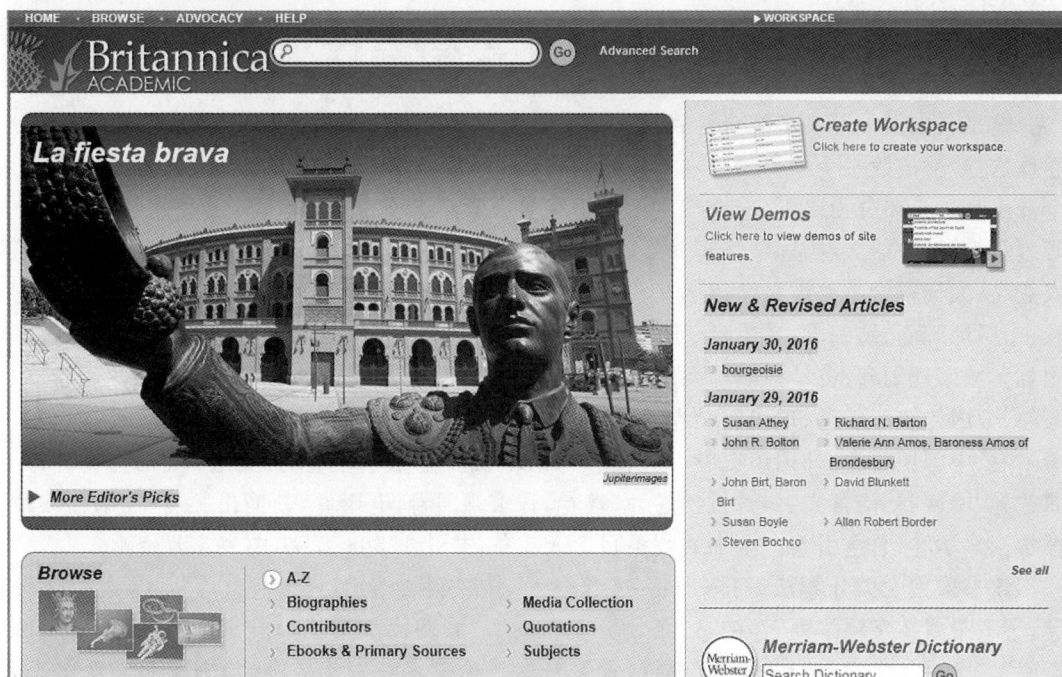

图 6-1　不列颠百科全书网络版

(2)《美国百科全书》(The encyclopedia American. Danbury, Conn. : Grolier, 2001,30 v.)(EA)

为著名的英语三大百科全书 A、B、C 中之 A。初版于 1829—1833 年,至今已经过多次修订。EA 采用中、小条目编纂法编写,文笔清新流畅,内容深入浅出,通俗易懂,使一般读者不会因为没有专业基础而在阅读时感到困难。内容上相对侧重美国和加拿大,传记内容占全书的 40% 左右。EA 自 1923 年起,每年出版一卷《美国百科年鉴》(Americana annual)作为补编。目前 EA 也发行光盘,并建立了网站,供用户通过网络检索。

该书第 1—29 卷为正文,条目按字顺排列,第 30 卷为字顺索引。EA 的一个独特之处是对每一个世纪都设条目,如"一世纪"、"二世纪"等。

中文版 EA 是由台湾光复书局翻译,1990 年以繁体汉字出版。大陆的外文出版社在征得光复书局同意后,于 1994 年出版简体汉字版,内容方面稍有修改,特别是译名方面尽量改为大陆通行的标准译名。全书共 30 卷,第 1—29 卷为正文,条目排序仍按英文字顺编排,所增条目亦以所译的英文按序插排。第 30 卷为索引,包括条目的"中文笔画索引"、"外文中文对照索引"两个主要部分。

(3)《科利尔百科全书》(Collier's encyclopedia. New York : Macmillan,1996,24v.)(EC)

英语三大百科全书 A、B、C 之 C,它主要是为配合美国大学和中学课程而编写。EC 比较注重事实,理论性阐述较少,行文力求通俗易懂,是一部大众化的百科全书。第 1—23 卷为正文,第 24 卷为索引。该书的一个特点是在最后一卷列出了易于在图书馆借到的 12000 多种最常用的学习参考书书目,以配合大中学生的学习需要。EC 还每年出版《科利尔年鉴》(Collier's yearbook)。

(4)《中国大百科全书》,中国大百科全书总编辑委员会编,中国大百科全书出版社于 1980 年起陆续出版。

这是我国第一部大型综合性百科全书,采取按学科分类分卷出版,即编成一个学科(一卷或数卷)就出版一个学科的分卷。原计划出版 80 卷,后减为 74 卷(含索引 1 卷),1994 年全部出齐。具体分为以下 66 个学科:天文学卷、数学卷、物理学卷、化学卷、力学卷、生物卷、心理学卷、航空航天卷、固体物理学·测绘学·空间学卷、机械工程卷、电子学与计算机卷、农业卷、大气科学·海洋科学·水文科学卷、地质学卷、电工卷、轻工卷、地理学卷、世界地理卷、中国地理卷、纺织卷、矿冶卷、水利卷、化工卷、交通卷、土木工程卷、环境科学卷、建筑·园林·城市规划卷、自动控制与系统工程卷、考古学卷、文物·博物馆卷、体育卷、教育卷、中医卷、中国传统医学卷、现代医学卷、军事卷、中国文学卷、外国文学卷、政治学卷、社会学卷、美术卷、中国历史卷、外国历史卷、经济学卷、财政税收金融价格卷、法学卷、戏剧卷、戏曲·曲艺卷、民族卷、语言文字卷、哲学卷、宗教卷、音乐舞蹈卷、电影卷、新闻出版卷、图书馆学情报学档案学卷、总索引卷。全书共收条目 77895 条,共计 12568 万字,图表 5 万余幅。

该书采用大类分卷法编排,即将 66 个学科,按 1 科 1 卷、1 科多卷、多科 1 卷的方法分卷,卷下条目按字顺排列,卷前有"条目分类目录"、"彩图插页目录",卷末附"条目汉字笔画索引"、"条目外文索引"和"内容(分析)索引",整个检索系统较为完备,检索途径较为齐全,使用十分方便。

《中国大百科全书》计划在第二版出版时对所有条目按字顺编排。1998 年《中国大百科全书(简明版)》出版,该书以《中国大百科全书》为基础。删除了《中国大百科全书》各卷中重复、交叉、过专、过僻的条目,增补了一些条目,并对有些条目的资料和数据作了更新。全书共 12 卷,1—11 卷是正文,按条目条头的汉语拼音字母顺序并辅以汉字笔画、起笔笔形顺序排列,条头以拉丁字母、希腊字母或阿拉伯数字开头,依次排在全部汉字条头之后,即在第 11 卷的最后部分专门汇集了字母与数字抬头的条目;条头中夹有拉丁字母、希腊字母或阿拉伯数字,依次排在相应的汉字条头之后,如"《阿 Q 正传》"排在"阿兹特克文明"之后。第 12 卷为索引,包括"中外大事年表"、"条目笔画索引"和"内容音序索引"三部分。《中国大百科全书(简明版)》共有 3.1 万个条目,2000 余万字,附 1.1 万幅插图和表格,适合于中等以上文化程度的读者使用。

大型的综合性百科全书还有:

《世界图书百科全书》(World book encyclopedia. Chicago:World Book,2013,22v.),该书为美国青年读者所喜爱,插图十分丰富,有关中国人名和地名,均采用汉语拼音。

《苏联大百科全书》(英文版)(Great Soviet encyclopedia, a translation of the third edition. New York:Macmillan. 32v.),1970 年俄文版《苏联大百科全书》第三版开始出版,美国麦克米伦公司于 1973—1983 年将其翻译成英文逐卷出版。由于英文译本是跟随俄文卷的出版而及时翻译出版的,故就英文字顺来说,各卷自成体系。

较为常用的单卷本综合性百科全书有:

《哥伦比亚百科全书》(The Columbia encyclopedia, 6th ed,. ed. by Paul Lagasse, New York:Columbia Univ. Pr., 2000,xiv,3156 p.),该书网络版可参见 14.2.9 第 1 条的介绍。

6.4　专业性百科全书

专业性百科全书只局限于某一知识领域或某些知识领域,专业性百科全书一般可分为两种:一是某一知识领域的百科全书,如哲学、物理学等学科的百科全书;二是某一专题的百科全书,如劳工,体育等百科全书。有关美国专业百科全书的书目——《专业百科全书总索引》(First step : the master index of subject encyclopedias, ed. by Joe Ryan. Phoenix, Ariz:Oryx)列举了 400 多种美国在版专业百科全书。

1. 社会科学总论类

比较著名的有《国际社会科学百科全书》(International encyclopedia of the social science, ed. by Daviel L. Sills. New York : Macmillan,1968—91,19v.),这是一部最受西方图书馆欢迎、最常使用的社会科学百科全书。该书首版称《社会科学百科全书》(Encyclopaedia of the social science, 1930—35,15v.)。新版则邀请了全世界 30 多个国家约 1500 名学者参加撰写,旨在反映"二战"以后国际社会科学领域研究的新成果,全书涉及人类学、经济学、地理、历史、法律、政治学、心理学、社会学、统计学等众多学科。该书强调概念、原则、理论和方法,重点在于论题的分析和比较研究。新版的人物传记条目由旧版的 4 千人减为 6 百人,为弥补传记内容之不足,于 1979 年出版了第 18 卷"传记补卷"(Biographical supplement),收录 215 个传记条目,大部分为已故人物。传记条目的特点是内容阐述侧重人物对某学科发展的贡献,而非其生平事迹,并于条目之尾列出被传人生平著述之书目。该书有 19 卷本和 10 卷本两种版本,其中 10 卷本于 2008 年又出版了第 2 版,末尾附书目和索引。

2. 哲学类

(1)《中国儒学百科全书》,中国孔子基金会编,中国大百科全书出版社,1997年版。

该书由全国100多位知名专家和学者,经过5年多时间编纂而成,是一部全面、系统介绍儒学知识的大型学术工具书。全书分为两部分:第一部分为儒学通论,包括释儒、儒学经典、儒家哲学思想、儒家文艺思想、儒家美学思想、儒家科技思想、儒学与其他学派、儒学在海外的传播等;第二部分为历代儒学,主要介绍儒学学派在历代的代表人物、代表著作、使用的概念和提出的命题等。全书共计1866个条目,卷前有"条目分类目录",卷末附有"儒学大事年表"、"条目汉字笔画索引"和"内容索引"。

(2)《心理学百科全书》,本书编委会编写,浙江教育出版社,1995年版,上、中、下三册。

该书为我国第一部心理学大型百科全书,共收词目约2800条。全书根据我国心理学界最常涉及的领域,分为15个大类:理论与历史、普通心理学与实验心理学、教育心理学、发展心理学、比较心理学、认识心理学、差异心理学、人格心理学、生理心理学、临床心理学、心理测量、社会心理学、国别与洲际心理学、心理学应用、心理学人物。每一大类又分若干亚类。卷末附有"英汉心理学词汇"、"英汉人名索引"、"条目汉字笔画索引"和"条目英文索引"。

(3)《美学百科全书》,李泽厚主编,社会科学文献出版社,1990年版。

全书分总论、中国美学、外国美学、文艺美学、技术美学、建筑美学等6个部分,比较全面地介绍了东西方美学的发展和研究成果。

(4)《基督教文化百科全书》,丁光训著,济南出版社,1991年版。

该书全面介绍了基督教和基督教文化方面的知识,卷末附中、英文条目索引。

3. 政治、法律类

《布莱克韦尔政治学百科全书》,戴维·米勒、韦农·波格丹诺著;邓正来中文主编,中国政法大学出版社,2002年出版。

4. 经济类

(1)《经济学百科全书》,弗兰克·N·马吉尔主编;吴易风主译,中国人民大学出版社,2009年版,2册。

(2)《经济学百科全书》,于宗先主编,中华收局,1985—2005年版,8卷。

(3)《审计百科全书》,田雍等编著,地震出版社,1993年版。

收编有关审计理论与实务方面的条目4000多条。

(4)《中国金融百科全书》,黄达主编,经济管理出版社,1991年版。

该书由200多名专家、学者编写,共用3000多条目。

其他经济方面的百科全书还有:《国际金融百科全书》,王传伦编著,中国金融出版社,1993年版;《中国税务百科全书》,金鑫等主编,经济管理出版社,1991年版……

5. 文化教育类

(1)《中国文化大百科全书》,本书编委会编著,长春出版社,1994年版。

内容包括中国文化的各个方面:哲学、美学、伦理、经济、军事、历史、考古、宗教、文学、艺术、语言、民族、民俗,以及中医药、饮食、建筑、服饰、旅游等领域。

(2)《教育大百科全书》,(瑞典)T.胡森、(德)T.N.波斯尔斯韦特主编,西南师范大学出版社,2006年版,共10册,第10卷附有索引。

(3)《中国教育百科全书》,张念宏主编,海洋出版社,1991年版。

内容涉及教育学近百个分支学科,收录近万个条目。

6.其他学科类

(1)《剑桥语言百科全书》,(英)戴维·克里特尔著,吴涌涛等译,社会科学出版社,1995年版,2002年外语教学与研究出版社再版。

该书涉及与语言现象有关的各方面问题。

(2)《20世纪世界文学百科全书》,(美)弗里施曼主编,中国工人出版社,1995年版。

该书收录1500多个条目,介绍20世纪世界各国的文学发展、流派、著名作家、作品及评论等。

(3)《艺术百科全书》,知识出版社,1993年编辑出版。

该书收录5000余条目,内容涉及绘画、雕塑、书法、工艺美术、建筑、音乐、舞蹈、曲艺、戏剧、电影、摄影等艺术门类。

第 7 章

年鉴、手册、表谱、典章制度

7.1 年 鉴

7.1.1 概 述

年鉴(almanacs，yearbooks/annuals)，是系统汇辑上一年度事实和统计数据的资料性工具书，它与手册、表谱均归属"便捷型工具书"(ready-reference books)。由于年鉴汇集了大量的统计数据等信息资料，受到社会科学研究人员的重视，是一种利用率较高的工具书，也是图书馆重点收藏的工具书。

年鉴源于西方的历书。中世纪欧洲历书的出版较为兴旺，后来其内容逐渐由天文、气象、占星术转向兼容宗教、医学和实用知识的工具书，发行量也越来越大，演变成真正意义上的年鉴。据统计，从 17 世纪至 19 世纪中叶，仅美国就先后出版了大约 1.4 万多种年鉴。我国第一部年鉴是清同治三年(1864 年)出版的《海关中外贸易年刊》。年鉴作为一种集多种功能的工具书，具有以下特点和用途：①提供学科或行业的大事、动态等详细情况。无论是综合性年鉴还是专业性年鉴，对本学科或行业内的发展情况都有一个较全面的综述。②提供详细的资料和统计数据。年鉴往往有大量的统计资料，特别是专门的统计年鉴，则以收录统计数据为主，而且统计数据是连续的，这些原始的统计资料是其他类型出版物所没有的。对于社会科学研究人员来说，年鉴的统计数据是十分重要的参考资料。③年鉴还提供人物传记、机构团体简介、大事记等第一手资料，特别是专业性年鉴提供了许多独一无二的详细资料，这在其他类型的文献中是难以查询到的。年鉴是社会科学研究中十分重要的一种参考工具书，在文字描述事实同时，包含大量的统计数据。由于年鉴有连续出版的特点，图书情报单位必须系统地予以收集，否则年鉴的利用价值将受到影响。

年鉴按内容所涉及的领域可分为综合性年鉴与专业性年鉴，前者涉及多个学科和领域，如《中国年鉴》；后者仅反映某一领域、学科的情况，具有专题性特征，如《中国教育年鉴》。按内容所涉及的地域范围，年鉴也可分为国际年鉴、国家年鉴和地方年鉴。按内容的侧重点，年鉴分为描述性年鉴和统计性年鉴,前者以文字描述为主,后者以统计数据为主。统计年鉴将在统计资料一节予以阐述。

7.1.2　重要年鉴举例

(1)《世界年鉴》(The world almanac and book of facts,1868－. New York：Newspaper Enterprise Association)

该书是美国最畅销的年鉴之一,内容涉及世界各国的历史、政治、经济、文化、体育及日常生活各个方面的知识与数据,尤以美国诸方面的情况介绍最为详尽。由于内容包罗万象,且条目内容均由专家编写而成或由政府部门提供,因而受到美国各界人士的欢迎。编排依次为:①卷首为每年热点问题概述;②主题索引;③正文;④附录,包括诺贝尔奖历年获得者、奥运会及其他体育竞赛的各项最高纪录等许多表格(见样条 5)。

Vital Statistics — Divorce; Cohabitation; Child Care 　　945

Divorced Persons Per 1,000 Married Persons With Spouse Present, 1960-1990
Source: Bureau of the Census. U.S. Dept. of Commerce

	Total	Race White	Black	Hispanic[1]		Total	Race White	Black	Hispanic[1]
Both sexes:					1970	35	32	62	40
1990	142	133	282	129	1960	28	27	45	(NA)
1980	100	92	203	98	**Female:**				
1970	47	44	83	61	1990	166	153	358	155
1960	35	33	62	(NA)	1980	120	110	258	132
Male:					1970	60	56	104	81
1990	118	112	208	103	1960	42	38	78	(NA)
1980	79	74	149	64					

NA-Not available. (1) Persons of Hispanic origin may be of any race.

Cohabitation and Marriage in the U.S., 1988
Source: National Center for Health Statistics. U.S. Dept. of Health and Human Services

Race, age, and Hispanic origin	Number (in thousands)	Cohabited before first marriage[1] Percent	Ever cohabited	Ever married	Race, age, and Hispanic origin	Number (in thousands)	Cohabited before first marriage[1]	Ever cohabited	Ever married
Total[2]					35-39 years	7,936	22.4	37.7	91.7
All ages	57,900	25.4	33.5	63.6	40-44 years	6,745	11.0	25.3	93.7
15-19 years	9,179	8.2	8.4	3.7	**Black**				
20-24 years	9,413	30.3	32.4	38.6	All ages	7,679	29.3	35.0	47.1
25-29 years	10,796	39.1	45.1	71.0	15-19 years	1,409	3.7	3.7	1.5
30-34 years	10,930	33.3	44.9	84.4	20-24 years	1,364	28.6	29.0	23.6
35-39 years	9,583	23.9	38.4	89.5	25-29 years	1,459	44.3	47.8	47.7
40-44 years	7,999	12.3	26.3	92.5	30-34 years	1,406	42.0	52.1	69.0
White					35-39 years	1,170	34.3	45.0	75.1
All ages	47,077	25.0	33.6	66.8	40-44 years	872	19.4	32.8	83.5
15-19 years	7,313	9.2	9.3	4.4	**Hispanic origin**				
20-24 years	7,401	31.6	34.2	42.9	Hispanic	5,557	25.5	32.9	62.1
25-29 years	8,672	37.9	44.7	75.5	Non-Hispanic	52,343	25.4	33.5	63.8
30-34 years	9,010	32.6	44.9	86.8					

(1) Includes women who had cohabited but had not married. (2) Includes white, black, and other races. Note: Because of rounding of estimates, figures may not add to totals.

Child Care Arrangements in the U.S., 1988
Source: National Center for Health Statistics. U.S. Dept. of Health and Human Services

Characteristic	Number of children (in thousands)	Care in child's home Father	Grand-parent	Other rela-tive	Nonrela-tive	Care in another home Grand-parent	Other rela-tive	Nonrela-tive	Group care Nursery or pre-school	Day care center[1]	Mother, while working
					Percent distribution[2]						
All children[3]	13,259	12.9	6.0	2.6	7.6	8.7	2.6	21.3	23.4	7.8	4.8
Age and school status											
Under 2 years	3,772	15.4	8.8	2.5	10.2	9.7	3.7	26.1	—	11.8	6.6
2-3 years	4,609	12.5	4.7	2.3	7.5	9.3	2.8	21.1	28.8	3.0	4.5
4-5 years, not in school	3,421	9.6	3.1	2.6	4.5	7.0	1.3	14.7	49.7	2.7	3.6
4-5 years, in school	1,323	16.4	9.5	3.8	8.7	7.6	1.5	19.1	—	25.7	3.3
Race											
White	10,854	13.2	4.7	2.1	8.2	7.6	2.3	22.9	23.6	7.6	5.4
Black	1,830	9.2	11.0	5.8	3.3	16.2	4.3	15.2	21.4	10.5	1.4
Hispanic origin											
Hispanic	1,352	10.1	8.0	8.1	6.7	10.2	4.9	22.7	21.1	5.1	1.9
Non-Hispanic	11,331	13.2	5.6	2.0	7.7	8.6	2.3	21.2	23.8	8.1	5.2
Family income											
Less than $10,000	1,119	12.6	6.7	5.5	5.5	13.0	3.4	13.1	25.1	6.5	5.5
$10,000-$24,999	3,635	17.9	5.7	3.6	5.5	10.2	2.9	21.9	18.2	6.0	6.1
$25,000-$39,999	3,635	13.4	4.7	1.5	6.4	9.3	2.6	23.7	22.7	9.0	4.6
$40,000 or more	3,613	8.5	4.8	1.8	10.7	6.2	1.6	22.1	28.7	8.5	3.5
Geographic region											
Northeast	2,242	17.0	8.3	1.8	10.5	9.8	2.0	17.5	20.0	6.9	4.5
Midwest	3,492	14.7	5.1	2.3	7.8	7.2	2.0	26.5	24.0	6.1	5.5
South	4,596	10.0	5.8	2.7	6.2	10.8	3.3	19.1	25.8	10.2	3.8
West	2,913	12.1	5.5	3.4	7.1	6.1	2.5	21.3	26.2	6.9	5.6
Place of residence											
MSA:											
Central city	4,035	10.9	8.9	4.2	7.5	9.9	2.3	18.9	24.1	7.3	3.4
Not central city	6,182	13.5	4.9	1.5	7.6	6.9	2.6	21.4	25.3	9.0	5.0
Not MSA	3,042	14.3	4.1	2.7	7.6	10.6	2.8	24.1	18.7	6.3	6.1
Mother's education											
Less than 12 years	1,488	16.5	6.8	9.4	6.6	10.3	3.6	15.3	19.7	3.7	4.2
12 years	5,308	13.3	7.7	2.5	6.5	9.8	3.5	22.5	24.1	7.2	4.1
More than 12 years	6,446	11.7	4.4	1.1	8.7	7.4	1.6	22.4	25.9	9.3	5.4
Mother's employment status											
Employed	10,060	15.6	6.2	2.6	7.5	9.8	2.8	24.2	16.0	8.4	5.8
Not employed[4]	2,033	0.9	3.2	0.7	6.4	4.0	0.9	8.8	62.7	5.2	0.1

(1) Includes kindergarten extended day care and day camp. (2) Percents exclude unknown values for main source of care from numerator and denominator; numbers of children include those with missing values. (3) Includes other races and unknown origin, income, education, and employment status; also includes "other" group care. (4) Includes looking for work and not in the labor force. Note: MSA = metropolitan statistical area.

样条 5　《世界年鉴》

与《世界年鉴》相似的另一部美国综合年鉴是《咨询年鉴》(Information please almanac, atlas and yearbook,1947－. New York：Houghton Mifflin)。

(2)《欧罗巴年鉴》(The Europa world yearbook：a world survey，1926—. London：Europa)

这是一部世界性政治年鉴,由英国著名工具书出版公司欧罗巴公司编辑出版。该书资料丰富,是社会科学研究人员经常参阅的一部工具书。1926—1959年,该书在内容、体例、书名方面变化较频。1960年以来体例较为固定。编排特点:①卷首有"国际对比表"(International comparisons),是世界各国的国土面积、人口、GNP、人均GNP等的最新资料。②正文按机构和国名字顺排列,分两部:第一部分:"国际机构",介绍联合国及其下属机构,其他国际组织或地区组织;第二部分是"世界各国",介绍内容包括概况、人口、气候、语言、宗教、国旗、首都、历史及各种社会和经济统计数据。③卷末为索引。《欧罗巴年鉴》现有网络版"Europa World plus"

与《欧罗巴年鉴》相近的是《政治家年鉴》(Statesman's yearbook：statistical and historical annual of the states of the world,1864—. London：Macmillan),该书发行量也很大,篇幅比《欧罗巴年鉴》略小。

(3)《联合国年鉴》(Yearbook of the United Nations. New York：U. N.，Office of Public Information，1947—)

该书较为全面地反映了联合国及其下属机构一年内的活动情况,以及世界各地的军事冲突等政治问题。目前,该年鉴已经在网上向公众开放(http://unyearbook. un. org/),可以回溯到第一版(1946/1947版)。

(4)《中国年鉴》,新华通讯社主办,《中国年鉴》出版社出版,1981年创刊。这是一部综合性年鉴,反映上一年度中国(不含台湾地区)各方面的情况,分政治、经济、文化军事等28个部类,以文字叙述为主。1998年起改名为《中华人民共和国年鉴》。

(5)《世界知识年鉴》,世界知识出版社编辑出版,1953年创刊,原名《世界知识手册》,1958年改为现名,1982起逐渐出版。

编排特点:①卷首是世界各国国徽、国旗图案。②正文包括国际大事记、新闻事件、各国概况、国际组织和国际会议。③卷末为便览,实为附录性内容,包括我国加入的国际公约一览表,我国驻外使馆(领事馆)一览表,上一年度诺贝尔奖获得者名单,国际体坛记录等。

至今,我国已出版了大量的行业、学科、省市等年鉴,反映了新中国成立以来,特别是改革开放以来各行各业取得的成就,这些专业性年鉴是社会科学研究的重要参考资料。以下是目前正在出版的部分行业的专题性年鉴:

《国际统计年鉴》,本书编委会编,中国统计出版社出版。

《中国统计年鉴》,国家统计局编,中国统计出版社出版。

《中国人口统计年鉴》,国家统计局人口和社会科技统计司编,中国统计出版社出版。

《中国民族统计年鉴》,国家民族事务委员会经济发展司,国家统计局国民经济综合统计司编,民族出版社出版。

《中国法律年鉴》,《中国法律年鉴》社编辑出版。

《中国检察年鉴》,本书编委会编,中国检察出版社出版。

《中国司法行政年鉴》,本书编委会编。

《世界经济年鉴》,本书编委会编,经济科学出版社出版。

《中国经济年鉴》,《中国经济年鉴》社编辑出版。

《中国经济贸易年鉴》,本书编委会编,中国经济出版社出版。

《中国工商行政管理年鉴》,本书编委会编,工商出版社出版。

《中国会计年鉴》,本书编委会编,中国财政杂志社出版。

《中国审计年鉴》，本书编委会编，中国审计出版社出版。

《中国私营经济年鉴》，中华全国工商业联合会，中国民（私）营经济研究会编，华文出版社出版。

《中国乡镇企业年鉴》，本书编委会编，中国农业出版社出版。

《中国中小企业发展年鉴》，本书编委会编。

《中国房地产统计年鉴》，本书编委会编，中国城市出版社出版。

《中国劳动力统计年鉴》，国家统计局人口和社会科技统计司，劳动和社会保障部规划财务司编，中国统计出版社出版。

《中国城市年鉴》，《中国城市年鉴》社编辑出版。

《中国农村统计年鉴》，国家统计局农村社会统计调查总队编，中国统计出版社出版。

《中国国内贸易年鉴》，《中国国内贸易年鉴》社编辑出版。

《中国对外经济贸易年鉴》，本书编委会编，中国对外经济贸易出版社出版。

《中国旅游年鉴》，本书编委会编，中国旅游出版社出版。

《中国电子商务年鉴》，本书编委会编。

《中国财政年鉴》，本书编委会编，中国财政杂志社出版。

《中国金融年鉴》，中国金融学会编，《中国金融年鉴》编辑部出版。

《中国税务年鉴》，本书编委会编，中国税务出版社出版。

《中国保险年鉴》，中国保监会主编。

《中国投资年鉴》，本书编委会编。

《中国风险投资年鉴》，中国风险投资年鉴编辑部编。

《中国物价年鉴》，中国物价年鉴编委会编。

《中国新闻年鉴》，《中国新闻年鉴》社编辑出版。

《中国广播电视年鉴》，本书编委会编，北京广播学院出版社出版。

《中国通信年鉴》，中国通信年鉴编委会编。

《中国教育年鉴》，本书编委会编，人民教育出版社出版。

《中国精神文明建设年鉴》，本书编委会编。

《中国电影年鉴》，中国电影年鉴编委会编。

《中国戏剧年鉴》，中国戏剧年鉴编辑部编。

《中国工会年鉴》，中国工会年鉴编委会编。

《中国计划生育年鉴》，国家计划生育委员会编。

《中国人口年鉴》，中国社会科学院编。

《中国知识产权年鉴》，本书编委会编。

《中国出版年鉴》，中国出版年鉴社编。

《中国广告年鉴》，中国广告年鉴编辑部编。

《中国互联网络年鉴》，中国互联网络信息中心编。

《中国建设年鉴》，本书编委会编。

《中国招标投标年鉴》，本书编委会编。

《中国安全生产年鉴》，本书编委会编。

《中国高新技术企业年鉴》，中国高新技术企业年鉴编辑部编。

《中国连锁经营年鉴》，本书编委会编。

《中国餐饮年鉴》,中国饮食服务年鉴编委会编。

《中国电器工业年鉴》,中国机械年鉴编委会,中国电器工业协会编,机械工业出版社出版。

《中国建筑业年鉴》,本书编委会编,中国建筑工业出版社出版。

《中国建材市场年鉴》,本书编委会编。

《中国建筑装饰行业年鉴》,本书编委会编。

《中国国土资源年鉴》,本书编委会编。

《中国钢铁工业年鉴》,本书编委会编。

《中国矿业年鉴》,中国矿业年鉴编辑部编。

《中国煤炭工业年鉴》,国家煤矿安全监察局编。

《中国船舶工业统计年鉴》,本书编委会编。

《中国港口年鉴》,本书编委会编。

《中国汽车市场年鉴》,中国汽车市场年鉴编委会编。

《中国交通年鉴》,中国交通年鉴社编。

《中国烟草年鉴》,中国烟草专卖局编。

《中国物流年鉴》,本书编委会编。

《中国质量监督检验检疫年鉴》,本书编委会编。

《中国质量技术监督年鉴》,本书编委会编。

《中国质量认证年鉴》,本书编委会编。

《中国环境年鉴》,中国环境年鉴编委会编。

《中国家具年鉴》,本书编委会编。

《中国塑料工业年鉴》,中国塑料工业年鉴社编。

《中国橡胶工业年鉴》,中国橡胶工业年鉴编辑部编。

《中国机床工具工业年鉴》,中国机械工业年鉴编委会编。

《中国磨料磨具工业年鉴》,中国机械工业年鉴编委会编。

另外,许多学科也编辑出版学科专题性年鉴,国内出版的学科年鉴有:

《中国人文社会科学学报年鉴》,本书编辑部编辑。

《中国哲学年鉴》,中国社会科学院哲学研究所编,哲学研究杂志社出版。

《中国儒学年鉴》,本书编委会编,商务印书馆出版。

《中国宗教研究年鉴》,中国社会科学院世界宗教研究所编,宗教文化出版社出版。

《中国社会学年鉴》,中国社会科学院社会学研究所编,社会科学文献出版社出版。

《中国文学年鉴》,社会科学文献出版社出版。

《中国语言学年鉴》,语文出版社出版。

《中国新闻传播学年鉴》,中国社会科学出版社出版。

目前,重要年鉴中的统计数据已被一些数据库公司所采集,关于如何使用年鉴的数据将在统计数据章节介绍。

7.2　手　册

手册(handbook,manual)是一种汇集某一学科或主题的基本知识资料,系统地加以编排而成的以备随时翻检的便捷型工具书。手册有许多异称,如指南、大全、便览、必备、百科、总览等,书名中没有"手册"等文字的图书实际上可能是手册,而一些书名中有"手册"一词的图书也不一定是真正意义上的手册,因此,某书是否属于手册,应从内容上去判断。

手册按内容侧重可分为综合性手册和专业性手册两大类。综合性手册汇编许多知识领域的实用资料;专业性手册则提供某一学科或专业领域的基本资料,如"化学手册"、"汽车修理手册"等。在英语中,"handbook"与"manual"的用意稍有区别,前者指集中某一专门领域中的各种基本资料,如数学手册;而后者是指导人们如何去做(how to do it)的操作型工具书,是各行各业实用知识的汇编,如烹饪手册等。图书馆一般只重点收集各学科的手册。

(1)《音乐欣赏手册》,上海音乐出版社编写出版。本书自 1981 年出版以来颇受读者欢迎,已印刷了十几次。分为"声乐作品欣赏"、"器乐作品欣赏"、"歌剧、舞剧音乐欣赏"、"音乐家介绍"和"附录"几部分,涉及古今中外音乐领域的各个方面。1989 年又编写出版了续集一册,增补了许多新条目,新增"专题音乐欣赏"一栏,使该手册的内容更为完整。

(2)《英语应用文大典》(2 版),周邦友编著,中国科学技术大学出版社 2001 年版。本书较为系统、全面地介绍了英语各类应用文体的写作技巧、文体式样,并对其中的难点部分加以阐释。全书分"书信函电"、"宣传广告"、"商务金融"、"政法文书"、"传志杂记"和"附录"6 个部分。

各个学科、专题的手册不计其数,在此不作一一介绍。

7.3 表　谱

7.3.1 概　述

表谱是一种用简单的文字或准确的数字,以表格、谱系或其他较为整齐的形式,按年次记载史实和时间的工具书。表谱一般可具体分为年表、历表和专门性表谱三种类型,是历史研究的重要参考工具书。

年表是表谱的主要形式,产生最早,其他表谱都在它的基础上演变而成。年表分纪元年表和记事年表。纪元年表以时间为主,不述史事,主要用于查考历史年代和帝王庙号、谱号、谥号、年号、干支等各种历史纪元。记事年表以年月为纲,记载历史大事,供查考历史事件的原委及线索。记事年表又细分为综合性记事年表和专门性记事年表。据史料记载,我国在殷周以前就有史官记载帝王年代和事迹的谱牒,《汉书·艺文志》记载的表谱类著作有《周谱》、《古帝王谱》,二十四史也列有年表,记述一代或历代的编年大事。近代以来,采用公元编制的年表受到人们欢迎,特别是新中国成立以来,编制了许多年表,内容丰富,检索方便,极大地便利了学术研究。

历表是一种将不同历法的年月日列于一表,便于换算的表谱。如果单纯换算年代,可使用纪元年表,而全面换算不同历法的年月日,则要使用历表,它是为了查考和推算年月日而特地编写的。我国最早的历表是晋杜预编的《春秋长历》,此后历代都有人编写历表,以供查考和推算历史年月。近现代以来编写出版了许多经过深入研究和精密推算的历表,不仅可以推算我国古代的年月日,而且可以推算中外不同历法和年月日,几十年来常用不衰。

专门性表谱包括人物年谱、人物生卒年表、职官表、地理沿革表等,这些将在后面的章节叙述。

7.3.2 历法和纪年法

在使用表谱前,先介绍历法和纪年、纪月、纪日法。

1. 历法

人类历史上曾出现过许多种原理不同、格式各异的历法,大体可归纳为三类。

　　阳历,也称公历或太阳历,是以地球绕太阳一周所需的时间为依据制定出来的。太阳直射点在南回归线或北回归线(23°26′)的一个来回年称为一个回归年,共需 365.2422 日,即阳历的一年为 365 天 5 小时 48 分 46 秒。阳历全年为 12 个月,大月 31 天,小月 30 天,2 月平年 28 天,闰年 29 天。阳历有新旧之分,即从古到今有一个完善的过程。旧历指儒略历,公元前 46 年由罗马统治者儒略·恺撒在古罗马阳历的基础上创建。此历法规定一年为 12 个月,大月(单月)31 天,小月(双月)30 天,2 月 29 天,全年 365 天。每年多出的 0.2422 日每过四年,累计约为一天,于是四年置一闰年,增加的一天放在 2 月。后来,儒略的继承人奥古斯都又从 2 月减去 1 日放在 8 月(因 8 月的拉丁名为他的名字),使 2 月平年为 28 日,闰年为 29 日,同时还把 9 月、11 月改为小月,10 月、12 月改为大月,全年天数仍与原来保持一致。公元 325 年,儒略历被基督教定为宗教日历,始称公历。然而,儒略历仍有不精确之处,公元 1582 年,罗马教皇格雷果利十三世对它的置闰法作了修改:公元数能被 4 除尽的年为闰年,闰年增加的 1 天仍加在 2 月。这样,400 年有 97 个闰年,约 3300 多年才会多出一天,使累积误差大为减小。阳历现为世界多数国家所采用。

　　阴历,也称回历,通行于信奉伊斯兰教的阿拉伯国家,以公元 622 年为纪元。它以月亮绕地球一周的时间来制定,单月大,为 30 天,双月小,为 29 天,12 个月为一年,全年 354 天,30 年有 15 个闰年。

　　阴阳历,也叫中历、夏历、农历,它兼顾阳历的年和阴历的月,用置闰月的办法,即 19 年 7 闰的方法以补阴历的时差,闰年 13 个月。

　　2.纪年、纪月、纪日法

　　我国在未使用公元纪年以前,曾使用过多种纪年方法,主要有:①王位纪年法,这是春秋至西汉初年使用的纪年方法,按帝王在位的年次纪年,即位之年称元年,后依次为二年、三年、…,如鲁隐公元年。②年号纪年法,年号是帝王在位期间用以纪年的名号,如咸丰、康熙等。自汉武帝始,每一帝王即位时都要改立年号,也有的帝王在位期间多次改元的,历史上还出现多个帝王使用同一年号的现象。到明太祖朱元璋时,便制令子孙,每个皇帝只能用一个年号,清代也沿用其制,只有明英宗因"土木之变"出征被虏,回朝后另换一个年号是例外。除年号纪年外,也有使用庙号、谥号纪年的,大体上是汉至隋有谥号,唐至元用庙号,而明、清两代只有年号。③干支纪年,干支在历史上既用于纪日,也用于纪年,自东汉章帝元和二年(公元 85 年)始使用,干支纪年必须与所处的朝代、帝王联系起来,才能确定年代。

　　纪月法,我国古代纪月法除正月、二月、三月……十二月这一数码纪月法外,还有地支纪月法、花卉纪月法和音乐十二律纪月法等(见表 7-1)。

表 7-1　各种纪月法名称对照

月次	季序名称	地支纪月名称	古乐十二律称	花卉代称
正月	孟春	寅月	太蔟	杨月　春王　泰月
二月	仲春	卯月	夹钟	杏月　大壮
三月	季春	辰月	姑洗	桃月　夬月
四月	孟夏	巳月	中吕	槐月　蚕月　清和　麦秋
五月	仲夏	午月	蕤宾	榴月　端月　蒲月
六月	季夏	未月	林钟	荷月　伏月
七月	孟秋	申月	夷则	桐月　巧月　霜月
八月	仲秋	酉月	南吕	桂月　获月
九月	季秋	戌月	无射	菊月　杪秋
十月	孟冬	亥月	应钟	梅月　小阳春　良月
十一月	仲冬	子月	黄钟	葭月　畅月
十二月	季冬	丑月	大吕	腊月　杪冬　嘉平月

纪日法,除使用数字纪日法外,也使用干支纪日法、朔望纪日法等。干支纪日法是我国古代最常用的纪日法,干支即天干、地支的合称,由十天干和十二地支顺序组配成 60 对,每天用一对干支表示,60 天后又轮到第一次,如此周而复始(见表 7-2)。

表 7-2　甲子表(干支次序表)

1 甲子	2 乙丑	3 丙寅	4 丁卯	5 戊辰	6 己巳	7 庚午	8 辛未	9 壬申	10 癸酉	11 甲戌	12 乙亥	13 丙子	14 丁丑	15 戊寅
16 己卯	17 庚辰	18 辛巳	19 壬午	20 癸未	21 甲申	22 乙酉	23 丙戌	24 丁亥	25 戊子	26 己丑	27 庚寅	28 辛卯	29 壬辰	30 癸巳
31 甲午	32 乙未	33 丙申	34 丁酉	35 戊戌	36 己亥	37 庚子	38 辛丑	39 壬寅	40 癸卯	41 甲辰	42 乙巳	43 丙午	44 丁未	45 戊申
46 己酉	47 庚戌	48 辛亥	49 壬子	50 癸丑	51 甲寅	52 乙卯	53 丙辰	54 丁巳	55 戊午	56 乙未	57 庚申	58 辛酉	59 壬戌	60 癸亥

朔望纪日法,这是夏历根据月象变化对一个月中的每一天的一个特定称呼(见表 7-3)。

表 7-3　朔望纪日法

初一	初二	初三	初四	初八	十四	十五	十六	十七	二十	二十一	二十二	二十三	二十九(三十)
朔	既朔、死魄、旁生魄	哉生明、朏	既生明	恒、既生明	几望	望	既望、生魄、哉生魄	既生魄	几念	念	既念	下弦	晦、几朔

7.3.3　年表举例

(1)《中国历史纪年表》,方诗铭编,上海辞书出版社,1980 年初版。2013 年上海书店出版社再出修订本。

本书是《辞海》所附《中国历史纪年表》的单行本。时间起于公元前 841 年,止于 1949 年中华人民共和国成立之时,按时代分为 15 个纪年表,即十二诸侯(周、春秋)、战国、秦、汉、三国、晋及十六国、南北朝、隋、唐、五代十国、宋辽金、元、明、清、民国。后附三代世系表、辛亥革命期间所用黄帝纪年对照表及韵目代日表三个表。本书所列表的第一栏为公历纪年,第二栏为干支纪年,第三栏为王朝,凡农民革命政权所建的年号皆加[ ]标志。为明确公历纪年和中国历史纪年对照的绝对年份,从公元 1 年开始,在第三栏内左方加注同公历 12 月 31 日相当的中国历史纪年的月日,如公历 1141 所注(十二)(二),即表明公元 1141 年的 12 月 31 日相当于宋高宗绍兴十一年十二月初二日(见样条 6)。

公元	干支	南　　宋	齐	西　　夏	金
1133	癸丑	绍兴 3	阜昌 4	正德 7	天会 11
1134	甲寅	4	5	8	12
1135	乙卯	5	6	大德 1	熙宗(完颜亶) 13
1136	丙辰	6	7	2	14
1137	丁巳	7	8	3	15
1138	戊午	8		4	天眷 1
1139	己未	9		5	2
1140	庚申	10		仁宗(赵仁孝)大庆 1	3
1141	辛酉	11		2	皇统 1
1142	壬戌	12		3	2
1143	癸亥	13		4	3
1144	甲子	14		人庆 1	4
1145	乙丑	15		2	5
1146	丙寅	16		3	6
1147	丁卯	17		4	7
1148	戊辰	18		5	8
1149	己巳	19		天盛 1	海陵王(完颜亮)天德 1
1150	庚午	20		2	2
1151	辛未	21		3	3
1152	壬申	22		4	4
1153	癸酉	23		5	贞元 1
1154	甲戌	24		6	2
1155	乙亥	25		7	3
1156	丙子	26		8	正隆 1
1157	丁丑	27		9	2
1158	戊寅	28		10	3
1159	己卯	29		11	4
1160	庚辰	30		12	5
1161	辛巳	31		13	世宗(完颜雍)大定 1
1162	壬午	32(孝宗)		14	2
1163	癸未	孝宗(赵眘)隆兴 1		15	3
1164	甲申	2		16	4
1165	乙酉	乾道 1		17	5
1166	丙戌	2		18	6
1167	丁亥	3		19	7
1168	戊子	4		20	8
1169	己丑	5		21	9
1170	庚寅	6		乾祐 1	10
1171	辛卯	7		2	11
1172	壬辰	8		3	12
1173	癸巳	9		4	13
1174	甲午	淳熙 1		5	14
1175	乙未	2		6	15
1176	丙申	3		7	16
1177	丁酉	4		8	17
1178	戊戌	5		9	18
1179	己亥	6		10	19
1180	庚子	7		11	20
1181	辛丑	8		12	21
1182	壬寅	9		13	22
1183	癸卯	10		14	23
1184	甲辰	11		15	24
1185	乙巳	12		16	25
1186	丙午	13		17	26
1187	丁未	14		18	27
1188	戊申	15		19	28
1189	己酉	16(光宗)		20	29(章宗)

样条 6　《中国历史纪事年表》

(2)《中国史历日和中西历日对照表》,方诗铭等编著,上海辞书出版社,1987 年初版。2007 年,上海人民出版社再版。

该书可供中西历的年月日换算,分上编、下编、附编三个部分。上编为公元前历史表,起于西周共和元年,迄于西汉哀帝元寿二年;下编为公元后历日表,起于西汉平帝元始元年,迄于 1949 年,共计 19 个表。附编列有殷历日表,共和元年前西周历日表、1949—2000 年历日表、六十干支表等。书后附年号索引。

换算中西年月日的历表还有《中国、日本、朝鲜、越南四国历史年代对照表》,山西省图书馆 1979 年编印。《公农回傣彝藏佛历和儒略日对照表(622—2050)》,王焕春等编,中国科学出版社 1991 年版。

(3)《中国历史大事年表》,沈起炜等编著,上海辞书出版社,1997—2001 版。

该书分古代卷、近代卷、现代卷三部分,由三位作者分别编写。纪事上起远古,下迄 1994 年,对政治、军事、经济、文化等各方面都尽量有所反映。卷末附有人名索引,以姓氏笔画为序排列。

(4)《外国历史大事年鉴》,袁传伟等撰写,上海辞书出版社,1997 年版。

本书为《中国历史大事年表》一书的姐妹篇。记录起于人类远古时代,下迄 1993 年,采用编年体例,对世界各国古今历史、政治、军事、文化、科技等都作了反映。卷末附有"世界各国与中国建交日期表"、"世界各国加入联合国日期表"、"诺贝尔奖一览表"、"奥斯卡奖一览表"等。

有关古今中外的综合性大事年表和大事记还有很多,大事年表与大事记的主要区别在于,前者记事简略,后者记事详细。除了综合性年表以外,各学科也大多编制了专业性纪事年表,专记本学科领域内的主要事件,且大多是综合性年表所未记的,是查找学科大事的主要途径。由于专门性纪事年表涉及各个学科,数量众多,在此不作细述。

7.4　典章制度

典章制度是历史上一切制度、章程、规范的统称,主要涉及古代政治、经济、军事、文化等各个方面的制度、典则,近现代以来的军政建制和中华人民共和国成立后的机构沿革。

7.4.1　古代典章制度

查考古代典章制度的沿革和发展可利用的工具是政书。政书是对历代或某个朝代的政治、经济、军事、文化制度方面的史料重新进行加工组织,分门别类加以编排以供查检的工具书,政书之名自清代修《四库全书》时始用。有关我国历代封建王朝的典章制度,某一朝代和历朝的政书提供了详细的资料。我国最早的政书可追溯到《周礼》,它以叙述周代官制为主,是一部讲述周王朝和战国时各国制度的典籍。司马迁《史记》中的"八书"(礼书、乐书、律书、历书、天官书、封禅书、河渠书、平准书),其内容是关于古代各种典章制度的专题记载和论述。其后的各代正史称其为"志",专门记述各类典章制度,是查考古代典制常用的工具。

我国第一部体裁完备的政书是唐代开元末年刘秩编著的《政典》,该书共 35 卷,广采经史百家资料,分门别类记述黄帝至唐代开元、天宝年间典章制度的兴废沿革,评论其得失。

但此书在体例上尚有欠缺，且已亡佚。唐德宗贞元十七年（801 年），著名史学家杜佑在《政典》基础上撰成《通典》一书，这是我国第一部系统而完备地记述历代典章制度沿革变化的政书，也是现存最早的一部政书。该书的最大特点是会通古今。唐以前各史书里的"志"只记断代典章制度，而《通典》则把各史之志协同起来，完善了政书的体例。此后，各代政书都有所出，并发展演化出通纪性政书、断代性政书和专题性政书三种类型。通纪性政书通纪历代典章制度，如《通典》《通志》《文献通考》；断代性政书专纪一代典章制度，如《唐会要》；专题性政书专纪某一方面的典章制度，如《历代兵制》《谥法》等。今人一般把政书分为两大类：一是通纪历代典章制度的，以"十通"为代表；一是只纪一代典章制度的，以历代编成的会要、会典为代表。

　　1.历代典章制度

　　查考历代典章制度，一般利用"十通"和《十通索引》。

　　"十通"是我国历史上十部典志体史书的统称。其中，唐代杜佑的《通典》、宋代郑樵的《通志》、宋末元初马端临的《文献通考》，被后世称为"三通"。清代乾隆年间，编修了"三通"的续书——《续通典》《续通志》《续文献通考》，合称"续三通"。之后，又编修了"续三通"的续书——《清朝通典》《清朝通志》《清朝文献通考》，合称"清三通"。以上的"三通"、"续三通"、"清三通"合称"九通"。民国年间，刘锦藻编修了《清朝续文献通考》，最终形成了"十通"，"十通"的基本情况如表 7-4 所示。

表 7-4　"十通"简介

书名	卷数	著者	所记典制史实时间
通典	200	杜佑	上古—唐玄宗天宝末年
通志	200	郑樵	上古—隋
文献通考	348	马端临	上古—南宋宁宗嘉定末年
续通典	150	清乾隆年间官修	唐肃宗至德元年（756）—明崇祯十七年
续通志	640	同上	唐初—元末
续文献通考	250	同上	南宋宁宗嘉定年间—明神宗万历初年
清朝通典	100	同上	清太祖天命元年（1616）—清乾隆五十年（1785）
清朝通志	126	同上	清初—乾隆末年
清朝文献通考	300	同上	清初—乾隆五十年（1785）
清朝续文献通考	400	刘锦藻	清乾隆五十一年（1789）—清宣统三年（1911）

　　以上的"十通"又可分为三大系统：《通典》《续通典》和《清朝通典》成一系统，称为"三通典"；《通志》《续通志》和《清朝通志》统称"三通志"；《文献通考》《续文献通考》《清朝文献通考》和《清朝续文献通考》又统称"四通考"。

　　《通典》，（唐）杜佑撰。记载自上古至唐代天宝末年（公元 756 年）典章制度的沿革。全书 200 卷，共分为九典：①食货典，专叙财经制度；②选举典，叙述官吏选用、爵位制度以及官吏征集考核的法令；③职官典，叙述官制；④礼典，叙述礼制沿革；⑤乐典，叙述乐制；⑥兵典，叙述兵制、兵略、兵法；⑦刑典，叙述法律制度；⑧州郡典，叙述历代舆地沿革和州郡建制之古今变化；⑨边防典，叙述历代四境外族邦国状况。各典之下又分若干子目，所辑材料均按时序从古到唐编排。《通典》作为资料工具书,其特点和价值主要体现在两个方面:一是确立了典志体政书的基本编撰方法,这就是全书结构以"分门别类"的形式出现,记述方法依时代为序,叙、说、评、论、注相结合,系统展示各类典制之历史沿革;二是内容上主要记述国家的经济制度和政治制度。《通典》的续书《续通典》和《清朝通典》的体例都同《通典》,只是子目根据当时的典制有所调整而已。

《通志》,(宋)郑樵撰,记载上古至隋唐时期的制度,是一部综合历代史料而成的纪传体通史。全书共 200 卷,分五部分,即本纪、世家、年谱、列传、二十略。前四部分内容主要是综合其他史书旧文略加改益而成,成就不大。二十略专记各类典章制度沿革,是全书的精华部分。这二十略为氏族略、六书略、七音略、天文略、地理略、都邑略、礼略、谥略、器服略、乐略、职官略、选举略、刑法略、食货略、艺文略、校雠略、图谱略、金石略、灾祥略、昆虫草木略。在二十略中,礼、职官、选举、刑法、食货 5 略主要抄自《通典》,其他 15 略则是郑樵自创,具有较高的成就。《通志》之续书《续通志》,体例上仿《通志》,分本纪、二十略、列传三部分。另一续书《清朝通志》,体例上异于前两书,只有二十略,无传记之类。

《文献通考》,(元)马端临撰,记载上古至南宋宁宗嘉定末年(公元 1224 年)的典制,对宋代制度叙述尤为详备。全书 348 卷,分 24 考,是在《通典》基础上加以补充而成。24 考是:田赋、钱币、户口、职役、征榷、市籴、土贡、国用、选举、学校、职官、郊社、宗庙、王礼、乐、兵、刑、经籍、帝系、封建、象纬、物异、舆地、四裔。其中,经籍、帝系、封建、象纬、物异等五考为马端临所新增。该书的主要贡献是使政书的编撰方法进一步系统化、规范化,全书对每一专题的考述,都彻底贯彻了"叙事"、"论事"、"自注"三结合的原则。每考之前冠以小序,阐述立类宗旨,简述该门所载内容发展演变的概况。以上严谨的编撰方法使其在我国的典志体政书编纂史上有着重要的地位。《文献通考》的续书《续文献通考》,体例门类依照《文献通考》,但增设了群祀、群庙二考,共 26 考。《清朝文献通考》体例同《续文献通考》,但有增删,共分 26 考,其中八旗田制、八旗壮丁、八旗官学、蒙古王公等考为其新增之目。《清朝续文献通考》体例上也仿《文献通考》,门类在《清朝文献通考》26 考基础上,根据实际情况又增设了外交、邮传、实业、宪政 4 考,共 30 考。各考的子目也有增加,如"国用考"增加了银行、海运;"学校考"增加了图书、学堂;"兵考"增加了长江水师、海陆军、船政等。

1935—1937 年商务印书馆编印《万有文库》时,将"十通"分 21 册出版,1988 年浙江古籍出版社据万有文库本影印出版,2000 年出又"十通"的第 2 版。查找"十通"可利用与该书相配套的《十通索引》(1 册)。

《十通索引》,王云五主编。该书分两部分:(1)"四角号码检字索引",将"十通"中的关键词按首字的四角号码编排,后附笔画检字,便于不熟悉四角号码者从笔画入手。(2)"十通分类索引",分"三通典"、"三通志"、"三通考"三编,每编按自己的类目编排,是一个细目索引。

2.断代典章制度

查断代典章制度可用"十通",如所查资料"十通"中未收,则应考虑使用会要、会典等断代性政书。我国历代几乎都有相应的会要或会典,所载史料往往比"十通"更为翔实,可与"十通"配合使用。以下为经常使用的历代会要、会典:

(1)《春秋会要》,(清)姚彦渠撰,中华书局,1955 年点校出版,1998 年重印。

该书从《春秋》三传及各家注疏中辑录春秋时期的典章制度。全书分 4 卷,分为世系和礼两大类六门,各又分若干子目,共记 98 事。为查考春秋时期史事提供了方便。

（2）《七国考》，（明）董说撰，中华书局，1956年点校出版。1985年再出影印本。

该书主要取材于《战国策》和《史记》，记载了秦、齐、楚、赵、魏、韩、燕七国的制度。全书14卷，分职官、食货、都邑、宫室、国名、群礼、音乐、器服、杂记、丧服、兵制、刑法、灾异、琐徵14门。书名虽以"考"标名，但体例与会要略同。《七国考》也有谬误之处，1987年上海古籍出版社出版了由缪文远订补的《七国考订补》一书。

（3）《秦会要订补》，（清）孙楷撰，徐复订补，中华书局，1959年修订本。

该书主要取材于《左传》、《战国策》、《史记》、《两汉书》以及诸子、笔记、类书等。全书26卷，分14门：世系、礼、乐、舆服、学校、历数、职官、选举、民政、食货、兵、刑、方域、四裔。门下分300多目。书后附有关于秦代典章制度和文物史迹的论著11篇。

（4）《西汉会要》，（南宋）徐天麟撰，上海人民出版，1977年点校出版。

该书记载西汉时期典章制度，主要取材于《汉书》。全书70卷，分15门：帝系、礼、乐、舆服、学校、运历、祥异、职官、选举、民政、食货、兵、刑法、方域、蕃夷。每门下分若干细目，共计367个条目。

（5）《东汉会要》，（南宋）徐天麟撰，上海古籍出版，1978年点校出版。1991年中华书局出影印本。

该书主要取材于《后汉书》、《续汉书》，以及《东观汉记》等书。全书40卷，体例仿《西汉会要》，也分15门，但该书列有文学、封建二门，而无学校、祥异，又以历数替代运历之名。门下细分384个条目。《西汉会要》和《东汉会要》合称"两汉会要"。

（6）《三国会要》，（清）杨辰撰，中华书局1956年点校出版。

该书专记魏、蜀、吴三国的典章制度，引用书目达155种。全书22卷，分帝系、历法、天文、五行、方域、职官、礼、乐、学校、选举、兵、刑、食货、庶政、四夷15门，84个子目。由于《三国志》本身无"志"，故该书起到了"补志"的作用。

（7）《南朝宋会要》、《南朝齐会要》、《南朝梁会要》、《南朝陈会要》，均为（清）朱铭盘撰，前三书由上海古籍出版社1984年校订出版，后一书1986年校订出版。2012年上海古籍出版社再版。

以上四书取材正史，体例相同，是查考南朝时期典章制度的重要参考工具书。

（8）《唐会要》、《五代会要》，均为（宋）王溥撰，前书由中华书局1955年出版，1991年重印；后书由上海古籍出版社1978年点校出版，2012年再版。

《唐会要》主要取材于（唐）苏冕的《会要》和（唐）杨绍复的《续会要》，又采集二书未收的唐代史料，具有较高的史料价值。全书共100卷，分514目，目下不再细分。原书没有总的分类，后人据其内容，一般约略概括为13类：帝系、礼、宫殿、舆服、乐、学校、刑、历象、封建、佛道、官制、食货、四裔。

《五代会要》取材于五代实录、旧史。全书30卷，分279目。

（9）《宋会要辑稿》，（清）徐松辑，中华书局1955年影印出版，1988年重印。2014年，上海古籍出版社点校出版。

宋代十分重视会要的编纂，先后十次修撰会要，但始终未刊行，今已不存。幸而被辑入《永乐大典》及《宋史》诸书。该书先由徐松从《永乐大典》中辑出宋会要原文五六百卷，后经辗转整理而成今本。全书366卷，分帝系、后妃、乐、礼、舆服、仪制、瑞异、运历、崇儒、职官、选举、食货、刑法、兵、方域、蕃夷、道释17门。

(10)《元典章》,元朝官修,中华书局于 1957 年出版;中国书店在 1990 年重印。

该书原名《大元圣政国朝典章》,记述元英宗以前的典制。分正集和新集两部分,正集 60 卷,记元仁宗延祐七年(公元 1320 年)以前的史料,按职官分诏令、圣政、朝纲、台纲、吏部、户部、礼部、兵部、刑部、工部十部,下分 81 目,目下再分子目。新集体例略同,续记资料至元英宗至治二年(公元 1322 年)。该书的许多资料可补《元史》之不足或缺漏,但也有体例杂乱的缺点,且清代以来通行刊本错误较多,陈垣先生曾详校了光绪年间沈家刻本,成《沈家元典章校补》10 卷和《元典章校补释例》6 卷,指出沈刻本《元典章》中的错误 12000 多条。查考《元典章》时,应注意参考。

(11)《明会要》,(清)龙文彬撰,中华书局,1956 年点校出版。

该书取材于《明史》等 200 多种史料中有关明史及明代典制。全书 80 卷,分帝系、礼、乐、舆服、学校、运历、官职、选举、民政、食货、兵、刑、祥异、方域、外蕃 15 门,498 目。

另有《明会典》,(明)徐溥等编,有《万有文库》本,中州古籍出版社于 1990 年影印出版。该书 228 卷,以吏、户、礼、兵、刑、工六部为纲,统载明朝行政机构之编制、职掌、事例、冠服、礼仪等,尤其注重对各部门章程、法令、典礼的记载。

(12)《大清会典》,清朝官修,有 1908 年商务印书馆印本。

该书创修于清康熙年间,历经五朝皇帝五次重修,于光绪二十五年(1899)纂修成书,故是书又称《五朝会典》。全书共 1490 卷,分会典、事例、图三部分,是清朝一代典章制度的总汇。

使用会要、会典,主要是查各书卷首的分类总目录,目前就某一会要、会典所编的索引尚不多见,可用的只有张忱石编的《唐会要人名索引》、台湾王德毅编的《宋会要辑稿人名索引》、台湾植松正编的《元典章年代索引》等。

二十六史是纪传体史书。纪传体史书主要由纪、传、表、志等部分组成。其中"志"是记述各方面典制的专篇,如"职官志"主要记载职官制度,"选举志"主要记载诠选考试制度,"食货志"主要记载国家的土地、赋税等经济方面的制度。因此,可利用二十六史中的"志"来查考古代典章制度。

二十六史中专记典章制度的"志"创立于《史记》,完善于《汉书》。《史记》中设有"八书",即礼书、乐书、律书、历书、天官书、封禅书、河渠书、平准书,奠定了纪传体史书分门别类地记述各类典章制度的基础。《汉书》在《史记》"八书"的基础上又作了一些改进,名称改"书"为"志",内容经过增并改益又进一步扩大,形成"十志"。自《汉书》以后,二十六史中其他各史在记述典章制度时,基本都仿照《汉书》的格局,只有宋代欧阳修所撰《新五代史》中记载典章制度的篇章名称称为"考"为例外。在二十六史中,只有 19 部史书列有"志",另七部史书没有专记典章制度的"志",这七部史书是:《三国志》、《梁书》、《陈书》、《北齐书》、《周书》、《南史》、《北史》。清代以来,不少学者为这些史书补志,所编的"补志"被收入现在的《二十五史补编》一书。

目前可检索二十六史典章制度的综合性索引有《二十六史辞典》,戴逸主编,吉林人民出版社,1993 年版。全书分事件、典章制度、人物、表图索引 4 卷,典章制度卷共设 8 编:礼制编、职官编、食货编、选举编、刑法编、兵制编、方域编、典籍编。列出词目约 19000 条。另外 20 世纪 30 年代哈佛燕京学社引得编纂处曾就"食货志"专题编撰了《食货志十五种综合引得》一书,1938 年印行,上海古籍出版社 1986 年重印。"食货志"是史书中记述国家经济、财政制度的专篇,二十六史中只有 15 部史书设有"食货志"类目。

在我国,职官制度历来是典章制度中的重要方面,有关职官专题的工具书目前有。

(1)《历代职官表》,(清)黄本骥编,中华书局,1965 年版。2007 年,上海古籍出版社再版。

该书由中华书局据清代黄本骥缩编乾隆年间官修的《历代职官表》为底本,订正其错误,调整其排法而编成。该表以清代职官为主,比附历代职官,反映了夏、商、周三代至清代的职官设置情况。卷前有《历代官制概述》,系统介绍历代职官的基本知识。书后附有《历代职官解释》,对表中所列官名作简要解释,由此可了解各种官名的变迁及其职责。卷末附有历代职官表及简释综合索引,以官名末字的四角号码顺序排列,提供某一官名见于《历代职官表》的页次与《历代职官简释》的页次。

(2)《清代职官年表》,钱实甫编,中华书局,1980 年出版。

该书共 4 册,根据清代顺治至光绪九朝实录和宣统政纪的记载,参考其他古籍材料,将重要职官的设立、裁撤、合并、分置等变化情况和人事动态,制成 49 各职官表。凡职位变化多、情况复杂的职官,还就其变化制成"概况"与"简图"附在相应的表后。卷末附有"人名录"、"别号索引"、"外号索引"、"谥号索引"、"籍贯索引"等。

近年来还有不少职官词典出版,如《简明古代职官辞典》,孙永都等编,书目文献出版社,1987 年版;《中国近代官制词典》,邱远猷主编,书目文献出版社,1991 年版。《宋代官制辞典》,龚延明著,中华书局,1997 年版。《简明中国历代职官别名辞典》,龚延明著,上海辞书出版社,2016 年版。

7.4.2　近现代军政建制

主要是指 1912—1949 年民国时期中央政权、各类军政组织、地方政权的建制演化及其职官沿革。民国时期社会长期处于动荡之中,各类政权建制复杂,可查考的工具书目前主要有:

(1)《中华民国时期军政职官志》,郭卿友主编,甘肃人民出版社,1990 年版。

该书的编纂体例与传统的职官志有所不同,设计了一种以卷、部、目、条目为结构的职官分类、分期的全新记述方法。按民国时期的政权性质分为五"卷":

第 1 卷:中华民国军政府暨南京临时政府;

第 2 卷:中华民国(北京)政府;

第 3 卷:中华民国国民政府暨总统府;

第 4 卷:中国共产党领导的革命军队暨革命政权;

第 5 卷:中华民国时期伪政权。

"部"是对属于同一性质的政权或军政组织的进一步区分,如"中华民国时期伪政权"一卷内又划分为 5 部:

第 1 部:伪"满洲国";

第 2 部:华北地区伪政府;

第 3 部:蒙疆地区伪政权;

第 4 部:华中华南地区伪政权;

第 5 部:汪伪"中华民国国民政府"。

"目"是依据部内的军政机关分类或建制演变分期所作的区分,如"中华民国时期伪政权

・伪‘满洲国’"下列出以下"目":

　一、"九・一八"事变后东北地区日伪临时政权(1931.9—1932.3)

　二、伪"满洲国"(执行时期)中央职官(1932.3—1934.3)

　三、伪"满洲国"(执行时期)地方职官(1932.3—1934.12)

　四、伪"满洲帝国"中央职官(1934.3—1945.8)

　五、伪"满洲帝国"地方职官(1934.12—1945.8)

　六、伪"满洲帝国"军队编建(1932.3—1945.8)

　七、附表

"目"下设"条目",它是记述组织建制、职官沿革的基本单位。此外,卷、部、目、条目之前均对所涉建制要点作总体说明与扼要提示,遇有需要特别说明的问题作随文注释。作为工具书,该书的明显不足是检索途径单一。

(2)《民国职官年表》,刘寿林等编,中华书局,1995 年初版,2006 年再版。

该书收录 1912 年元旦南京临时政府成立至 1949 年 10 月国民党在大陆统治结束,整个民国时期中央和地方政府的重要职官。编辑体例沿用职官的传统做法,以官署或系统为纲,列出官职、官员及任免时间。卷末附有"人名录"和"字号索引"。前者列出人物的字号、籍贯、职务,为从人名和职官入手查考提供了方便。

7.4.3　新中国机构沿革

新中国成立后,逐渐形成了以人民代表大会制度、中国共产党领导的多党合作和政治协商制度为主要特征的国家政治体制和政党制度,并产生了与之相适应的机构建制。

《中华人民共和国职官志》(增订本),何虎生等主编,中国社会出版社,1997 年版,2003 年第 3 版。

该书初版于 1992 年,主要介绍和记录新中国党、政、军、人大、政协、民主党派、人民团体领导体制和领导机关的机构沿革、称谓变化、人员更迭。某些方面内容的记述时间从 1920 年 8 月开始,下至 1996 年 7 月。记述内容分中央编和地方编两部分,记述方法采用纪事本末体和编年体相结合。对于每一机构系统、职务系统从出现到目前的职官设置、人员更迭均作全面的记述,采用的是纪事本末体;而对于同一机构系统、职务系统内部则依时间顺序依次记述,采用的是编年体。该书作为工具书,其明显的缺点是检索系统不够完备。

第 8 章

机构名录

8.1 概　述

机构名录(directories)是一种汇集机构名称并作概要介绍的工具书,简称名录。机构名录也有许多异称,如便览、行名录、指南等,此外,还有许多没有冠以"名录"的也可能是名录。除专门的名录外,其他类型的工具书,特别是年鉴里也有丰富的名录资料,如《欧罗巴世界年鉴》的第一部分就是"International organizations"(国际组织)。使用机构名录一般可获得以下信息: (1)某机构的名称、地址、电话号码、邮编等通信联系信息;(2)某机构的历史、现状、宗旨、业务内容等;(3)某机构的资本额、产品种类或服务项目;(4)某机构的负责人、组织机构、出版物等。

机构名录在现代社会的作用越来越大,从商业经营到科研工作,都需要查阅机构名录。就出版物种类而言,国外名录在各种工具书中已居首位,《在版名录》(Directories in print)第14版所收的世界各国重要名录就达15000种。西方国家已形成了一些专门从事商业名录出版的著名出版商,如美国的标准与普尔公司(Standard & Poor's Corporation)、穆迪公司(Moody's)、邓恩·布雷兹特里特公司(Dun & Bradstreet)德国的 ABC 公司、瑞士的罗盘公司(Kompass Register)等,此类出版商出版的名录内容新颖、可靠,但售价也较高。国外非商业性名录大部分由行业主管部门或协会编辑出版,售价公道,有一些是非卖品或免费提供。机构名录一般分为商业性机构名录、政府机构名录、教育科研机构名录等。进入 21 世纪以来,传统印刷版名录已出现大幅减少趋势,更多的机构信息可以在网络上直接获得。

8.2 政府机构名录

政府机构名录又细分为国际性组织机构名录和一国政府机构名录两类。

(1)《国际组织年鉴》(Yearbook of International organizations, 33rd ed. ,2015/2016. Brussles, Union of International Associations, 2015.6V.),初版于 1948 年,用英、法文不规

则交替出版,目前还在逐年发行。

该书由国际组织联盟(Union of International Associations)主编,提供国家非营利性机构信息。2015/2016 年版收录 34000 个非营利性机构,每一个机构包括大量详细的记载,如机构名称(英、法文等)、所在地址、成立日期、宗旨、成员、所用语言、资金来源、活动状况、会议及出版物等。还有多种索引来检索,如参加国索引、主题和地区索引等。该书的特点是索引多样化,即从英法文组织全名、英法文名称缩写、主题及组织名称关键词、负责人的途径均能找到所需资料。

中文版国际组织和机构以及各国政府机构名录主要有:《国际组织手册》,新华社国际资料编辑室编,中国对外翻译出版公司 1988 年版;《联合国手册(第十版)》,联合国新闻部编,张家珠等译,中国对外翻译出版公司 1988 年版;《各国国家机构手册(修订本)》,新华社国际部国际资料编辑室编,中国对外翻译出版社,1993 年版。

(2)《美国政府手册》(U. S. government manual,1935—,Washington,D. D. ,GOO),初版于 1935 年,1946—1972 年改称《美国政府机构手册》(U. S. Government organization manual)。1973 年起又恢复原名。早期为不定期出版物,1950 年起逐年修订出版。

该书全面介绍美国联邦政府机构,按立法、司法、行政分别介绍国会参议两院、最高法院、总统、副总统及其所属机构、政府各部门及各独立机构等。同时还对半官方机构、各种委员会等有选择地加以介绍。对每一个机构主要介绍其初建时间、职能、组织和结构、活动及现任官员名单等。目前,该书的内容也可以从网络上免费获得(http://www. usgovernmentmanual. gov/(S(cmcd5t4voxdrvis2qwfwdwua))/Home. aspx)(见图 8-1)。

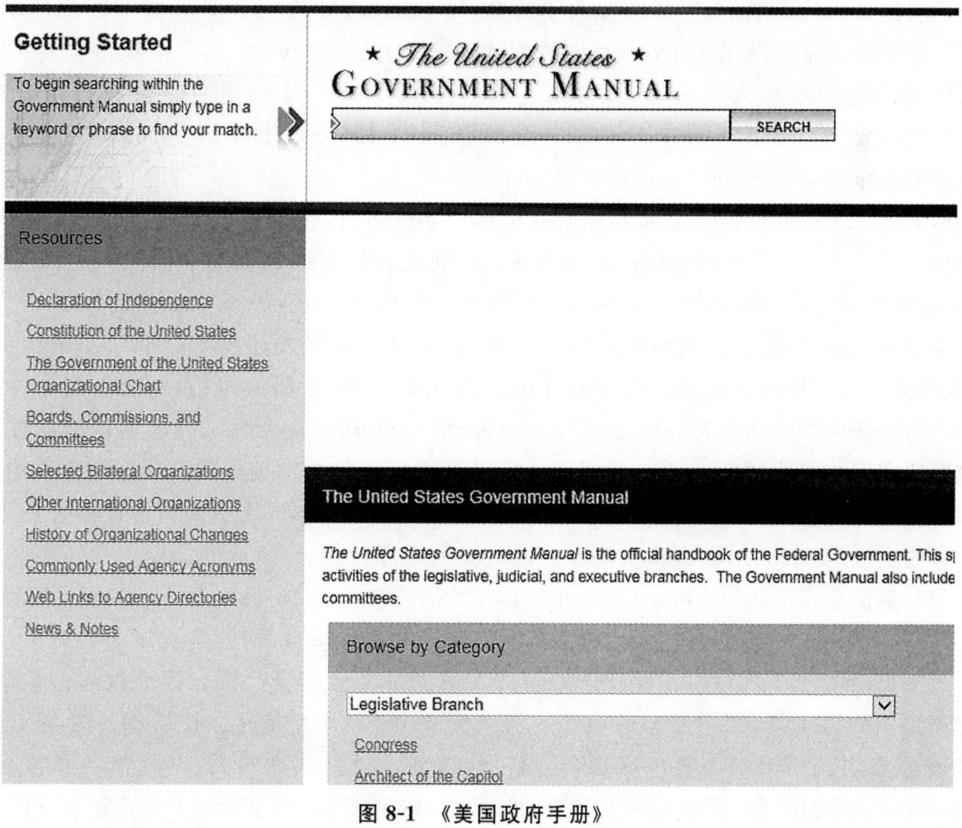

图 8-1 《美国政府手册》

有关美国国会的详细介绍可参见《美国国会便览》(Official congressional directory for the use of the U. S. Congress,1809—. Wash.：GPO. Biennial),每两年出版一次。

(3)有关中国政府机构的名录:《中国政府机构名录》(1992 年版),本书编辑部编,新华出版社,1993 年版,全书共 9 册。《中国共产党组织史资料汇编·领导机构沿革和成员名录(增订本):一大至十四大》,王健英编撰,中央党校出版社,1995 年版。

目前,我国政府机构的信息也可从网上获得。

8.3　教育科研机构名录

(1)《学术世界》(World of learning,1947—,London：Europa),该书原为《欧罗巴年鉴》中的学术团体部分,1947 年起单独出版,现为年刊。

全书分国际和各国两部分:国际部分介绍了包括联合国教科文组织(Unesco)在内的 400 多个国际性机构;各国部分分别介绍了学术团体、研究机构、高等学校、图书馆、博物馆等各类教育科研机构,以高等学校为主,本书对各个机构的介绍较为简要,如需详细资料,还需查阅有关专门性名录。

(2)《世界大学名录》(The world list of universities. London：Macmillan),年刊。

收录英、美、法等 150 多个国家的 9000 多所大学和基地高等院校,内容包括学校的名称、地址、院系设置、教学范围、学校的领导机构和学术机构等。

目前,各国高等学校纷纷利用互联网介绍各自的教学和研究特长,因此,可以从互联网获得各国教育机构名录信息,如国际大学协会(International Association of Universities)就设有介绍各国大学的网站 Universities Worldwide(http://univ. cc/),它链接了世界 206 个国家(地区)的 9397 所大学。

(3)《研究中心指南》(Research centers directory,1960—. Detroit：Gale),原名 Directory of university research bureaus and institutes。

本书收录美国和加拿大非营利性研究机构 11000 多所,按主题编排,内容包括 15 项:名称、地址、负责人姓名、电话、建立年、资助机构、规模、研究领域、能力和成果、设备、特殊装置、定期的学术会议、出版物、图书馆等。后附研究机构的名称字顺索引和主题索引。

本书为 Gale 公司研究机构的系列出版物之一,该公司另外还出版以下几部机构名录:《研究服务指南》(Research service directory),收录约 4000 所研究机构,专收录营利性研究机构;《国际研究中心指南》(International research centers directory),内容侧重国际性;《美国政府研究机构指南》(Government research directory),收录由美国政府管理和资助的研究机构。Gale 公司所出版的系列研究机构名录各有分工。目前,以上纸质内容被整合到"全球资料参考中心"(Global Reference Center,GRC)数据库。

(4)《基金会指南》(The foundation directory. New York：The Foundation Center,1960—)

这是一部详细介绍美国基金会的工具书。美国的慈善事业发达,各类基金数以万计,本书所收基金会限于非政府的非营利性组织。入选的基金会的资产额自第 5 版起由 50 万美元提高到 100 万美元,提供基金数由 2.5 万美元提高到 10 万美元。收录基金约在 4000～5000 个左右,按州排列,内容包括基金会名称、地址、电话、成立时间、基金来源和数目、目的与活动、资助的类型、资助范围与限制、出版物、申请要求、董事会成员、基金会雇佣人数等。后附捐赠者、赞助类型、基金会名称等 5 种索引。目前,该指南已有网站可供查询(http://www.foundationcenter.org/findfunders/fundingsources/fdo.html)(见图 8-2)。

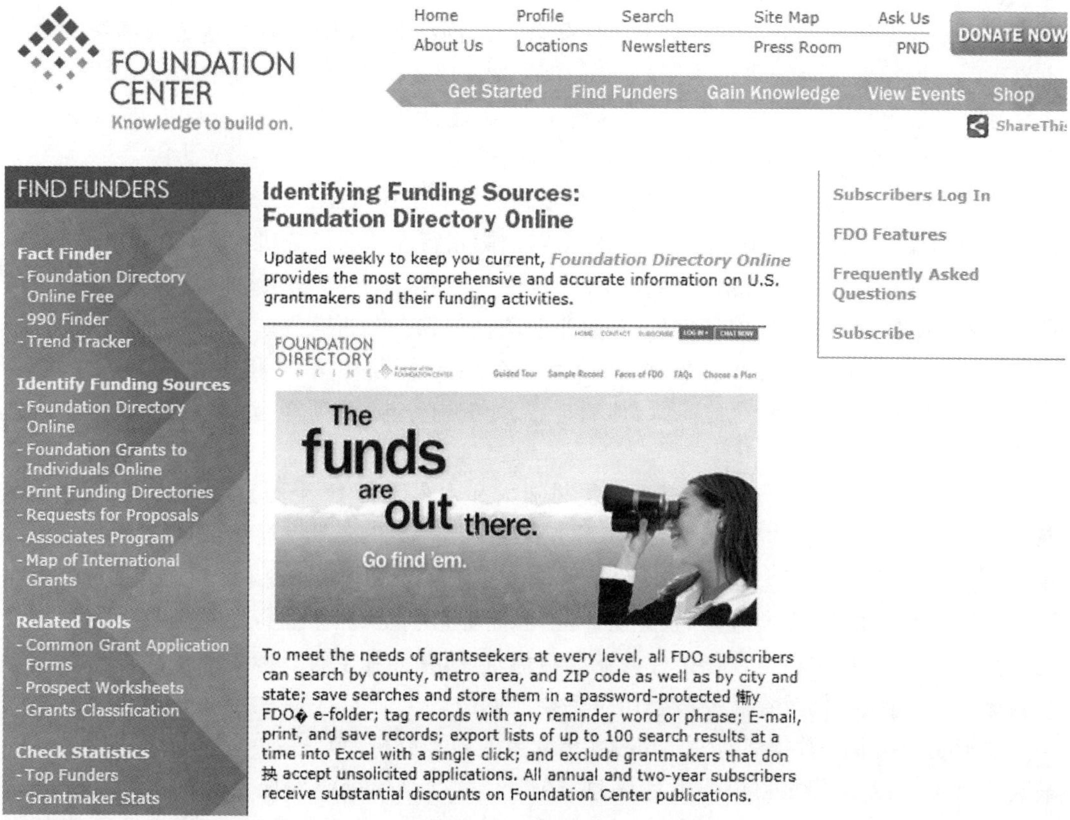

图 8-2 《基金会指南》

较为常见的基金会指南还有《国际基金会指南》(The international foundation directory. London:Europa,1974-),收录 60 多个国家近 1000 多个非营利的基金会。

我国也曾出版大量的教育科研机构名录,如《中国高等教育名录》,全国高等学校学生信息咨询与就业指导中心主编,中国统计出版社,2004 年版。《中国新闻机构及记者名录》,邵华泽编,当代中国出版社,1994 年版。《最新中国出版者名录》,新闻出版署图书司编,解放军出版社,1994 年版。随着互联网的推广和普及,有关某一机构的信息几乎都可以从网上获得,因此,此类的出版物也大为减少。

8.4　商业机构名录

商业机构名录是名录中数量最多的,这些名录可分为国际性(或地区性)和各国名录两大类。

1. 国际企业名录

近十几年来,国际和海外企业名录已经从印刷型出版物转到数据库。目前反映国际和各地区著名企业的数据库有许多,其内容也有交叉重复,比较常用的有:

(1)Gale Business Insights:Global,该数据库收录全球 50 万家公司及 7 万家行业协会

的详细信息,也是 Gale 公司出版的经典商业工具书。

(2)Osiris 全球上市公司分析库,是关于全球所有主要证券交易所 60000 多家上市公司、上市银行及保险公司的大型专业分析库。目前,该数据库覆盖超过 125 个国家,38429 家上市公司;2582 家上市银行;544 家上市保险公司。网络版 OSIRIS 提供普通与高级两种检索界面。普通检索适合于非专业用户与简单查询。高级检索为财务、金融类专业用户提供两百种分类检索条件。OSIRIS 软件具有分析功能、附加功能(Add-In)、报告展示功能(Presenter)等,是经济学的专业分析软件。

关于金融业的数据库还有"全球银行与金融机构分析库"(BankScope),是由欧洲著名财务信息数据库提供商 Bureau van Dijk(BvD)与国际银行业著名权威机构 FitchRating(惠誉)合作出品的专业工具。它囊括世界 190 多个国家(或地区)28600 家银行的财务数据、股票信息、详细股东及银行附属机构的信息,并附带各项高级财务分析软件。

(3)Orbis Americas 美洲企业分析库,是一个包含了北美、南美和中美洲 3400 万家企业、公司及其财务、管理层、董监高管、评级报告、原始财务报表、新闻与并购记录和行业信息的数据库。

(4)Oriana 亚太企业分析库,是一个提供亚太和中东地区 46 个国家和地区共计 2000 多万家公司(包括 300 万家中国企业)企业财务、经营信息以及行业发展情况的大型企业分析库,是全球最具权威的亚太地区企业贸易投资信息检索库。用户可按亚太地区各国家、所在城市、行业、产品类别、雇员人数、企业资产规模、企业盈利状况、企业行业排名等指标快速查询、筛选出符合开展贸易与合作条件的亚太目标企业,并详细了解目标企业的当前与历史经营状况、公司组织结构及背后控股公司等重要商业信息。

关于欧洲企业的数据库有 Amadeus(泛欧企业财务分析库),这是一个提供欧洲 45 个国家共计 2000 多万家公司和企业财务信息、经营信息以及各行业发展情况的大型企业分析库,是全球最具权威性的欧洲企业贸易投资信息检索库,它整合了欧洲 30 多家企业资信提供商的数据源并配以高级检索和分析软件。

2. 中国企业名录

有关中国的企业名录曾经大量出版,这些名录可分为以下三类:一是全国性工商企业名录,二是地区性工商企业名录,三是反映某一行业机构概况的名录。与所有的商业企业名录一样,由于企业信息更新速度快,印刷型企业名录寿命极短,国内外一些数据库提供了更为全面的企业信息,是目前获得我国企业名录信息的可靠来源。

(1)国泰安 CSMAR 数据库(China Stock Market & Accounting Research Database),国泰安是国内规模最大的从事金融、经济信息精准数据库设计开发的数据库公司。该数据库是按照 CRSP、COMPUSTAT 等国际知名数据库构建标准进行开发,以学术研究为目的的高级、专业、精准数据库。

(2)中国资讯行(China InfoBank)是专门收集、处理、传播中国商业信息的香港高科技企业,其数据库(中文)建于 1995 年,内容包括实时财经新闻、权威机构经贸报告、法律法规、商业数据及证券消息等。主要包括子库:中国经济新闻库、中国商业报告库、中国法律法规库、中国统计数据库、中国医疗健康库、中国上市公司文献库、中国企业产品库、香港上市公司资料库、中国人物库等。

第 9 章

传记资料

9.1 概　述

传记资料是有关人物生平的历史资料。在学习研究中,我们常常要了解某一人物的情况,从简单的诸如生卒年、学历、婚姻到较为深入的问题,传记资料工具书可为我们解决以上的问题。据国外统计,有关人物咨询占全部社科咨询的三分之一。

广义的传记资料类型较多。纵观中外传记资料形成与发展的历史,传记(biography)形成最早,它是史学著作的一种形式,主要记述人物事迹。按写作风格和文体的不同,传记可分为历史性传记和文学性传记两类。自司马迁的《史记》开创本纪、列传体例以来,历代正史都有大量的人物传记资料,"二十五"史共收录近五万人物的传记资料。西方国家早期的神话和历史著作也有大量的传记片断,如《圣经》的亚当、夏娃、大卫等历史传说,都可视为传记类资料。人类早期的传记文献多有怪诞、溢美之词等特点。除正史外,我国历史上的传记资料还有宗谱(族谱)、人物年谱。此外,笔记野史、书目提要、诗文总集、别集、墓志、地方志等都散布着人物传记资料。

传记作为一种重要的文学体裁在近代西方得到了极大的发展。博斯韦尔(James Boswell,1741—1795)被称为西方第一位现代传记作家,于1791年出版了著名的传记作品——《塞缪尔·约翰逊传》。

近现代以来,西方传记作品的写作风格以写实为主。许多西方名人喜欢为自己立传,自传作品纷纷涌现,如法国思想家卢梭的《忏悔录》和美国政治家富兰克林的《富兰克林自传》都是杰作。自传还派生出回忆录、日记、书信等形式的非正式自传。回忆录作者以近现代政界和文艺界人士居多,美国总统离任后撰写回忆录已成为不成文的规定,名人自传已成为现代出版物中十分重要的素材。

传记资料还包括传记词典、书目、索引、百科全书、名人录等,其中传记词典是主体。传记词典是汇集众多人物的传记,一般按统一的格式撰写。西方最早的传记词典可追溯到公元 10 世纪的拜占庭时代苏达斯编写的《苏达斯词典》(Suidas lexicon)。19 世纪欧洲出现了"国家传记词典"的新型传记词典。它是由某一国的著名学术机构主持或资助,按统一格式撰写,收录本国已故人物的巨型多卷传记文献。1857 年瑞士首次出版了 23 卷《瑞士传记词典》,随后荷兰、奥地利、比利时、德国、美国、法国、加拿大、印度、澳大利亚等相继仿效出版本国的传记词典。最著名的是《英国传记大词典》(Dictionary of national biography),以其较高的学术性蜚声世界。

9.2　传记资料索引

传记资料索引向读者提供传记资料的出处,本身并无传记资料。传记索引一般有两类:一类是把各种传记文献(包括传记词典、名人录等)中的条目加以分析标引;二是指出现期出版的含有传记资料的书刊出处。这两种索引对学术研究都提供了极大的便利。

9.2.1　综合性与通史人物索引

(1)《传记、家谱总索引》(Biography and genealogy master index, 2nd ed. Detroit:Gale, 1980. 8V.;1981—1985 cumulation, 5V.;1986—1990 cumulation, 3V.;1991 ed., 1V.)

收录 350 多部传记词典、名人录的 300 多万条名人资料的出处,即读者可从中检索到有关某一人物的基本资料,所收条目大多为在世人物。2000 年以后,印刷版数据已被 GALE 公司整合,内容扩大到 1700 多种传记工具书所包括的 1500 万条人物资料。

(2)《传记索引》(Biography index:a cumulative index to biographical material in books and magazines, New York:Wilson, 1947—)(q.),季刊,有一年和二年两种累积本。

该索引不收集传记词典和名人录中的条目,而是专门收集分散在英文图书、期刊中的传记资料,涉及 3000 多种书刊。正文按被传人姓名字顺排列,卷末有按职业、专业编排的人名索引。曾经出版的累积本有 v.1－12(1946/1949—1979/1982),v.13－17(1982/1984—1990/1992),v.18－36(1992/1993—2010/2011)。

专题性人物索引也有许多,如《妇女传记索引》(Index to women of the world from ancient to modern time,by Norma O. Ireland. Westwood, Mass.:Faxon, 1970. 573 p. suppl. 1988. 774 p.)和《科学家传记索引》(Index to scientists)等。

(3)《二十五史纪传人名索引》,上海古籍出版社、上海书店编,上海古籍出版社,1990年版。

本书根据上海古籍出版社、上海书店联合出版的《二十五史》和中华书局出版的二十四史、《清史稿》(合为二十五史)编制,即两个"二十五史"版本的联合索引。其中上海古籍出版社、上海书店版的《二十五史》简称"上",中华书局出版的《二十四史》、《清史稿》简称"中"。所收人名索引是"二十五史"中有记录的人物,仅提名而无完整事迹的不予收录,正文按人名四角号码排列,如:

```
30806    窦
        15 窦融
            后汉        上 2.53.875.4
                        中 3.23.794
```

注释:"上 2.53.875.4"表示有关"窦融"这一人物的资料见之于上海古籍出版《后汉书》之第二册(即 53 卷)的 875 页第四栏。

卷末附"笔画检字",是人名首字母与四角号码编码的对照表,可供不熟悉四角号码拆分者使用。

另有《二十四史记传人名索引》,张忱石、吴树干编,中华书局,1980 年版。

9.2.2　专史与断代史人物索引

中华书局还陆续出版了"二十四史"专史人名索引,已出版的有《史记人名索引》(钟华编,1977 年)、《汉书人名索引》(魏连科编,1979 年)、《后汉书人名索引》(李裕民编,1979 年)、《三国志人名索引》(高秀芳等编,1981 年)、《晋书人名索引》(张忱石编,1974 年)、《南朝五史人名索引》(张忱石编,1985 年)、《北朝四史人名索引》(陈仲安编,1968 年)、《隋书人名索引》(邓圣元编,1979 年)、《新旧唐书人名索引》(张万起编,1986 年)、《新旧五代史人名索引》(张万起编,1980 年)、《辽史人名索引》(曾贻芬、崔文印编,1982 年)、《金史人名索引》(崔文印编,1980 年)、《元史人名索引》(姚景安编,1982 年)、《明史人名索引》(李裕民编,1985 年)。上海古籍出版社 1992 年还出版了《宋史人名索引》(俞如云编)。

其他传记资料索引也包含大量的人物资料,已出版的有:《唐五代人物传记资料综合索引》,傅璇琮等编,中华书局,1982 年版;《四十七种宋代传记综合引得》、《辽金元传记三十种引得》、《八十九种明代传记综合引得》、《三十三种清代传记综合引得》,原哈佛燕京学社引得编纂处 1939 年编印,中华书局 1959 年影印,1987 年重印,上海古籍出版社 1986 年又出影印合订本。这四种人名索引收录宋至清代年间 8 万余人的传记资料出处。《辛亥以来人物传记资料索引》,复旦大学历史系资料室编,上海辞书出版社,1990 年版,收录 1911—1949 年的 18000 多人的传记资料出处。

台湾出版的三部传记资料索引,其内容超过原哈佛燕京学社引得编纂处所编的同时期人物传记索引,这三部索引是《宋人传记资料索引》(增订本),昌彼得等编,王德毅增订,台北鼎文书局 1977—1980 年出版,中华书局 1988 年影印出版;《元人传记资料索引》,王德毅、李荣村等编,台北新文丰出版公司,1979—1982 年出版,中华书局 1987 年影印出版;《明人传记资料索引》,昌彼得等编,台北"中央"图书馆,1978 年版,中华书局 1987 年影印出版。

学案是专记学术源流与学说的资料汇编,其中也有学术人物传记。《宋元学案》、《明儒学案》、《宋学渊源记》、《国朝汉学师承记》及《清儒学案小识》是宋、元、明、清四朝的学派源流和学术思想史的总汇,书中有 3000 余人的传记资料,可利用张明仁编的《四朝学案人名索引》来检索,该索引附《四朝学案》(世界书局,1936 年版)之后。

《明清进士题名碑录索引》,朱保炯、谢沛霖编,上海古籍出版社,1980 年版。该书提供明清考中进士者传记资料的索引。明清科举制规定,凡考中进士者的姓名都要刻在石碑上,这就是"进士题名碑",后又刊刻成册,称为"进士题名碑录"。该索引收录了明清两代进士 51624 名。

9.3 年谱、疑年录

9.3.1 年谱

年谱是按年月记载一个人生平事迹的编年体传记,是人物研究的重要史料。我国年谱编撰始于宋代,发展于元明,盛行于清代,谱主范围也从达官贵人、文人学士扩大到社会各阶层人物。年谱的名称除年谱外,也有称年表、年录、纪年等。除个人年谱外,也有几人或众人合编的年谱,名为合谱,如《三苏先生年谱》,为宋代苏氏父子三人的合谱。年谱既有自编的,也有学生弟子或朋友为谱主编撰的。年谱的内容一般都叙述谱主的籍贯、家世、生卒年月、科第、工作经历、著作、师友、事业成就等,也有的年谱只记述谱主某一时期的活动或某一时期的成就,其他则从略,这种年谱称为专谱。欲知某人有无年谱或多少种年谱,应先查阅年谱目录。

(1)《中国历代人物年谱考录》,谢巍编撰,中华书局,1992 年版。

共收录 1983 年以前海内外公私所藏及历代文献著录的年谱 6259 种,谱主 4010 人,是目前收录年谱数量最多的年谱目录。全书分三部分:正编、附编和索引。正编依时代、谱主生卒年顺序记述年谱的基本情况。附编简要著录合编年谱、合刊年谱、通谱、齿谱、疑年录及生卒年表、学术年表、大事年表。索引为谱主姓名索引,按姓名笔画顺序编排。

(2)《中国历代年谱总录》(增订本),杨殿珣编,书目文献出版社,1996 年版。

本书增订本是作者 1980 年出版的"总录"及后来的"续录"和"三录"(载于有关刊物)的汇编本,共收录年谱 4450 种,反映谱主 2396 人,谱主的出生年截至 1949 年。正文按谱主出生年代先后排列,由于谱主的生卒年,各家考订不一,对于考订生卒专书或专文,摘要附在年谱之后。一人的年谱,如曾有多人编撰,则以编撰人的时代先后依次排。本书录入的年谱大多经编者亲自查阅过目,凡只见著录未见原著的,列于目录之后的"待访年谱简目"。卷末还附"谱主姓名别名索引"(按笔画排序)。

(3)《中国年谱辞典》,黄秀文主编,百家出版社,1997 年版。

该书收录了中国(包括台、港、澳)先秦至当代(1993 年前)的人物年谱 4115 种,涉及谱主 2431 人。正文以时代为序编排,各朝代年谱按谱主生卒年先后排列。条目内容包括了谱主小传与年谱介绍两部分,并注明收藏馆,这是本书的一大特点,有利于读者进一步查阅。卷末附:①谱主索引;②谱名索引。

(4)《中国帝王皇后亲王公主世系录》(上、下),(台湾)柏杨编,中国友谊出版公司,1986 年版,2011 年,人民文学出版社再版。

该书分三篇:第 1 篇为"序表",包括历代王朝关系位置表、历代王朝国号表、历代帝王数表等;第 2 篇为"帝王",包括历代立国年数表、历代帝王籍贯表、历代建都表;第 3 篇为"皇位世系"。全书记载 83 个王朝、83 国和 559 个帝王。卷末附"春秋时代重要封国、建都分布表"、"春秋时代次要封国"等。

(5)《历辈达赖喇嘛与班禅额尔德尼年谱》,丹珠昂奔主编,中央民族大学出版社,1998 年版。

该书卷前有序言,对达赖喇嘛和班禅额尔德尼这两个西藏活佛系统的产生和形成以及在藏族社会中的地位与作用作了简介。正文分两部分：第一部分为"历辈达赖喇嘛"，详列第一世达赖喇嘛至第十三世达赖喇嘛的年谱；第二部分为"班禅额尔德尼"，详列第一世班禅额尔德尼至第十世班禅额尔德尼的年谱。卷末附"藏、汉、公历历辈达赖喇嘛与班禅额尔德尼生卒年参照表"。

9.3.2　疑年录

疑年录是专门记载、考核历代人物生卒年的工具书，即生卒年表。清代钱大昕的《疑年录》是我国第一部疑年录著作。收录人物较多的是《历代人物年里碑传综表》，姜亮夫编，中华书局 1959 年版，收录从孔丘至卒于 1919 年的历代人物约 12000 人。《中国历史人物生卒年表》，吴海林、李延沛编，黑龙江人民出版社，1981 年版，共收录古今历史人物 6600 余人。另有《释氏疑年录》，陈桓撰，中华书局，1964 年版，广陵书社 2008 年再版。共考订晋代至清初僧人 2800 人。《清代碑传文通检》，陈乃乾编，中华书局，1959 年版，北京图书馆出版社，2003 年再版。收录 1 万余人的姓名、字号、籍贯、生卒年和出处等资料。有关近世人物生卒年里的有《辛亥以来人物年里录》，邵延淼主编，江苏教育出版社，1994 年版。

中华民族在长期的历史发展中形成了颇有特色的姓氏文化，姓，就是某一群人（氏族、家族）共用的名。姓的形成有众多的原因和方式，有的姓与某一氏族崇拜的图腾有关，如熊、牛、云姓等；有的姓与居住的地方有关，如傅姓；有的姓与职业有关，如巫、司马这两个姓。名，就是个人独用的姓。名的取法也有各种原因，有的可能与生辰有关，如武丁；郑庄公名"寤生"则是他的母亲生他时难产的纪实。

字，是"名"的解释的补充，和"名"相表里，故又叫"表字"，如秦观字少游，"观"和"游"是同义。有的"名"与"字"的意义相辅，如白居易，字乐天，因"乐天"故能"居易"。古人的"名"、"字"往往取自古书古典，如赵云字子龙，取自《周易》的"云从龙，风从虎"。古人的"名"、"字"还常用来表示在家族中的行辈，以伯（孟）、仲、叔、季表示兄弟长幼，如孔丘字仲尼，"仲"就是老二。古人交往，向有"讳名称字"，就是对尊辈或平辈不称其名，只有尊长对卑幼，才能直呼其名。

古人除名、字外，有些还有号。号是一种固定的名，又称别号。封建社会的中上层人物（尤其文人）往往以住地和志趣等为自己取号（包括斋名、室名等），如李白，号青莲居士；欧阳修晚年号六一居士，即以一万卷书、一千卷古金铭文、一张琴、一局棋、一壶酒再加上他本人一老翁，共六个"一"取号。室名别称，汉以前较为罕见，魏晋以后逐渐增多，到明清更为盛行。

除上述的字、号外，历史上常常用于代替个人姓名的还有：（1）地名，包括出生地、住地、任职地等，如东汉孔融称孔北海，唐韩愈称韩昌黎。（2）官爵名，即职衔、封号等，如三国嵇康称嵇中散，杜甫称杜工部、杜拾遗。（3）谥号，如岳飞称岳武穆，清纪昀称纪文达，也有私谥的。（4）弟子或后人所上的尊称，如宋周敦颐称廉川先生，清王夫之称船山先生等。

古文的字号在文献中得到反映，如文天祥，历代就有称"文山"（自号）、"文丞相"（官职）、"文信国"（封号），因此他的著作也分别题为《文山集》、《文丞相集》、《文信国公集》。同样，清王夫之的文集叫《船山全集》，清末报纸杂志，盛行用笔名、室名署名。

（1）《中华古今姓氏大辞典》，窦学田编撰，警官教育出版社，1997 年版。

该书收录中华民族古今姓名 12000 余款,卷首有"姓氏音序检字表"和"姓氏笔画笔顺索引"。

(2)《古今人物别号索引》,陈得芸编,广州岭南大学图书馆 1937 年版,上海书店 1982 年影印,另有长春古籍书店影印版。

本书收录人物的表字、别号、斋舍号、谥号以及通行称呼的职官、封侯名,共计七万余条。正文按别号的笔画分为六部排列:第一部横起,第二部直起,第三部点起,第四部撇起,第五部曲起,第六部补遗。卷末附有"检字表",按首字的笔画数排列,指向正文的页码。

使用较多的还有《室名别号索引》,陈乃乾编,中华书局,1957 年版;后丁宁、何文广、雷梦水补编,1982 年中华书局又出增订本。该书初版收录室名、别号 17000 多条,后增至34000 条,但其所收别号只限三字以上,因此必须补查陈得芸编的《古今人物别号索引》。

(3)《清人室名别称字号索引》(上、下册),杨廷福、杨同甫编,上海古籍出版社,1988 年版,2001 年又出增补本。

明清两代,室名、别号之风大盛,本书侧重于清代各行业凡有著作或一技之长人物的室名、别号、别称等,共收 36000 多人。本书分甲、乙两编,共两册,上册甲编只列字、号、别号或别称,指出其对应人物的姓名;下册乙编列出人物的姓名及其籍贯、字、号、别称、室名等,两编皆按笔画排列。因此,凡遇到字、号、室名、别称等,欲知其为何人,查甲编即可;已知人物某某,欲进而了解籍贯、异名、字及别号、室名者,可查乙编。卷首有"笔画检索·甲编"、"笔画检索·乙编"和"四角号码检索"三个索引。

查考清末以来的人物字号,目前有《中国近现代人物名号大辞典》,陈玉堂编著,浙江古籍出版社,1993 年版,2005 年又出增订本。该书所收人物,始于 1840 年,迄至当今,共 14165人。所谓"名号"包括表字、别号、室名、别名、本名、小名、化名、笔名,乃至爵里、谥号、世称、外号、古籍中的影射名号等。《20 世纪中华人物字号辞典》,周家珍编著,法律出版社,2000年版。该书收录 20 世纪有字、号、别名、笔名又有影响的中华人物共 19312 个人物条目。

其他别号索引著作还有《中国历代书画篆刻家字号索引》(上、下册),商承祚、黄华编,人民美术出版社,1960 年版,2002 年又出第 2 版,收录秦汉至民国的书画篆刻家约 16000 人;《唐人行第录》(外三种),岑仲勉著,中华书局,1962 年版,1963 年重印;《中共党史人物别名录》,陈玉堂编,红旗出版社,1985 年版;《中国现代文学作者笔名录》,徐迺翔、钦鸿编,湖南文艺出版社,1988 年版,收录 1917—1949 年的文学工作者 6000 余人,包括港澳台及东南亚华人作者,计笔名 3 万个。

有关专人的笔名录有《鲁迅名号笔名年里录》,上海师范学院图书馆资料组 1979 年编印;《郭沫若名、号、别名、笔名辑录》,艾扬辑,载于《中国现代文艺资料丛刊》1979 年第 4 辑;《茅盾笔名(别名)笺注》,孙中田编,载于《论茅盾的生活与创作》,百花文艺出版社,1980 年版;《巴金笔名考析》,张晓云等编,载于《新文学史料》1981 年第 1 期。

同姓名也是古今常见的现象,目前查考历代同姓名的工具书是《古今同姓名大辞典》,彭作桢辑著,北京好望书店,1936 年版,上海书店 1983 年影印。

我国古代的帝王将相、大臣及后妃死后,要给予一种特殊的称号,即谥号。谥号之制始于周代,秦代曾废止,汉代恢复,直至清末。帝王的谥号由礼官议定,将相大臣的谥号由朝廷赐予。死者的谥号根据死者生前的表现而定,谥号可分褒、怜、贬三类。谥号一般在丧礼时给予,也有追谥(追加的谥号)、加谥(谥号上加字)、改谥(改变谥号)和夺谥(撤销谥号)的。

我国民间也有私谥,是亲属、门生、乡党以谥号来寄托对死者的哀思。谥号相当于在一个人的名字之外又增加了一个别号。为查考谥号,前人曾编过一些专书,目前最常用的是《历代人物谥号封爵索引》,杨震方、水赉佑编著,上海古籍出版社,1996 年版,收录从周代至清末的历代谥号与封爵,分上下两编。

9.4　传记词典

传记词典一般可分为回溯性词典和当代人物词典两种,前者主要收录已故人物,后者收录在世人物。人物词典按体裁也可分为履历体和散文体两类,以履历体居多,即仅提供事实资料,如名人录(Who's who)。

9.4.1　外国人物传记词典

(1)《英国传记大词典》(Dictionary of national biography, ed. by Leslie Stephen and Sidney Lee. London：Smith, Elder, 1885—1901. 63v. ［with suppl.］Reissued 1908—09. 22v., Oxford Univ. Press, 1938. 22v.；2nd to 10th supplements 1912—1990)

通称 DNB,是西方国家传记词典中的典范。该书以散文体撰写,共收 36000 人,不少条目由专家撰写,尽量采用第一手资料,条目后附参考书目,体现了很高的学术水平。该书没有总的索引,只是在各卷卷末附本卷的人物索引。1985 年出版的《编年和职业索引》(A chronological and occupational index to DNB),弥补了长期缺乏索引的不足。2004 年,DNB 的新版改名为 Oxford Dictionary of National Biography (ODNB),共 60 卷。同时也推出了网络版。

DNB 还于 1990 年出版了《缩印本英国传记大词典》(The dictionary of national biography：the compact edition, New York：Oxford, 1990, 2v.)

西方国家的"国家传记词典"还有许多,如《美国传记大词典》(Dictionary of American biography)、《加拿大传记词典》(Dictionary of Canadian biography)、《澳大利亚传记词典》(Australian dictionary of biography)、《印度传记词典》(Dictionary of national biography)和《非洲传记大词典》(Dictionary of African biography)等。

(2)《韦氏新人名词典》(Webster's new biographical dictionary, Springfield, Mass.：Merriam, 1988. 1130 p.)

初版于 1943 年,新版专收已故人物,所收人物不分国别、民族、信仰和职业,以美国居多,欧洲次之,是一种使用率较高的国际性传记词典(见样条 7)。1995 年,该书再版改名为 Merriam-Webster's biographical dictionary。

(3)《国际名人录》(The international who's who, 1935—. London：Europa)

该书是一部常用的国际性名人录,专收在世人物,每年出版一次,修订及时。每年约收 2 万世界各国知名人物,条目内容包括人物的出生年、国籍、简历、荣誉称号、业余爱好、通讯地址等,这些信息一般都经被传人审核,较为准确。所有条目按人物姓氏字顺排列,卷前还有"在位皇室名录",颇具特色(见样条 8)。

Mao Tse-tung \'maùd-'zə-'dúŋ\. *Pin-yin* Mao Ze-dong. 1893–1976. Chinese soldier and statesman. Served in his native Hunan in revolutionary army (1911–12); at Peking U. (1919), where he participated in May Fourth Movement of students; embraced Marxism and helped found (1921) Chinese Communist party; began working with the Kuomintang (1923), chiefly as organizer of peasant unions in Hunan; expelled from Kuomintang by Chiang Kai-shek (1927). Chairman (1931–34) of Chinese Soviet Republic in Kiangsi Province; defeated by Chiang's forces (1934); led army of 200,000 on famed Long March from Kiangsi to northwestern mountains of Shensi Province (1934–35); wrote *Strategic Problems of China's Revolutionary War* (1936) and *On New Democracy* (1938), establishing himself as leading theoretician of the Chinese Communist party; adapted Marxism to Chinese conditions by placing the peasantry rather than the urban proletariat in the revolutionary vanguard; instituted Rectification Campaign (1942–44) to implement his theories; defeated the Nationalists at Nanking (Apr. 1949). Became chairman of Communist party and of the People's Republic of China (1949); launched (1957) the Great Leap Forward, an unsuccessful attempt to decentralize the economy, chiefly by establishing a nationwide system of people's communes; retired (1959) as chairman of the republic but remained as party chairman; instituted the Cultural Revolution (1966–69) in attempt to reinvigorate revolutionary principles in the party and nation; spent final years in virtual seclusion and declining health.

样条 7　《韦氏新人名词典》

CHEN ZHILI; Chinese politician and academic; b. 21 Nov. 1942, Xianyou Co., Fujian Prov.; ed. Fudan Univ., Shanghai Inst. of Ceramics, Chinese Acad. of Sciences; joined CCP 1961; Visiting Scholar, Materials Research Lab., Pa. State Univ., U.S.A. 1980–82; Vice-Sec. CCP Shanghai Science Comm. Cttee. 1984; alt. mem. 13th CCP Cen. Cttee. 1987, 14th CCP Cen. Cttee. 1992; Vice-Sec. CCP Shanghai Mun. Cttee. 1989–97; Vice-Minister of State Educ. Comm. 1994–98; Minister of Educ. 1998–; mem. 15th CCP Cen. Cttee. 1997–; Hon. Pres. Shanghai Inst. of Int. Friendship. *Address:* Ministry of Education, 37 Damucang Hutong, Xicheng Qu, Beijing 100816, People's Republic of China (Office). *Telephone:* (10) 66096114 (Office). *Fax:* (10) 66011049 (Office). *E-mail:* webmaster@whb1.ccnt.com.cn (Office). *Internet:* www.ccnt.com.cn (Office).

CHEN ZHONGSHI; Chinese novelist; b. 1942, Xian, Shanxi Prov.; Vice-Chair. Shanxi Prov. Writers' Assscn.; won Mao Dun Prize for Literature (for White Deer Height) 1997. *Publications:* White Deer Height, Early Summer, Mr. Blue Gown. *Address:* Shanxi Provincial Writers' Association, Xian, People's Republic of China.

样条 8　《国际名人录》

　　(4)《美国名人录》(Who's who in America, a biographical dictionary of notable living men and women, Chicago：Marquis，1899－)

　　每年收录各行业中知名的美国人和少数加拿大、墨西哥的政府官员。条目内容大多由被传人自己填写，由编辑部修改后再送被传人审核。条目内容包括被传人姓名、生年、职业、婚姻、简历等资料，凡已去世、退休以及被传人近年来销声匿迹或鲜有成就者，在编撰新版时加以剔除和淘汰。卷末还有一个"已故人物名单"，专门列出在上一版收录的在新版时已去世的人员名单。

　　《美国名人录》是马奎斯(Marquis)公司系列名人出版物中的一部，该公司还出版地区和专题名人录，如《美国东部名人录》(Who's who in the east)、《美国法律界名人界》(Who's who in American law)和《美国已故名人录》(Who was who in America with world notables，Chicago：Marquis，1942－94，v.1－11)。马奎斯公司的名人资料现也有网络版，即 Marquis Biographies Online，共收录 150 多万条人物资料。

西方其他国家也出版侧重于收录在世人物的名人录,如《英国名人录》(Who's who, an annual biographical dictionary, with which is incorporated "men and women of the time". London:Black;New York:St. Martin's,1849—)(Annual)。该书是名人录的先驱者,主要收录英国人,人物一旦入选,一般保留到去世,卷首有英王室成员的详细资料,卷末是上一年度去世者名单。凡被《英国名人录》收入的人物去世后即移入《英国已故名人录》(Who was who)。

(5)Gale Biography In Context(人物传记资料中心),是目前收录人物最全的人物传记数据库,该数据库包含以下信息:一是来自 350 多份期刊、杂志与报纸的丰富内容,如 The New York Times, USA Today, Daily Mail。二是包含 Gale 出版的权威人物传记参考书的内容,如:Encyclopedia of World Biography、Contemporary Black Biography、American Men & Women of Science 等,共计 52 万多位人物的 65 万份传记文章。三是超过 227000 个视频,95000 张图片和 97000 个音频资料。四是可链接到 19,000 多个人物网站,这些网站都经过 Gale 专家严格考察,以确保其权威性。

该库提供"姓名检索"、"传记事实检索"和"高级检索"三种检索方式。"姓名检索"以任何次序及组合输入姓、名。如果对拼写没有把握,可以输入姓的一部分。"传记事实检索"这种检索方式适用于无法拼写姓名或希望缩小搜索范围以得到更相关的搜索结果。可通过职业、国籍、种族、性别、生/卒年、生/卒地点等查询。"个人检索"可通过人名、关键字、全文、传记来源名称及杂志出版日期查询。个人检索界面以"海明威"检索为例(见图 9-1)。

图 9-1　"海明威"检索步骤之一

检索结果见图 9-2。

图 9-2 "海明威"检索步骤之二

点击进入后显示检索出的内容。如图 9-3 所示。

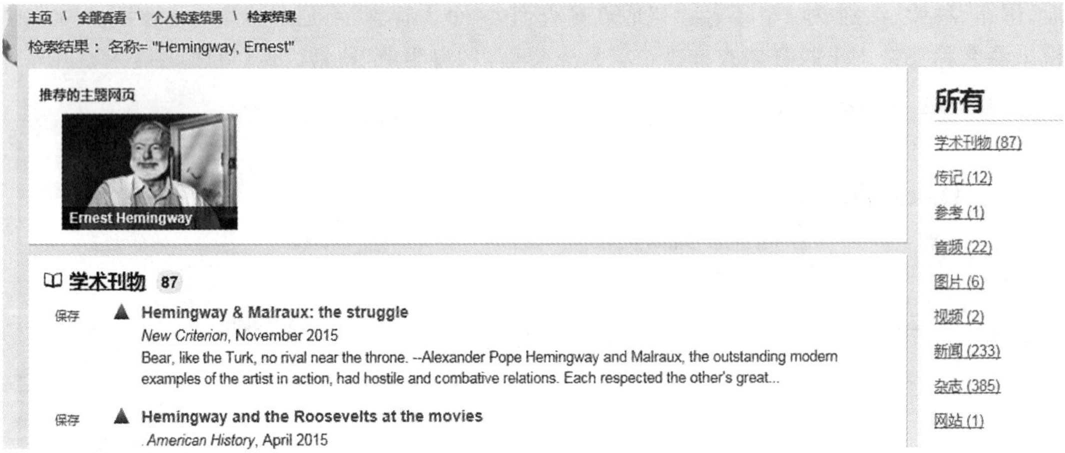

图 9-3 "海明威"检索步骤之三

右边显示所有的结果:学术刊物 87 条、传记 12 条……,可点击查阅。

(6)ProQuest COS Scholar Universe(世界学者数据库)(见图 9-4),涵盖美国、英国、澳大利亚、加拿大、印度、墨西哥、荷兰、新西兰、中国等国家近三百万名学者、研究人员、同行评审者、权威学术领导者、专家与顾问,提供了学者在其学术生涯中的快照,内容包括个人背景、教育经历、研究兴趣、出版物内容、获得的奖励、联系信息等。每月更新信息。

ProQuest

所有数据库 ｜ Change databases

COS Scholar Universe

基本检索　高级检索 ▾

[   ] 🔍

高级检索

COS Scholar Universe

此数据库提供有关全世界超过 100 万学者和组织的官方信息，并包括经证实的单位和出版信息。数据库包含
4 年制大学及其系的国际教职员。

主题收录时间范围

・农业
・健康相关数据库
・应用科学
・建筑学
・艺术
・商业
・教育

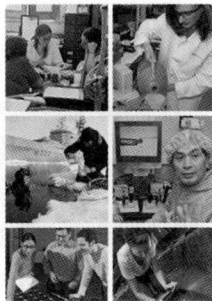

图 9-4　世界学者数据库

9.4.2　中国人物传记词典

近二十几年来，我国编辑出版了数量众多的人名词典，涉及古今中外的各个学科领域。

欲查中国古代的人名，可使用《中国历代人名大辞典》（上、下），张撝之等主编，上海古籍出版社，1999 年版。该书收录从先秦至清代人物共 54500 人，为目前收录中国历史人物最多的辞典。

查考中国近现代人物，可查《中国近现代人名大辞典》，李盛平主编，中国国际广播出版社，1989 年版，收录 1840—1988 年逝世的中国近现代历史人物 10750 人；《民国人物大辞典》，徐友春主编，河北人民出版社，1991 年版，2007 年又出第 2 版。收录民国时期各界知名人士 17000 余人。《近代来华外国人名词典》，中国社会科学院近代史研究所翻译室编辑，中国社会科学出版社，1981 年版，收录 1840—1949 年来华的外国人物 2000 余条。

新中国成立以来的人物可查《中华人民共和国人物辞典（1949—1989）》，王乃庄、王德树主编，中国经济出版社，1989 年版，收录 1949—1989 年逝世的各界人物 3000 千余人。

有关香港的人物资料可查《香港人名录》，本书编委会编纂，海南出版社，1997 年版，收录现时期香港社会各界代表性人物约 2000 名，正文条目按人物中文姓名之拼音音序编排，卷前有笔画索引，卷末附"执业分类姓名索引"和"拉丁文字母注音加英文姓名索引"。

有关台湾地区名人可查考《中华民国当代名人录》，本书编委会编，台湾中华书局，1985 年版，共 5 卷。该书收录台湾地区知名人物 5000 多人，分为：①党政人士；②民意代表；③学术、教育界人士；④科技、工程界人士；⑤文化界人士；⑥工商、金融界人士；⑦自由职业人士（律师、会计师、医生、建筑师）七大类。每卷卷前有分类索引，同类人物按姓氏笔画依次排列，第 5 卷卷末附有总索引。

"中国历史人物传记文献数据库"，是收录中国历史人物数量最多、人物分布最广的中国历史人物传记库。收录传说时期至 1949 年的历史人物 88 万余人，文献数量近 8000 种，文

献图片数量 375 万张。

各学科、行业的古今人名词典也已大量出版,目前已出版的有:

《中国军事人物辞典》,施善玉等主编,科学技术文献出版社,1988 年版。

《中国人民解放军将帅名录》,星火燎原编辑部编,解放军出版社,1986—1987 年版,2006 年又出第 3 版。

《中国科学家辞典》,山东科技出版社,1980 年起陆续出版。

《中国科苑英华录》(上下册),科学普及出版社,1988 年版。

《中国语文学家辞典》,陈高春编,河南人民出版社,1986 年版。

《中国文学家辞典》,四川人民出版社,1979 年起陆续出版。

《中国翻译家辞典》,中国对外翻译出版公司,1988 年版。

《中国古代画家辞典》,浙江人民出版社,1999 年版。

《中国艺术家辞典》,湖南人民出版社,1981 年起陆续出版。

《中国当代美术家人名录》,龚继先主编,上海人民美术出版社,1992 年版。

《中国当代书法家辞典》,金通达主编,浙江人民出版社,2001 年版。

《中国当代漫画家辞典》,庸非主编,浙江人民出版社,1997 年版。

《中国当代篆刻家辞典》,金通达主编,浙江人民出版社,1997 年版。

《中华名律师辞典》,郭阳、马维国主编,华龄出版社,1993 年版。

《中国中医人名辞典》,史宇光主编,中医古籍出版社,1991 年版。

《中华民国企业名人录》,杨必立主编,1982 年台北出版,1987 年,1989 年再版。

《当代中国社会科学学者大辞典》,陈荣富、洪永珊主编,浙江大学出版社,1990 年版。

《中国佛学人名辞典》,比丘明复编撰,中华书局 1988 年根据台湾方舟出版社 1974 年版影印。

《华夏妇女名人辞典》,华夏出版社,1988 年版。

第10章

地理资料

10.1 概 述

地理资料，广义上包括一切与地理学有关的文献。地理学是研究地表各种自然、人文现象的一门科学，也是介于社会科学与自然科学的交叉学科。地理文献伴随着人类的活动而产生，并随着人类活动空间的拓展而越来越多。特别是近代以来，地理文献迅速增加。但是地理文献在内容上具有相对的稳定性，即文献的半衰期较长，加之地理文献在出版上有一定的技术要求，地理文献的出版时滞也相对长些，故地理工具书的数量不如其他类型文献的工具书那样多。地理文献较为分散，词典、百科全书、手册等工具书都收录大量的地理资料。本章讨论的地理资料是狭义上的，包括地名词典、地图和地图集。地理资料在社会科学研究中具有重要的参考价值。

地理文献涉及地名，而地名包括多方面的知识，即地名命名涉及地理环境、历史条件、政治、经济、民族、语言、社会风俗习惯等。现已形成了一门专门研究地名的学科，即地名学（toponymy）。地名从构成上可分解为专名和通名，任何一个地名都由专名和通名构成。专名是指某地理实体用以区分同类实体的专用词，通名是指地名的地理属性，如"杭州市"中的"杭州"为专名，"市"为通名。

外国地名的翻译是一个常见的问题，我国在这方面已形成了一个基本原则：(1)遵照名从主人、约定俗成的原则。即尊重主权国家官方使用的名称和书写习惯。如以前属中国的海参崴，现属俄罗斯，应据俄罗斯官方的命名转译为"符拉德沃斯托克"；又如多瑙河、西班牙、葡萄牙的中译名虽不甚规范，但已长期使用，约定俗成的名称就不再更正了。(2)专名以音译为主，通名以意译为主。这是地名转译的一个原则，如欧洲30多个国家的国名除冰岛外都是音译的。少数地名拼写较长，本身又有明确含义的，也有意译之，如好望角，中途岛等。

地理工具书的类型包括地名词典和地图两大类。

1. 地名词典(gazetteer)

地名词典是对古今地名的位置、历史和特征给以不同程度的描绘和识别的工具书。地名词典对地名加以历史、文化、经济的叙述。地名词典据所收地名的时间可分为历史地名词典和现代地名词典;从内容上还可分为综合性地名词典(跨时代、跨地域)和区域性地名词典等。

地名学词典是专门介绍地名的起源、词义、演变及命名时的地理环境或历史条件的工具书,内容侧重于历史文化方面。

地名录(place-names list)是地名词典中一种仅标注地名所在国家、行政区、经纬度等具体方位的工具书,是大量地名的汇集,一般无地名的社会经济、历史方面的资料。地图集后附的地图索引(atlas-index)也属于地名录的范畴。

2. 地图与地图集

地图多指单幅的挂图、地形图、平面图等。地图按内容可分为普通地图和专题地图;按用途可分为教学图、军用图、交通图等;按区域范围可分为世界图、国家图、省市区县图等;按比例尺的大小可分为大比例尺地图(比例尺大于或等于1∶100000),中比例尺地图(比例尺小于1∶100000而大于1∶1000000)和小比例尺地图(比例尺小于或等于1∶1000000)。

地图集则是在一定主题下将地图按一定次序汇编成册。少则几十幅,多达上百幅,可单独出版,也可作为其他出版物的附录。地图集一般有世界地图集,国家或区域地图集和各种专题地图集等类型。

10.2　书目和索引

该类出版物较多,其中著名的地理学书目有:

(1)《地理学文摘》(Geographical abstracts,1972—. Norwich, Eng.；Geo Abstracts, Ltd.)

这是英国出版的一部著名的检索工具,其名称多变,前身为季刊《地貌学文摘》(Geomorphological abstracts, 1960—1965)。1966—1971年改称《地理学文摘》(Geographical abstracts),分4辑。1972—1985年改称《地学文摘》(Geo abstracts),1986年恢复为《地理学文摘》,双月刊,分7辑。每辑有年度索引。1989年起分两大辑出版:《地理学文摘:自然地理》和《地理学文摘:人文地理》。目前该文摘改为Geobase数据库。

(2)《美国地理杂志索引》(National geographic index,1888—1988,Wash.；National Geographic Society,1989. 1215 p.)

该索引涉及1148期《美国地理杂志》的7000篇论文和10万张彩色插图、地图,按著者、主题和摄影者字顺排列。由于该杂志历史悠久,地名等信息十分丰富,是查找古今地名的理想索引。

10.3　地名词典

(1)《韦氏新地名词典》(Webster's new geographical dictionary. Springfield,Mass.；Merriam,1995.1408 p.)

这是一部较常用的综合性地名词典。初版于1949年,1972年修订时书名中加一"新"

字。该词典收 48000 多条目,以美国、加拿大地名为主,凡人口在 500 人以上的美、加城市都有收录。其他英语国家地名也是收录的重点,而中国只有人口在 10 万以上的城市才有收录(见样条 9)。1997 年《韦氏新地名词典》出版第 3 版时改名为:Merriam-Webster's geographical dictionary.

Ning-po \'niŋ-'pō\ *or formerly* Ning-hsien \'niŋ-shē-'en\.
City, NE Chekiang prov., E China, ab. 90 m. ESE of Hang-
chow on S side of Hangchow Bay and on small stream ab.
13 m. from its mouth; pop. (1970e) 350,000; textiles,
electrical equipment, canned foods, soap; ships cotton, tea,
and fish. Has occupied present site since 713 A.D.; first
visited by Portuguese 1520; Portuguese expelled 1545;
made a treaty port by Treaty of Nanking 1842.
Ning-sia *or* Ning-hsia \'niŋ-shē-'ä\. Former province, W In-
ner Mongolia, N China; 106,115 sq. m.; bounded on N by
Mongolian People's Republic; abolished 1954 and merged
with Kansu; in 1956 most of its territory merged with
Inner Mongolia, the remainder being reconstituted 1958 as
Ningsia Hui (*q.v.*).
Ningsia Hui \-'hwē\. Autonomous region, N China; 30,039
sq. m.; pop. (1968e) 2,000,000; ✻ Yin-ch'uan; Great Wall

样条 9　《韦氏新地名词典》

英国出版的《剑桥世界地名词典》(Cambridge World gazetteer, a geographical dictionary, ed. by David Munro. New York: Cambridge Univ. Pr., 1990. 845 p.),篇幅比《韦氏新地名词典》略小,以收录英联邦国家为主,内容较新。

(2)《中国历史地名大辞典》,魏嵩山主编,广东教育出版社,1995 年版。

本书所收历史地名约 9 万余条,超过此前由藏励和编写的《中国古今地名大辞典》和刘钧仁编写的《中国地名大辞典》两书所收词条之和。所收地名以我国文献记载为准,上起远古,迄于 1949 年。释文中的今地名以 1990 年我国行政区划为准。卷前有"首字笔画检字表",卷末有"音序索引"。另一部较新的历史地名词典是《中国历史地名大辞典》(2 卷),史为乐编,中国社会科学出版社,2005 年版。

我国二十六史的"地理志"中包含了大量的历史地理资料,目前中华书局正在陆续出版与点校本二十六史配套使用的一系列地名索引,已经出版的有《史记地名索引》(嵇超等编,1990)、《后汉书地名索引》(王天良编,1988)、《三国志地名索引》(王天良编,1980)、《汉书地名索引》(陈家麟编,1990)等。

(3)《中国地名词典》,云南省社科院民族研究所等编,上海辞书出版社,1990 年版。

本书是新中国成立后出版的第一部中型中国地名工具书,以收录今地名为主,古地名一般不收,共收我国地名 21240 条,包括国名,省、自治区、直辖市,各省(区)市、县、旧市县、重要集镇,山脉、河流、湖泊、峡谷、海,港湾、岛屿、半岛及山岬,关隘,山口,交通,水利,矿区,革命纪念地和名胜古迹等。卷前有字顺检字表。

10.4　地名学词典

综合性的地名学词典有《世界地名》(Place-names of the world, by Adrian Room. Newton Abbot: David & Charles, 1974. 216 p.),列举世界地名 1300 多个,偏重西方国家地名。各国的地名学词典有《美国和加拿大插图地名学词典》(Illustrated dictionary of place names：U. S. and Canada，by K. B. Harder. Princeton：N. J.：Van Nostrand Reinhold，1985. 631 p.)；《简明牛津英国地名学词典》(The concise Oxford dictionary of English place-names，4th ed.，by Eilert Ekwall. London：Oxford，1985. 546 p.)等。

10.5　地名录

(1)《21世纪世界地名录》(上、中、下)，萧德荣、周定国主编，现代出版社，2001年版。

该书初版于1984年，称《世界地名录》，由中国大百科全书出版社编辑出版。新版分外国卷、中国卷和索引三部分，共收中外地名30多万条，是目前国内规模最大的一部世界地名录。其编排体例是：外国地名条目不分国家、地区，一律按罗马字母顺序混合排列；中国地名条目则按汉语拼音字母顺序排列。外国地名一般包括罗马字母拼写名、中文译名、所在地域和地理坐标四项，如：

Leningrad　列宁格勒　苏　N59.55E30.15

中国地名一般包括汉语拼音、中文地名、地理坐标三项，如：

Yumenguan　玉门关　N40.3E93.9

(2)《中华人民共和国地名录》，中国地名委员会编，中国社会出版社，1994年版。

该书是以全国地名普查、补查和资料更新的成果为基础资料，经标准化、规范化处理而形成的标准地名录。共收录全国乡、镇以上各级行政区域名称、以乡镇人民政府所在地为主的居民聚落名称、山河湖海岛等自然地理实体名称、名胜古迹、纪念地、古遗址、水库、桥梁、电站等名称约10万条。行政区划资料截至1991年年底。提供的地名内容包括汉字书写、汉语拼音、行政隶属或地理位置。

(3)《世界地名译名手册：中型本》，中国地名委员会编，商务印书馆，1993年版，2001年重印。

本书汇集了95000余条外国地名，包括国家名、首都名、各国一级行政区域名、较重要的居民点、自然地理实体名称。

10.6　地图、地图集

(1)《泰晤士世界历史地图集》(The Times atlas of world history，ed. by G. Barra-clough；4th ed.，ed. by G. Parker. London：Times Books，1993. 360 p.)

这是一部驰名世界的大型世界历史地图集，初版于1978年。先后被译成多种文本，中文版由三联书店1982年出版。全书约有600幅精美的彩色地图，120多篇30多万字的文字论述，向人们展示了人类从起源到当今各个历史时期的运动和发展，表现了人类文明在各个历史时期所形成的不同发展水平，以及不同的文明在历史上的成就、挫折和复兴；同时也较客观地评价和反映各个时代世界各国、各民族对人类文明的贡献。

卷前有世界大事年表，卷末附有专题汇编和地名索引。

(2)《泰晤士世界地图集》(The Times atlas of world，9th comprehensive ed. London：The Time Publ. Co.，1995)

这是西方公认的权威性的世界地图集，影响极广。但图集中有关中国的内容有失实之处。该书初版于 1895 年,1955—1959 年曾改为 5 卷集陆续出版,称"世纪中叶版",出版时曾轰动西方地图出版界。1967 年改以单卷本出版,称综合版。该地图集以图幅多、内容详细、索引详尽、修订及时而著称,为各类图书馆收藏之对象。2014 年,该书已出版至第 14 版,由 Harpercollins 公司出版。

(3)《中国历史地图集》,谭其骧主编,中国地图出版社,1975 年初版,2016 年新版。

这是一部权威性的中国历史地图集。该书是在清末杨守敬的《历代舆地图》的基础上,于 1954 年开始绘编,它反映 1840 年以前中国各个历史时期的政区设置变迁和部族分布的基本情况。全书分 8 册:第 1 册,原始社会、商、周、春秋、战国时期;第 2 册,秦、西汉、东汉时期;第 3 册,三国、西晋时期;第 4 册,东晋、十六国时期;第 5 册,隋、唐、五代十国时期;第 6 册,宋、辽、金时期;第 7 册,元、明时期;第 8 册,清时期。每一时期,先有一幅该时期全图,然后是该时期的分图,即州、郡、县乃至城镇图等。每册后附有《地名索引》,供读者从古代地名入手查找其在地图中的位置。该书共有 20 个图组,304 幅地图,收录地名达 7 万个左右。修订本十分注意吸收近年来的考古发现和学术研究的新成果,订正了不少错误。

为了弥补地图限于形式所造成的内容上的不足,《中国历史地图集》还将作为编绘地图依据的文字说明汇编成册,定名为《中国历史地图集释文汇编》,图集与释文汇编相辅而行,使《中国历史地图集》的内容更为完备,使用价值大为提高。

地图是按一定的比例运用符号、颜色、文字注记等描绘显示地球表面的自然地理、行政区域、社会经济状况的图形。随着现代卫星测绘、定位技术和计算机网络技术的发展,出现了数字地图这一新的表现形式,现在,人们可以非常便捷地从移动终端获取地图信息,对传统的印刷型地图的使用已经越来越少。

第 11 章

统计资料

11.1 概　述

统计作为人类的一项实践活动,已有几千年的历史,而它成为一门学科则只有 300 多年的时间。与统计有关的内容包括统计学、统计工作和统计资料。统计学是有关统计的理论;统计工作是收集统计数字的过程,大多由政府部门来进行;统计资料是统计工作的成果。

西方国家十分重视统计工作和统计数据的收集,多数统计数据由政府部门负责搜集和整理,称为官方统计资料。也有工会、协会、学会等专业机构和学术团体汇集相关的统计数据,这些资料也可能是独一无二的,弥补了官方统计资料的不足。以英国为例,可从中了解西方国家对统计工作的重视。1801 年,英国政府就进行了第一次统计普查。1834 年成立了皇家统计学会(Royal Statistical Society)。英国政府设有负责统计资料收集的专门机构——统计服务处(Government Statistical Service)(GSS),它包括主要政府部门的两个专门收集统计资料的机构:商业统计局(Business Statistics Office)和人口普查局(Office of Population Censuses and Surveys),有关统计资料的出版物由中央统计局(Central Statistical Office)发行。中央统计局局长兼任政府统计服务处主任,向首相负责。美国的商业部设有国情普查局(Bureau of the Census),自 1790 年起,每十年发表一次侧重点不同的普查报告。目前统计资料主要集中在各种统计年鉴、统计刊物和统计资料汇编中。

上述官方机构或社会团体搜集和公布的统计资料为原始统计资料,往往成为人们引用的首选,政府统计数据一般由专门的政府出版机构编辑和发行。另外,百科全书、教科书、报刊和专著所引用的统计数据成为二次统计资料,使用时需细心鉴别。自 20 世纪 70 年代以来,各国出版大量的统计资料,但许多资料的质量难以保证,甚至起误导作用,以至英国首相狄斯雷利(Benjamin Disraeli)把统计和弥天大谎相提并论。其实,统计数据的利用需要使用者具备一定的统计学和有关专业的知识,如"谷物"一项,有的国家包括玉米,有的国家不包括玉米。我们在使用统计数据时要了解其统计方法、标准和定义，重视统计表的各项注释。为了使统计资料趋于标准化，联合国曾于 1981 年出版了《国际统计指南》，该书的各项规定适用于联合国的各个统计发行机构。在某些行业，也出现了规范化的分类法，如"联合国标准国际贸易分类法"、"联合国经济活动标准国际工业分类法"、"通用欧洲共同体经济活动工业分类法"、"标准工业分类法"等。然而，世界各国的统计方法和标准总体上仍是五花八门。为此，应掌握统计资料方面的名词、术语，可利用有关的工具书，如《统计学名词词典》(A dictionary of statistical terms, 5th ed., prepared for the International statistical Institute by F. H. C. Marriott. New York：Wiley, 1990. 223 p.)。

11.2　书目和索引

西方国家出版的有关统计资料的索引，能使读者十分方便地找到有用的资料。

(1)《统计资料指南》(Statistics sources, 34th ed., Detroit：Gale, 2010, 4v.)

1962 年初版，目前每隔 1～2 年再版一次。它主要是《联合国统计年鉴》、《美国统计摘要》等多种统计资料的分析索引，由检索词导向相应的文献源。该索引反映 100 多个国家和地区的工业、商业、社会和教育等统计资料，以美国资料为主。现该出版物的内容已为 Gale's Ready Reference Shelf 数据库所继承。

(2)《美国统计索引》(American statistics index, a comprehensive guide and index to the statistical publications of the U. S. government, 1973 —. Wash.：Congressional Information Service, 1973—)(ASI)

该书为美国政府出版的各种统计资料的检索工具，共收录 500 多种联邦机构出版的统计资料，有月刊、季刊和年度累积本几种出版形式。目前，该刊物的有关美国目前最新的统计资料也可参见美国国家统计局官方网站提供的内容：Guide to Sources of Statistics(http://www. census. gov/library/publications/2011/compendia/statab/131ed/guide-to-sources. html)

(3)《统计参考资料索引》(Statistical reference index, a selective guide to American statistical publication from private organizations and state government sources, 1980 —. Wash.：Congressional Information Service, 1980—)(SRI)

这是 ASI 的姐妹篇，以收录联邦政府以外的其他美国机构出版的统计资料为主，约 1000 多种，包括期刊论文、年刊、和专著等。为月刊，也有年度累积本。

此外，比较著名的统计资料索引还有《英国官方统计指南》(Guide to official statistics)，每 2 年出版一次。《英国非官方统计资料源》(Sources of unofficial U. K. statistics)《欧洲统计索引》(Eurostat index)、《非洲统计》(Statistics Africa)和《亚洲和大洋洲统计》(Statistics Asia and Austrlasia)，《拉美与加勒比地区统计索引》[Statistical Resources for Latin American and Caribbean Studies：Index to International Statistics (IIS)]等。近十几年来，随着各种统计数据库的涌现，印刷型统计出版物在减少，有的已经在网络上免费向公众开放。

11.3　综合性统计资料

(1)《联合国统计年鉴》(Statistical yearbook, 1948—. New York：U. N. , 1949—)

该年鉴源于设在海牙的国际统计研究所 1916 年出版的《国际统计年鉴》及后来改由"国联"用英、法文出版的《国际联盟统计年鉴》。目前每 4 年出版一次,为综合性国际统计资料,统计数据来源于各国政府统计部门,一般较为可靠。包括世界 280 多个国家和地区的人口、工业、农业、财经、贸易、社会、文化、教育等统计资料。统计数据一般回溯几年至几十年,并注明资料来源。目前,该刊物已改名为 United Nations Statistical Yearbook,可以通过网络获得出版物最新年度内容(http://unstats. un. org/unsd/syb/)以及以往几年的统计数据。另外,还出版与联合国有关的刊物——《联合国统计月报》(Monthly bulletin of statistics,1947一),可查阅近期的统计数据,该刊物的数据可从网上获取(http://unstats. un. org/unsd/mbs/app/DataSearchTable. aspx)。《联合国统计年鉴》还衍生出《世界统计概要》(World statistics in brief)和《袖珍联合国统计》(Statistical pocket-book)等几种简本。

(2)《OECD 主要经济指标》(OECD main economic indicators,1965一. Paris:OECD)

经济合作与发展组织(OECD)是西方国家于 1961 年成立的国际经济组织。接替 1948年成立的欧洲经济合作组织(OEEC)。现有二十多个成员国,总部设在巴黎。该刊每月出版,英法文对照。OECD 还出版其他大量的经济刊物,是研究发达国家经济的重要参考资料(见图 11-1)。1984 年曾出版了《OECD 主要经济指标:历史统计》(OECD main economic in-dictors:historical statistics,1964—1983)一书。目前,该刊物已转为数据库(OECD -ili-brary,http://www. oecd-ilibrary. org),有 22 个在线统计数据库,包括从 1960 年至今的统计资料见图 11-1。内容涉及 OECD 加盟国与主要非加盟国经济最新动向的综合性统计资料。主要有 OECD 加盟国在对外贸易方面的统计数据、农业政策相关统计数据、OECD 加盟国的国民经济核算,包括 GDP、附加价值、总资本形成等,同时还详细收录来自 OECD地区和流向 OECD 地区的直接投资统计等方面的资料。该数据库还包括 OECD 定期出版的图书、期刊,提供了从 1998 年以来出版的近 1700 种图书、PDF 格式在线阅览的报告,而且每年还会增加 200 多种。该数据库的类别涵盖 20 个领域;期刊系列包括 OECD 从 1998年至今出版的 27 种期刊。

联合国和其他机构也出版一系列地区性统计资料,是研究各地区社会经济的重要参考来源。关于亚洲的有《亚洲和太平洋地区统计年鉴》(Statistical yearbook for Asia and the Pacific,1968一)和《亚洲和太平洋地区经济和社会概览》(Economic and social survey for A-sia and the Pacific,1947 一)。关于非洲的有《非洲经济通报》(Economic bulletin for Africa)、《非洲经济和社会情况概览》(A survey of economic and social conditions in Africa,1966一)和半年刊的《非洲经济通报》(Economic bulletin for Africa,1961一)。关于拉丁美洲的有《拉丁美洲和加勒比统计年鉴》(Statistical yearbook for Latin America,and the Caribbean,1973一. Santiago,Chile:Economic Commission for Latin America)和《拉丁美洲经济摘要》(Statistical abstract of Latin America,1955一. Los Angeles:Univ. of Calif.,Center of Latin American Studies)等。关于欧洲的有《欧洲经济概览》(Economic survey of Europe)。

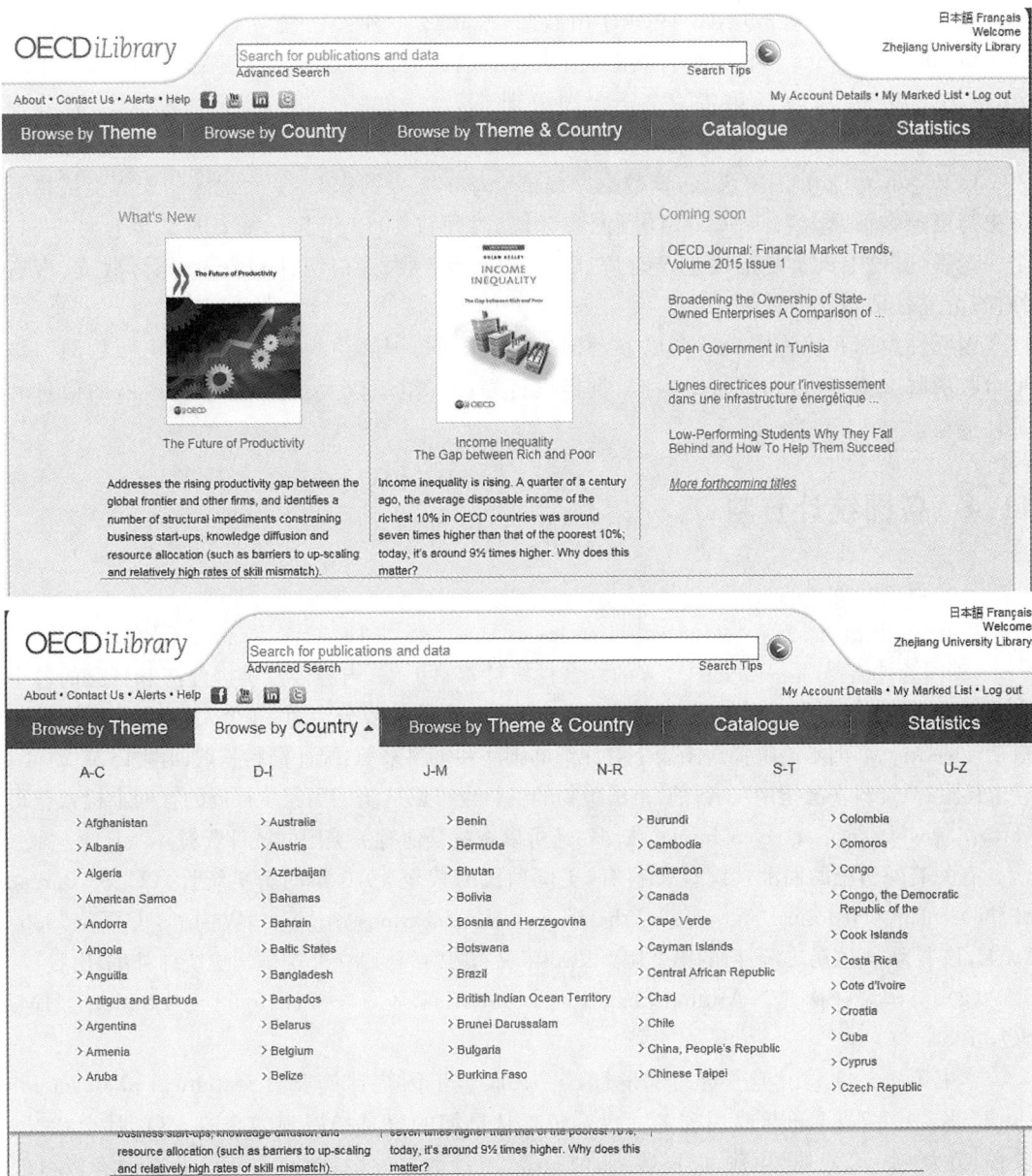

图 11-1　OECD 数据库

（3）《国际历史统计：亚洲和非洲和大洋洲》（International historical statistics：Africa，Asia and Oceania，1750—1988，by B. R. Mitchell. N. Y. ：Stocken，1995. 960 p. ），中文版译名为《帕尔格雷世界历史统计》，经济科学出版社，2002 年版，收录时间为 1750—1993 年。

这是该著者所编的"国际历史统计"系列资料中的一个分册。其他的"国际历史统计"资料还有《欧洲历史统计》（International historical statistics，Europe，1750—1988）、《美洲历史统计》（ International historical statistics：the Americans 1750—1988）。另外重要的回溯性统计资料还有《1900—1983 年英、美、法、德、意、日本经济统计》（Economic statistics，1900—1983：U. K. ，U. S. A. ，France，Germany，Italy，Japan，comp. and written by Thelma Liesner. New York：Facts on File，1985. 152 p. ），书中对英国回溯 145 年，美国

135 年,法、德、意、日各 50 年。1990 年出新版,改名《100 年经济统计》(One hundred years of economic statistics),增加澳大利亚、加拿大和瑞典的经济统计数据。2007 年,改由 Palgrave Macmillan 出版其第 6 版,分欧洲分册(1750—2005),非洲、亚洲和大洋洲分册(1750—2005)和美洲分册(1750—2005)三个分册。

(4)CountryData 国家宝典,该数据库提供全球 150 个国家与 40 个地区的宏观经济指标历史与当前数值及未来 5~25 年的预测参考值,时间自 1980 年起。每个国家含七大类 317 个变量系列,这七大类是国民生产总值、财政和货币指数、人口统计和收入、国际收支、现有外债、劳务外债、对外贸易。

国际性组织和统计资料还可以参考国家图书馆的"国际组织与外国政府出版物网",该平台收录联合国、联合国教科文组织、世界银行等国际组织以及美国、加拿大政府的信息和统计资料。

11.4　各国统计资料

1. 外国统计资料

(1)《美国统计摘要》(Statistical abstract of the U. S. , 1878—. Wash.：GPO)

《美国统计摘要》是一部美国官方的综合性统计资料汇编,内容涉及美国经济和社会的各个方面,每年出版一次,是研究美国国情的重要工具书。全书一般分为 30 多个大类,每一大类前有概括性的导言、名词术语解释。图表下有详细的脚注和资料来源,统计资料一般回溯 15 或 20 年。卷末还附有"资料来源指南"。目前,该出版物的资料也可以从美国国家统计局的官网上检索获得(http://www. census. gov/en. html),该网站还可以查找其他有关美国的统计资料。

有关美国历史的回溯性统计资料有《美国殖民时代至 1970 年的历史统计》(U. S. Bureau of the Census. Historical statistics of the U. S.：colonial times to 1970. Wash. ：GPO,1989. 2v.),该书为《美国历史统计》的第 3 版。1990 年又有《1940—1987 年美国历史统计补编》出版。

(2)《英国统计摘要》(Annual abstract of statistics,v. 1— ,1840/53—. London：HMSO,1854—)

本书第 1—83 卷由英国贸易部发行,名为《联合王国统计摘要》(Statistical abstract for the U. K.)。第 84 卷起改用现名。内容包括从早期的贸易扩展到如今的人口、社会状况、教育、劳力、生产、农业、运输、国民收支、财政等,统计数据一般回溯 10 年。卷末附有资料的"来源索引"。该刊至今仍在出版。

英国重要的回溯性统计资料还有《英国历史统计》(British historical statistics,by B. R. Mitchell. Cambridge：1988),统计数据多数始于 17、18 世纪,时间下限到 1980 年。

目前,世界各个国家也都由统计部门逐年编制和出版统计资料,由于各国的具体情况不同,统计的体例、详略程度和水平各不一致。有些是估计数,准确性差些;有些军事方面的统计数据因保密的原因,往往与实际不符,读者使用时需注意。

2. 中国统计资料

综合性的有《中国统计摘要》,国家统计局编,中国统计出版社 1983 年起逐年出版。1984—1987 年诸卷曾简要列入新中国成立以来主要年份和 1978 年以来国民经济各部门的统计数据。《中国社会统计资料》,国家统计局社会统计司编,中国统计出版社 1985 年起出版。1985 年卷包括了从 1949—1983 年的统计数据。《中国统计年鉴》,国家统计局编,是一部综合性的中国社会经济统计年鉴。

有关中国古代的统计资料有《中国历代户口、田地、田赋统计》,梁方仲编,上海人民出版社 1980 年版。该书汇集了我国从西汉至清末两千年间的户口、田地、田赋统计数据。近代及民国时期的统计资料有《南开经济指数资料汇编》,孔敏主编,中国社会科学出版社,1988 年版。该书收录 1867—1952 年我国的物价指数、生活费指数、外汇指数、外贸指数及证券指数等。《中国近代经济史统计资料选辑(1840—1948)》,严中平等编,科学出版社,1955 年版,辑录了 1840—1948 年的贸易、商埠、租界、租借地、工业、铁路、轮船航运业、农业等经济史的统计资料,共分 213 个统计表,2016 年以严中平先生为组长的中国科学院经济研究所中国近代经济史研究组编辑出版了《中国近代经济史参考资料丛书》,共 8 种 26 册。《中国近代外债史统计资料(1853—1927)》,徐义生编,中华书局,1962 年版。《中国近代海关税收和分配统计(1861—1910)》,汤象龙编著,中华书局,1992 年版。《中国近代农业生产及贸易统计资料》,许道夫编,上海人民出版社,1983 年版。

专题性统计资料有《三十年全国教育统计资料》(1949—1978),中华人民共和国教育部 1979 年编印。《国民收入统计资料汇编(1949—1985)》,国家统计局国民经济平衡统计司编,中国统计出版社,1987 年版。《中国固定资产投资统计资料(1950—1985)》,国家统计局固定资产投资统计司编,中国统计出版社,1987 年版。《中国农村经济统计大全(1949—1986)》,农业部计划司编,农业出版社,1989 年版。《冶金工业统计资料汇编(1949—1979)》,冶金工业部计划司 1980 年编印。《机械工业历史统计资料(1949—1984)》,机械工业部统计信息司等 1985 年编印。《中国建筑业统计资料(1952—1985)》,国家统计局固定资产投资统计司编,中国统计出版社,1988 年版。《全国道路交通事故统计资料(1987—1993)》,公安部交通管理局编,群众出版社,1993 年版。《中国贸易物价统计资料(1952—1983)》,国家统计局贸易物价统计司编,中国统计出版社,1984 年版。《三十六年工商税收统计资料(1950—1985)》,财政部税务总局编,中国财政经济出版社,1988 年版。《中国财政统计(1950—1991)》,财政部综合计划司编,中国科学出版社,1993 年。

国家统计局出版的专题性资料还有:《中国工业交通能源 50 年统计资料汇编》(2000 年版)、《中国能源统计年鉴(1991—1996)》、《中国能源统计年鉴(1997—1999)》、《中国固定资产投资统计数典(1950—2000)》、《中国国内生产总值核算历史资料 1952—2004》、《中国广告业二十年统计资料汇编》等。

我国的国家统计局和各省、市等统计局还出版了大量的专题性统计年鉴和区域性统计年鉴,这些年鉴是重要的信息源,目前公开出版的专题性统计年鉴有:

《中国统计年鉴》(中英文版)

《中国城市统计年鉴》

《中国区域经济统计年鉴》

《中国固定资产投资统计年鉴》

《中国人口统计年鉴》

《中国劳动统计年鉴》

《中国基本单位统计年鉴》

《中国工会统计年鉴》

《中国科技统计年鉴》

《中国工业经济统计年鉴》

《中国海关统计年鉴》

《中国市场统计年鉴》

《中国对外经济统计年鉴》（中英文版）

《中国旅游统计年鉴》

《中国能源统计年鉴》

《中国建筑业统计年鉴》

《中国房地产统计年鉴》

《中国连锁零售商业企业统计年鉴》

《中国连锁餐饮企业统计年鉴》

《中国卫生统计年鉴》

《中国证券期货统计年鉴》

《上海证券交易所统计年鉴》

《深圳证券交易所统计年鉴》

《中国教育经费统计年鉴》

《中国商检统计年鉴》

《中国民政统计年鉴》

《中国文化文物统计年鉴》

《中国高技术产业统计年鉴》

　　各省、直辖市和自治区以及省会城市都出版了统计年鉴，有些市甚至县级市也出版了统计年鉴，在此不予一一列举。

　　CNKI 中国经济与社会发展统计数据库收录了我国 1949 年以来出版的统计年鉴（资料）800 多种，其中中央级统计年鉴（资料）种数收全率达 99％，我国仍在连续出版的 193 种统计年鉴全部收录，是目前查找中国统计数据最全面的数据库（见图 11-2）。

图 11-2　中国知网"中国经济与社会发展统计数据库"

　　搜数网是一个专门向用户提供各种有关中国和世界各国经济和社会统计数据表格的专业内容网站。用户通过全文检索或路径索引的方式，查找目标统计信息，并可下载 EXCEL 格式的统计表格。搜数网的数据来源于国家及各省市地方统计局的统计年鉴及海关统计、经济统计快报、中国人民银行统计季报等月度及季度统计资料，其中部分数据可追溯至 1949 年。

11.5　专题统计资料

　　此类统计资料涉及的种类很多，多数由联合国出版。

　　(1)《人口统计年鉴》(Demographic yearbook，1948—. New York：U. N.，1949—)

　　包括 250 多个国家和地区的人口统计资料，内容有国土面积、人口数和密度、增长率、出生和死亡、估计寿命、结婚和离婚等。时差为 2—3 年。其回溯性统计资料为《人口历史统计年鉴》(Demographic yearbook：historical tables. New York：U. N.，1981)。

　　(2)《工业统计年鉴》(Industrial statistics yearbook，1950—. New York，1951—)

　　始称《世界工业发展》(The growth of world industry)，1974—1981 年又改称 Yearbook of industrial statistics。内容包括劳资问题、工资、各部门的产量、投资等。每年 2 卷：第 1 卷为综合工业统计；第 2 卷为商品生产数据。与工业有关的统计资料还有《能源统计年鉴》(Energy statistics yearbook，1952—.)和《建筑统计年鉴》(Construction statistics yearbook，1963/72—.)等。

　　(3)《国际贸易统计年鉴》(International trade statistics yearbook，1950—. New York：U. N.，1951—)

　　源于 1933—1939 年国际联盟时期的《国际贸易统计》(International trade statistics)，1950—1982 年卷称为 Yearbook of international trade statistics。目前出版时差为 4 年。分 2 卷：第 1 卷按世界 160 多个国家统计；第 2 卷按商品分别对某国或某地区作分析。

　　目前，联合国有关国际贸易的统计数据已有专门的免费数据库 United Nations Commodity Trade Statistics Database(UNcomtrade)，该网站还提供了 1992—2014 年《国际贸易统计年鉴》的电子本(http：//comtrade. un. org/pb/first. aspx)，可免费浏览(见图 11-3)。

　　检索举例与步骤：Data Query→Basic Selection→Commodities(商品)→出现查询界面→Step1. Select classification 包括 HS(Harmonized system，国际商品统一分类和编码制度协调制度)和 SITC(《国际贸易商品标准分类》)，选择 HS2002(有多个版本)→Step2. 将 6 位产品税号填写到 Search/Select then Add 下面的方框内，如 901910，点击 Add，完成添加→选择 Reporters 标签，选 China，加 Add，查看该商品中国进出口的情况→Partners 选择贸易伙伴国家或地区，也可选 All→Years，选 2004，加 Add→Others，可设定贸易额大于等于(如 5000 美元)→Submit Query，递交，第一次查询，要使用协议，导出结果。

　　(4)《国际财政统计月报》(International financial statistics，1948—. Wash. ：International Monetary Fund)

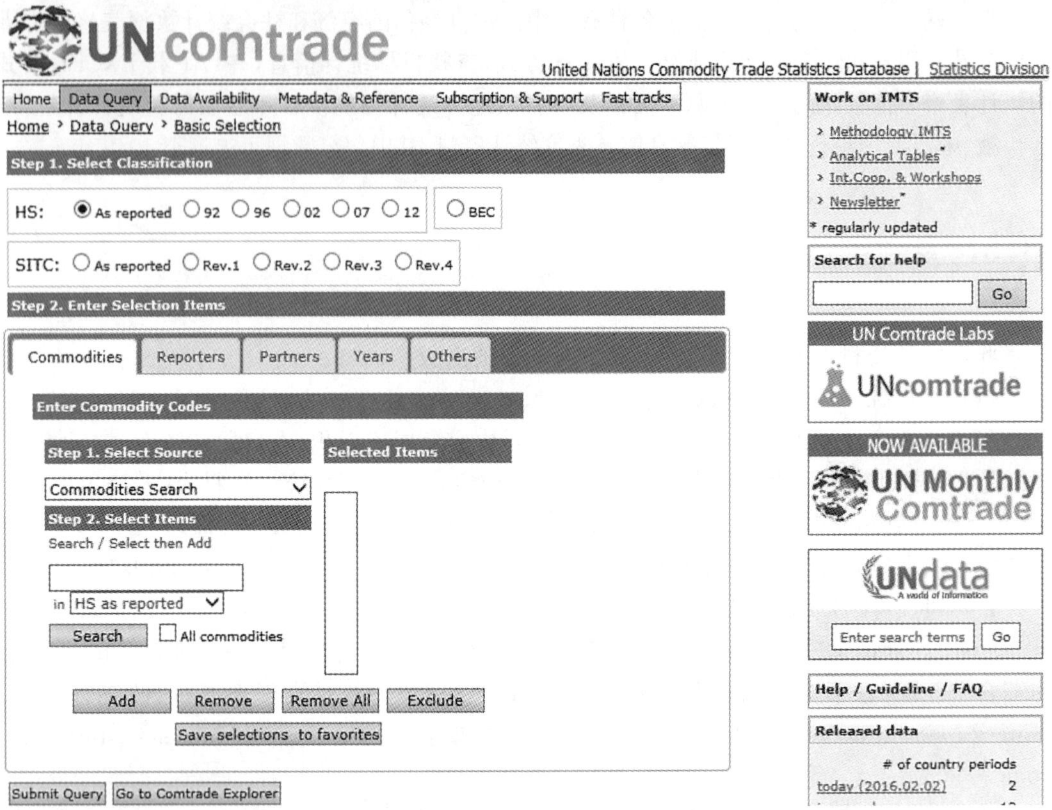

图 11-3　国际贸易统计数据库

这是由国际货币基金组织出版的有关世界 100 多个国家财政的统计月刊,内容包括外币汇率、国际清算、货币与银行、价格、利率等数据,及对国际收支、通货膨胀等的分析。另出版年鉴。目前,国际货币基金组织有专门的数据库"IMF E－library"(http://www.eli-brary.imf.org/? redirect＝true)可供检索,它包括统计数据库、图书及期刊。①BOP:国际收支统计(Balance of Payment Statistics),超过 10 万时间序列的标准化、可比较交易数据。②IFS:国际金融统计(International Financial Statistics),超过 32000 时间序列,涵盖全球金融所有方面。③DTS:贸易方向统计(Direction of Trade Statistics),超过 10 万时间序列,反映经济体间商品进出口的价值。④GFS:政府财政统计(Government Finance Statistics),超过 135000 时间序列,促进政府流动性和财政稳定的评估。⑤Books＋Periodicals:电子书和期刊,有 4000 种图书,和一些期刊。

(5)《粮农组织生产年鉴》(FAO production yearbook,1958－.Rome:FAO)、《粮农组织贸易年鉴》(FAO trade yearbook,1958－.Rome:FAO)

粮农组织为联合国的专门机构,总部设在罗马。这两种年鉴的统计资料由各国政府提供。另外还出版《粮农组织统计月报》(FAO monthly bulletin of statistics,1978－)。

(6)《联合国教科文组织统计年鉴》(Statistical Yearbook,1963－.Paris:Unesco,1964－)

内容分两部分:第一部分主要为人口(按文盲和受教育者分别统计);第二部分按主题列表,包括教育机构、科技、图书馆和博物馆、图书生产、报刊、纸张消耗、影片和电影院、广播、电视和文化费用等。统计数据由世界各国根据教科文组织的调查表填写,格式一致,相对可靠。

(7)《劳工统计年鉴》(Yearbook of labour statistics，1935/36—．Geneva：ILO，1936—)

反映世界各个国家和地区的劳工问题，包括就业、失业、工时、工资、社会安全、劳动价格、工伤事故等。国际劳工组织另外还出版《劳工统计通报》(Bulletin of labour statistics)等刊物。

由国内出版的有关世界的专题统计资料有：

(1)《世界经济年鉴》，中国社会科学院世界经济与政治研究所世界经济年鉴编辑部编，中国社会科学出版社 1980 年起陆续出版。

该书介绍世界及部分国家与地区的基本经济动态资料，资料一般统计到截止前 1～2 年，主要资料注明来源，便于引用时与原资料核对。

(2)《国际统计年鉴》，中华人民共和国国家统计局编，中国统计出版社出版。

这是一部综合性国际经济、社会统计资料书。本书收录了世界多达 160 个国家和地区的统计资料，对其中 40 多个主要国家的经济和社会发展状况及世界主要企业的基本情况做了更为详细的介绍。本年鉴资料来源主要是各国际组织的年报、月报和各国年鉴、月报。每张表均附有资料来源。

回溯性的专题统计资料汇编有：

《世界经济统计摘要》，范摹韩编，人民出版社，1985 年版，以表格形式反映 1928—1980 年各国有关生产活动的统计数字。《近三十年世界人口普查和概况》，沈益民编著，群众出版社，1983 年版。

第 12 章

中文数据库

12.1 电子图书数据库

12.1.1 中国历代典籍总目

"中国历代典籍总目"大型古籍文献目录知识服务系统是由国家图书馆和北京大学联合研制推出,以史志、官修目录和馆藏目录为基础,以知见、私藏和国家珍贵古籍名录为补充,从30余种目录文献中,整理收录了240余万书目。该系统全面汇总中国历代书目,全方位展现华夏五千年文明成果,堪称当代"历史艺文志"。在全面收录汉籍书目的基础上,参照国际图联 FRBR 标准,该系统重构书目数据,按知识特点多维度分析书目,挖掘海量书目数据背后隐藏的知识,为用户提供知识。系统功能见表 12-1。

表 12-1 系统功能

子系统	功能模块	子功能模块
导航子系统	标准分类导航	
	原目出处导航	
	成书时代导航	
	版本类型导航	
	版本时代导航	
	藏地导航	
检索子系统	高级条件检索	
	全文检索	
	检索知识固化	
	检索结果智能分组排序	
	检索历史	
浏览子系统	详细信息浏览	
	知识关联	分类知识关联
		责任者知识关联
		责任时间知识关联
		总目子目知识关联

（续表）

子系统	功能模块	子功能模块
数据分析子系统	责任者相关度分析	
	成书年代分布统计分析	
	书目记录层次聯类分析	品种聚类
		版本聚类
		印次聚类
		藏本聚类
用户子系统	我的收藏	
	我的评价	
帮助子系统	使用帮助	
	资源下载	

以下介绍该系统的界面和检索方法。

1. 导航功能

"中国历代典籍总目"基于书目知识要求，按标准分类、原目出处、成书时代、版本类型、版本时代和藏地信息六个方面引导用户检索书目。

用户登录后，系统将自动跳转到导航首页面（见表 12-2）。

表 12-2　导航页面

2.检索功能

"中国历代典籍总目"既向普通用户提供使用方便的全文检索功能,也向专业用户提供高级条件检索。"中国历代典籍总目"系统除支持繁简通检外,还支持用户以书名、书目范围、分类、书目层级、版本类型、版本时代、责任和全文为条件自由组合定义检索书目信息。

为方便用户使用,"中国历代典籍总目"为用户提供了书目范围、分类、书目层级、版本类型、版本时代和责任等条件定义标准选项,减轻了用户定义条件的难度,有效改善系统检索的效果。

(1)全文检索

"中国历代典籍总目"系统提供全文检索的功能,能够根据输入的关键词在书目的全文信息中搜索,并将符合条件的书目以列表形式展现出来,使用户可以进一步查阅相关的条目。用户可以在系统首页上方的检索框内输入相应内容进行全文检索(见图12-1)。

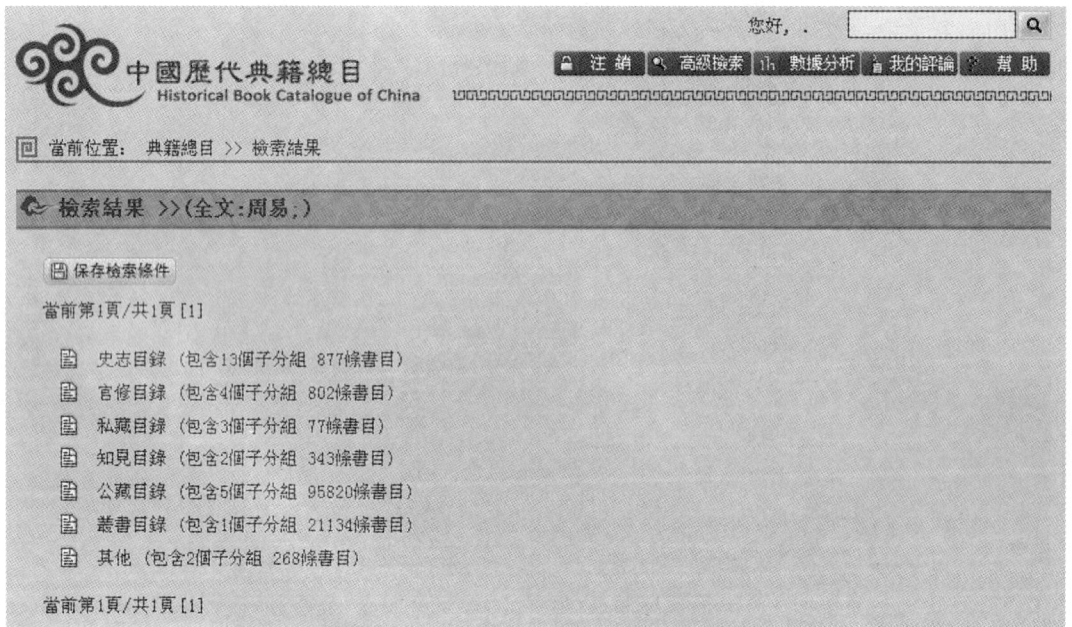

图 12-1　中国历代典籍总目全文检索页面

(2)高级检索

除提供简单的全文检索功能外,"中国历代典籍总目"系统还提供用户以书名、书目范围、分类、书目层级、版本类型、版本时代、责任和全文为条件自由组合定义检索书目信息的高级检索功能。其中每个条件组内部的限制条件之间是"且"的关系,而条件组之间是"或"的关系。在任何有"高级检索"超级链接的页面上点击链接即可跳转到高级检索主页面(见图 12-2)。

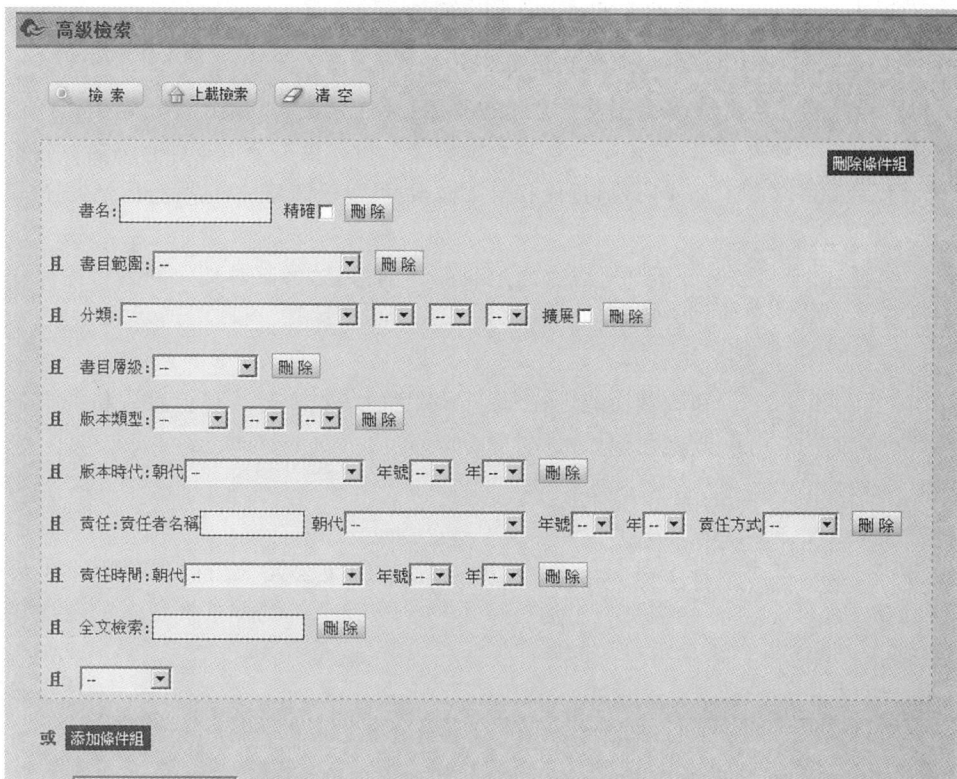

图 12-2　中国历代典籍总目高级检索页面

　　用户每次进行检索之后,检索条件会自动被系统保留在"检索历史"列表中(最多可以保存十条)。用户点击相应的检索,系统能够将检索条件回填至检索窗口中,以方便用户下次进行相同条件的检索。如果希望永久保存搜索限制条件,可以使用下面介绍的保存当前检索功能。

　　在检索结果页点击上方的按钮,系统会将此次的检索条件以文件格式下载到用户本地磁盘里。如果需要利用之前保存的检索条件再次检索,可以上载检索。点击"上载检索"按钮,会出现如下图所展示的对话框。系统弹出对话框提示您上载检索脚本,点击浏览,选择保存过的检索结果,然后上载(见图 12-3)。

图 12-3　中国历代典籍总目检索条件保存

　　(3)分析功能

　　责任者相关度分析是指分析两个责任者之间的相关性,包括责任人和责任机构,如果两个责任者都对某一条书目产生过责任行为(如撰、刻、藏等),那么这两个责任者就会产生相关性。相关数是指两个责任者产生相关性的责任行为组合。填入最少相关数后,分析结果只会显示大于等于该相关数的结果。

　　在责任者相关度分析中,可以在"人物或机构"旁边的输入框输入想要分析的人物或机构,后面的"最少相关数"输入框则代表该人物与其他人物最少相关条目的个数。可以根据实际需要指定最少相关数。例如输入"郦道元",最少相关数置为 0。

成书年代分布统计分析是按照书目的成书年代进行分析。

书目记录层次聚类分析是将书目根据某些特定条件聚类,然后分析。聚类分析包括品种聚类分析、版本聚类分析、印次聚类分析和藏本聚类分析。聚类分析条件有书名、书目范围、分类、书目层级、版本类型、版本时代、责任和全文检索,可以任选其一,然后进行聚类分析。

（4）浏览功能

通过导航、检索和数据分析都可以查看书目的详细信息,可以对具体的书目进行详细浏览。书目有信息卡片和信息表格两种显示形式。

（5）用户功能

系统提供了用户评价和收藏功能。在每一条书目的信息卡片或者信息表格的最下方都有一个评价交流的部分和收藏按钮。

12.1.2　中国基本古籍库

中国基本古籍库收录自先秦至民国（公元前 11 世纪至公元 20 世纪初）历代典籍一万种,计十七万卷。每种典籍均提供一个通行版本的全文和一至二个重要版本的图像。通过客户端访问,须先下载客户端。

1. 数据库检索

（1）分类检索:按库、类、目的树形结构进行定向检索。哲科、史地、艺文、综合 4 个子库、20 个大类、100 个细目。双击细目名,可见该目所收书目;单击所选定的书名,此时在下栏可见该书的版本信息;双击此书名,即可进入全文（见图 12-4）。

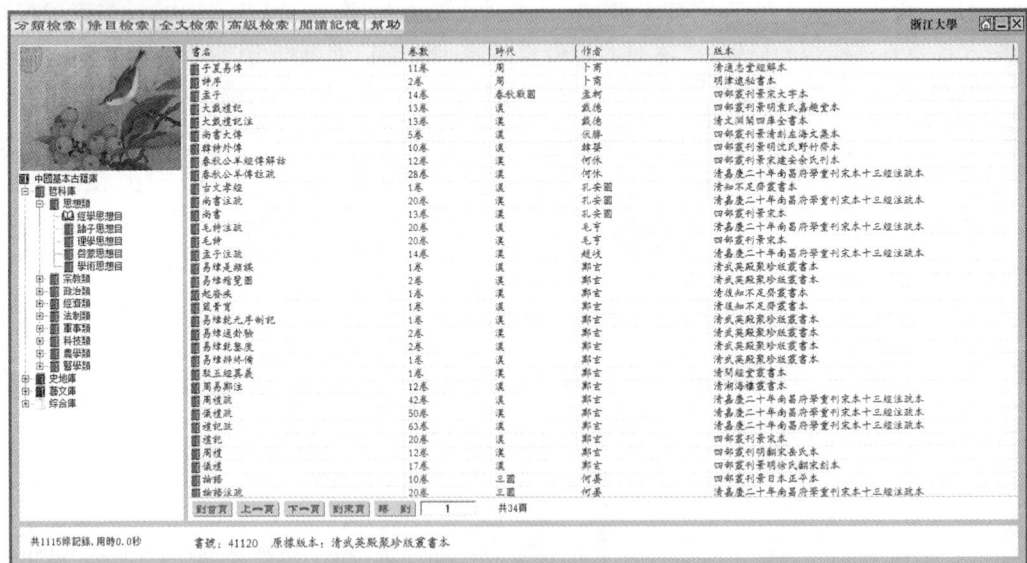

图 12-4　中国基本古籍库分类检索页面

（2）条目检索:限定书名、时代、作者、版本、篇目等条件进行目标检索。可用简/繁字体进行检索。在左栏检索框内输入相应内容,点击"开始检索"即可。此时右栏显示所查询的书名、卷数、时代、作者;单击书名,下栏可见该书的版本信息;双击书名即可进入该书正文

（见图 12-5）。

图 12-5　中国基本古籍库条目检索页面

（3）全文检索：输入任意字、词或字符串进行检索。在左栏搜索字词框中输入任意字、词或字符串，点击"开始检索"，此时在右栏出现该字、词或字符串所在的书名、卷名以及举句，举句中红色字即是所检索的字、词或字符串。双击所选中的书名，即可进入正文，看到标有色块的该字、词或字符串。如要缩小检索范围，可在左栏关联选项的"类目"下拉列表中选择库、类，也可在"时代"下拉列表中选择具体时代，还可在"书名"框中输入书名，在"作者"框中输入作者，限制范围进行检索。提示：输入简体中文或繁体中文均可，但输入繁体中文检索到的字更多，也更准确。另外全文检索具有模糊检索功能，对于检索字词中不确定的字或词可用"?"代替进行检索（见图 12-6）。

（4）高级检索：通过字、词、字符串的不同组合进行较为复杂的精确检索。共有两种：二次检索和逻辑检索。

①二次检索就是在第一次检索结果的范围内，通过追加一定的字、词、字符串，再次或多次进行更加精确的检索。使用方法：a. 先在"检索字词"和"次检索词"框内输入较大范围的关键词、词、字符串，点击"开始检索"，得出初步的检索结果。b. 再在"次检索词"框内追加较小范围的关键字、词、字符串，点击"开始检索"，得出进一步的检索结果。下面为检索字词"河流"＋次检索词"汉书"，再用次检索词"西域"进行二次检索的结果（见图 12-7）。

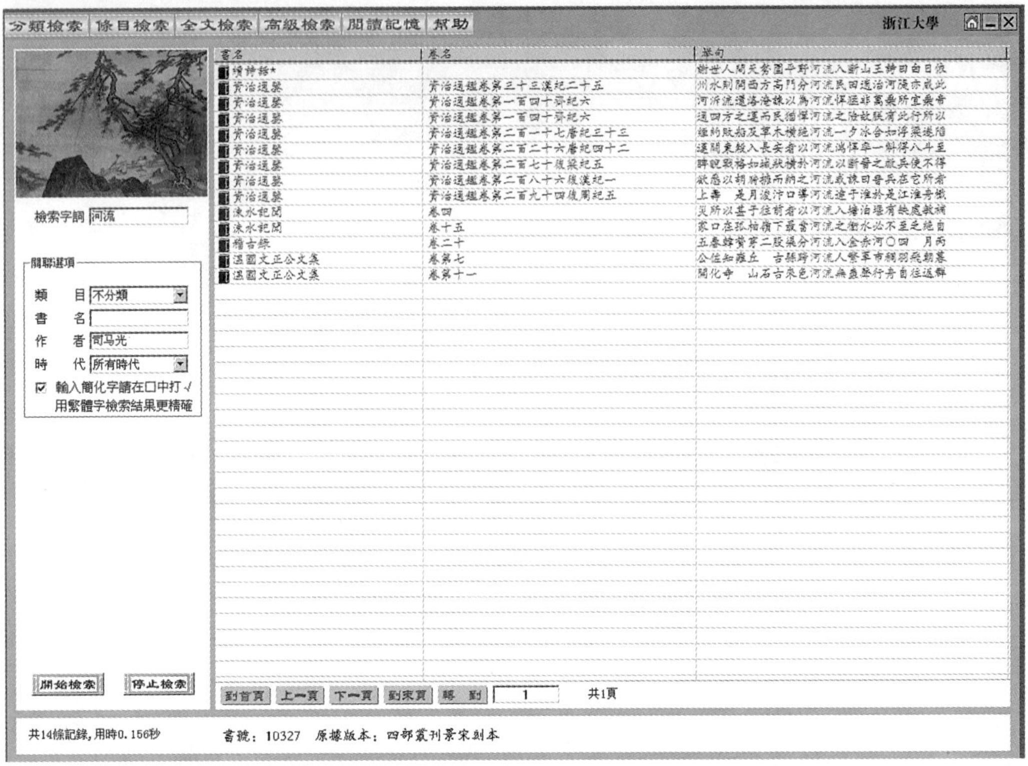

图 12-6 中国基本古籍库全文检索页面

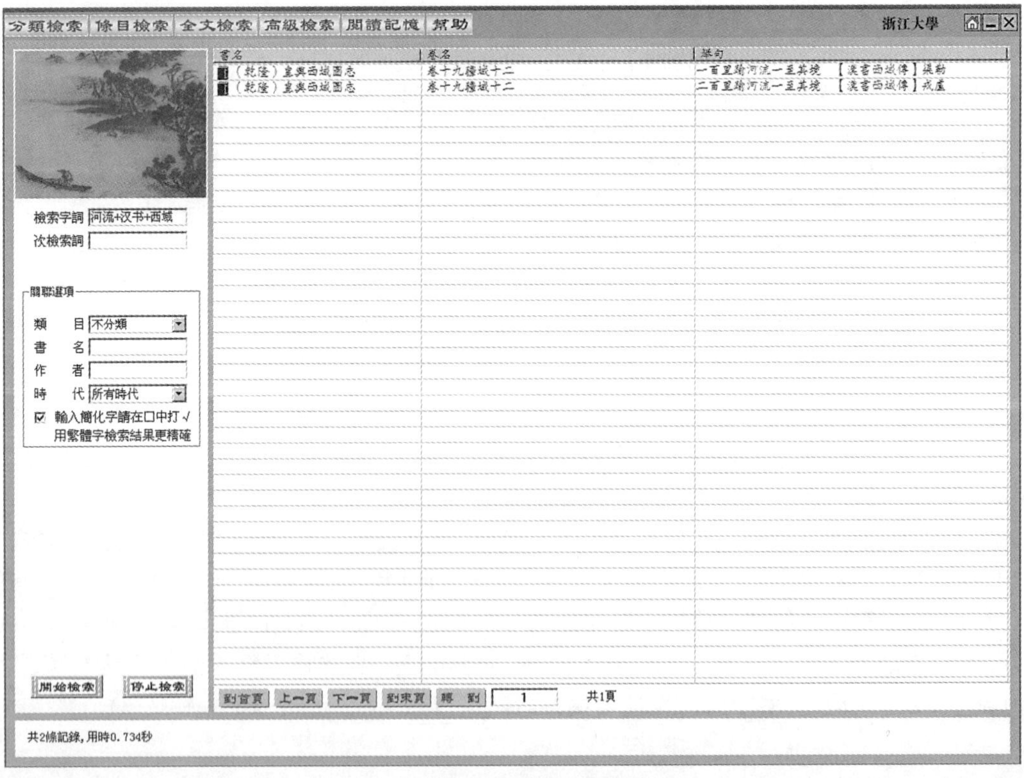

图 12-7 中国基本古籍库二次检索页面

②逻辑检索就是对字、词、字符串按照"与"、"或"、"非"的逻辑组合进行检索（见图 12-8）。使用方法：a. 在"检索字词"框内输入要查询的字、词、字符串。b. 在"逻辑检索"栏内选择"与"、"或"、"非"逻辑关系并在相应框内输入组合的词语进行检索。

图 12-8　中国基本古籍库逻辑检索页面

2.检索结果处理

中国基本古籍库共提供 10 个基本功能：版式设定、字体转换、背景音色、版本对照、缩放控制、标点批注、阅读记忆、分类收集、下载编辑、原文打印。中国基本古籍库还提供 2 种辅助工具：版本速查、常用字典。点击全文上方相应按钮即可实现相关功能（见图 12-9）。

"版式设定"可随意调整版面，可设定竖排或横排；有列线或无列线。"字体转换"功能可实现文字的繁简、大小、粗细及色彩的自由转换。"背景音色"功能可选择不同的乐曲和底色，营造愉悦的研读环境。"阅读记忆"可以帮助查找先前看过的书名及页码，以省重复翻检之劳。"版本对照"可根据需要调阅版本图像，实现全文与版本图像，以及第一个版本图像与第二个版本图像的同屏对照，为校勘提供便利。"缩放控制"可随意调节图像的大小，辨读模糊不清的文字。"标点批注"功能可在浏览原文时添加标点及批语，记录阅读心得。"分类收集"可自动收藏并分类管理所查阅的数据，以便归纳研究或编辑成文。"下载编辑"可拷贝全文或节选条节导出到其他文档，重新编辑。"原文打印"功能可全部或部分打印所需书的原文。"版本速查"，运用此工具可快速查明各书的版本和藏所；"常用字典"可快速查明常用字的发音和含义。此外，中国基本古籍库还设置了"纠错勘误"的特殊功能，用户在阅读中发现错误，可使用。

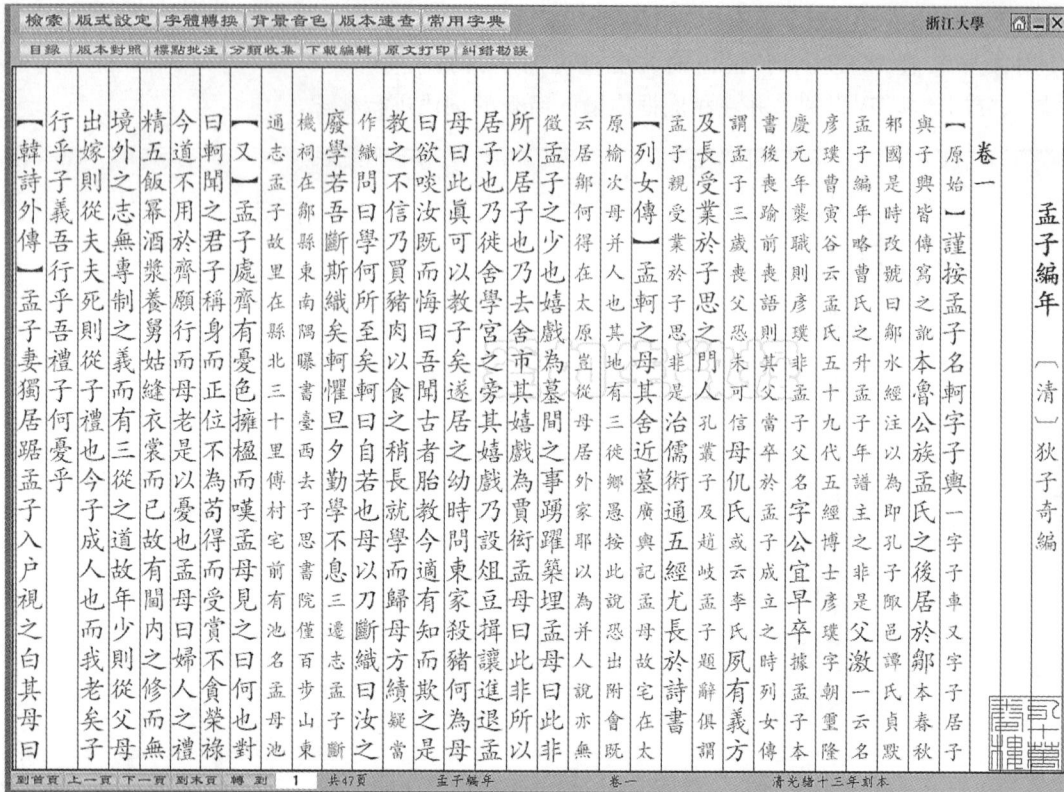

图 12-9　中国基本古籍库功能设置页面

12.1.3　瀚堂典藏古籍数据库

瀚堂典藏古籍数据库以精准校对的小学工具(文字、音韵、训诂)、古代类书、出土文献类资料为基础,大量纳入包括经史子集,以及中医药典籍、古典戏曲、敦煌文献、儒、释、道等历代传世文献,以及大型丛书、史书、方志、民国报刊等,涵盖文史哲等专业的教学和研究工作中所应用到的专业古籍文献资料。含有《四库全书》、《古今图书集成》、《四部丛刊》、多版本《大藏经》、《龙龛手镜》、《正统道藏》等。入库的古籍种类已达15000余种,另有25000多种民国报纸和期刊,文献内容持续修订、种类定期扩增,并可根据读者要求定制添加。涵盖了文字音韵、历史文献、文学戏曲、人文哲学等科学,以及经济学、地理学、医药学、政治学、社会学等学科。

1. 数据库检索

(1)浏览

数据库按经部集成、史部集成、子部集成、集部集成、专题文献、瀚堂近代报刊6大类编排目录树,点击"目录树"右边的"＋"可以展开分库,浏览该分库下的子库。点选书库或书目名称,可在主页面查看到相关介绍(见图 12-10)。

(2)数据库检索

①检索前可先展开"目录树"选择搜索范围,可以全选,不可不选。

②然后在检索范围选择出处、全文、标题、书目,在检索框输入相应检索词即可。"出处"是指书目索引中的一个域,通常包含了该书目在"目录树"中的位置和该书目所含章节目录等信息。因此,在"出处"中搜索,可应用于查找书库名称、书目名称、章节标题、字典部首等

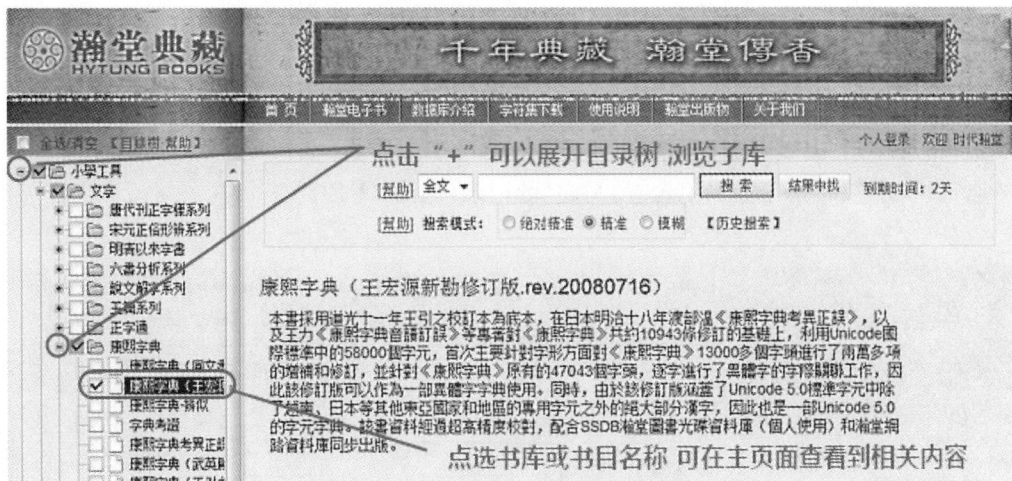

图 12-10　瀚堂典藏数据库浏览页面

搜索需求。"标题"通常包含了字书字头、辞书词条、诗歌标题、出土文献编号等信息。"全文"包含了以上两个域和"内容"部分，即在最大范围内搜索。"书目"是指数据库中所有书目的名称，利用书目搜索，不但可得到所有书名与搜索关键字相关的书目，还可查找到一本书在目录树中的位置。

③检索模式分"绝对精准"、"精准搜索"、"模糊搜索"三种。"绝对精准"不对检索条件启动任何转换处理；"精准搜索"启动简繁体和常用异体字自动转换；"模糊搜索"启动人工智能分词检索功能和简繁体、异体字自动转换（见图 12-11）。

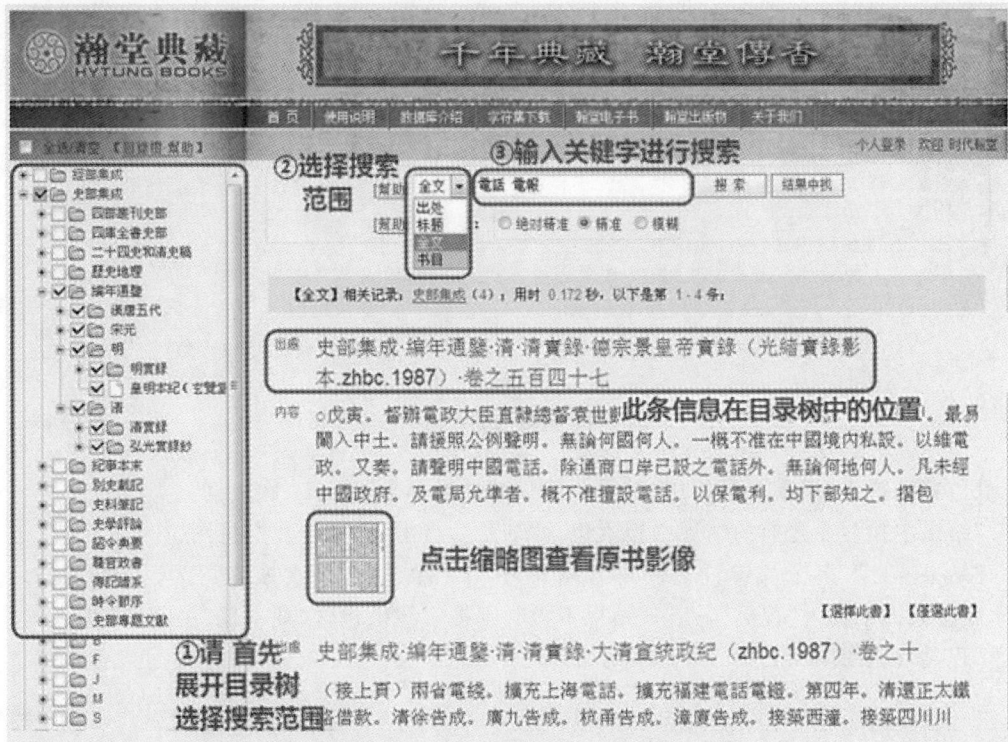

图 12-11　瀚堂典藏数据库网站总览

④高级检索功能

符号"－"代表搜索结果中去掉包含有紧跟"－"后面的关键字的记录;在"精准搜索"模式下可使用"结果中找"和"结果不含"进行二次查询。

a."精准搜索"模式下用"搜索"进行多个关键字组合查询;如:"关羽张飞－马超"则表示搜索含有"关羽"和"张飞",但不含有"马超"的记录(见图12-12)。

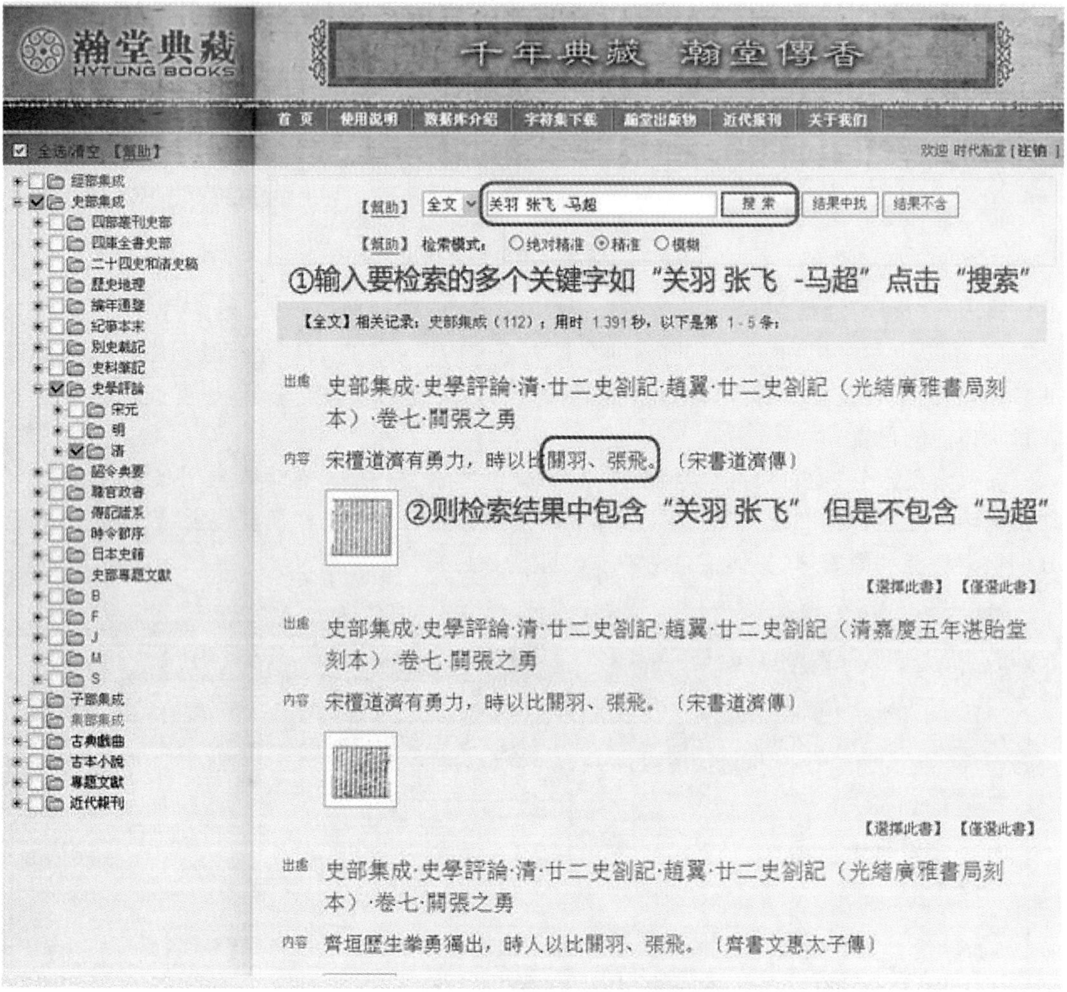

图12-12　瀚堂典藏数据库高级检索页面

b."精准搜索"模式下可使用"结果中找"和"结果不含"进行二次查询。

"结果中找":在之前的结果中搜索包含"刘备",点击"结果中找"(见图12-13)。

"结果不含":多个关键词之间可省略符号"－";如果第一次搜索词为"刘备 关羽 张飞",在搜索框中输入"程昱",点击"结果不含",则搜索结果包含"刘备"、"关羽"、"张飞"但不包含"程昱"(见图12-14)。

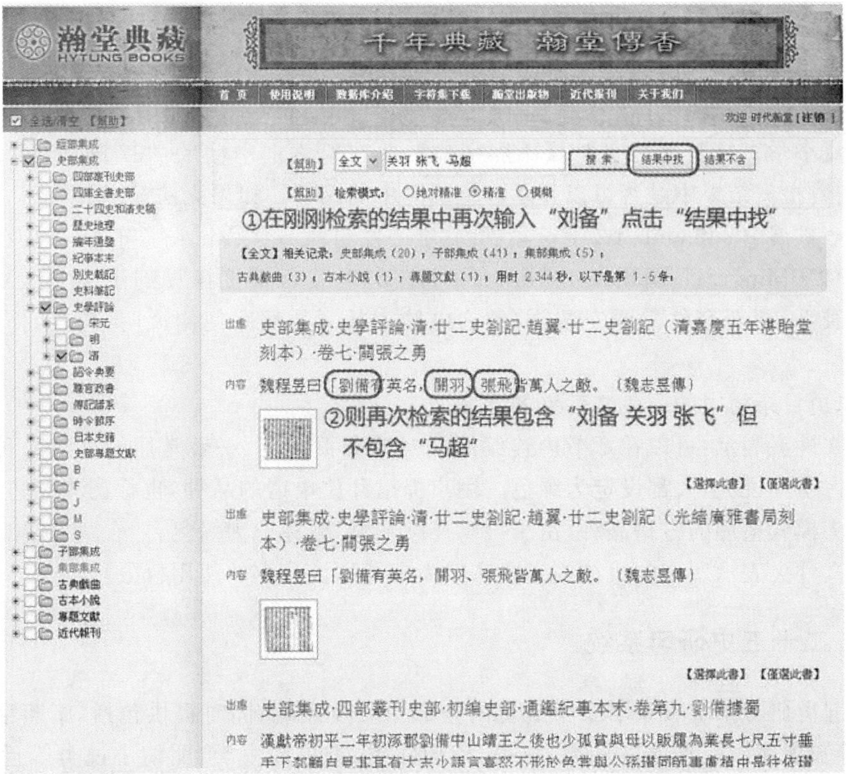

图 12-13　瀚堂典藏数据库二次查询(1)

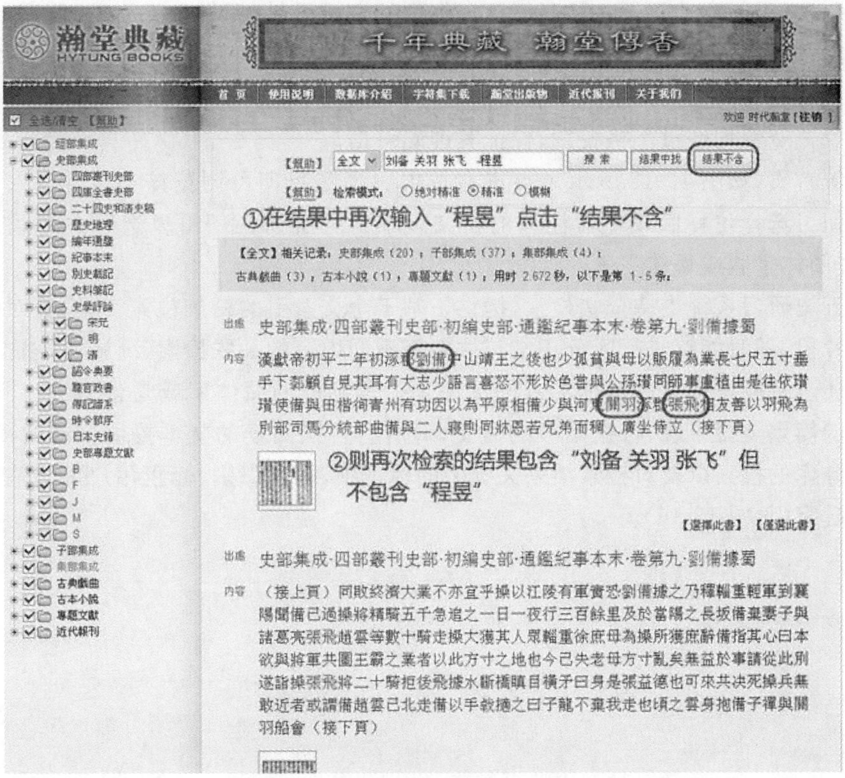

图 12-14　瀚堂典藏数据库二次查询(2)

2.其他注意事项

(1)检测是否安装字符集

下面用一个例子说明自检系统是否支持显示 Unicode CJK-B 区汉字:(例)在左边目录树中,选择【小学工具】•【文字】•【康熙字典】,并在检索框中输入:"37 画 部外 20",点击【搜索】,查看检索结果中是否可以显示红色圆圈中的汉字。如果无法显示此汉字,请安装微软的宋体—扩展 B simsunb. ttf 字符集(微软唯一发布的 B 区 Vista 字符集),以及微软的字符更新套件 PMingLiU Update Pack. msi(字符集下载后直接拷贝到系统 C:\Windows\Fonts\目录下;更新套件需要安装,并重启电脑生效。)数据库使用说明中有字符集的下载链接。

(2)左边目录树中的彩色文件夹的含义

绿色文件夹表示:可以在章节内连续图文对照翻页浏览,一般常用的古籍品种,以及适合阅读的古本小说类,大都设定为绿色。用户提出开放申请的品种,也标记为绿色。以题录模式或字头模式整理的古籍品种,由于可以连续翻页,也标记为绿色。

红色文件夹表示所在的机构尚未购买或尚未开通该分类的使用权限。

12.1.4 二十五史研习系统

二十五史研习系统收录了二十五史的全部原文及注疏,同时提供包括《康熙字典》、《四库总目》等知识库以及其他诸子类、史类、诗词曲类、类书政书类、明清小说类等近 200 种 4 亿字的史料文献做支撑,方便读者研习二十五史时扩充相关知识。

提供包含目录、章节、引文、注释等信息在内的全面语料;提供包括语词、四库、本体等在内的知识库,以及包括史传、正史、诸子、诗文等在内的文献库等大量后台辅助阅读资源,利用辅助阅读资源更方便用户对二十五史的研习。可根据需要选择只看正文或同时显示正文与注释信息。资源均经过严格校勘,保证其准确可信。

该系统首页(如图 12-15 所示),点击右框内史书题目即可浏览该书内容。点击左上角"注释"按钮可选择注释版或不含注释的正文版本。点击"大字"可以选择大字版,点击"简繁"可选择简体字版或繁体字版。

二十五史研习系统支持全文检索,提供了基于全文索引的精细检索工具,针对阅读中用户关心的片段,随时能够进行区分正文与注释等不同内容的关联检索、统计与导航。

系统通过智能识别可以辨别输入的汉字是否是标准的简体字或是繁体字。同时,系统提供完善的简繁支持系统,根据用户的需要,对所有可供阅读的文本提供自动的简繁转换,并在对资源库的检索以及对检索结果关键字的标识中,智能识别、修正用户可能输入的简繁混杂的关键字(见图 12-16)。

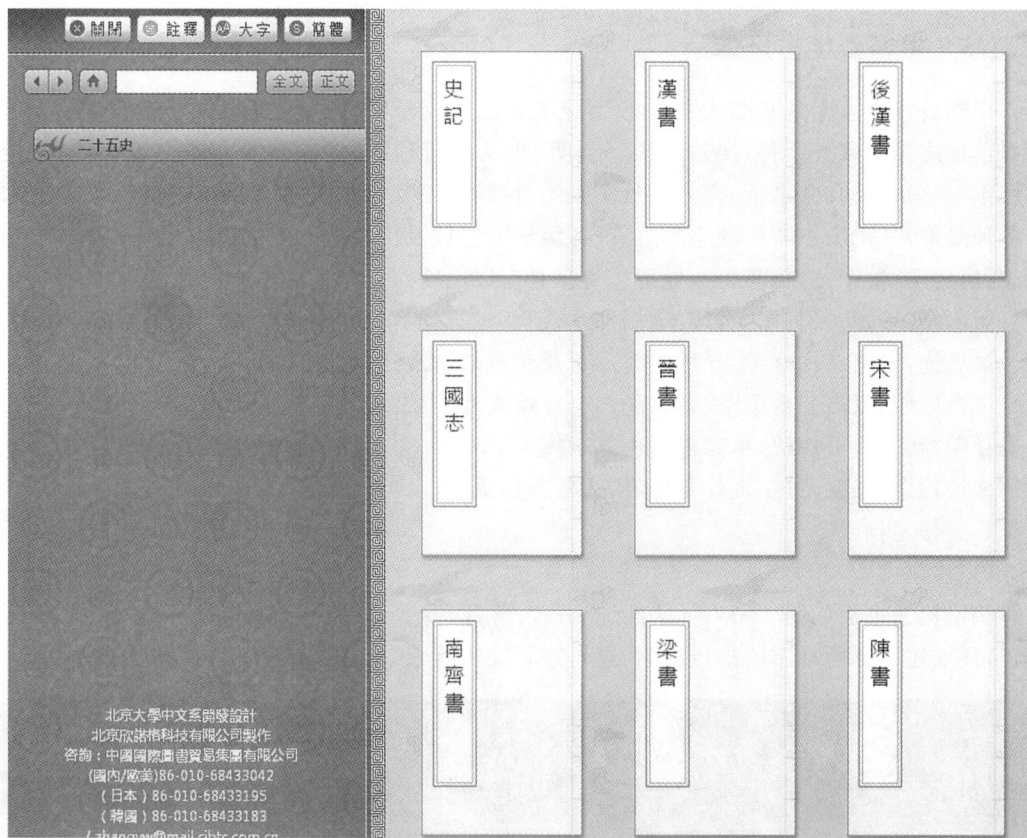

图 12-15　二十五史研习系统浏览页面

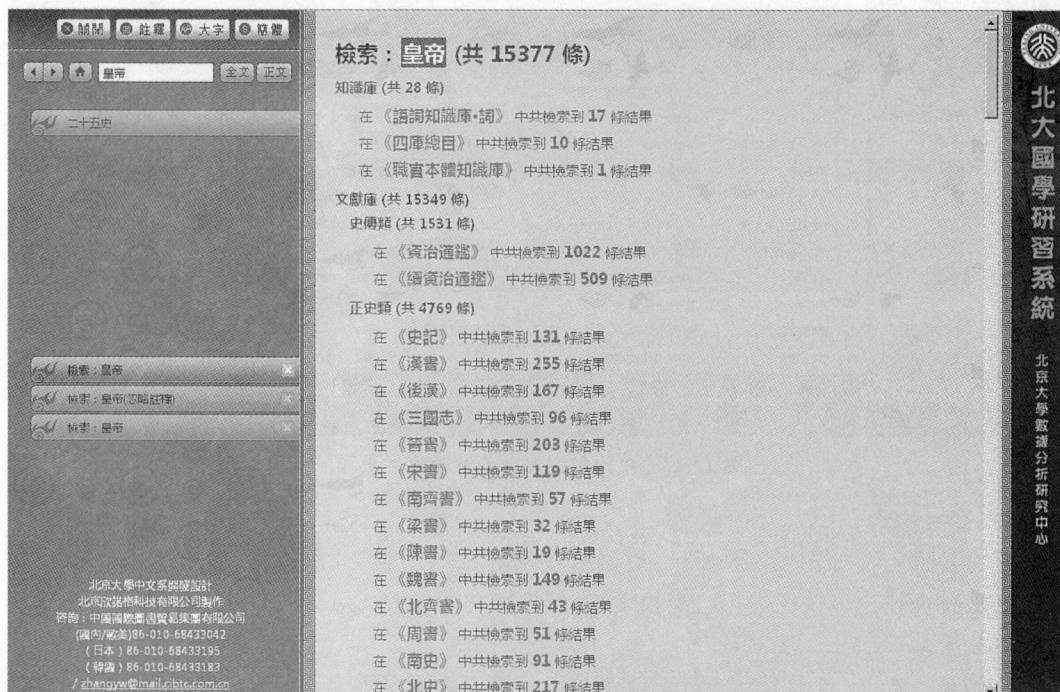

图 12-16　二十五史研习系统检索及结果页面

12.1.5　中国数字方志库

中国数字方志库是一套大规模数字化的地志类文献综合性数据库。该库收录了 1949 年以前地志类文献万余种，涵盖了宋、元、明、清及民国时期的稿本、抄本、刻本、活字本等各种版本，全国各公共图书馆、大专院校图书馆、博物馆及私家的孤本、稀见本、批校本、题跋本等各种藏本，各个历史时期的全国总志、各级地方志以及山水志、水利志、名胜志、祠庙志、园林志、民族志、游记、边疆和外国地理志等。具有以下特点：

版本全：稿抄本、刻本、石印本、铅印本、活字本等均有收录。

品质优：书籍品相好，选择版本时尽量避免虫蛀、漫漶情况。

原书原貌：以高分辨率整版扫描方式，保持真实原貌。

便于检索：换页快捷，本库提供书名、著者、出版年、出版项、版本、类别、目录及省份、专类等多种检索方式。可实现即翻即看，无等待翻页。

1. 数据库检索

（1）快速检索

快速检索页面如图 12-17 所示：可按书名、著者、卷数、出版年、版本类别、丛编、类别、目录、特征描述以及所有字段进行检索，还可进行文本检索。

图 12-17　中国数字方志库快速检索页面

（2）高级检索

高级检索页面如图 12-18 所示：可同时按书名、著者、卷数、出版年、版本类别、丛编、类别、目录、特征描述等途径进行组配检索，还可进行文本检索。

2. 检索结果

查到某一本书，点击"全文阅读"就可进入全文阅读页面。点击"收藏"即可将该书加入"我的书架"，方便下次阅读。"我的书架"收录了历次收藏的书目（见图 12-19）。

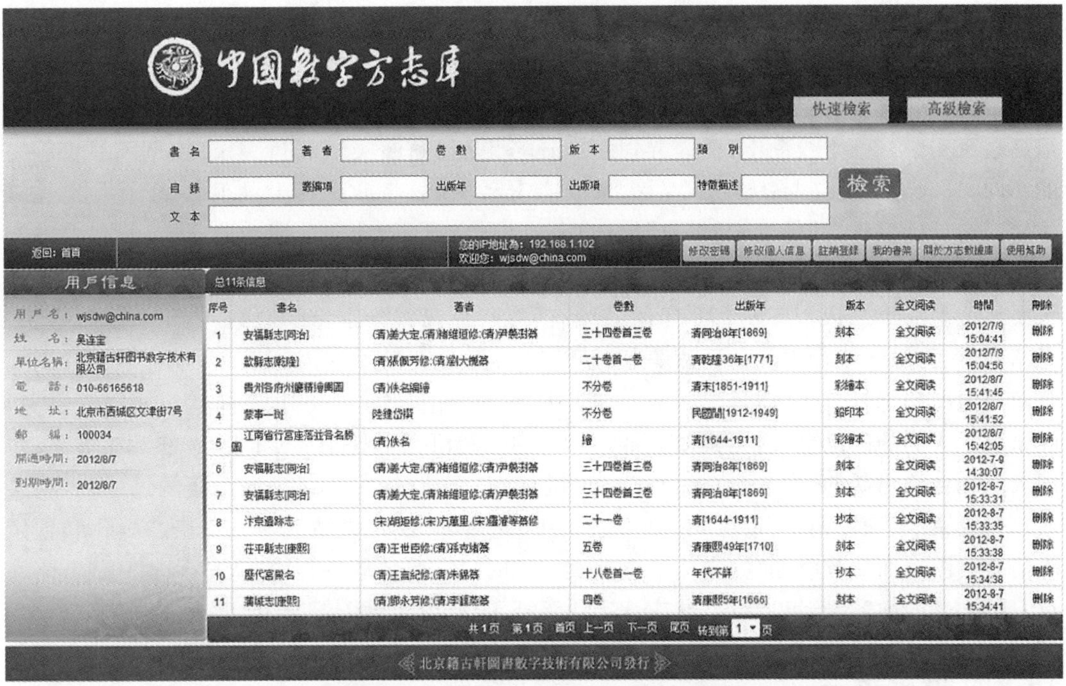

图 12-18　中国数字方志库高级检索页面

图 12-19　中国数字方志库检索结果

正文阅读页面：目前仅提供图像浏览方式，左边目录可以展开或收缩，中间为图像格式的全文，可以按页阅读和打印。

重要的大型古籍数据库还有："中国历代石刻史料汇编"、"大清历朝实录和大清五部会典"数据库。

"中国历代石刻史料汇编"由国家图书馆金石组十几位石刻文献研究专家潜心数年，精心编选而成。编者查阅了现存的千余种的金石志书（包括地方志中的金石志），经过认真对比去重，从中精心辑录出一万五千余篇石刻文献，并附有历代金石学家撰写的考释文字，总计 1150 万字。所有碑文按朝代排序，利于读者查阅。全书从秦砖汉瓦到碑文墓志，上下两千年，内容涵盖中国古代政治、经济、军事、民族、宗教、文学、科技、民俗、教育、地理等各个方面，堪称大型中国古代史料文献汇编。同时，该数据库是研究中国古代社会文化各个方面十分难得的第一手资料，对于各地域在人物、家族、名胜、重要历史事件等方面的研究和文化开发，极具价值。

"大清历朝实录和大清五部会典"数据库,包括了全文数字化的《大清历朝实录》(共计4447卷)和《大清会典》两大部分。前者以太祖高皇帝至德宗景皇帝十一朝《实录》为主体。同时,考虑到《宣统政纪》与《实录》体例无异,并考虑到《太祖武皇帝实录》(顺治写本)与《太祖高皇帝实录》(雍干校勘本)的差异,另外,还考虑到《满洲实录》与《实录》体例和纂修程序的不同,且汉文部分又与《太祖武皇帝实录》差异较大,故将此三者附录于后,以尽可能地维护历朝实录的完整,并使读者对不同文本间的差异有所了解。《大清会典》作为清代典章制度类史料之一种,是记载清代国家体制和各部、院职责权限的权威文献,在清史研究中占有重要地位。清十二帝十三朝276年间共编有五部《会典》,分别修于康熙、雍正、乾隆、嘉庆、光绪朝,俱为汉文单行本。由于编纂年代不一,典章制度的增损因革以及则例、事例的删繁就简等情况趋于复杂化,而目前著书立说者大凡以光绪朝所修《会典》为本,其前四部《会典》尚未引起人们的广泛重视,尤其对五部《会典》的比较研究仍处于起步阶段。在刊布方面,中国大陆和台湾出版的《大清会典》,俱为光绪朝版本,而新近由线装书局出版的《大清五朝会典》,仅收康熙、雍正朝《大清会典》,乾隆、嘉庆、光绪朝《钦定大清会典》,嘉庆、光绪朝《钦定大清会典图》,而缺乾隆朝《钦定大清会典则例》和嘉庆、光绪朝的《钦定大清会典事例》,略去近三分之二的内容,实堪遗憾。此次数字化囊括了汉文《大清五部会典》的全部内容。

12.2 报纸图文

12.2.1 瀚堂近代报刊数据库

瀚堂近代报刊数据库是北京瀚堂公司推出的报刊数据库。瀚堂近代报刊以收纳近代大型报纸和刊物为特色,整合管理,提供统一的使用平台,为使用者提供统一的近代中国文献研究环境。

瀚堂近代报刊数据库所收录数据有:北京《顺天时报》、天津《大公报》、《益世报》、上海《上海新报》、《申报》、《民国日报》,并汇集了诸如《新华日报》、《良友画报》、《东方杂志》等三百多种清末至民初的报纸和刊物,以及百年前孙中山在南京成立中华民国临时政府之《临时政府公报》(1912),英文的《中国丛报》(CHINESE REPOSITORY)等内容。值得一提的是天津《益世报》采用独家授权使用的高清原报扫描件,《顺天时报》采用日本国家图书馆影像,弥足珍贵。

瀚堂近代报刊数据库支持繁简体、异体字查询。数据库采用通用浏览器模式,不需安装客户端,无网络并发用户限制。数据库图文对照整理,内容完整,可全文检索,并标记有详细时间,可以逐年逐月逐日或逐期检索浏览,特别方便使用者根据日期等信息快速查验原始文献。检索模式分"绝对精准"、"精准搜索"、"模糊搜索"三种。检索方法参见瀚堂典藏古籍数据库的相关内容。该库可以独立使用,也可以与《瀚堂典藏》古籍库中上万种历代典籍整合使用。

数据库提供日期查询,年月日可与检索内容协同检索,各关键词之间需要用空格区隔;年代采用公元纪年,月份统一使用英文缩写(见图12-20)。

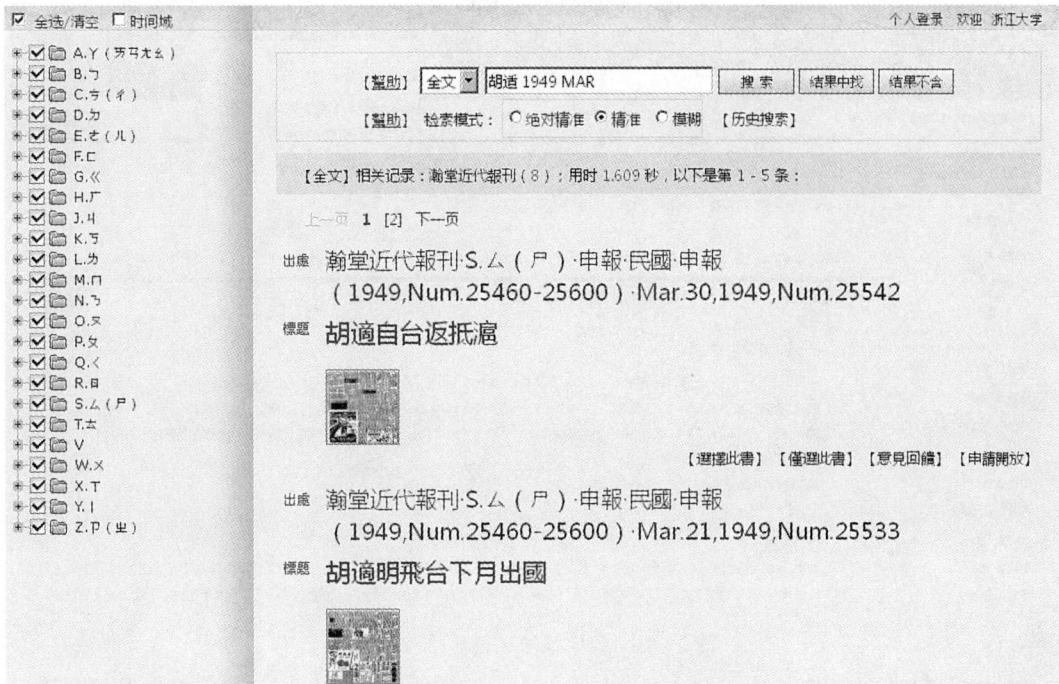

图 12-20　瀚堂近代报刊数据库检索页面

12.2.2　方正中华数字书苑数字报纸库

方正中华数字书苑数字报纸库是由方正阿帕比联合全国各大报社开发,以中国报纸资源为主体的数字化全文数据库系统,该数据库集当前现报及历史过报收录为一体,绝大多数的报纸严格按照纸报出版日进行数据更新,保持与纸报同步出版甚至是提前出版,部分重要核心报纸从创刊起进行回溯。

目前该数据库已收录省级以上核心报纸资源近 500 种,拥有 3000 万篇新闻,最早可回溯至 1949 年,是目前国内收录最完整的报纸全文数据库,既能进行报纸文章网页浏览,同时又能进行报纸原版翻阅的全文数据库系统。该系统不仅通过适合报纸资源的专业分类体系和检索方法为用户提供全国各大权威报纸内容及查询、检索服务,还提供原版原式的报纸浏览和基于报纸资源的其他增值服务。

1. 数据库检索

(1)普通检索

在首页检索框内输入检索词,可以分别选择"在新闻中检索"、"在报纸名称中检索"和"在新闻图片中检索"。下面以"新闻中检索"为例,点击新闻题名即可浏览全文。检索结果可以按照地区筛选、中文信息分类法筛选、来源(报纸)筛选(见图 12-21)。

(2)高级检索

点击首页检索框右边"高级检索"按钮,即可进入高级检索页面。同样可以选择按新闻、报纸名称、新闻图片不同类型进行检索。"新闻"可以选择标题、内容、作者、出处、版名进行检索。"报纸名称"可以按刊名和刊号进行检索。"新闻图片"可以选择标题、内容、作者、出处进行检索(见图 12-22)。

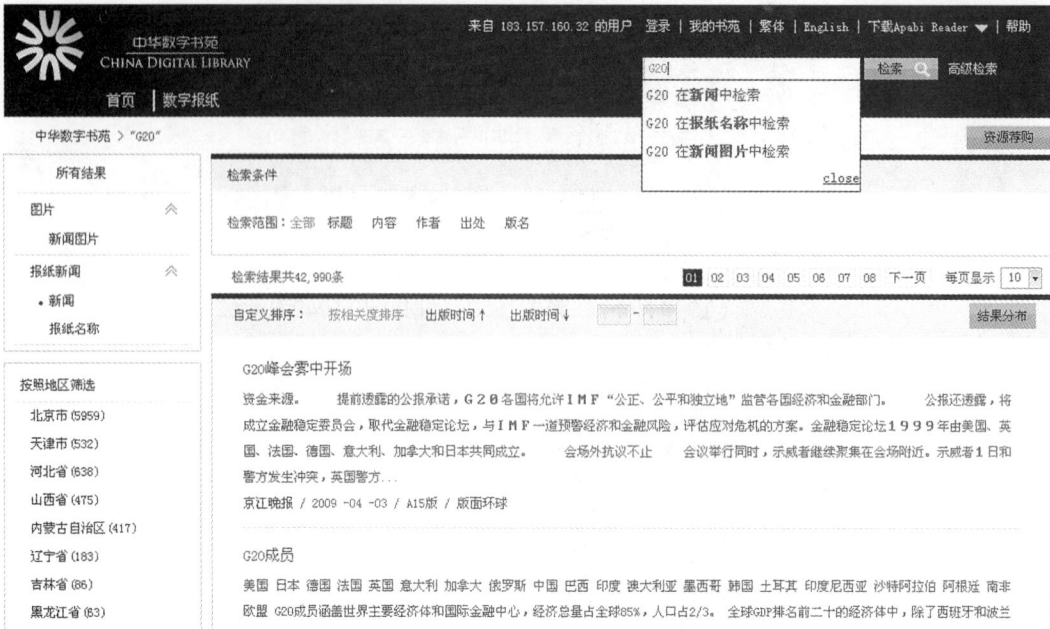

图 12-21　数字报纸库普通检索页面

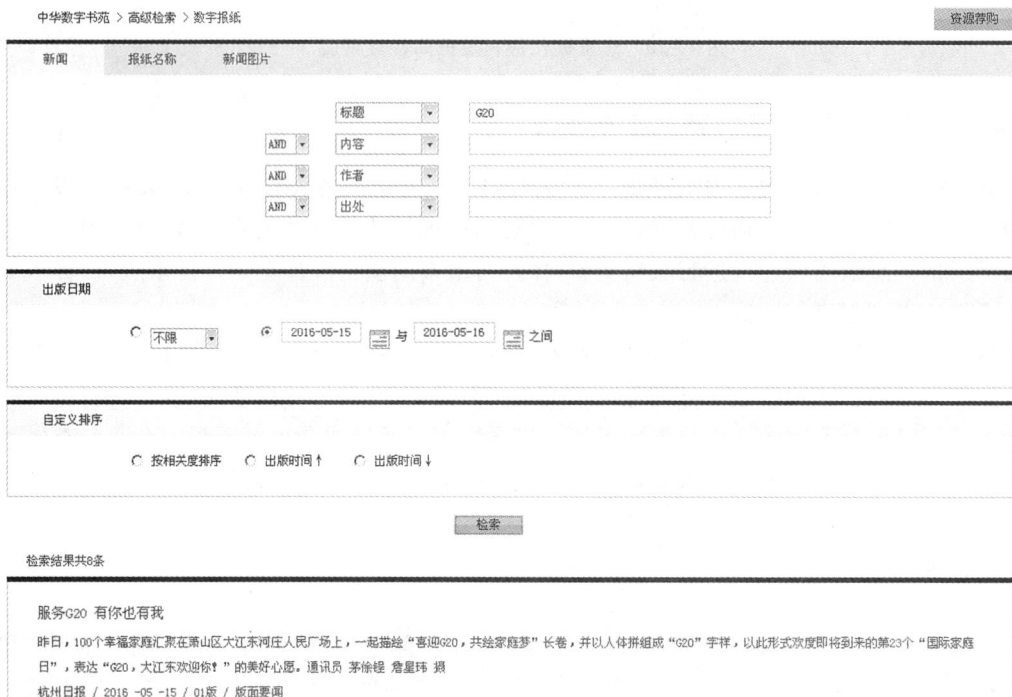

图 12-22　数字报纸库高级检索页面

2.检索结果

　　点击检索结果中新闻题名,就可以看到图片格式的报纸原版,右边是文字格式的新闻内容,图片与文字均可下载或打印,方便读者选取利用(见图 12-23)。

　　数据库也提供浏览的方式,可以按报纸导航,按不同类别新闻,如时政要闻、财经、文化娱乐、体育、房产地产、旅游、教育、军事、阅读浏览。

图 12-23　数字报纸库检索结果页面

12.3　常用数据库

12.3.1　中国知网——中国学术期刊网络版

中国知网(CNKI)为国家知识基础设施(China National Knowledge Infrastructure)的简称,是我国大型综合性文献数据库。CNKI 工程是由清华大学、清华同方发起,始建于 1999 年 6 月。在 CNKI 检索平台上可以检索多个数据库,如期刊论文、博硕士论文、会议论文、报纸、年鉴、百科、专利、标准等,机构正式订购的数据库可以下载全文,其余只能浏览摘要信息。全文下载权限一般通过 IP 地址限制或账号/密码来控制。这里主要介绍中国学术期刊(网络版)出版总库,它是世界上最大的连续动态更新的中国学术期刊全文数据库,其他子库会在后面的相关章节进行介绍。

中国学术期刊(网络版)出版总库内容覆盖了自然科学、工程技术、农业、哲学、医学、人文社会科学等各个领域。收录国内学术期刊 8000 多种,全文文献总量 4500 多万篇。产品分为十大专辑:基础科学、工程科技Ⅰ、工程科技Ⅱ、农业科技、医药卫生科技、哲学与人文科学、社会科学Ⅰ、社会科学Ⅱ、信息科技、经济与管理科学。十大专辑下分为 168 个专题。收录自 1915 年至今出版的期刊,部分期刊回溯至创刊。

1.数据库检索

进入中国知网数据库首页(见图 12-24),选择期刊库,点击下拉菜单,就可以按全文、主题、篇名、关键词、作者、单位、刊名、ISSN 号、CN 号、基金、摘要、参考文献、中图分类号等途径进行简单检索。

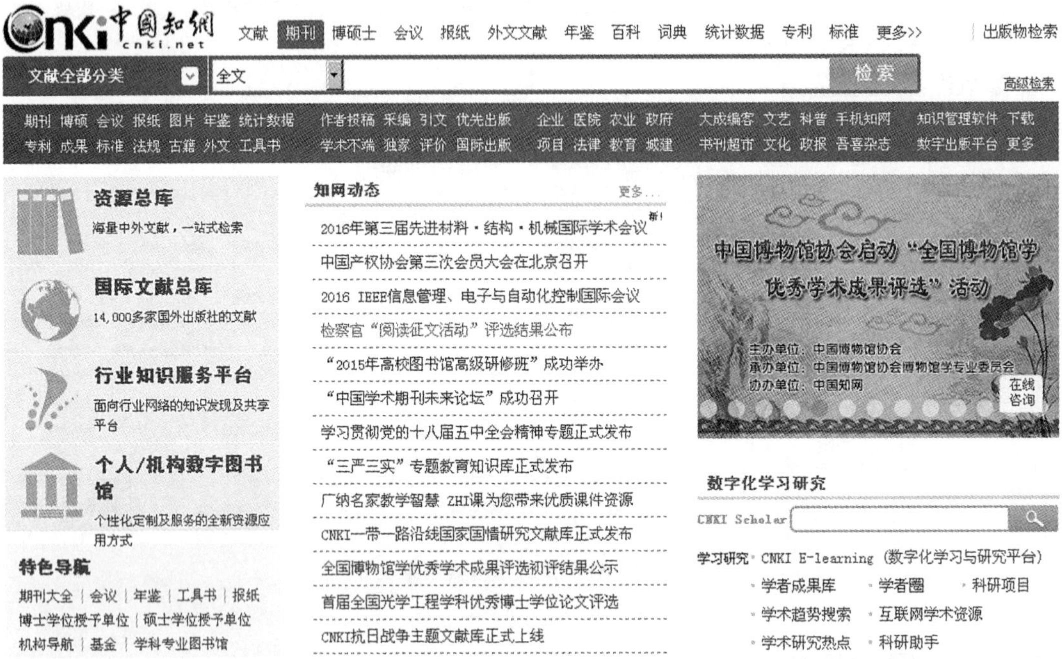

图 12-24　中国知网首页

也可以直接点击资源总库,进入中国学术期刊(网络版),该数据库提供检索、高级检索、专业检索、作者发文检索、科研基金检索、句子检索、来源期刊检索 7 种检索方式。

(1)检索

进入检索页面(见图 12-25),首先在页面左边选择所要检索的学科领域,也可不选,系统默认是全选,即选择所有学科领域。点击检索条件的下拉框,就可以选择按全文、主题、篇名、关键词、作者、单位、刊名、ISSN 号、CN 号、基金、摘要、参考文献、中图分类号等不同途径进行简单检索。点击"输入检索条件"边"＋"或"－",可以增加或减少检索输入框。CNKI支持精确或模糊检索,用户可以根据需要选择。并可以限定出版年份,从 1915 年至当年最新一期;也可以限定期刊来源类别,如:全部期刊、SCI 来源期刊、EI 来源期刊、核心期刊、CSSCI 等。页面右上角有个"期刊导航",可以按不同学科主题浏览期刊,按年份、卷期查阅某种期刊出版的每一期论文。

(2)高级检索

当简单检索结果不能满足用户检索需求时,可以进行高级检索。高级检索界面为用户提供更多检索字段和限定条件,并可以实现不同检索字段之间的组配(见图 12-26)。

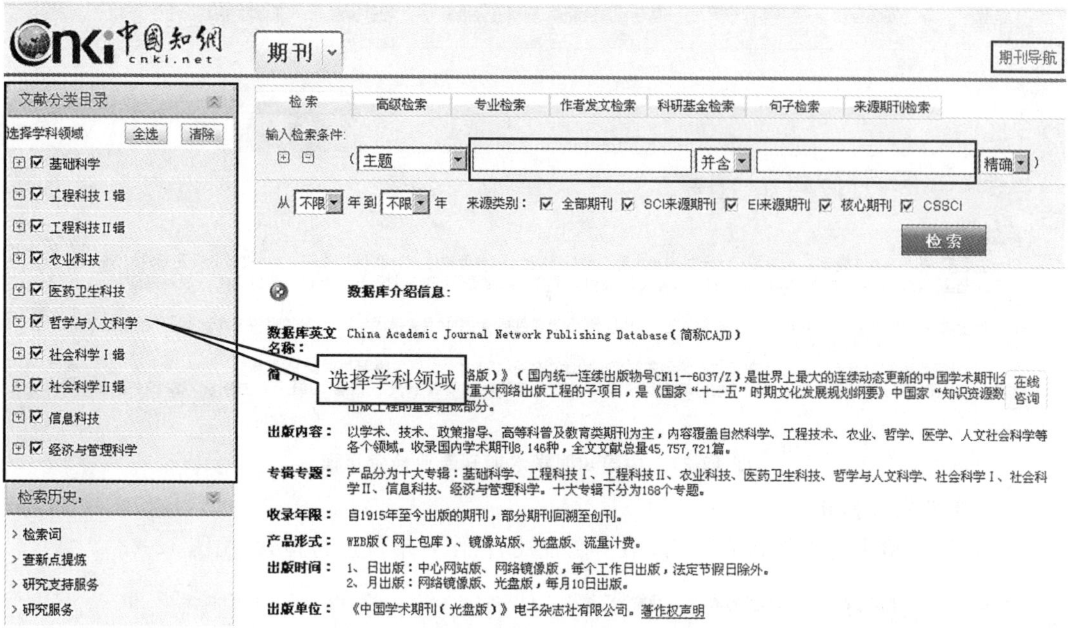

图 12-25　中国知网学术期刊检索页面

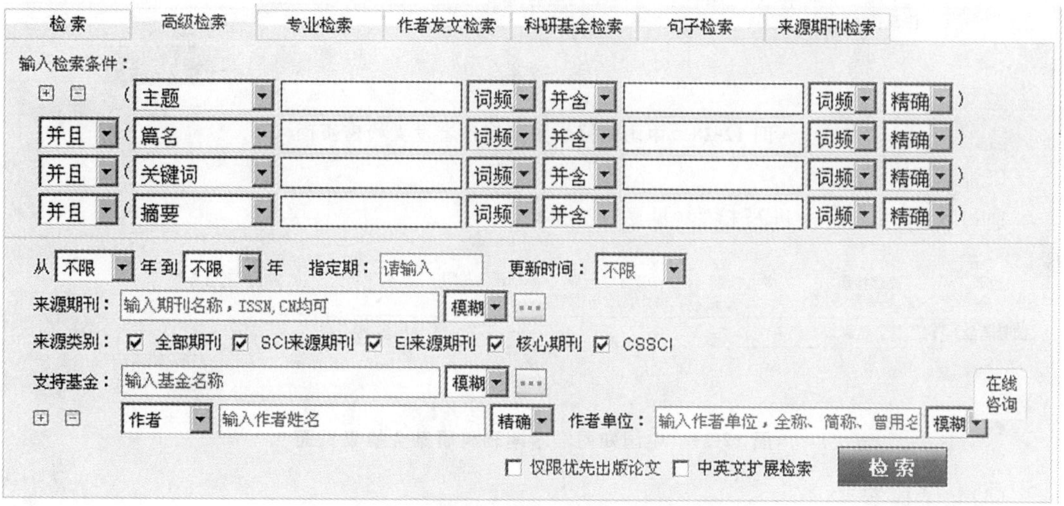

图 12-26　中国知网学术期刊高级检索页面

（3）专业检索

专业检索适用于检索经验丰富、能够构造复杂检索式的用户。可检索字段包括：SU＝主题，TI＝题名，KY＝关键词，AB＝摘要，FT＝全文，AU＝作者，FI＝第一作者，AF＝作者单位，JN＝期刊名称，RF＝参考文献，RT＝更新时间，YE＝期刊年，FU＝基金，CLC＝中图分类号，SN＝ISSN，CN＝CN 号，CF＝被引频次，SI＝SCI 收录刊，EI＝EI 收录刊，HX＝核心期刊，QKLM＝栏目信息。如检索式"TI＝生态 andKY＝生态文明 and（AU ％ 陈＋王）"，可以检索到篇名包括"生态"并且关键词包括"生态文明"并且作者为"陈"姓和"王"姓的所有文章（见图 12-27）。

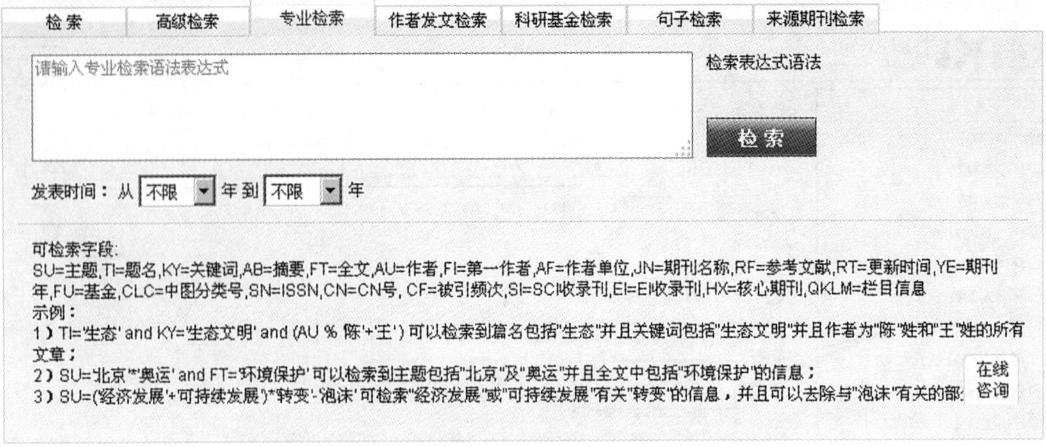

图 12-27　中国知网学术期刊专业检索页面

（4）作者发文检索

作者发文检索可以按作者姓名、第一作者姓名、作者单位进行检索（见图 12-28）。

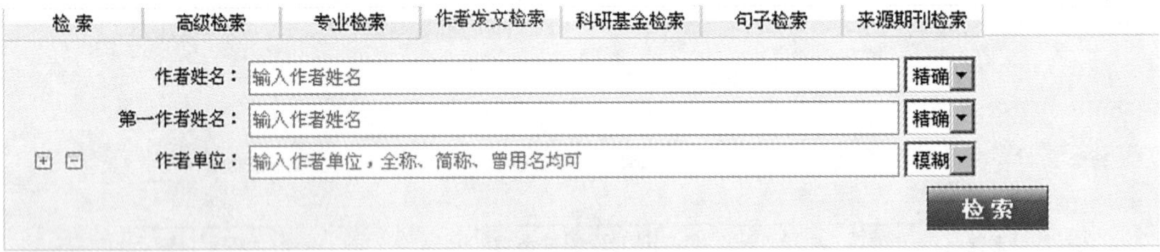

图 12-28　中国知网学术期刊作者发文检索页面

（5）科研基金检索

通过科研基金途径进行检索（见图 12-29）。

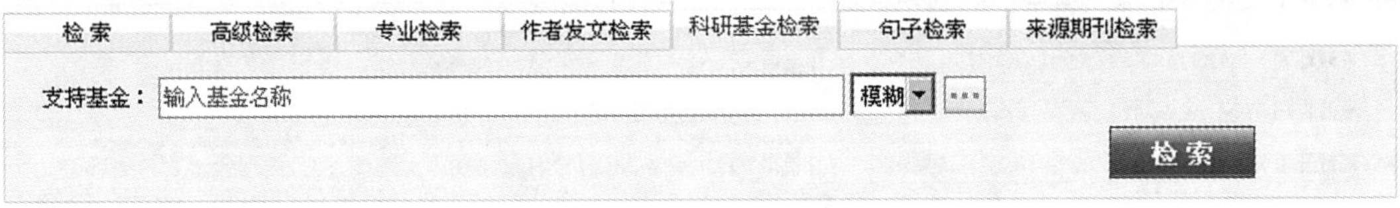

图 12-29　中国知网学术期刊科研基金检索页面

（6）句子检索

可以在全文的同一句或同一段进行句子检索（见图 12-30）。

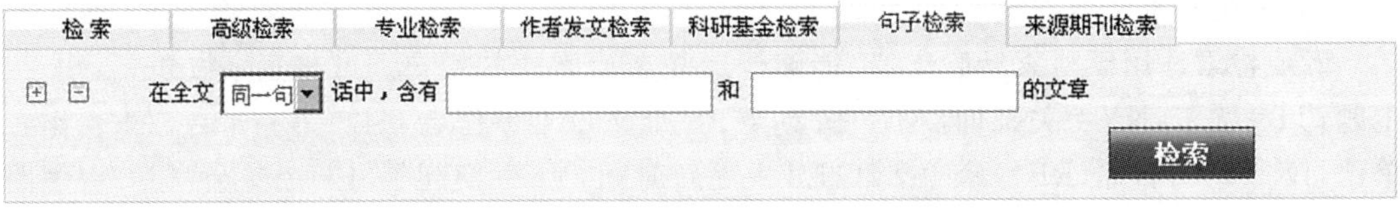

图 12-30　中国知网学术期刊句子检索页面

（7）来源期刊检索

通过期刊名称、ISSN 号、CN 号查找某一种期刊上发表的文章，可以限定出版年份及指定期数（见图 12-31）。

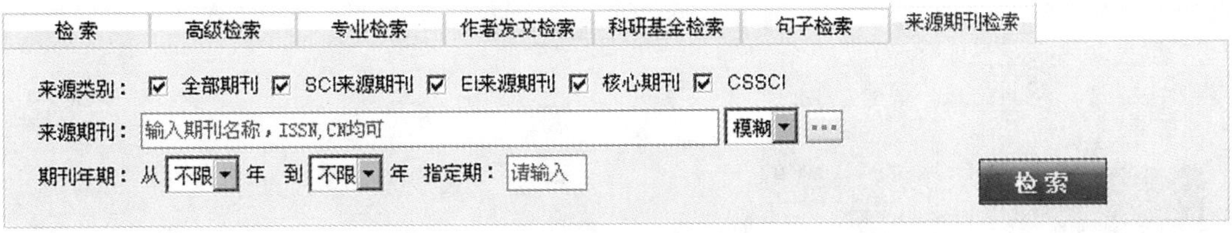

图 12-31　中国知网学术期刊来源期刊检索页面

2.检索结果处理

检索结果的排序方式：主题排序、发表时间、被引、下载，系统默认按主题相关度排序。检索结果的显示方式分为列表和摘要，系统默认以列表方式呈现检索结果。每条检索记录提供的信息包括：篇名、作者、刊名、年/期、被引次数、下载次数等。用户可以按学科、发表年度、基金、研究层次、作者、机构对检索结果进行分组浏览（见图 12-32）。也可以进行标记、保存、导出、输出、打印、修正等处理。

图 12-32　中国知网学术期刊检索结果页面

3.浏览及输出检索结果

（1）单篇文献的浏览及下载

点击检索结果页面上的某篇文献题名，可以看到该篇文献详细信息（见图 12-33）。该数据库提供 PDF 和 CAJ 两种文件格式。用户分别点击相应图标即可浏览、下载、保存相应格式的单篇论文全文。该文献下方有"本文链接的文献网络图示"，可以了解该文的引文网络情况，如二级参考文献、参考文献、共引文献、同被引文献、引证文献、二级引证文献等（见图 12-34）。

美国大学图书馆学科服务实践及启示

【作者】鄂丽君；蔡莉静；

【Author】E Lijun;Cai Lijing;

【机构】燕山大学图书馆；河北科技大学图书馆；

【摘要】对美国大学图书馆学科服务的网络调查发现,美国大学图书馆安排学科馆员来负责学科服务工作,学科馆员信息大都置于图书馆主页的"人员信息""研究支持""服务"等栏目,学科馆员往往来自不同的分馆、不同的部门。美国大学图书馆的学科服务内容主要有研究咨询服务、学科资源利用服务、学科课程指南、图书馆辅助教学服务、学科研究成果存储服务、学科数据管理服务、开放存取出版服务等。借鉴美国大学图书馆学科服务实践经验,我国大学图书馆宜采取扁平化的人员组织模式,以多对多模式开展学科服务,强化学科服务意识,系统规划学科服务内容,组建高校图书馆学科服务联盟。图3。参考文献16。

【关键词】美国；大学图书馆；学科服务；学科服务联盟；

【基金】河北省社会科学基金项目"基于中美大学图书馆比较分析的LDSA创新体系研究"(项目编号:HB13TQ001)的研究成果之一

【所属期刊栏目】管理与服务（2015年03期）

国家图书馆学刊,
Journal of the
National Library of
China,
编辑部邮箱,
2015年03期
[给本刊投稿]

【分类号】G259.712   【下载频次】337

图 12-33   中国知网学术期刊检索结果——单篇文献详细信息

本文链接的文献网络图示:

※本文的引文网络

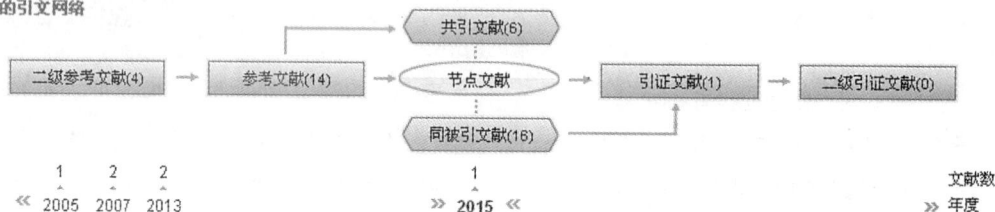

```
二级参考文献(4) → 参考文献(14) → 节点文献 → 引证文献(1) → 二级引证文献(0)
                      共引文献(6)
                      同被引文献(16)
```

```
 1    2    2                      1                                    文献数
2005 2007 2013                   2015                                  年度
```

【参考文献】说明：反映本文研究工作的背景和依据

```
[全部                                    ▼]
```

▷《中国学术期刊（网络版）》   共找到1条

[1] 鄂丽君. 麻省理工学院图书馆的开放存取出版服务[J]. 图书情报工作. 2013(12)

▷ 外文题录数据库   共找到13条   更多

[1] University of California at Berkeley Library.Subject Specialists. http://www.lib.berkeley.edu/help/subject-specialists . 2014

[2] Stanford University Library.Subject Librarians. http://library.Stanford.edu/people/subject-librarians . 2014

[3] Harvard University Libraries.Staff Directory. http://library.harvard.edu/staff-directory . 2014

[4] Columbia University Library.Directory of Library Subject Specialist Liaisons. http://library.Columbia edu/about/policies/collection-development/liaisons.html . 2014

[5] Yale University Library.Subject Specialists. http://resources.library.yale.edu/StaffDirectory/subjects.aspx . 2014

[6] Georgia Institute of Technology Library.Subject Librarians. http://www.library.gatech.edu/services/subject_librarians.php . 2014

[7] Princeton University Library.Subject Specialists. https://library.princeton.edu/staff/specialists . 2014

图 12-34   中国知网学术期刊检索结果——引文信息

（2）批量文献题录导出

在检索结果页面勾选欲输出论文题名前的复选框，可对检索结果进行标记。点击
导出/参考文献 按钮进入检索结果输出页面，再次勾选，点击可以选择不同输出方式导出或
打印论文题录，也可以将文献题录输入到文献管理软件，如 Refworks、EndNote、NoteEx-
press、NoteFirst、CNKI E-Learning、CNKI 桌面版个人数字图书馆等（见图 12-35）。

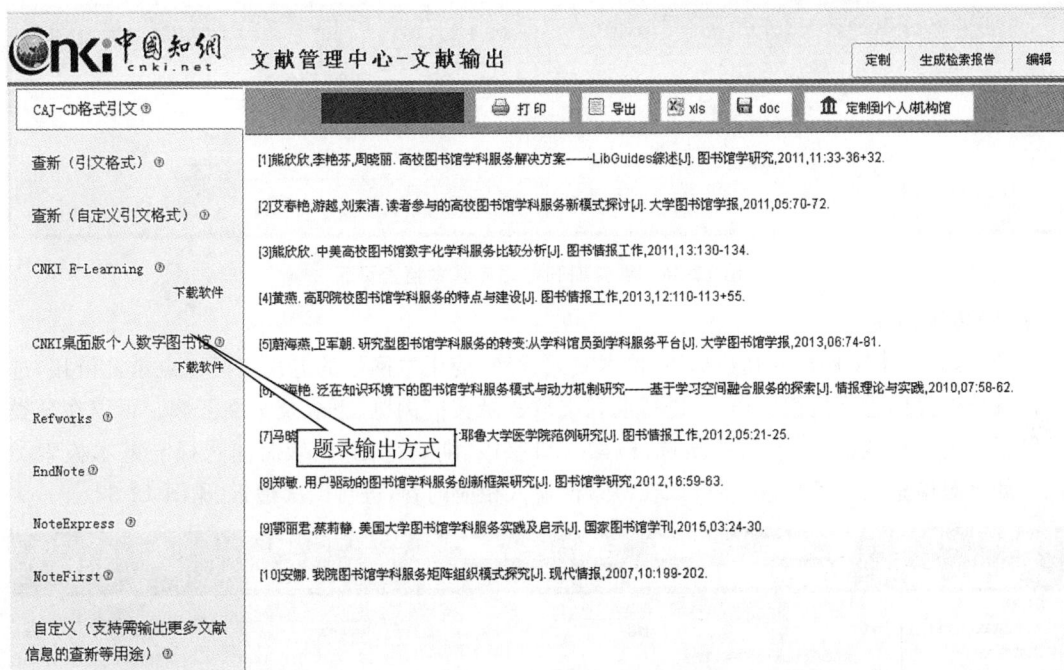

图 12-35　中国知网学术期刊检索结果题录导出页面

4.修正检索结果

如果用户对检索结果不满意，可以通过检索结果页面 结果中检索 按钮，输入新的检索
条件进行二次检索；也可以点击各检索界面的链接按钮，重新检索。

12.3.2　维普中文科技期刊数据库

该数据库源于重庆维普资讯有限公司 1989 年创建的《中文科技期刊篇名数据库》，是国
内大型综合性数据库，收录期刊 12000 余种，其中核心期刊 1957 种，文献总量 4000 余万篇，
回溯年限 1989 年，部分期刊回溯至 1955 年，每日更新。

1.数据库检索

数据库有基本检索、传统检索、高级检索、期刊导航 4 种检索和浏览方式，点击后可进行
相应检索。

（1）基本检索

检索前可先进行时间、期刊、学科范围限定，使用下拉菜单进行选择，范围是 1989 年至
当年；可选全部期刊、核心期刊、EI 来源期刊、CA 来源期刊、CSCD 来源期刊、CSSCI 来源期
刊；学科范围包括管理学、经济学、图书情报学等 45 个学科，勾选复选框可进行多个学科的

限定。检索入口可选任意字段、题名或关键词、题名、关键词、文摘、作者、第一作者、机构、刊名、分类号、参考文献、作者简介、基金资助、栏目信息等字段。逻辑组配:检索框默认为两行,点"＋、－"可增加或减少检索框,进行任意检索入口"与、或、非"的逻辑组配检索;点击检索按钮进行检索或点击清除按钮清除输入,通过基本检索页面可进入检索结果页(见图 12-36)。

图 12-36　维普期刊数据库基本检索页面

（2）传统检索

原网站的《中文科技期刊数据库》检索模式,经常使用本网站的老用户可以点击此链接,进入传统检索界面进行检索操作,可进行期刊文章题录文摘浏览、下载及全文下载。可以在分类导航栏选定学科范围,系统默认全选;检索入口字段、期刊范围、出版时间选择与基本检索类似。如果对检索结果不满意,还可以在检索框输入相应内容,进行二次检索(见图 12-37)。

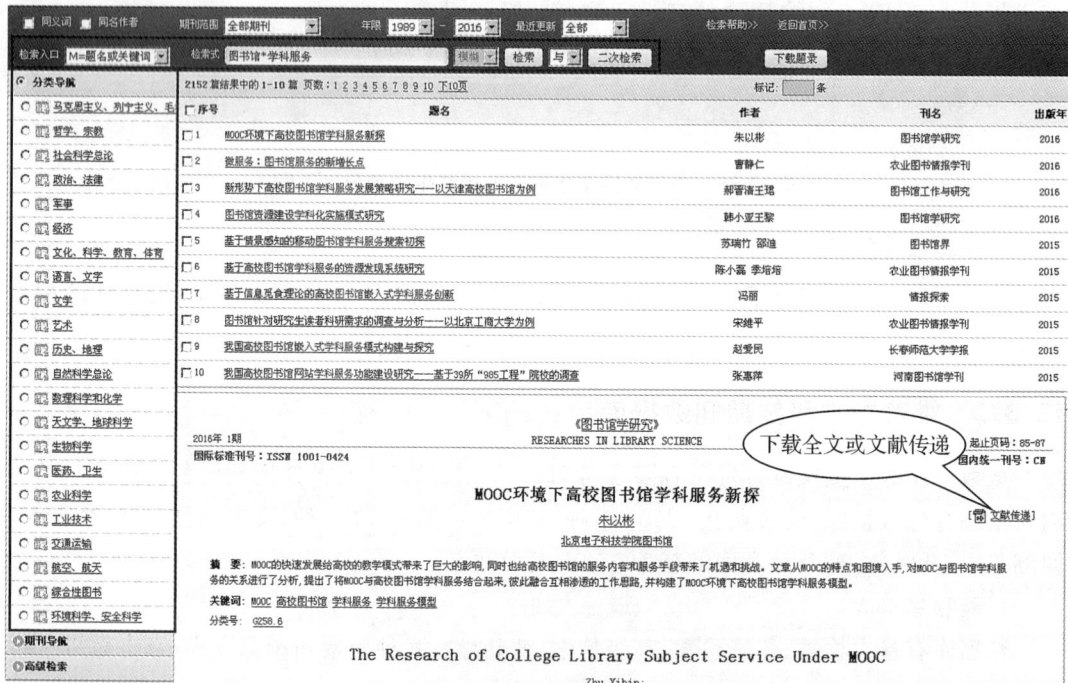

图 12-37　维普期刊数据库传统检索页面

（3）高级检索

提供向导式检索和直接输入检索式检索两种方式。运用逻辑组配关系,查找同时满足几个检索条件的期刊文章(见图 12-38)。

"向导式检索"为读者提供分栏式检索词输入方法。除了可选择逻辑运算、检索项、匹配度外,还可以进行相应字段扩展信息的限定,最大限度地提高了"检准率"。

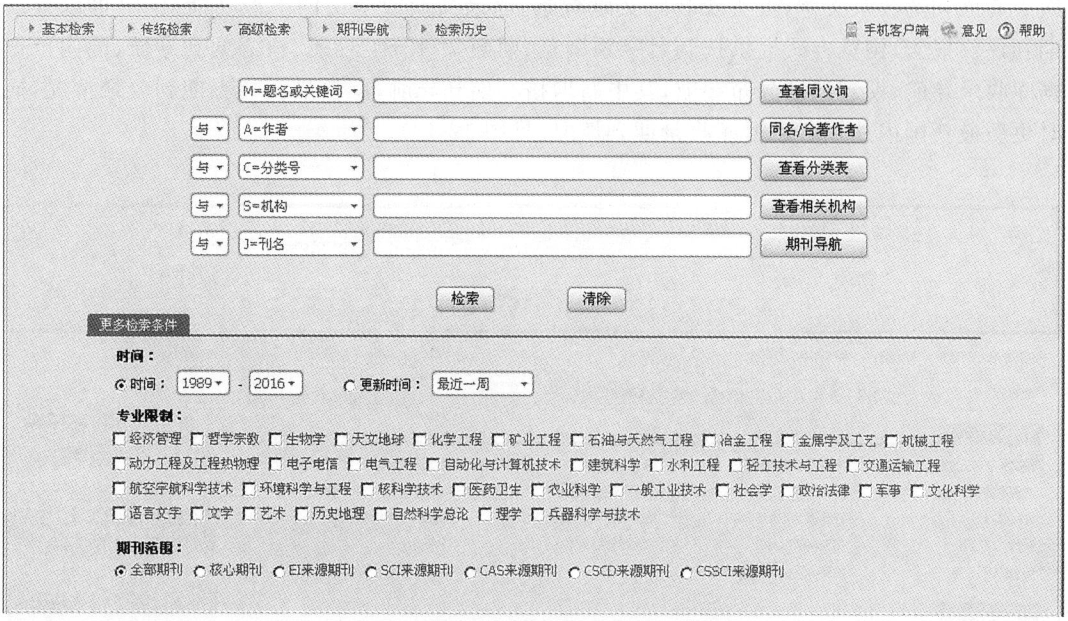

图 12-38　维普期刊数据库向导式检索页面

"直接输入检索式"方式下,读者可在检索框中直接输入逻辑运算符、字段标识等,使用更多检索条件并对相关检索条件进行限制后点"检索"按钮即可(见图 12-39)。检索字段代码:U 任意字段、S 机构、M 题名或关键词、J 刊名、K 关键词、F 第一作者、A 作者、T 题名、C 分类号、R 文摘。如"K＝知识产权 ＊ A＝李志强"的检索式可以查找到关键词包含"知识产权"且作者名字为"李志强"的文章。

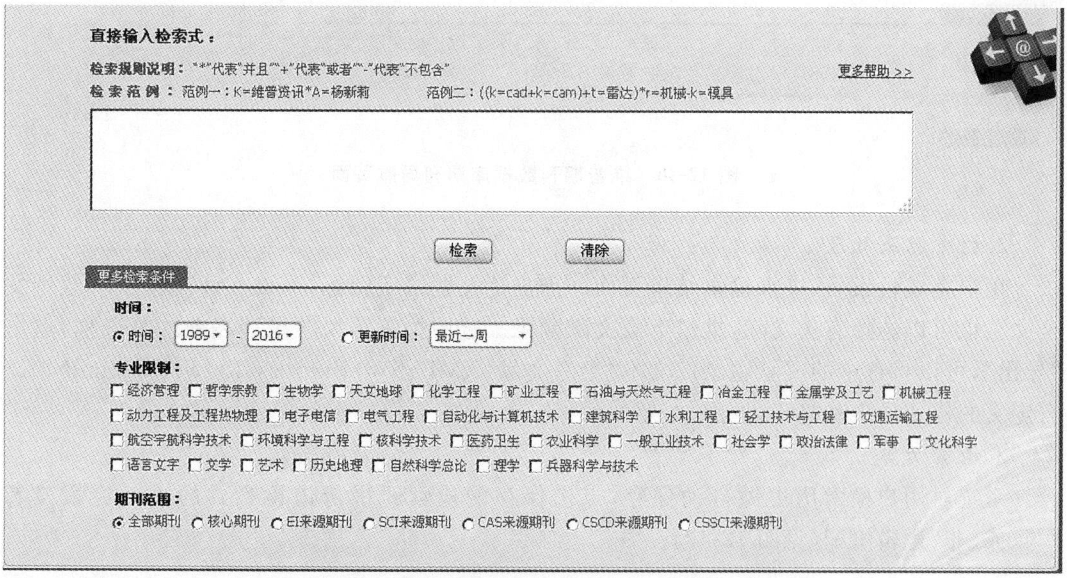

图 12-39　维普期刊数据库"直接输入检索式"检索页面

（4）期刊导航

分检索和浏览两种方式：检索方式提供期刊名检索、ISSN 号检索查找某一特定刊,按期次查看该刊的收录文章,可实现刊内文献检索、题录文摘或全文的下载功能,同时可以查看期刊评价报告;浏览方式提供按刊名字顺浏览、期刊学科分类导航、核心期刊导航、国内外数据库收录导航、期刊地区分布导航,其中新增核心期刊导航,反映最新核心期刊收录情况,同时更新最新国内外知名数据库收录期刊情况(见图 12-40)。

图 12-40　维普期刊数据库期刊导航页面

2.检索结果处理

用户完成检索后,进入检索结果页面。点击论文题录后图标,可以在线阅读或下载论文全文。也可以选择有关文献,批量下载文献题录。选中检索结果题录列表前的复选框,点击"导出",可以将选中的文献题录以文本、参考文献、XML、NoteExpress、Refworks、EndNote、自定义的格式导出和打印(见图 12-41)。

3.检索历史

系统对用户检索历史做自动保存,点击保存的检索式进行该检索式的重新检索或者"与、或、非"逻辑组配(见图 12-42)。

您的检索式 20999篇;　题名或关键词=知识产权 并且 题名或关键词=保护

全选 清除 导出　已选 0 条　　　　　　　　　　　　　　　按时间筛选 全部 ▼

☐ 1　**题名：** 江门崇达被评为"江门市知识产权示范企业"　 在线阅读 🔲 下载全文 ⬇

　　出处：《印制电路资讯》 2016年第1期

　　摘要： 2015年11月11日，江门崇达通过江门市知识产权局的初步筛选和最终考核，被认定为2015年江门市知识产权示范企业。自成立以来，公司建立了一套完善的知识产权建设和保护制度，规范了公司知...

☐ 2　**题名：** 法社会学视角下的藏医药保护　 在线阅读 🔲 下载全文 ⬇

　　作者： 杨长海

　　出处：《榆林学院学报》 2016年第1期

　　基金： 西藏自治区哲学社会科学专项资金项目"法治语境下西藏非物质文化遗产保护问题研究"(13BFX002)

　　摘要： 藏医药的保护，既包括在传统藏医药基础上研制成功的藏医药新产品的保护，更包括对作为文化遗产的传统藏医药本身的保护。对于前者，现有的知识产权法律体系将继续发挥作用，而对具有深厚佛教...

☐ 3　**题名：** 知识产权保护的区域技术创新效应与技术获取渠道异质性研究　 在线阅读 🔲 下载全文 ⬇

　　作者： 康逸军 孙彩虹

　　出处：《科技进步与对策》 CSSCI 2016年第1期

　　基金： 国家社会科学基金项目(11XJL001)

　　摘要： 构建了"知识驱动型"两部门模型，利用2005-2012年中国内地24个省市面板数据，借助"杰菲"知识生产函数构建了动态面板模型，从理论与实证角度探讨了知识产权保护对于区域技术进步的作用机...

图 12-41　维普期刊数据库检索结果页面

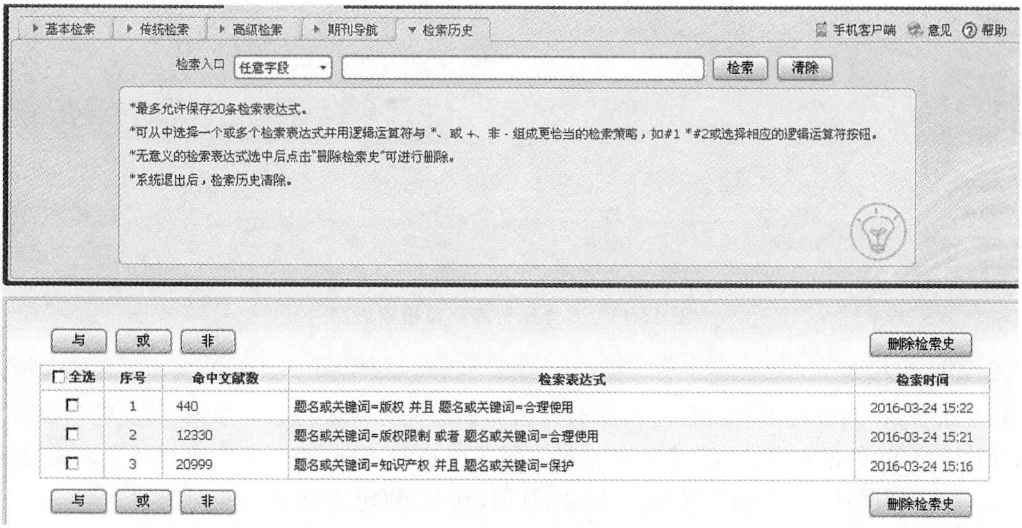

▶ 基本检索　▶ 传统检索　▶ 高级检索　▶ 期刊导航　▼ 检索历史　　　　　📱 手机客户端 💬 意见 ❓ 帮助

检索入口 任意字段 ▼ [　　　　　　　　　　] 检索 清除

*最多允许保存20条检索表达式。

*可从中选择一个或多个检索表达式并用逻辑运算符与 * 、或 + 、非 - 组成更恰当的检索策略，如#1 *#2或选择相应的逻辑运算符按钮。

*无意义的检索表达式选中后点击"删除检索史"可进行删除。

*系统退出后，检索历史清除。

与　或　非　　　　　　　　　　　　　　　　　　　　　删除检索史

☐全选	序号	命中文献数	检索表达式	检索时间
☐	1	440	题名或关键词=版权 并且 题名或关键词=合理使用	2016-03-24 15:22
☐	2	12330	题名或关键词=版权限制 或者 题名或关键词=合理使用	2016-03-24 15:21
☐	3	20999	题名或关键词=知识产权 并且 题名或关键词=保护	2016-03-24 15:16

与　或　非　　　　　　　　　　　　　　　　　　　　　删除检索史

图 12-42　维普期刊数据库检索历史保存页面

12.3.3　万方期刊库

　　万方数据知识服务平台收录了期刊、会议、学位论文、法律法规、专利、科技成果、地方志等资源。机构正式订购的数据库可以下载全文。这里主要介绍万方期刊库，其他子库会在后面的相关章节进行介绍。

　　1.数据库检索

　　(1)简单检索

　　万方数据知识服务平台提供了简单检索的界面，可以选择子库，系统默认是全选。用户可以选择期刊库进行检索。该检索方式下提供论文检索和期刊检索两种方式。在检索框输入检索词,点击"检索论文"或"检索刊名"按钮,就可以进行论文或期刊检索。该方式下,数据库提供按学科分类、地区分类、刊名首字母顺序排列的期刊列表,用户可以按某种期刊分类进行浏览(见图12-43)。

图 12-43　万方期刊库简单检索页面

(2)高级检索

点击首页"高级检索"按钮,进入高级检索界面。先选择要检索的数据库,在检索字段下选择检索字段,数据库提供的检索途径根据不同子库有所不同,期刊库主要有题名或关键词、主题、题名、创作者、作者单位、关键词、摘要、日期、刊名、刊期、DOI 等。也可对检索词进行"精确"或"模糊"限定,并对检索词之间进行"与、或、非"的逻辑组配。也可进行出版年份的限定。

(3)专业检索

该检索方式下,先选择数据库,用户直接在检索框输入编制好的检索式,可以先选择检索框右边的可检索字段,也可以不选,不选的话默认在所有字段检索(见图12-44)。

2.检索结果处理

数据库将文献检索结果按年份、学科类型进行分类统计。用户可点击进入相应年份和学科进行结果限定。检索结果默认按相关度排序,也可以按新论文进行排序。题录显示模式可选"精简模式"或"详细模式"。"精简模式"下只有题名、期刊和卷期信息;"详细模式"则包含了题名、刊名、卷期、作者、摘要、关键词、被引次数等信息,系统默认是详细模式。数据库还提供了"引用通知"的功能,通过注册账号,一旦文章被引用,作者可以收到相关信息。题录信息右侧列出一些与检索词相关的"高频关键词",提示用户相应的研究热点。

点击论文题录信息下面的"查看全文"或"下载全文"按钮,就可以阅读或下载文章全文。点击论文题目也可进入下载页面。点击文章前面的复选框,可以将文章按不同格式批量导出或输出到 NoteExpress、RefWorks、NoteFirst、EndNote 等文献管理软件。

图 12-44 万方期刊库专业检索与结果

12.3.4 北大法宝

"北大法宝"法律信息数据库是由北京大学法制信息中心与北京北大英华科技有限公司联合推出的智能型法律信息数据库,包括法律法规数据库、司法案例数据库、法学期刊数据库、法规案例英文译本数据库。"北大法宝"在全国率先进行法律信息数据挖掘和知识发现,独创了"法条联想",使法律法规条文和相关司法案例、法学论文、法律条文释义、法律实务指南等法律信息之间双向链接,形成全方位、多层次、立体化的法律信息体系。

法律法规数据库:内容包括法律、行政法规、部门规章、司法解释、地方法规、地方规章、裁判文书精选、最高人民法院公报案例、经典案例评析、仲裁裁决与案例、法律条文释义、法律实务指南、法学教程、法学文献、合同范本、法律文书样式、立法背景资料、香港法规库、台湾法规库、中外条约、外国与国际法律。该数据库有"法条联想(双向超文本链接)"、"法宝之窗"等功能,数据来源采用全国人大常委、国务院法制办、最高人民法院等国家机关提供的或《中华人民共和国立法法》认可的法规文本,具有权威性。目前有数据 45 万多篇,每日更新 300 篇以上,年更新 10 万篇以上。

司法案例数据库：全面精选我国大陆法院各类民事案例、刑事案例、行政案例。具有"法条联想（双向超文本链接）"、"法宝之窗"、个案呈现系统、案例帮助系统、刑事比对功能、类别导航体系、评论建议互动等功能。目前有数据8万多篇，每日更新100篇以上，年更新4万篇以上。

法学期刊数据库：全面收录《中国法学》、《中外法学》、《法学杂志》、《政法论坛》、《现代法学》、《比较法研究》、《法学评论》、《河北法学》、《当代法学》、《知识产权》、《法制与社会发展》、《行政法学研究》、《政治与法律》、《法学论坛》、《犯罪研究》、《甘肃政法学院学报》、《科技与法律》、《清华法学》、《互联网法律通讯》、《西南政法大学学报》、《网络法律评论》、《中国法律年鉴》等法学核心期刊全文文献。《法学研究》、《法学》、《法商研究》、《人民检察》、《环球法律评论》、《法律科学》、《人民司法》、《华东政法大学学报》、《电子知识产权》、《法律适用》等法学核心期刊目录。具有"法条联想（双向超文本链接）"、"法宝之窗"、文本格式（TXT）下载浏览等功能。目前有全文文献5万多篇，目录3万多篇。每月更新400篇以上，年更新5000篇以上。

法规案例英文译本数据库：内容包括法律、行政法规、部门规章、司法解释、地方法规、地方规章和最高人民法院公报案例的英文译本。由高级专业翻译人员翻译，专业翻译专家审稿。目前有7000多篇法规英文译本、600多篇案例英文译本，年更新数据1000篇以上。

1. 数据库检索

（1）一般检索

提供标题关键词检索或全文关键词检索两种方式（见图12-45）。

图12-45　北大法宝一般检索页面

用户在知道所要查询的标题中的关键词时，最适合用标题关键词检索查询方式，能极大提高查询效率。在输入关键词的同时，系统会显示推荐检索词列表，用户可以自由选择。

全文关键词检索适合需要查询正文内容中包括某词汇的全部文件，这时这种查询是快捷有效的方法。

　　检索词的匹配模式分两种:"精确"匹配和"模糊"匹配。"精确"匹配的检索模式准确定位,严格按照所输入关键字查找。系统默认精确检索,并推荐使用精确检索。如输入"酒后驾车",将出现含有与其完全匹配的词组的文件。

　　"模糊"匹配的检索模式,对用户输入的关键词词串进行分词处理,忽略词之间的位置关系进行简单的逻辑运算。扩大检索范围,更全面兼顾相关信息,检索命中范围更广。如检索"中国知识产权",将出现标题中含有"中国"、"知识产权"、"中国知识产权"的文件。

　　"同句"检索所输入的两个及两个以上关键词在同一句中同时出现,能更精确地检索出您所需的文件。此检索方式只在输入两个或两个以上词的时候有效。

　　"同段"检索所输入的两个或两个以上关键词在同一段中同时出现。

　　"同篇"检索所输入的两个或两个以上关键词在同一篇中同时出现。

　　在每一个数据库检索功能中都设置了"结果中检索"功能,这样可以使查询结果更加精确。在进一步输入限定条件后请点击"结果中检索",就可以在前一次检索的结果中再次检索。

　　(2)高级检索

　　高级检索系统详细分库,每一数据库内又按照检索习惯分类提供检索范围,帮助用户实现快速精准检索。从北大法宝主页面点击"高级检索"直接进入进行高级检索。高级检索是为了缩小检索内容,提高查准率,适用于对所查找的内容了解更多线索的情况。高级检索的具体项目根据每个子库性质不同而略有不同,用户可以根据项目提示将所掌握的线索关键词输入到对应文本框中(项目不必完全填满),然后点击"检索"即可得到结果列表(见图 12-46)。

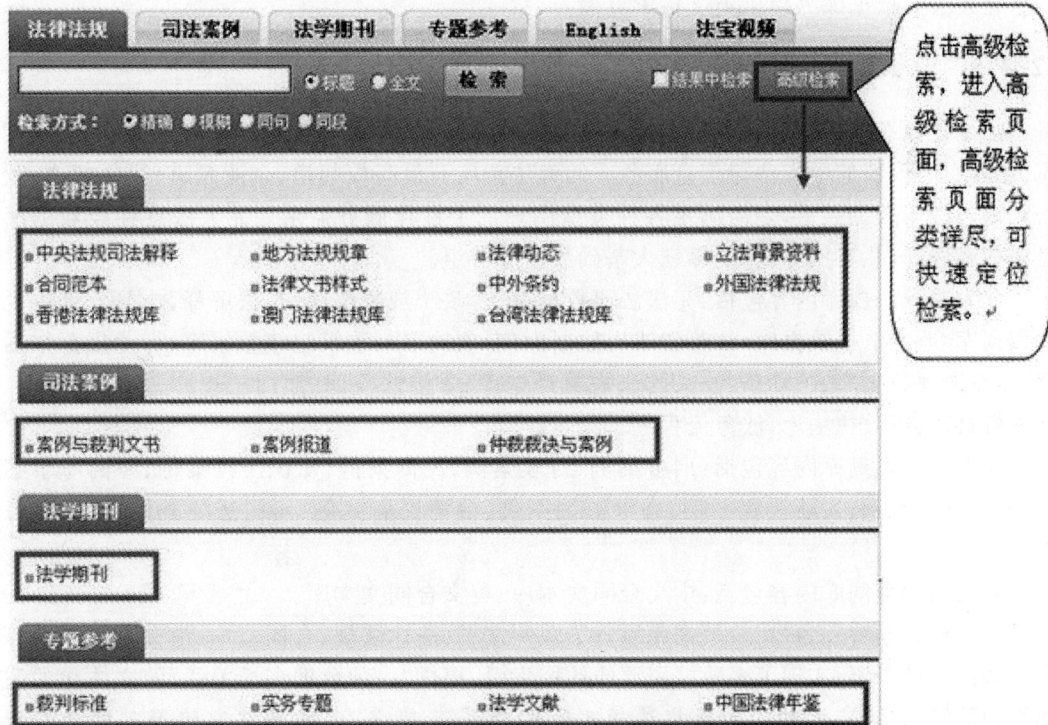

图 12-46　北大法宝高级检索页面

　　法律法规数据库按发布部门、批准部门、时效性、法规类别、批准机关等详细分类（见图12-47）。

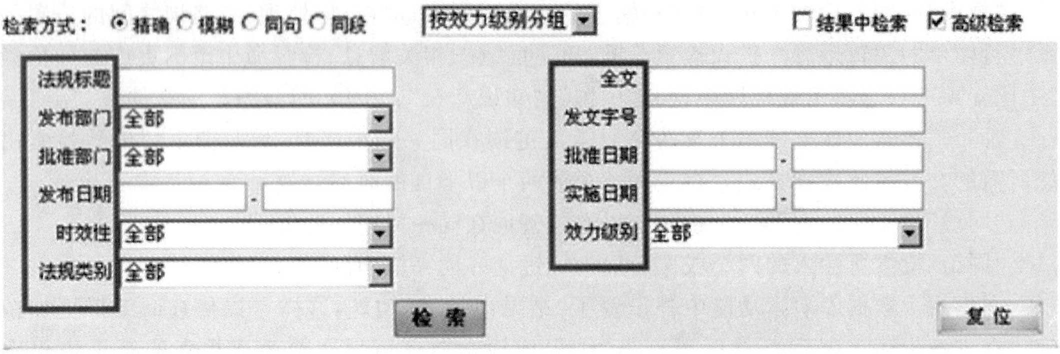

图12-47　北大法宝法律法规数据库高级检索页面

　　司法案例数据库以案由、罪名、审理法院、情节、代理律师等案件审理相关流程分类，符合案例查找习惯。

　　法学期刊数据库涵盖期刊名称、年份、作者、分类等详细信息，满足期刊文章一站式查询。

　　专题参考数据库内容涵盖企业合同范本——律师批注、裁判标准、实务专题、法学文献、法律年鉴，按照不同的习惯配以不同检索条件。

　　北大法宝数据库另提供英文检索界面。

12.3.5　北大法意

　　法律资源在线数据库网站（www.lawyee.net）简称"北大法意网"，向用户提供全球领先、最具实用价值的中文法律信息服务。北大法意网开设高校频道、企业频道、律师频道、政法频道与法律咨询频道，定向满足各种类型用户的个性化服务需求。北大法意在线数据库目前拥有法规库、案例库、合同库三大基础数据库群组。

　　北大法意法规库内容包括：宪法法律数据库、行政法规数据库、司法解释数据库、部委规章数据库、地方法规数据库、江苏省法规数据库（专项提取）、政策纪律数据库、行业规范数据库、军事法规数据库、国际条约、大陆法规英译本库、香港法规库、澳门法规库、台湾法规库、立法资料库、行政执法库、法务流程库。

　　北大法意案例库内容包括：刑事案例、行政案例、民商案例、知识产权案例、海商海事案例、专题分类案例、大陆法院案例、香港法院案例、台湾民商案例、澳门法院案例、审判参考库、法律文书库。

　　北大法意合同库内容包括：中文合同文本库、英文合同文本库。

　　其主要数据特色为：在线数据库涵盖了裁判文书、法律法规、合同范本、论文文献索引等多种法律信息资源；实现了多数据资源的钩稽索引，提供"一种数据多样关联"的立体化的法律知识关联体系；应用功能层面集法学实证理论研究、业务交流、普法宣传等多种功能于一体。

1. 北大法意法规库

(1)分类引导(见图 12-48)

分类引导分为层级引导、主题引导、专题引导和法域引导四部分。

层级引导:根据法律法规的颁布部门的层级大小而做的引导。

主题引导:根据热点法律部门进行的本部门内部所有法律法规的汇总。主题引导在其列表页左侧进行了二级分类,系统完整地为用户提供了该部门法律法规的全套规定。

专题引导:为满足用户实际需求而进行的按不同类别的法律关系,将法律法规进行引导归类。

法域引导:我国大陆外的法规及中国法规英译本引导。每一分类下又按照法律本身的系统和特点进行了第二次分类。

用户检索时,直接点击相应的引导词,进入结果列表页。

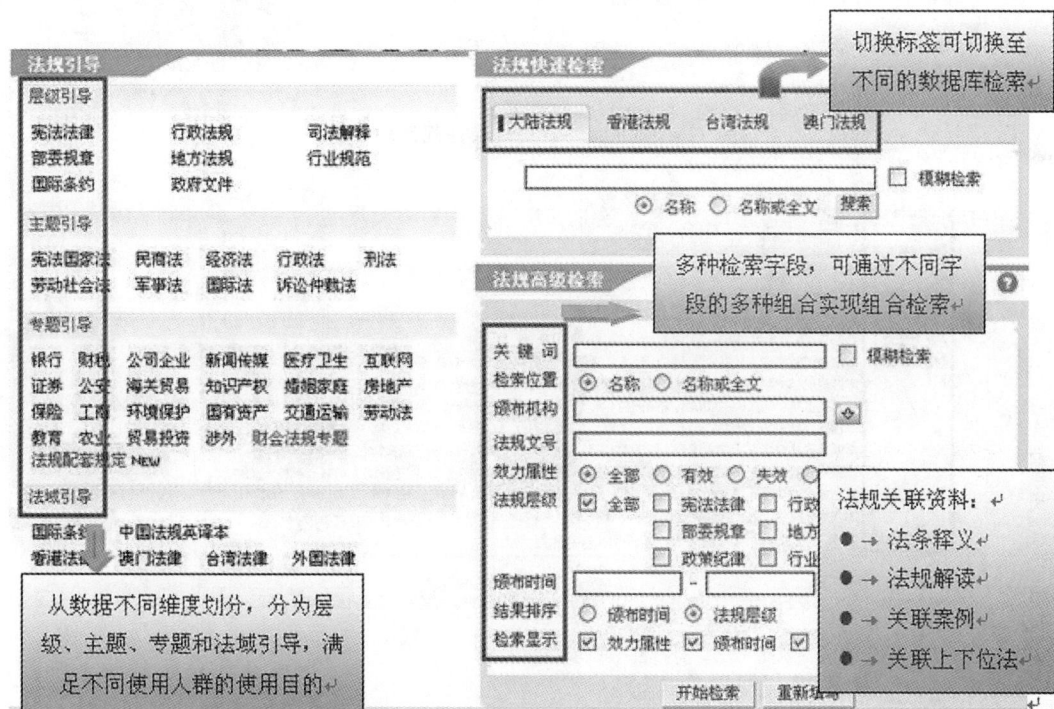

图 12-48　北大法意法规库分类引导页面

(2)法规列表(见图 12-49)

(3)法规全文(见图 12-50)

法律法规全文页展示法规属性和法规全文两部分信息。其中,法规全文以文内链、关联资料等形式提供法规文本的注释,通过关联法规和案例等文本互动链接分析功能,便于用户了解立法概况,理解和应用法条。

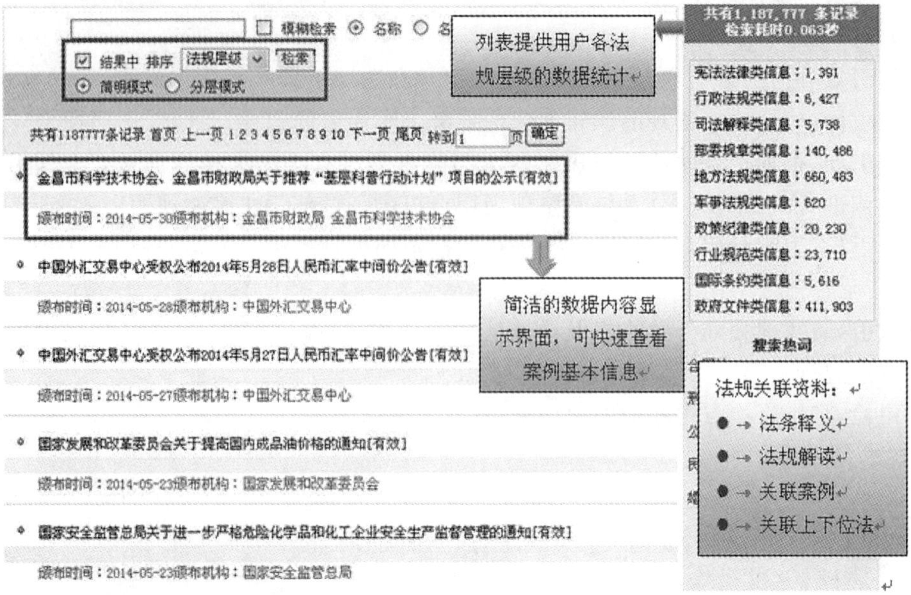

图 12-49　北大法意法规库法规列表页面

第十六条　行为在客观上虽然造成了损害结果，但是不是出于故意或者过失，而是由于不能抗拒或者不能预见的原因所引起的，不是犯罪。
关联资料：法条释义　关联案例共16部　司法解释共1部　司法考试1题

第十七条　已满十六周岁的人犯罪，应当负刑事责任。
已满十四周岁不满十六周岁的人，犯故意杀人、故意伤害致人重伤或者死亡、强奸、抢劫、贩卖毒品、放火、爆炸、投毒罪的，应当负刑事责任。
已满十四周岁不满十八周岁的人犯罪，应当从轻或者减轻处罚。
因不满十六周岁不予刑事处罚的，责令他的家长或者监护人加以管教；在必要的时候，也可以由政府收容教养。
关联资料：法条释义　关联案例共4249部　　宪法法律共8部　行政法规共2部　司法解释共48部　部委规章共2部　地方法规共1部
司法考试6题

第十八条　精神病人在不能辨认或者不能控制自己行为的时候造成危害结果，经法定程序鉴定确认的，不负刑事责任，但是应当责令他的家属或者监护人严加看管和医疗；在必要的时候，由政府强制医疗。
间歇性的精神病人在精神正常的时候犯罪，应当负刑事责任。
尚未完全丧失辨认或者控制自己行为能力的精神病人犯罪的，应当负刑事责任，但是可以从轻或者减轻处罚。
醉酒的人犯罪，应当负刑事责任。
关联资料：法条释义　关联案例共683部　司法解释共1部

第十九条　又聋又哑的人或者盲人犯罪，可以从轻、减轻或者免除处罚。
关联资料：法条释义　关联案例共793部　　司法解释共1部

图 12-50　北大法意法规库法规全文页面

2.北大法意案例库

(1)分类引导(见图 12-51)

法院案由引导:案由引导共提供了民经、刑事、行政、知识产权、海商和国家赔偿 6 大数据分类,提供共 5000 余个案由,最大限度满足用户的案由检索需求。

专题分类引导:提供银行、证券等 27 个专题分类引导,实现数据在某一领域、某一行业内的具体应用。

法律点体系引导:提供不同案件类型的法律点体系,每个法律点体系下的数据都是经过编辑精心加工制作,为用户提供切实有效的数据引导和参考。

法院地域引导:按照现有的法院层级,从最高院到各省、地、市、县、区实现逐级展示效果,可任意检索某一级(个)法院审理的案件信息。

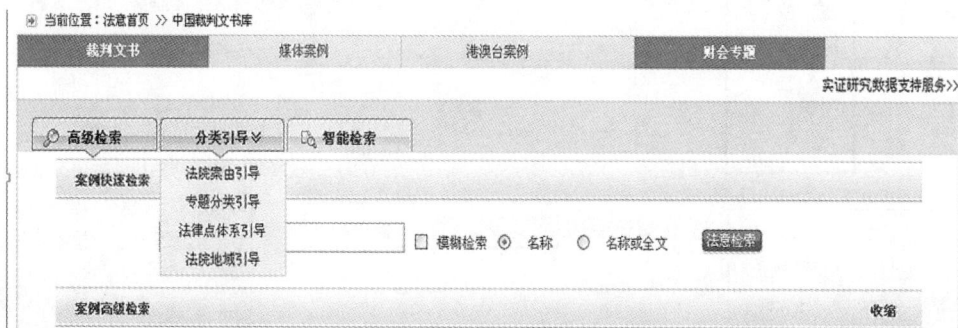

图 12-51　北大法意案例库分类引导页面

(2)智能检索(见图 12-52)

智能检索是北大法意独创的文本分析技术在实际数据中的应用。通过在检索项下选择相应的检索项,并同时选定相应的检索词,即能实现在某一场景下的数据检索效果。如检索项输入"被指控被告人_死刑种类",对应选择"立即执行",检索后即有有关的数据参考。

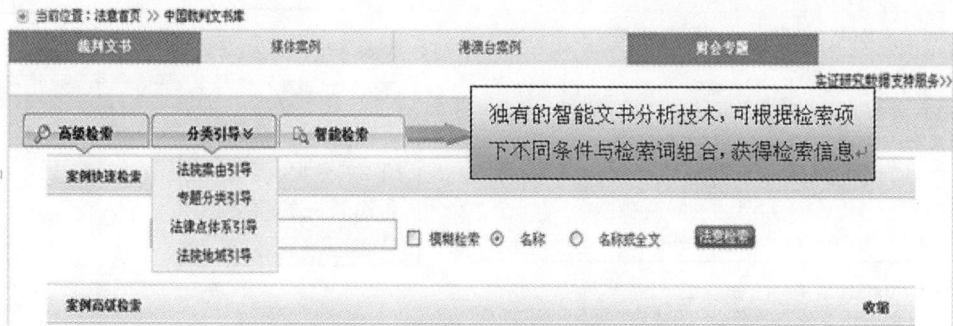

图 12-52　北大法意案例库智能检索页面

(3)数据检索(见图 12-53)

(4)案例列表(见图 12-54)

(5)案例数据包(见图 12-55)

每个精品案例的案件名称、案号、判决时间、审理法院、审理法官、代理律所、代理律师、案由、学理词、案情摘要、法律点、证据规则、裁判要旨、法律依据等诸多要素组成案例数据包,实现全方位双向互动检索。数据之间通过审理法院、法院案由、法律点体系、学理词、审理法官、代理律师、代理律所等建立关联信息。

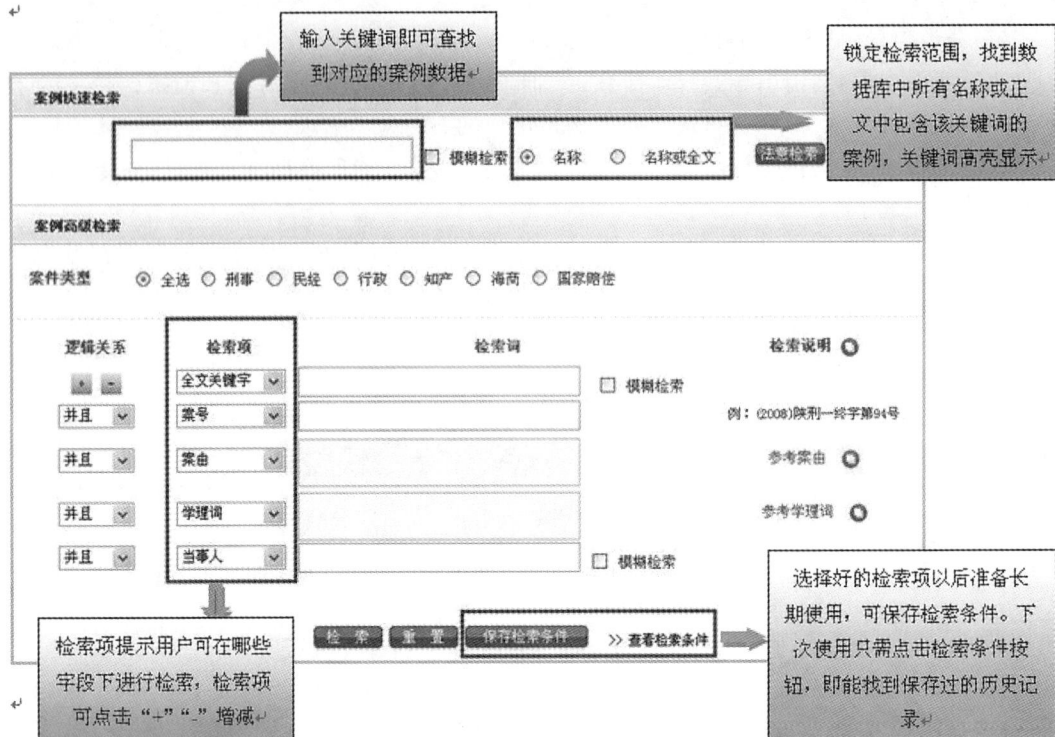

图 12-53　北大法意案例库数据检索页面

图 12-54　北大法意案例库案例列表页面

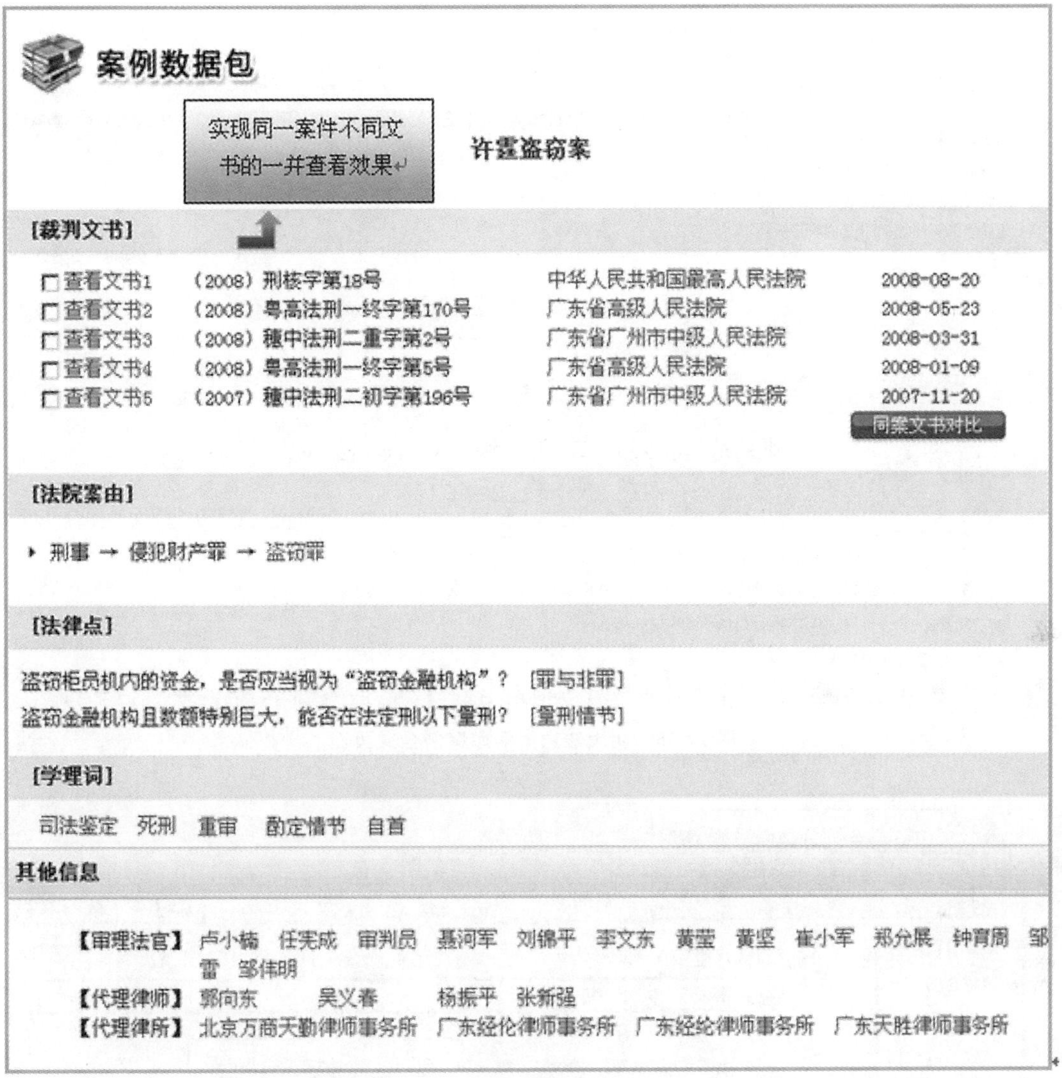

图 12-55　北大法意案例库案例数据包页面

（6）案例全文（见图 12-56）

（7）数据关联

裁判文书全文页中展示的法条速查、法规速查功能，能快速锁定该案例中有关的法规和法条信息，从而全方位实现案件信息与法规库、其他资料库间的互动关联。

3. 北大法意合同文本库

（1）合同分类（见图 12-57）

（2）合同编辑（见图 12-58）

合同编辑功能是法意自主研发的全新的文本编辑自助系统。用户可以根据系统提供的合同条款相关资料，对合同条款进行任意修改补充并进行存档打印。

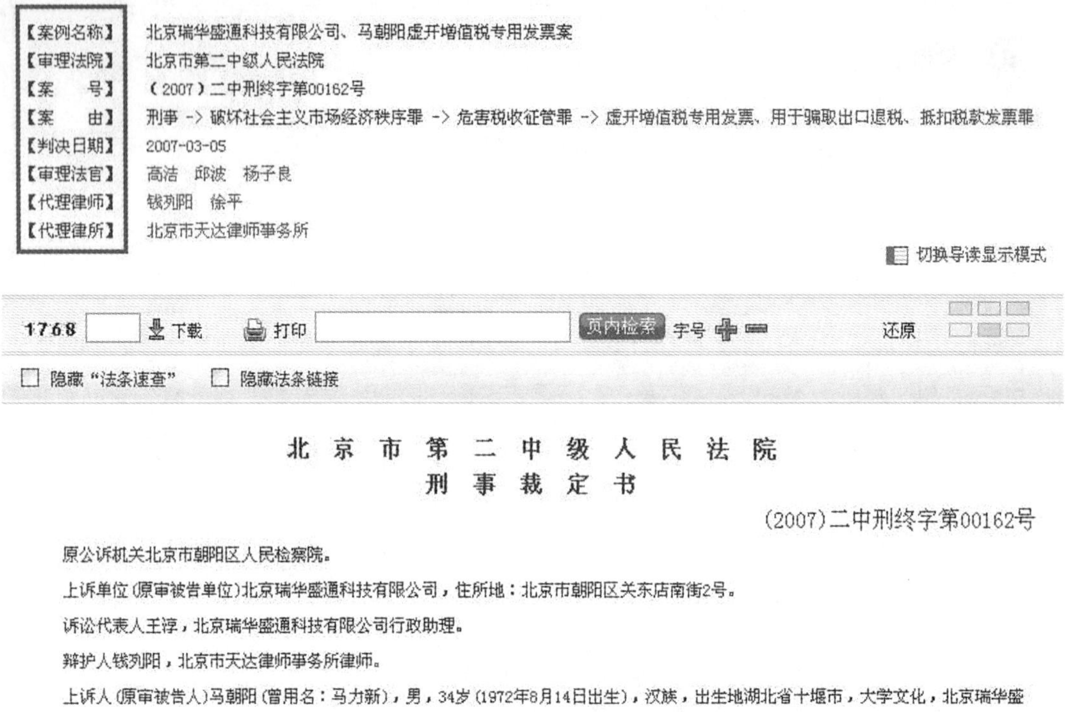
【案例名称】 北京瑞华盛通科技有限公司、马朝阳虚开增值税专用发票案
【审理法院】 北京市第二中级人民法院
【案　　号】 （2007）二中刑终字第00162号
【案　　由】 刑事 -> 破坏社会主义市场经济秩序罪 -> 危害税收征管罪 -> 虚开增值税专用发票、用于骗取出口退税、抵扣税款发票罪
【判决日期】 2007-03-05
【审理法官】 高洁　邱波　杨子良
【代理律师】 钱列阳　徐平
【代理律所】 北京市天达律师事务所
切换导读显示模式
1768
下载
打印
页内检索
字号
还原
隐藏"法条速查"
隐藏法条链接
北　京　市　第　二　中　级　人　民　法　院
刑　事　裁　定　书
(2007)二中刑终字第00162号
原公诉机关北京市朝阳区人民检察院。
上诉单位(原审被告单位)北京瑞华盛通科技有限公司，住所地：北京市朝阳区关东店南街2号。
诉讼代表人王淳，北京瑞华盛通科技有限公司行政助理。
辩护人钱列阳，北京市天达律师事务所律师。
上诉人(原审被告人)马朝阳(曾用名：马力新)，男，34岁(1972年8月14日出生)，汉族，出生地湖北省十堰市，大学文化，北京瑞华盛

图 12-56　北大法意案例库案例全文页面

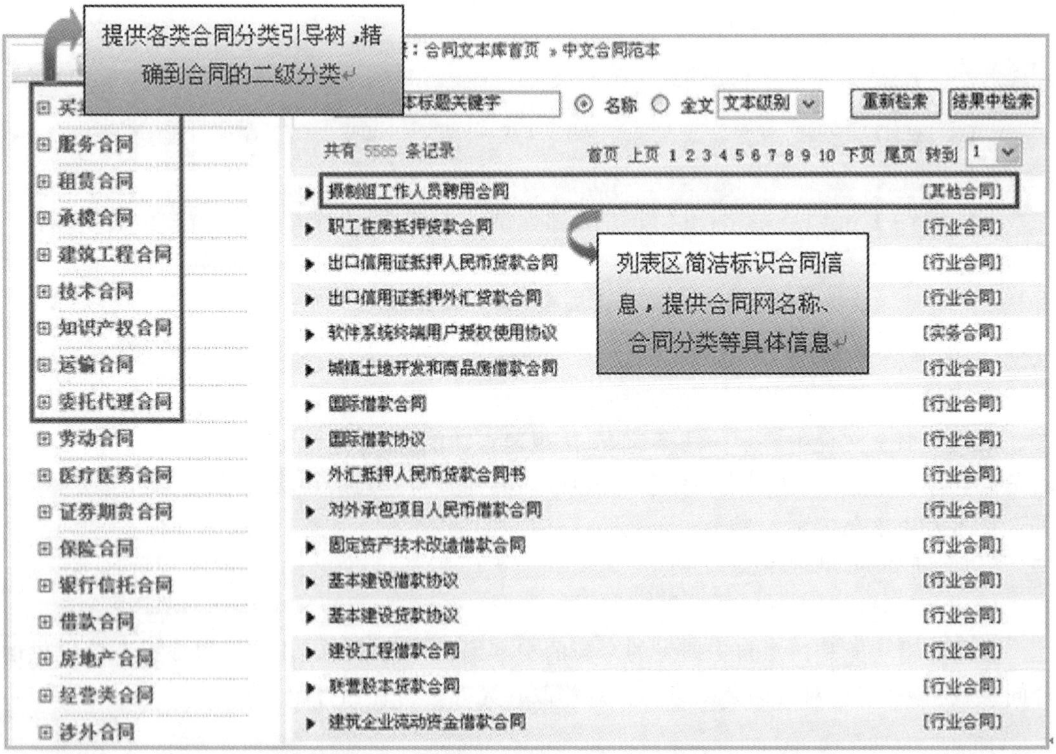
提供各类合同分类引导树，精确到合同的二级分类
：合同文本库首页 » 中文合同范本
本标题关键字
名称
全文
文本级别
重新检索
结果中检索
服务合同
租赁合同
承揽合同
建筑工程合同
技术合同
知识产权合同
运输合同
委托代理合同
劳动合同
医疗医药合同
证券期货合同
保险合同
银行信托合同
借款合同
房地产合同
经营类合同
涉外合同
共有 5585 条记录
首页 上页 1 2 3 4 5 6 7 8 9 10 下页 尾页 转到 1
摄制组工作人员聘用合同 [其他合同]
职工住房抵押贷款合同 [行业合同]
出口信用证抵押人民币贷款合同 [行业合同]
出口信用证抵押外汇贷款合同 [行业合同]
软件系统终端用户授权使用协议 [实务合同]
城镇土地开发和商品房借款合同 [行业合同]
国际借款合同 [行业合同]
国际借款协议 [行业合同]
外汇抵押人民币贷款合同书 [行业合同]
对外承包项目人民币借款合同 [行业合同]
固定资产技术改造借款合同 [行业合同]
基本建设借款协议 [行业合同]
基本建设贷款协议 [行业合同]
建设工程借款合同 [行业合同]
联营股本贷款合同 [行业合同]
建筑企业流动资金借款合同 [行业合同]
列表区简洁标识合同信息，提供合同网名称、合同分类等具体信息

图 12-57　北大法意合同文本库合同分类页面

图 12-58 北大法意合同文本库合同编辑页面

4. 实用功能

不论是法律法规库还是法院案例库,除了提供二次检索、检索统计这样的常规业务检索功能外,还提供了一系列的实务功能,如文本单篇或多篇下载打印、页内检索定位功能、字号大小调整、阅读背景色设置、切换导读显示模式、法条速查、法规链接、文书对比等功能,使得在线数据库产品的应用功能更加人性化。

具体功能展示如图 12-59 所示。

实用功能	
高级检索	提供多条件逻辑检索模式,满足不同检索需求,一次解决复杂检索要求。
快速检索	提供单一条件检索,解决用户基本检索需求。
智能检索	充分利用文书分析成果,提供更精准高效的检索结果。
结果中检索	用户可以在检索结果中进行多次再检索,进一步精确检索结果。
检索统计	按不同维度,及时统计出检索结果分布情况,方便客户了解检索数据整体分布情况。
检索条件保存	检索条件保存及定时推送功能,便于用户存储检索条件及时获取最新检索信息。
分类引导	提供层级、专题、行业和案由等多维度专业分类,满足不同查询习惯。
文本下载	提供下载单篇或多篇文本功能,支持doc、html、pdf、txt格式下载。
文本打印	提供直接打印文本功能。
Email发送	提供文本邮件转发功能。
页内检索	提供进行页内检索,具有上下定位功能,便于更快查看查询结果。
字号缩放	提供正文字号放大缩小功能,满足用户不同阅读偏好。
阅读背景设置	提供不同阅读背景色,满足用户不同阅读偏好。
法条速查	鼠标放置法条上方即可获得法条信息及关联资料,关联资料包括关联实务案例、立法资料、法条释义等。
法规链接	点击即可链接至相关法规全文内容,方便扩展阅读。
导读显示模式	提供案例导读模式,满足用户快速阅读的需要。

图 12-59 北大法意实用功能

12.3.6　学位论文数据库

主要有中国知网中国博硕士学位论文数据库和万方中国博硕士学位论文数据库。

1. 中国知网中国博硕士学位论文库(见图 12-60)

这是目前国内相关资源最完备、高质量、连续动态更新的中国优秀博硕士学位论文全文数据库。目前,累计博硕士学位论文全文文献 300 多万篇,包括全国 430 多家培养单位的博士学位论文和 720 多家硕士培养单位的优秀硕士学位论文。硕士论文重点收录了 985、211 高校、中国科学院、社会科学院等重点院校高校的优秀硕士论文,重要特色学科如通信、军事学、中医药等专业的优秀硕士论文。分为十大专辑:基础科学、工程科技Ⅰ辑、工程科技Ⅱ辑、农业科技、医药卫生科技、哲学与人文科学、社会科学Ⅰ辑、社会科学Ⅱ辑、信息科技、经济与管理科学。十大专辑下分为 168 个专题。

数据库可以分库检索,也可以跨库检索。检索途径有主题、题名、作者、导师、学位授予单位、关键词、摘要、目录、全文、参考文献、中图分类号和学科专业名称。检索方法参见 CNKI—中国学术期刊网的相关内容。学位论文全文阅读需下载 CAJ 全文浏览器。

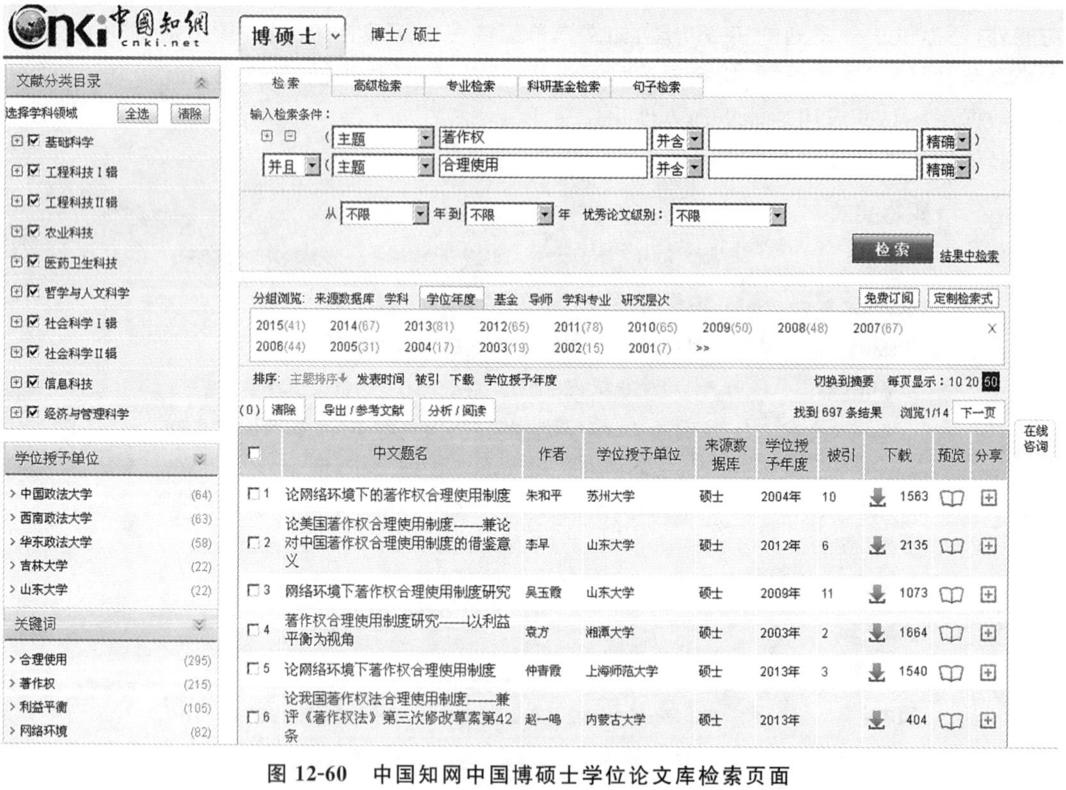

图 12-60　中国知网中国博硕士学位论文库检索页面

2. 万方中国博硕士学位论文库(见图 12-61)

万方中国学位论文全文数据库(China Dissertation Database,CDDB),收录始于 1980 年,年增 30 万篇,并逐年回溯,与国内 900 余所高校、科研院所合作,占研究生学位授予单位 85% 以上,涵盖理、工、农、医、人文社科、交通运输、航空航天、环境科学等各学科。2016 年 5 月数据库共有学位论文全文文献 350 多万篇。

数据库检索途径有标题、关键词、作者、专业、导师、学校等。检索方法参见万方数字化期刊。

数据库还提供了按学科专业目录、学校所在地及学校等途径浏览学位论文。

图 12-61 万方中国博硕士学位论文库检索页面

12.3.7 会议论文数据库

1. 中国知网国内外重要会议论文全文数据库(见图 12-62)

中国知网国内外重要会议论文全文数据库重点收录 1999 年以来,中国科协、社科联系统及省级以上的学会、协会,高校、科研机构,政府机关等举办的重要会议以及在国内召开的国际会议上发表的文献。其中,全国性会议文献超过总量的 70%,部分重要会议论文回溯至1953 年。目前已收录出版国内外学术会议论文集 3 万本,累积文献总量 200 万篇。

数据库可以分库检索,也可以跨库检索。检索途径有主题、篇名、作者、单位、会议名称、关键词、基金、摘要、全文、论文集名称、中图分类号。检索方法参见 CNKI-中国学术期刊网的相关内容。

2. 万方学术会议论文数据库(见图 12-63)

万方学术会议论文数据库收录了 1997 年以来科协系统、学会、协会、高等院校、科研机构、医院、企业、党政机关等举办的会议上发表的文献。

可通过主题、题名、创作者、作者单位、关键词、基金、日期、会议名称、会议主办单位、会议 ID 等途径进行检索。数据库还提供了按学术会议分类、会议主办单位等途径浏览会议论文。

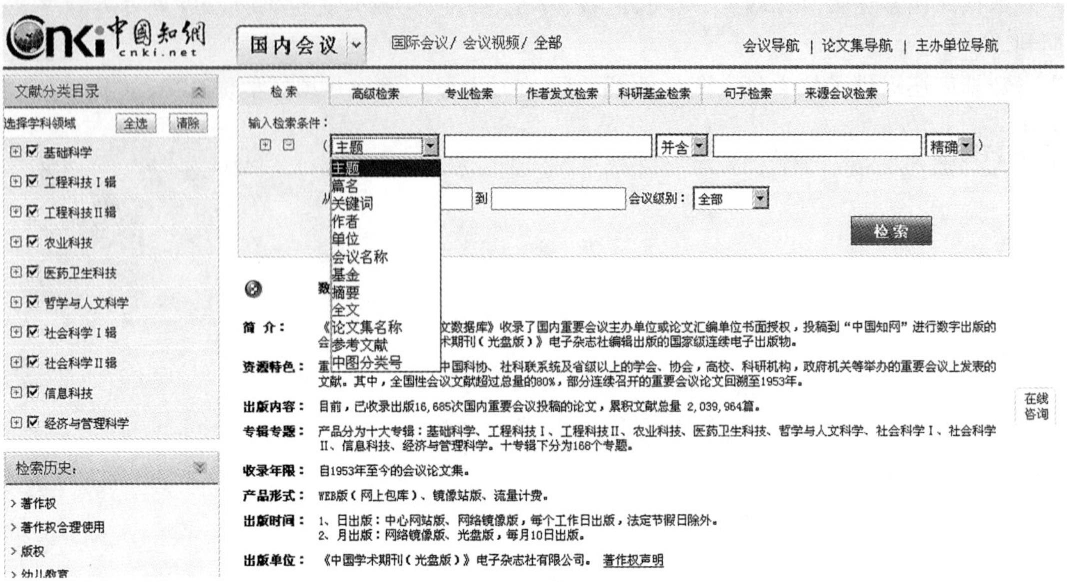

图 12-62　中国知网国内会议论文检索页面

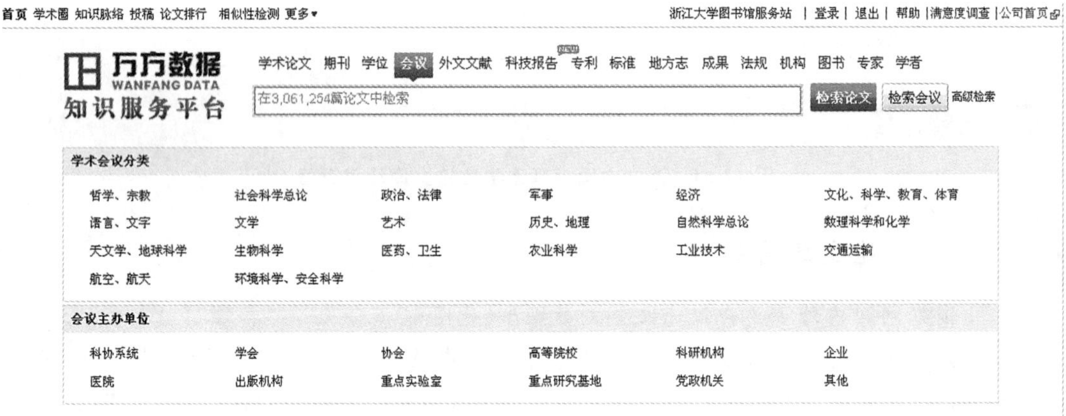

图 12-63　万方学术会议论文检索页面

第 13 章

外文数据库

13.1 电子图书数据库

13.1.1 早期英语图书在线(Early English Books Online)

EEBO 是一个旨在再现 1473—1700 年英国及其殖民地所有纸本出版物,以及这一时期世界上其他地区的纸本英文出版物的项目。它是目前仍留存的早期英语世界 227 年(1473—1700)全部资料的汇总。该项目由密歇根大学、牛津大学和 ProQuest Information and Learning 公司合作开发并于 1999 年推出。最初由 ProQuest 公司(原 UMI)将全部资料制成缩微资料,即国外著名的 Early English Books I、Early English Books Ⅱ、Thomason Tracts 和 Early English Books Tract Supplement 等缩微专辑。因此,EEBO 就是以上缩微资料的 WEB 版。

EEBO 是目前世界上记录 1473—1700 年的早期英语世界出版物最完整、最准确的全文数据库。EEBO 项目全部完成以后将收录 12.5 万种著作,包含超过 2250 万页纸的信息。EEBO 包括许多知名作家的著作,例如莎士比亚(Shakespeare)、马洛礼(Malory)、斯宾塞(Spencer)、培根(Bacon)、莫尔(Moore)、伊拉斯谟(Erasmus)、鲍尔(Bauer)、牛顿(Newton)、伽利略(Galileo)。除了收录那个时期大量的文学资料以外,该数据库还包括许多历史资料,例如皇家条例及布告、军事、宗教和其他公共文件;年鉴、练习曲、年历、大幅印刷品、经书、单行本、公告及其他的原始资料。

该数据库覆盖从历史、英语文学、宗教到音乐、美术、物理学、妇女问题研究等诸多领域,它的深度和广度为各学科领域的研究提供了广泛的基础。

1. 数据库浏览与检索方法

进入 EEBO 后,点击任何页面上"Search"按钮,即可进入图书检索界面,该系统提供基本检索(Basic Search)、高级检索(Advanced Search)、期刊检索(Periodicals Search)3 种检索方式。

(1)基本检索

可根据需要在不同检索项后输入检索词,可检索字段有:关键词(Keywords)、作者关键词(Author Keyword)、题名关键词(Title Keyword)、主题关键词(Subject Keyword)、书目号(Bibliographic Number)。其中,关键词、作者关键词、题名关键词、主题关键词都可通过列表选择(Select From a List)。同时还可进行一些限定,如日期限定(Limit by Date)、内容限定(Limit To)、结果排序方式(Sort Results)、结果显示数量(Display)等(见图 13-1)。

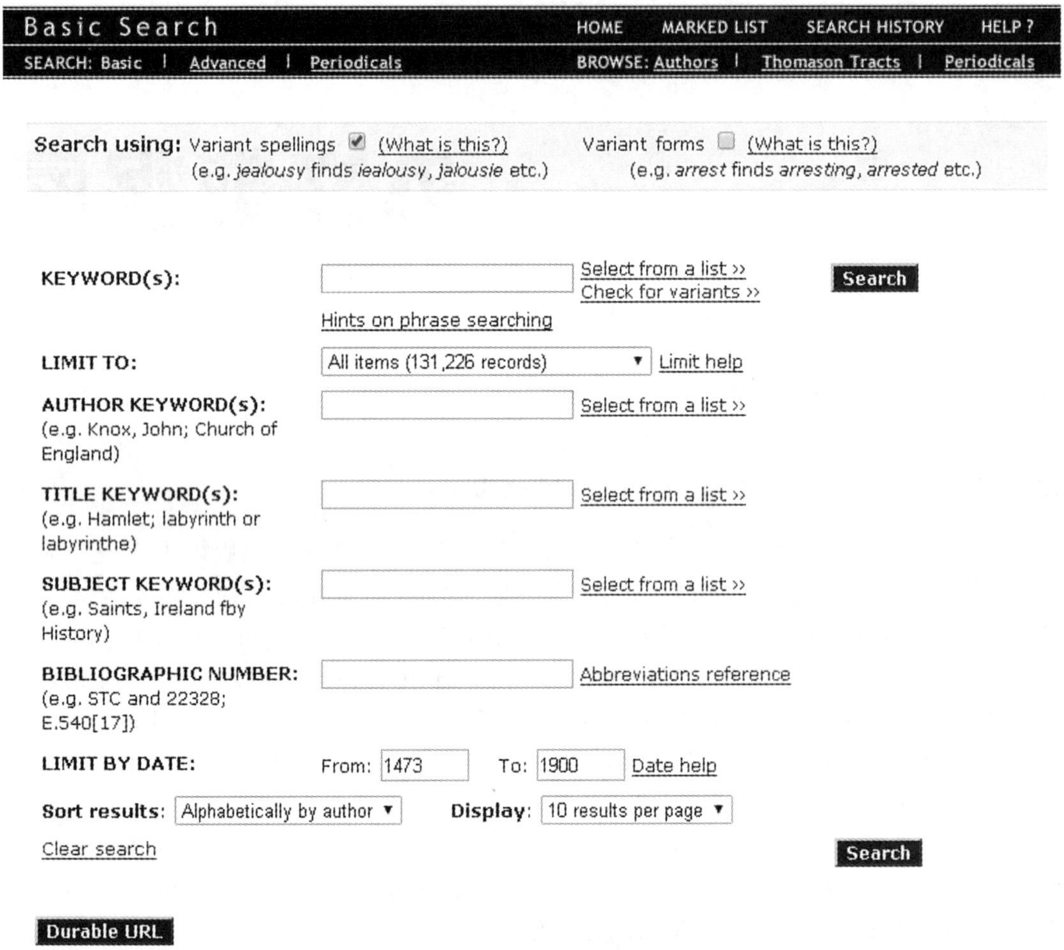

图 13-1　EEBO 基本检索页面

(2)高级检索

可根据需要在不同检索项后输入检索词,可检索字段有:关键词(Keywords)、作者关键词(Author Keyword)、题名关键词(Title Keyword)、主题关键词(Subject Keyword)、书目号(Bibliographic Number)、出版信息(Imprint)、缩微胶片卷号及位置(Reel Position)、来源图书馆(Source Library)。其中,关键词、作者关键词、题名关键词、主题关键词、出版信息、来源图书馆都可通过列表选择(Select From a List)。与基本检索相比,限定内容更多,如日期(Limit by Date)、UMI 馆藏(UMI Collection)、语种(Language)、原始国家(Country of

Origin)、内容限定(Limit to)、结果排序方式(Sort Results)、结果显示数量(Display)等。

(3)期刊检索

查找 EEBO 中所有期刊内容。可根据需要在不同检索项后输入检索词,检索字段有:关键词(Keywords)、作者/编者关键词(Author/Editor Keyword)、题名关键词(Title Keyword)、书目号(Bibliographic Number)、出版信息(Imprint)、缩微胶片卷号及位置(Reel Position)。同时还可进行一些限定,如日期(Date)、图片类型(Illustration Type)、结果排序方式(Display Results as)等(见图 13-2)。

图 13-2　EEBO 期刊检索页面

2. 浏览(Browse)

EEBO 提供三种图书浏览方式,分别为按作者浏览、Thomson 图书浏览、期刊浏览。可根据需要点击 EEBO 任一页面上"BROWSE"后 Authors、Thomson Tracts、Periodicals 链接进入浏览图书界面。

按作者浏览(Authors):可以通过在"Author"后面的输入框输入作者姓氏的全称或前面的部分,然后点击"Look for"按钮进行定位;也可以点击字母 A－Z 进行作者浏览(见图13-3)。

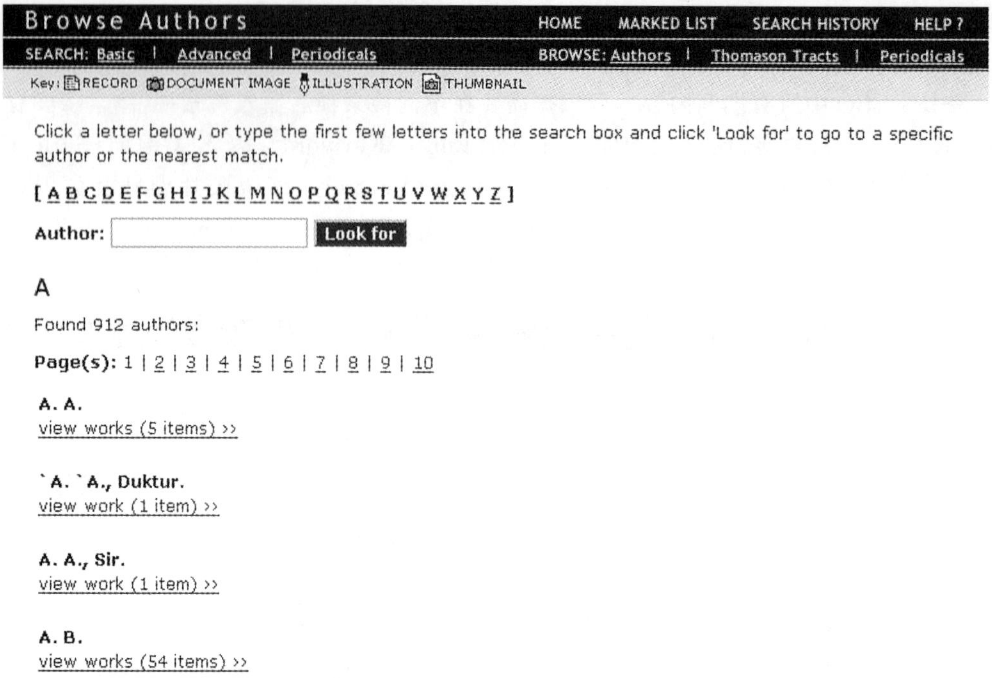

图 13-3　EEBO 作者浏览页面

Thomson 小册子、图书、报纸浏览（Thomson Tracts）：可以点击各类别（English Tracts、Broadsides、Manuscripts）下的卷号进行浏览（见图 13-4）。

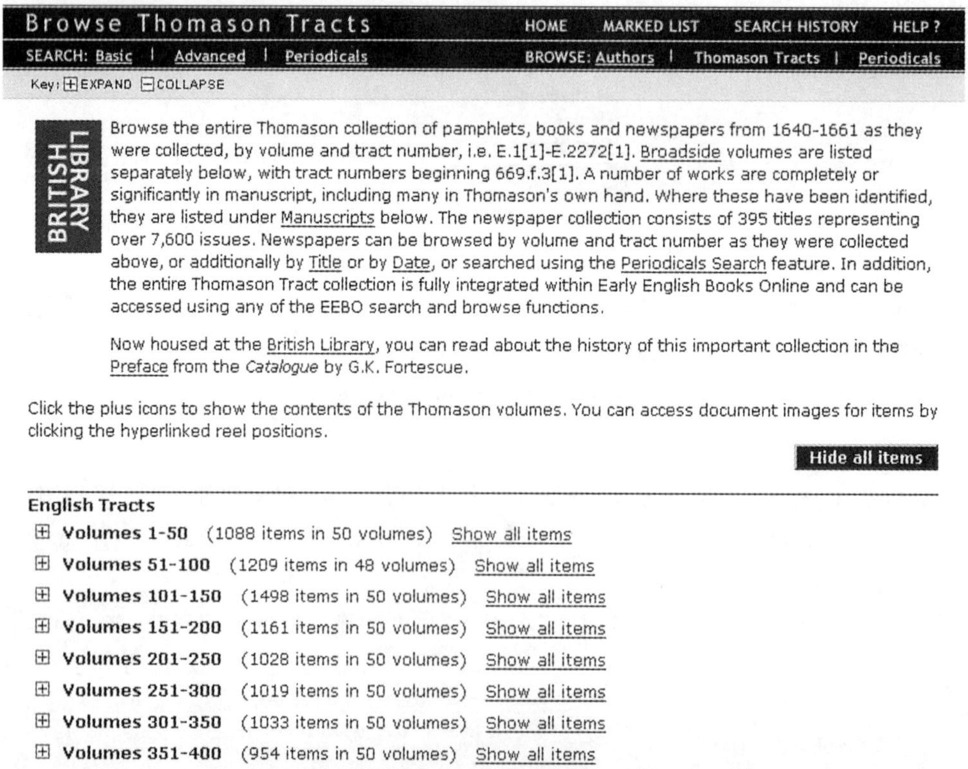

图 13-4　EEBO Thomson 小册子、图书、报纸浏览页面

期刊浏览(Periodicals)：可在期刊浏览页面选择年代和月份来查看期刊；也可以逐级点开，按年月导航树浏览期刊(见图 13-5)。

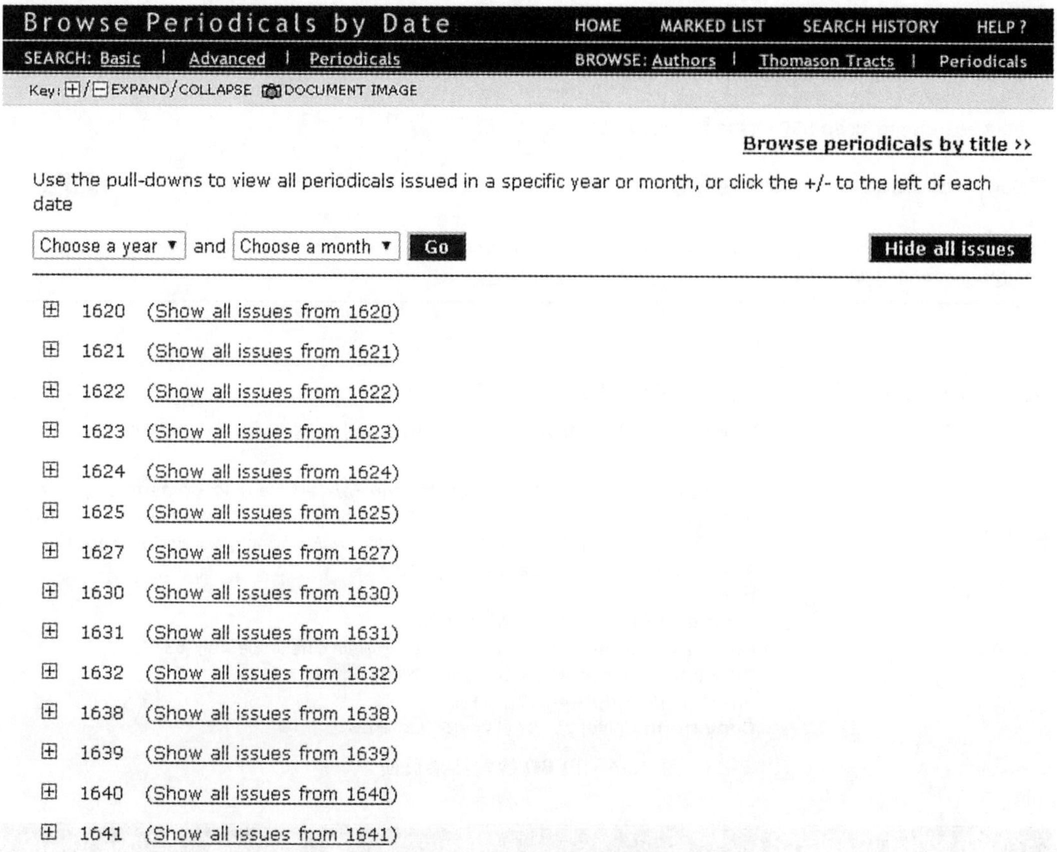

Browse Periodicals by Date　　　HOME　MARKED LIST　SEARCH HISTORY　HELP?

SEARCH: Basic　|　Advanced　|　Periodicals　　　BROWSE: Authors　|　Thomason Tracts　|　Periodicals

Key:⊞/⊟ EXPAND/COLLAPSE　◧ DOCUMENT IMAGE

Browse periodicals by title >>

Use the pull-downs to view all periodicals issued in a specific year or month, or click the +/- to the left of each date

[Choose a year ▼] and [Choose a month ▼] [Go]　　　　　　　　[Hide all issues]

⊞　1620　(Show all issues from 1620)

⊞　1621　(Show all issues from 1621)

⊞　1622　(Show all issues from 1622)

⊞　1623　(Show all issues from 1623)

⊞　1624　(Show all issues from 1624)

⊞　1625　(Show all issues from 1625)

⊞　1627　(Show all issues from 1627)

⊞　1630　(Show all issues from 1630)

⊞　1631　(Show all issues from 1631)

⊞　1632　(Show all issues from 1632)

⊞　1638　(Show all issues from 1638)

⊞　1639　(Show all issues from 1639)

⊞　1640　(Show all issues from 1640)

⊞　1641　(Show all issues from 1641)

图 13-5　EEBO 期刊浏览页面

3.检索结果输出

检索结果可按作者姓名字顺、出版日期先后、作品题名字顺排序。点击检索结果记录前面的图标，即可进入不同格式的页面。图标含义依次为：记录(RECORD)、文献图像(DOCUMENT IMAGE)、评论(ILLUSTRATION)、缩略图(THUMBNAIL)。检索结果右边的"Author page in Literature Online"提供该作者在英美文学在线(ProQuest Literature Online)数据库中相关页面的链接(见图 13-6)。

在检索结果页面，勾选检索结果记录前面的复选框，可以将用户需要的检索结果记录添加到标记结果"MARKED LIST"，点击"MARKED LIST"，在此页面，可以将选中的检索结果通过"打印"、"Email"按钮下载到个人电脑、输出到文献管理软件(见图 13-7)。

点击记录下方的"Download document image sets in PDF format"下载全文(见图 13-8)。

Search Results　　　　HOME　MARKED LIST　SEARCH HISTORY　HELP ?

SEARCH: Basic　|　Advanced　|　Periodicals　　　BROWSE: Authors　|　Thomason Tracts　|　Periodicals

Key: 📄RECORD　📷DOCUMENT IMAGE　📖ILLUSTRATION　📷THUMBNAIL

You searched on: Author keyword(s): EXACT "Shakespeare, William, 1564-　　**<< Refine search**
1616." – Your search included variant spellings.

Your search produced 837 hits in 224 records

Sort: [Alphabetically by author ▼] [Go]　　　　　Go to record no. [＿＿＿] [Go]

You can use the checkboxes to add/remove records from your Marked list, or click here to add all records
on this page, or click here to remove all records on this page.

Page(s): 1 | 2 | 3 | 4 | 5 | 6 | 7 | 8 | 9 | 10 | Next ››

☐ 📄 📷　　📖　　1. Betterton, Thomas, 1635?-1710. [Author page in Literature Online]

*K. Henry IV with the humours of Sir John Falstaff : a tragi-comedy as it is acted
at the theatre in Little-Lincolns-Inn-Fields by His Majesty's servants : revived
with alterations / written originally by Mr. Shakespear.* , London : Printed for
R.W. and sold by John Deeve ..., 1700.
Date: 1700
Bib name / number: Wing / S2928
Bib name / number: Bartlett, H. Mr. William Shakespeare / 63
Bib name / number: Woodward & McManaway / 1119
Physical description: [2], 54 p.
Copy from: University of Michigan Libraries

图 13-6　EEBO 检索结果页面

Download Records　　　　HOME　MARKED LIST　SEARCH HISTORY　HELP ?

SEARCH: Basic　|　Advanced　|　Periodicals　　　BROWSE: Authors　|　Thomason Tracts　|　Periodicals

Enter an optional title and/or comment. Select an output format and a sort order,　　[Email] [Print]
and use the "Download" button to download the citations to your computer.

Enter title: (optional)　　　　　　[＿＿＿＿＿＿＿＿]

Enter comment: (optional)　　　　[＿＿＿＿＿＿＿＿]

Select citation format:　　　　　[Text (short record)　▼]

　　　　　　　　　　　　　　　　　[Download]

　　　　　　　　　　　　　　　Alternatively, export directly to:

　　　　　　　　　　　　　　　　• RefWorks 📖 RefWorks

　　　　　　　　　　　　　　　　• Procite, EndNote or Reference Manager

Sort records by:　　　　　　　[Date published　　▼]

☐ Unmark these items after downloading　Clear form

图 13-7　EEBO 检索结果输出页面

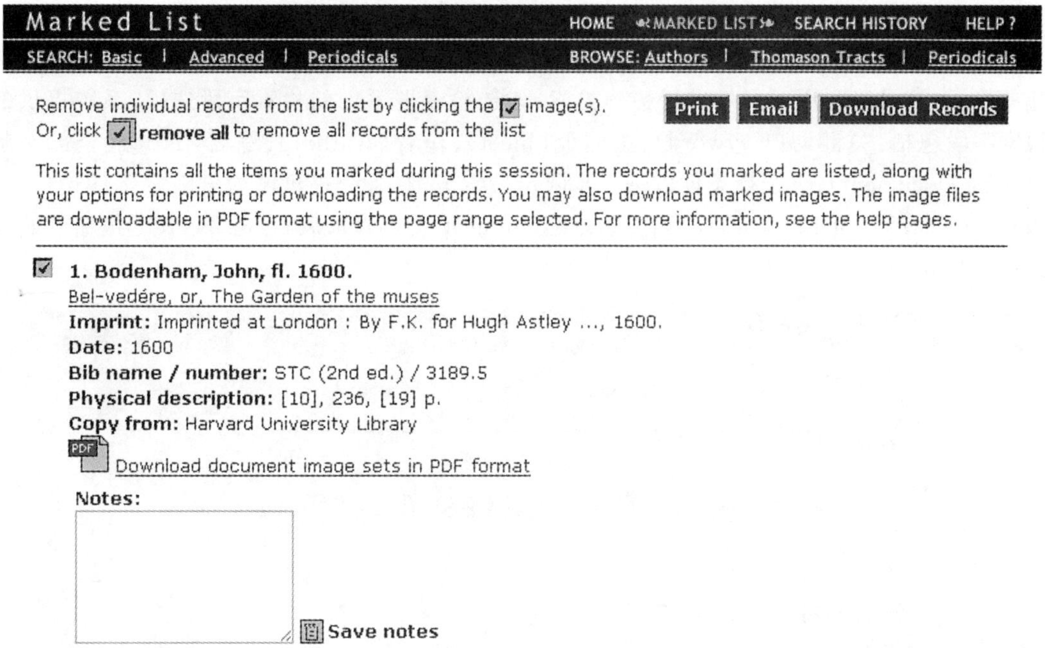

图 13-8　EEBO 全文下载页面

13.1.2　18 世纪作品在线

18 世纪作品在线，简称 ECCO(Eighteenth Century Collection Online)，是 Gale 公司制作的 18 世纪文献作品在线全文数据库，收录了 1701—1800 年在英国及其殖民地出版的图书，涵盖英语、法语、德语、西班牙语、拉丁文等多个语种，及大量重要的美国的出版物。

ECCO 系列数据库目前包括 Eighteenth Century Collection Online Part I(简称 ECCO I)和 Eighteenth Century Collections Online Part Ⅱ：New Editions(简称 ECCO Ⅱ，2009 年推出)。

ECCO I 包含 13.8 万种 15 万卷，超过 3000 万页的内容，涵盖了历史、地理、法律、文学、语言、参考书、宗教、哲学、社会科学及艺术、科学技术及医学等领域。包含大量清晰图片以及有关中国的内容。例如原版《罗密欧与朱丽叶》、亚当·斯密的《国富论》、古代中国版图以及乾隆肖像等等。所有的书籍均含有电子目录列表，都可以下载成 PDF 格式进行保存，每篇文章都可以进行真正意义上的全文检索。

ECCO I 于 2003 年发行后，不断地有新的 18 世纪作品被发现。Gale 公司于 2009 年推出 ECCO Ⅱ，收录约 5 万种著作，超过 700 万页信息，均是 Gale 公司同大英图书馆、牛津大学、哈佛大学、美国国会图书馆、苏格兰国家图书馆、爱尔兰国家图书馆、威尔士国家图书馆等世界各地图书馆长期协商后被允许收录的珍贵典藏。

1. 数据库浏览与检索方法

该数据库提供基本检索(Basic Search)、高级检索(Advanced Search)、按作者浏览(Browse Authors)、按作品浏览(Browse Works)4 种检索浏览方式。

(1)基本检索(Basic Search)

基本检索是最简单、最常用的检索方式,用户在检索框内输入单词、词组或使用算符构建的检索式,可以利用双引号进行精确检索;勾选检索框下方的检索字段选项,系统提供的检索字段包括:关键词(Keyword)、主题(Subject)、作者(Author)、题名(Title)、全部文献(Entire Document);再选择条件以进一步限定检索范围,系统提供的检索限定条件包括:出版年代(Year〔s〕of Publication)和主题范围(Subject Area);最后,点击"Search"按钮开始检索(见图13-9)。

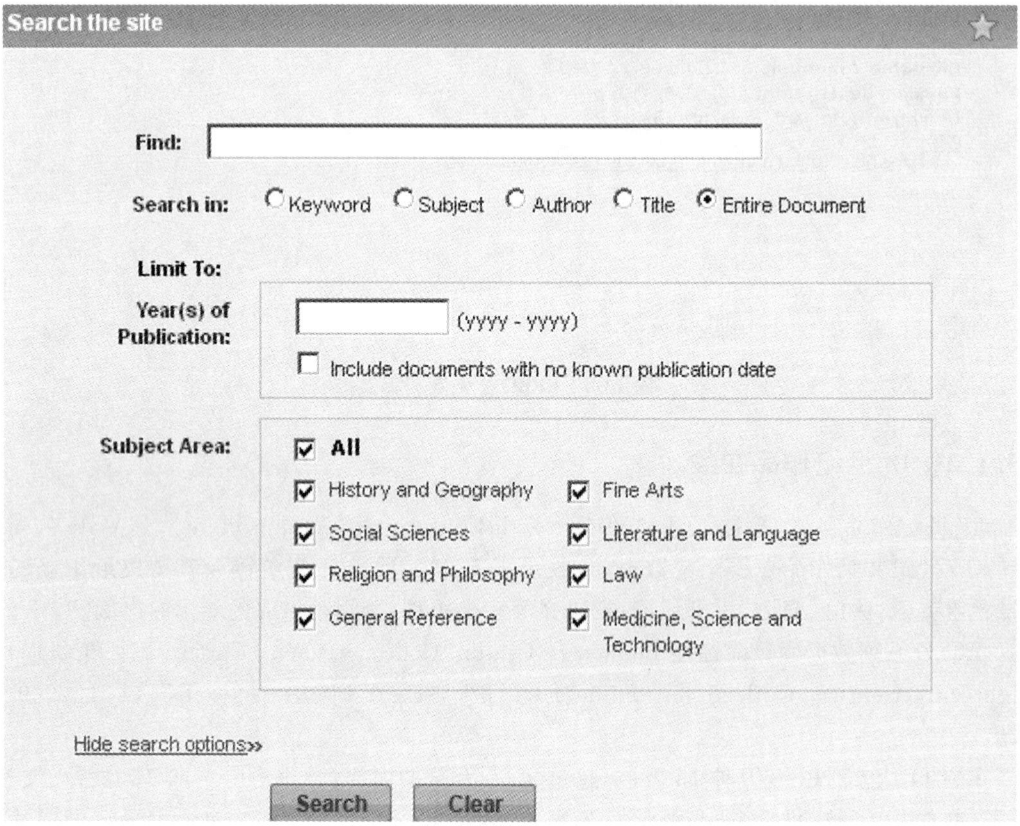

图 13-9　ECCO 基本检索页面

(2)高级检索(Advanced Search)

当基本检索结果不能满足用户检索需求时,用户可以选择高级检索功能。高级检索界面为用户提供更多的检索字段和限定条件。

首先,在多个检索框内输入单词、词组或使用检索算符构建的检索式;通过检索框内右侧的下拉菜单选择检索字段,系统提供的检索字段包括:关键词(Keyword)、主题(Subject)、作者(Author)、题名(Title)、全部文献(Entire Document)、前言(Front Matter)、正文(Main Text)、书后索引(Back of Book)、出版者(Publisher)、出版地(Place of Publisher)等;利用检索框左侧的逻辑算符(and/or/not)限定不同检索词之间的逻辑关系。

在每个检索字段后,该数据库还提供了模糊检索(Fuzzy Search)选项,用于帮助用户检索相近的内容,模糊程度分高(High)、中(Medium)、低(Low)三档。

　　其次,利用检索框下方的限定条件进一步限定检索范围。系统提供的检索限定条件包括:出版年代(Year〔s〕of Publication)、主题范围(Subject Area)、语种(Language)等。最后,点击"Search"按钮开始检索(见图 13-10)。

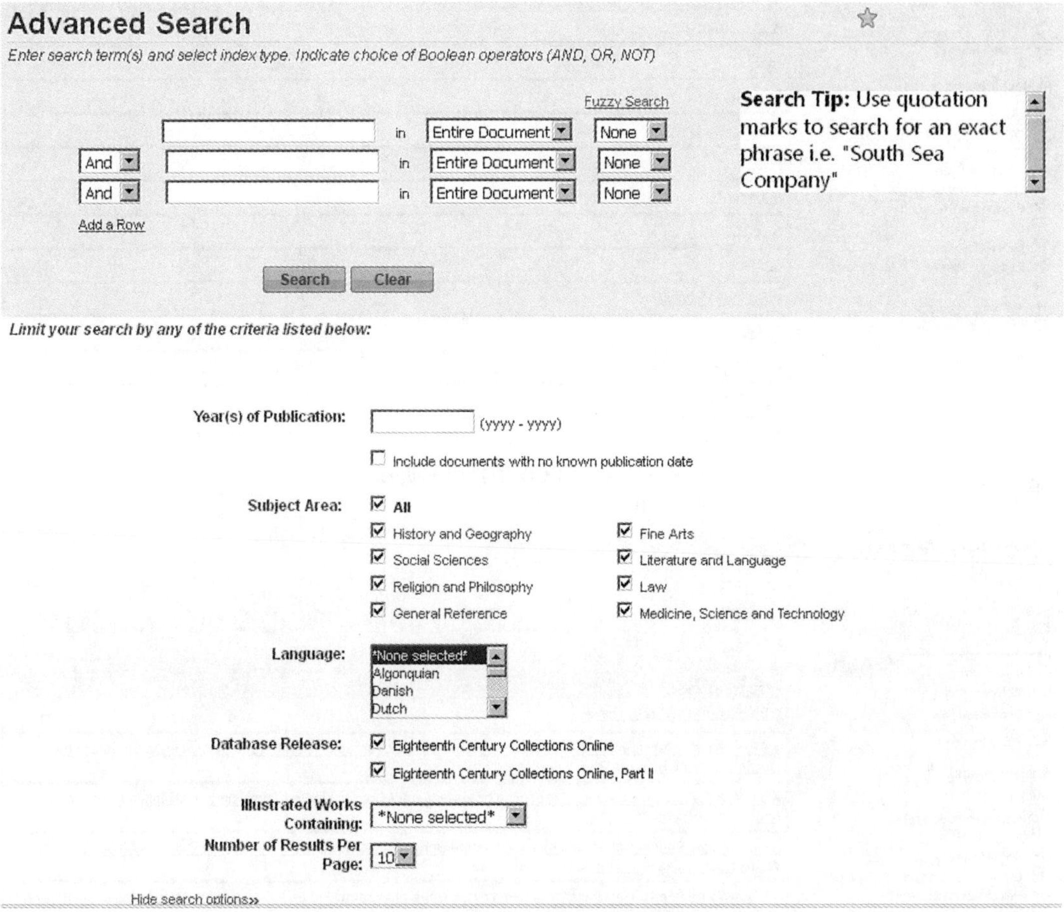

图 13-10　ECCO 高级检索页面

　　(3)按作者浏览(Browse Authors)

　　系统提供两种作者浏览方式,一是在左边的检索框内输入作者姓名,同时限定作者所属的学科领域,然后点击"Search"按钮即可;二是按字母顺序浏览,直接点击以相应字母开头的作者进行查找(见图 13-11)。

　　(4)按作品浏览(Browse Works)

　　系统提供两种按作品浏览方式:一是在左边的检索框内输入作品名称,同时限定作品所属的学科领域,然后点击"Search"按钮即可;二是按字母顺序浏览,直接点击以相应字母开头的作品进行查找(见图 13-12)。

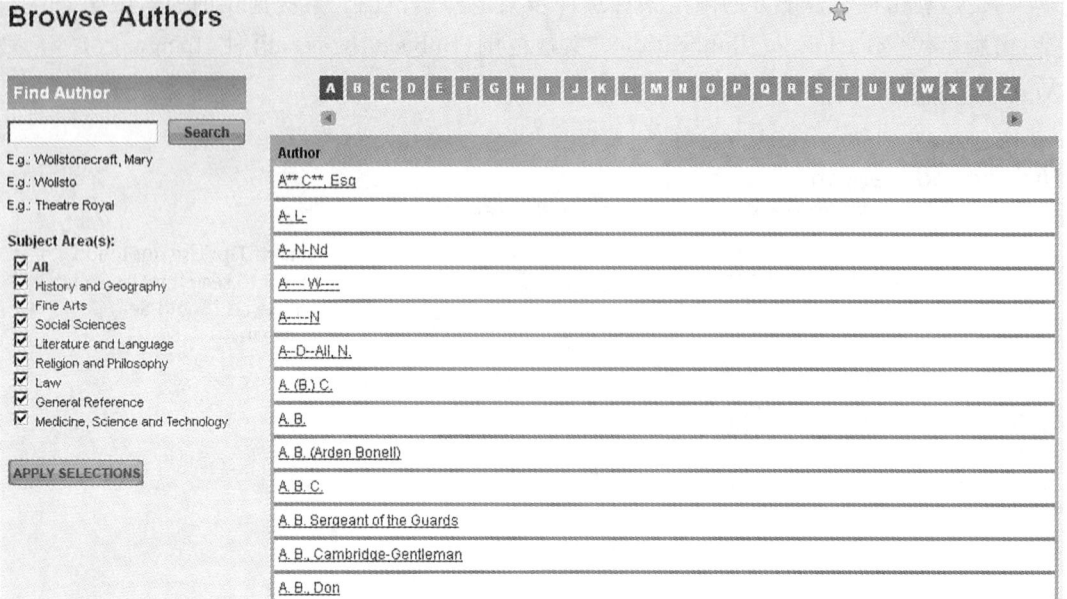

图 13-11　ECCO 作者浏览页面

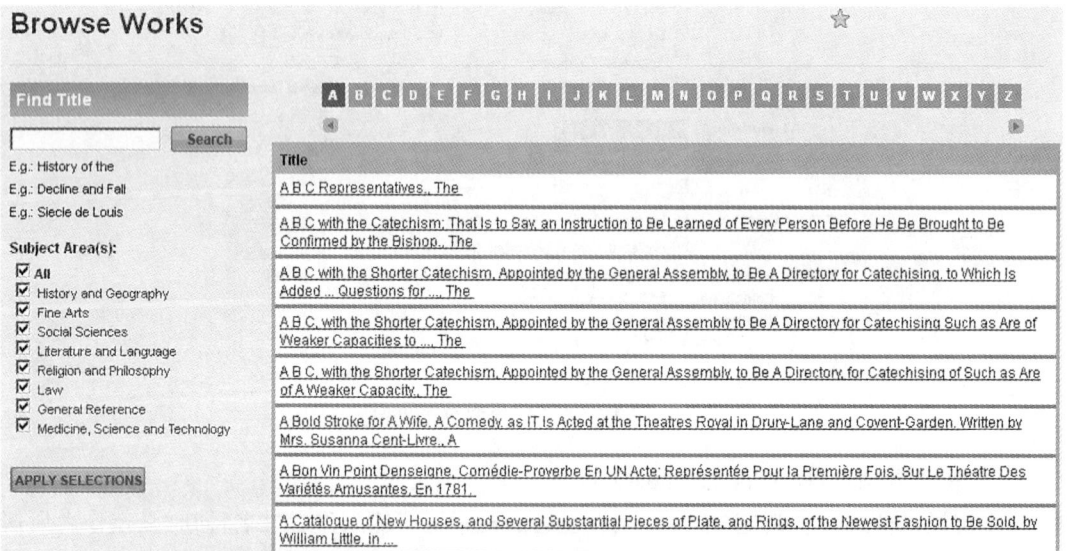

图 13-12　ECCO 作品浏览页面

2. 检索结果处理

检索结果排列方式分为：作者字顺、作品名称、出版日期从新到旧、出版日期从旧到新，系统默认按作者字顺排列。每条检索结果提供的信息包括：作品名称、作者、版本、出版地／出版日期、总页数、该作品所属学科主题等。用户可对检索结果进行浏览、修正、标记、保存、输出等处理（见图 13-13）。

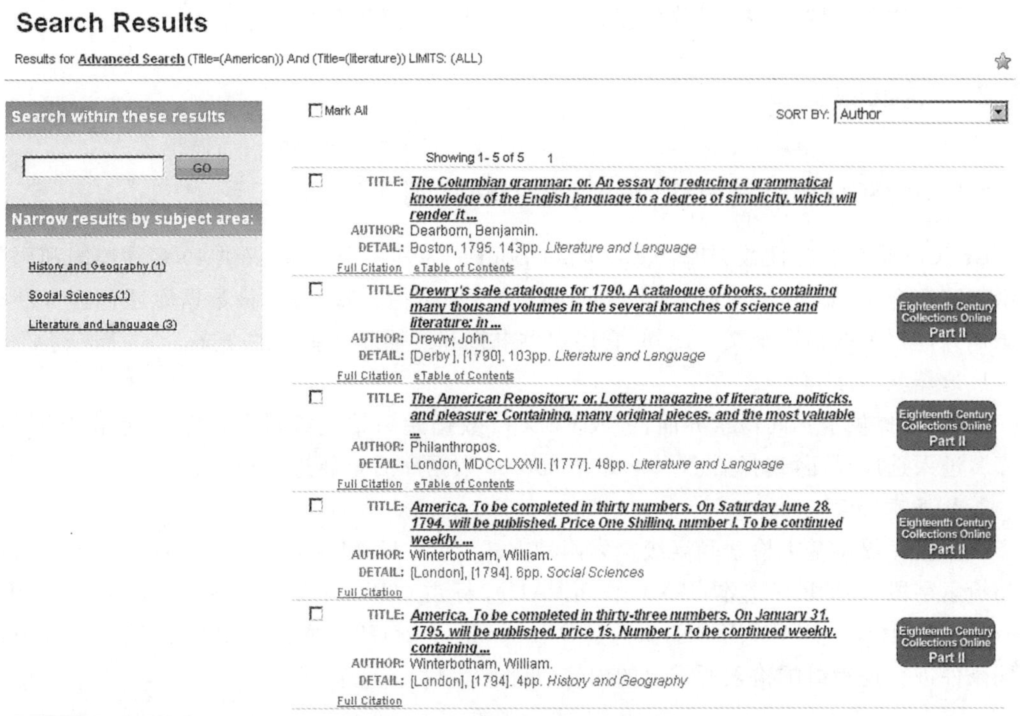

Search Results

Results for **Advanced Search** (Title=(American)) And (Title=(literature)) LIMITS: (ALL) ☆

图 13-13　ECCO 检索结果页面

浏览及输出检索结果：

（1）单本作品的浏览及输出

在检索结果界面，点击作品名称下的链接可看到该本书详细的题录信息；点击链接可以看到该书的章节信息；点击章节名称可浏览对应章节全文；点击链接可看到有关附录。

直接点击作品名称链接，进入单本作品全文浏览界面。用户可以从首页浏览全书的PDF 格式全文。而且用户可以在此界面点击左右箭头来前后翻页或者直接输入页码阅读；还可以调整全文显示比例、做标记、修改本次检索、回到检索结果浏览界面，或者在本作品中检索。也可以下载或打印 PDF 格式的全文，但一次下载最多不能超过 205 页。

（2）批量输出作品题录

勾选欲输出的作品题名前的复选框，可以对检索结果进行标记；点击"Marked Items"按钮，就可以看到所选择的记录。用户可以选择多种题录输出方式，包括发送邮件（E-mail）、输入到个人文献管理系统（EndNote、Reference Manage 等）、打印输出（Printer）等。

（3）修正检索结果

如果用户对检索结果不满意，希望重新检索，则可以在检索结果界面右上方的检索框内输入检索词重新检索。

（4）查看检索历史

点击检索结果界面右上角的"SEARCH HISTORY"按钮，进入检索历史界面。该界面呈现最近的检索记录，包括检索式、检索结果数量。用户可对检索记录进行编辑、删除等处理。

3. 研究工具

数据库还提供了一个研究工具，包括 18 世纪作品在线来源资料的论文集，其历史背景，以及如何使用数据库用于研究和课堂教学。同时展示一些重要文档，并提供直接链接到数据库的每个主题领域；年表；最热门搜索词列表；图像画廊和常见问题解答。

13.2 报纸数据库

13.2.1 EBSCO 报纸资源库(Newspaper Source)

EBSCO 是个综合性数据库，Newspaper Source 为其一个子库，提供 40 多种美国和国际报纸的完整全文，如《纽约时报》、《华盛顿邮报》、《华尔街日报》等。该数据库还包含 389 种美国地方性报纸的精选全文。此外，它还提供电视和广播新闻脚本的全文。

1.选择数据库

EBSCO 提供了不同检索界面，进入 EBSCO 数据库一站式检索平台界面，点击"选择数据库"，进入选库界面，选择后 Newspaper Source 数据库后重新进入检索。

2.数据库检索

该数据库提供基本检索和高级检索两种方式，如图 13-14 和图 13-15 所示。高级检索提供的检索字段包括所有文本(TX)、作者(AU)、标题(TI)、主题语(SU)、GE(Geographic Terms)、文摘(AB)、ISSN、ISBN、来源(SO Journal name)和入藏编号(AN)。用户可以根据不同条件进行逻辑组配检索所需要的内容(见图 13-14)。

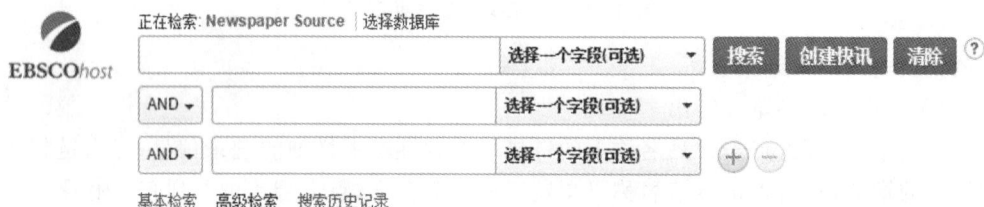

图 13-14 EBSCO 报纸资源库基本检索页面

高级检索还可以进行检索选项和检索结果的限定，如出版日期、文献类型、是否为全文等，以便进行更为精确的检索(见图 13-15)。

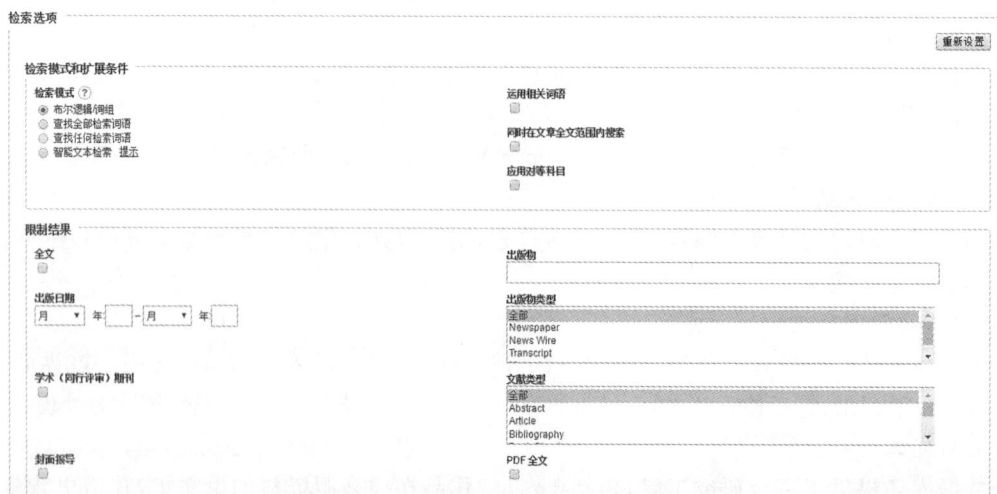

图 13-15 EBSCO 报纸资源库检索选项与结果限定

3. 检索结果(见图 13-16)

点击每条检索结果的"HTML 全文",即可看到该结果的全文,可以对该条记录进行打印、电子邮件、另存为文件、导出到文献管理软件、共享等操作;点击声音图标,还可以收听新闻内容或下载 mp3 格式的音频文件。

点击每条显示结果后的"添加到文件夹"图标,可以将当前记录添加到"文件夹"。打开"文件夹",可以对选择的所有记录进行打印、电子邮件、另存为文件、导出到文献管理软件等批量处理。

图 13-16　EBSCO 报纸资源库检索结果页面

13.2.2　ProQuest 收录的著名报纸

《纽约时报》(The New York Times)

纽约时报,被视为美国的官方报纸,因为它会发表重要公文演讲及总统新闻发布会的文本全文。ProQuest 收录了纽约时报 1980 年至今的报纸全文。

《华尔街日报》(The Wall Street Journal)

ProQuest 收录了《华尔街日报》1984 年至今的全文,每一期均完整地编入了索引,有助于用户快速查找所需的新闻信息。研究人员不但可以阅读热门新闻,同时还可以阅读报纸各个版块中的信息,该索引不但包含完整的参考书目信息,而且涉及各个公司、人员、产品信息等。

ProQuest 还收录了《今日美国》(USA Today)等报纸。

检索方式参见 ProQuest 检索平台。

13.2.3　Gale 泰晤士报数字档案(The Times Digital Archive)

Gale 收录了自 1785 年创刊以来到 1985 年的 The Times Digital Archive(泰晤士报数字档案)。数据库提供基本检索、高级检索、按日期浏览等检索与浏览方式。

1985 年 7 月 1 日至今的《泰晤士报》则收录在 Gale—Business Insights：Global(商业资源中心)子库中。在此以"泰晤士报数字档案"为例介绍《泰晤士报》的检索方法,Business Insights：Global 的检索参见 Gale 平台的检索。

1. 基本检索（Search）

可以进行全文检索或关键词检索，并可以对出版日期进行限定（见图 13-17）。

图 13-17　泰晤士报数字档案基本检索页面

2. 高级检索（Advanced Search）

高级检索除了可以从作者、文章题名、关键词、日期、页码等途径进行检索外，还可以对检索内容进行限定，如广告、商业信息、新闻、人物、编辑评论等，也可对出版日期进行限定，更为精准地找到所需信息（见图 13-18）。

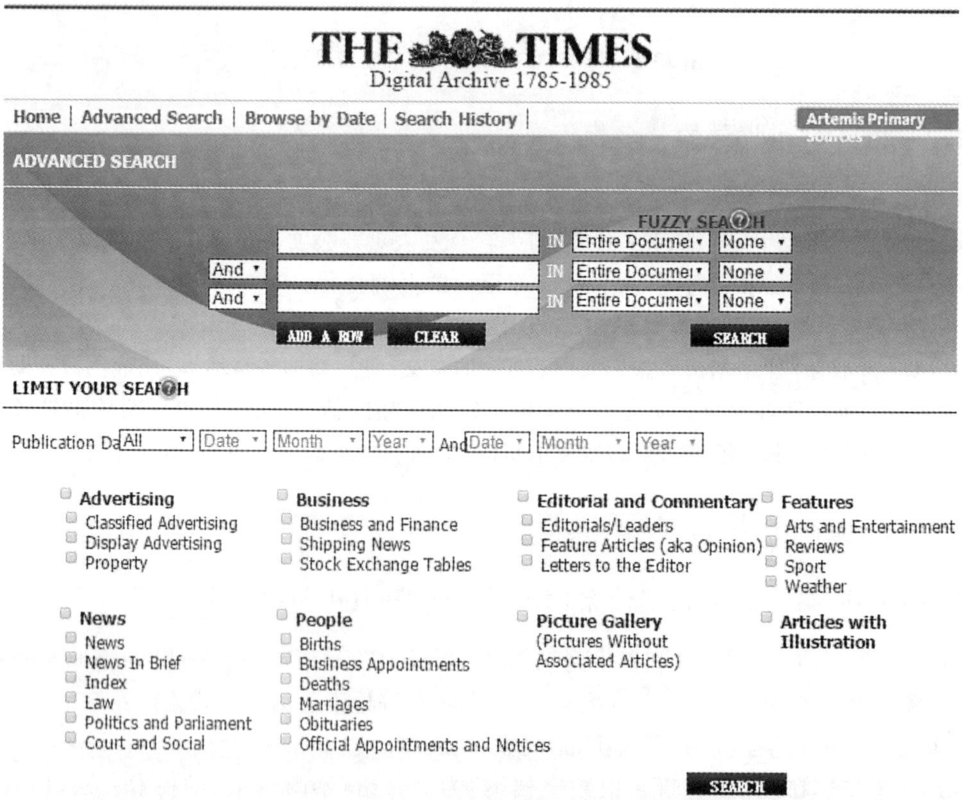

图 13-18　泰晤士报数字档案高级检索页面

3．按日期浏览(Browse by Date)

在检索框中键入日期或从日历中选择日期，按日期进行浏览。

4．检索结果

可勾选检索结果记录前的复选框，将所需要的记录添加到标记结果"Marked Items"，对所选结果进行批量下载、打印、电邮(见图 13-19)。

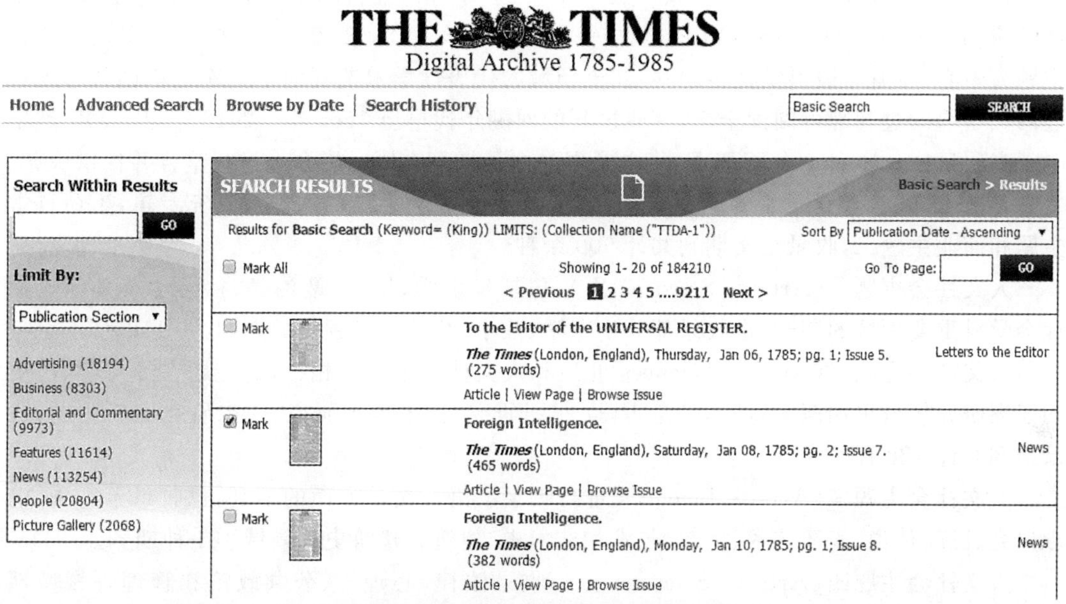

图 13-19 泰晤士报数字档案检索结果页面

点击检索结果题名，即可查看该记录的详细信息。同样可以进行单条记录的打印、下载、电邮、引用和复制网页标签(见图 13-20)。

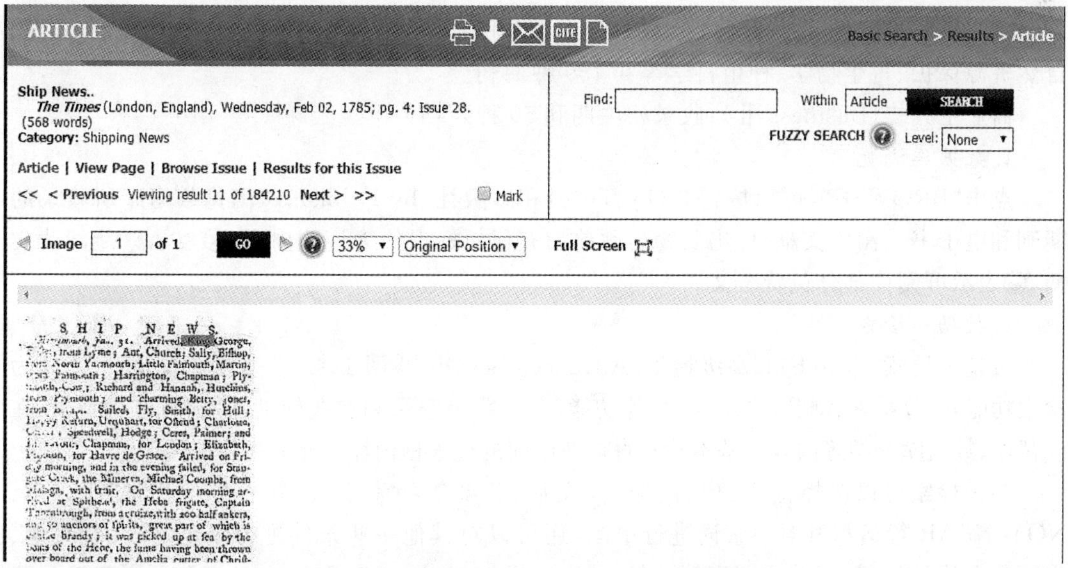

图 13-20 泰晤士报数字档案记录下载页面

13.3 常用数据库

13.3.1 JSTOR 西文过刊全文数据库

JSTOR 全名为 Journal Storage，是一个对过期期刊进行数字化的非营利性机构，于 1995 年 8 月成立。目前 JSTOR 的全文库是以政治学、经济学、哲学、历史等人文社会学科主题为中心，兼有一般科学性主题共 48 个领域的代表性学术期刊的全文库。从创刊号到最近两三年前的过刊都可阅读全文，有些过刊的回溯年代早至 1665 年。2012 年，JSTOR 推出电子书项目——Books at JSTOR，将电子书与电子期刊在同一平台上进行整合并提供服务。

目前 JSTOR 包含七个专题全文库，为人文社会主题一、二、三、四及补充专辑，生命科学主题和商业主题二，收录全文期刊共计 900 余种。

人文社会主题一（Arts & Sciences Ⅰ）：包括经济学、历史、政治学、社会学及其他人文社会学科重要领域的期刊，也收录部分生态学、数学、统计学等领域的期刊，共 118 种。

人文社会主题二（Arts & Sciences Ⅱ）：和人文社会主题一相比，该主题在经济学、历史和亚洲研究领域更加深入，增加了考古学、非洲研究、拉丁美洲研究、中东研究等新主题，收录期刊共计 128 种。

人文社会主题三（Arts & Sciences Ⅲ）：收录了语言文学方面的期刊，也收录了音乐、电影研究、民间传说、表演艺术、宗教、艺术和艺术史、建筑和建筑史等领域 151 种期刊。

人文社会主题四（Arts & Sciences Ⅳ）：收录法律、心理学、公共政策和管理等领域期刊，也包括商业和教育方面的期刊，共计 112 种。

人文社会主题补充专辑（Arts & Sciences Ⅶ）：作为前四个专辑的补充，集中选取 JSTOR 已覆盖的艺术、人文社会科学 30 多个领域的期刊，收录早期专辑没有收录的重要期刊和一些交叉学科的期刊共 183 种。

生命科学主题（Life Sciences）：收录生态学与植物学、细胞生物学、动物学、生物多样性、自然资源保护、古生物学、种植科学等共 159 种期刊。

商业主题二（Business Ⅱ）：收录相关期刊 50 种。

1. 数据库浏览

点击"BROWSE"，可以按题名（by Title）和出版社（by Publisher）浏览数据库所收录的期刊和电子书。浏览文献时，出版物名称前没有任何标识的为订购内容，⊗表示只能阅读文摘，⊖表示可阅读部分免费全文。

2. 数据库检索

分基本检索（Search）和高级检索（Advanced Search）。图 13-21 为数据库首页，左上角为检索功能列，分检索、浏览、MyJSTOR 等功能；右上角为登录和在线辅助功能列，包含登录、在线帮助、数据库介绍等内容。基本检索直接在中间的检索框内输入相关内容即可。

高级检索可以选择全文、作者、题名、文摘、章节等检索字段，并可以使用 AND、OR、NOT、NEAR 等运算符对检索词进行组配，还可以对其他一些条件进行限定，如文献类型、出版物名称、限定的主题或期刊等。勾选"Include only content I can access"，可限定检索范围为订购内容（见图 13-22）。

图 13-21　JSTOR 基本检索页面

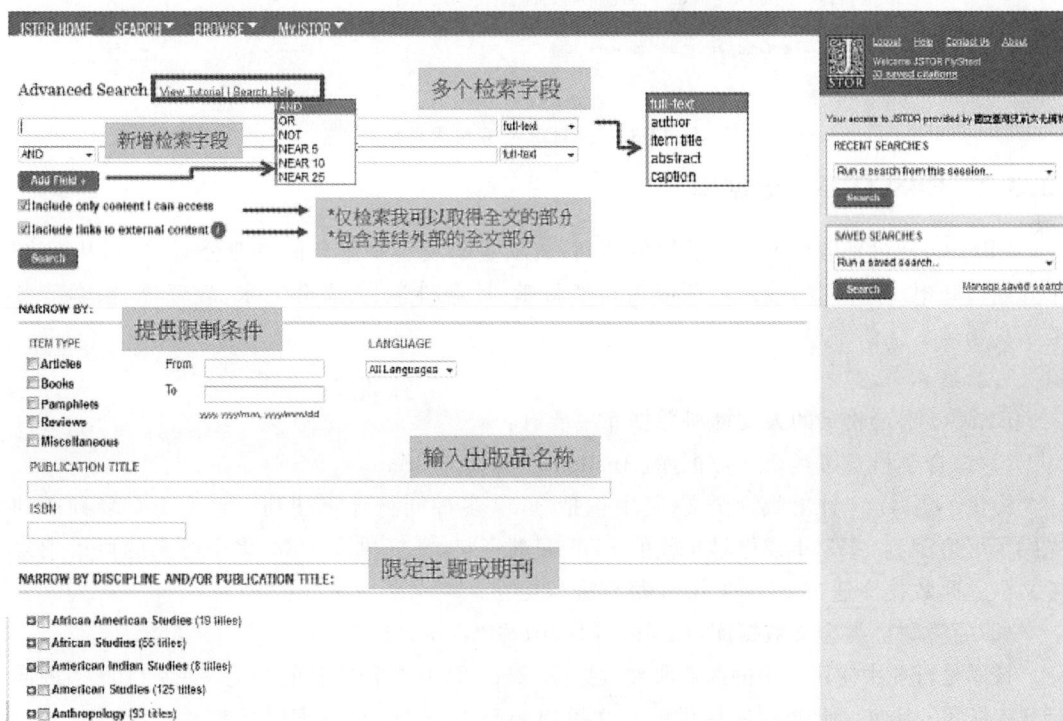

图 13-22　JSTOR 高级检索页面

3.检索结果

检索结果系统默认按相关度排列(Sort by Relevance),也可以选择按出版时间先后排列。对检索结果不满意,可以在此基础上进行修正检索策略(Modify Search)。可以选择不同方式查看检索结果,如选择某种文献类型(期刊、图书、小册子),或是仅看能够获得的全文(Can Access),用户可以将需要的检索结果添加到"我的文件列表"(Add to My Lists),或是输出到文献管理软件(Export Selected Citations)。点击"Download PDF"可以下载全文(见图 13-23)。

4.MyJSTOR 功能

JSTOR 还提供了个人化书目服务 MyJSTOR,第一次使用需要先注册个人账号,登录个人账号后,可以使用个人书目管理(Save Citations),检索词/检索策略储存(Save Search),新信息提醒(Alert-RSS)等功能。

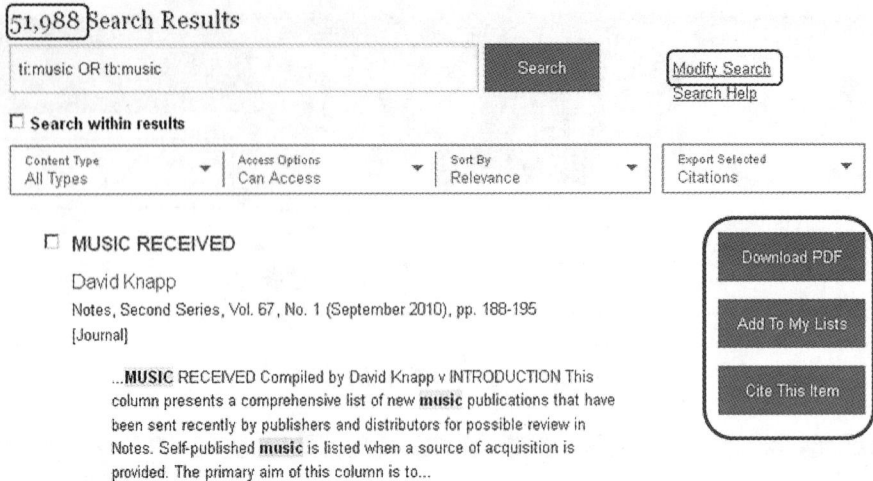

图 13-23　JSTOR 检索结果页面

13.3.2　EBSCO 系列数据库

EBSCO 公司是世界上最大的提供期刊、文献定购及出版服务的专业公司之一,从 1986 年开始出版电子出版物,收录范围涵盖自然科学、社会科学、人文和艺术、教育学、医学等各类学科领域。

1.数据库介绍

EBSCO 平台收录的人文社科数据库主要有:

(1)综合学科参考类全文数据库(Academic Search Premier,ASP)

提供了近 4700 种出版物全文,其中包括 3600 多种同行评审期刊。它为 100 多种期刊提供了可追溯到 1975 年或更早年代的 PDF 回溯资料,并提供了 1000 多个题名的可检索参考文献。此数据库通过 EBSCOhost 每日进行更新。

(2)商管财经类全文数据库(Business Source Premier,BSP)

该库是行业中使用最多的商业研究数据库,提供 2300 多种期刊的全文,包括 1100 多种同行评审标题的全文。此数据库提供的全文可追溯至 1886 年,可搜索引文参考可追溯至 1998 年。Business Source Premier 相比同类数据库的优势在于它对所有商业学科(包括市场营销、管理、MIS、POM、会计、金融和经济)都进行了全文收录。此数据库通过 EBSCOhost 每日更新。

(3)传媒学资源数据库(Communication Source)

Communication Source 是有关通信市场研究最全面的资源。由 EBSCO 的高品质数据库 Communication and Mass Media Complete 和 Communications Abstracts(先前由 Sage 出版)融合发展而来,包含很多前所未见的独特资源。此数据库提供了全球有关通讯、语言学、修辞和话语、言语语言病理学、传媒研究和其他相关领域的摘要、索引以及文章全文。

(4)美国经济学会全文数据库(Econlit with Full Text)

EconLit with Full Text 包含 EconLit 中的所有可用索引,收录了近 600 种期刊的全文,其中包括美国经济学会的期刊(无限制)。

(5)Explora 英文原版分级读物(SRC 升级版)

该库主要的用途是供师生查找不同等级的原版英文资料和循序渐进地提高英文阅读能力。SRC 平台下可挂接 20 多个数据库,主题涉及自然科学、人文历史、社会科学、艺术等各个方面。SRC 最独特的地方就是 SRC 有 800 万篇文献已经标识蓝思(Lexile)难度分级。

(6)旅游业 & 酒店管理全文数据库(Hospitality & Tourism Complete)

Hospitality & Tourism Complete 涵盖酒店管理与旅游领域的相关学术研究及行业新闻,包含 1965 年至今的超过 82.8 万条记录,收录了期刊、企业与国家报告、书籍在内的 490 多种出版物的全文。

(7)政治学全文数据库(Political Science Complete)

Political Science Complete 收录了 520 多种期刊的全文和 2900 多个标题的索引和摘要(包括顶级学术期刊),其中许多内容是该产品所独有的。该数据库还收录了超过 340 册全文参考书籍和专著,以及包括国际政治学协会(International Political Science Association)会议论文在内的超过 3.6 万篇全文会议论文。

(8)心理学数据库

包括 PsycINFO、PsycARTICLES、Psychology & Behavioral Science Collection、Psyc-BOOKS、PsycTESTS 5 个数据库。

PsycINFO 数据库是 American Psychological Association (APA)提供的著名资源,收录了学术期刊文章、书刊目录、书籍和专题论文的摘要,是世界上最大的行为科学、心理健康同行评审文献的资源数据库。该数据库包含 17 世纪至今的超过 300 万篇记录和摘要。此外,还收录了 19 世纪至今的期刊,包括精选自约 2500 种各语种期刊的国际材料。

PsycARTICLES 由 APA 创建,是心理分析领域同行评审学术文章和科学文章的权威来源。此数据库收录了大约 15.3 万篇论文,分别来自 APA 出版的近 80 多种期刊、Educational Publishing Foundation(EPF)以及联盟组织,包括 Canadian Psychology Association 和 Hogrefe Publishing Group。其包括每本期刊的所有文章、书评、给编者的信以及勘误,涵盖从 1894 年至今,包括自第 1 卷第 1 期的几乎所有 APA 期刊。

Psychology & Behavioral Sciences Collection 是一个综合型数据库,包含有关精神和行为特征、精神病学和心理学、心理过程、人类学以及观察和实践方法的信息。它是世界上最大的全文心理数据库,收录了近 400 种期刊的全文。

PsycBOOKS 是 APA 创建的数据库,收录 APA 和其他著名出版商出版的 3500 多部书籍的 55000 多篇章节(PDF 格式),并提供来自美国心理学历史档案(AHAP)馆藏的具有历史意义的数字化内容。此外,还收录了 17 世纪至今心理学发展历史上具有里程碑意义的 2600 多部经典书籍,以及 APA/牛津大学出版社出版的 Encyclopedia of Psychology 中的独家电子版 1500 多个撰写条目。

PsycTESTS 是美国心理协会发布的一个心理测试和测量的数据库,提供大量的心理测试、测量、衡量标准与其他评估的全文数据,覆盖了心理研究评估的全部范畴,包括:神经心理测试、人格评估、技能及熟练度测试、智商和天资级别的测量。PsycTESTS 数据库中能找到的大部分测量工具都可以被直接使用。这个数据库还包括一些商业出版的测试,并提供直接链接到出版商的网站。数据库中的所有测试记录都是经由熟练掌握心理文献知识索引编制的专家制作的。可用的测试包括来自 APA、Hogrefe 出版集团和其他大型出版商出版的同行评审期刊的系统评论,来自 PsycEXTRA 的技术报告,个别测试作者的文稿,美国心理学历史档案的收录内容等等。测试可以是可供打印的 PDF 文档、图片、音频和软件,便于下载和显示。记录的信息包括测试范围、测试的实施,关于测试发展以及可靠性及有效性数据的高水平综述。此数据库也提供存取越来越多的以英文以外的语言进行的测验。

（9）EBSCO 电子书（原 NetLibrary）

NetLibrary 是全球最大的在线计算机图书馆中心（OCLC）的下属部门,它整合了来自 350 多家出版机构的 5 万多册电子图书,其中大部分内容是针对大学及以上读者层的。2009 年 12 月,EBSCO 正式收购了 NetLibrary,现已转为 EBSCO 电子书。目前正式订购的电子图书 9000 多种、电子期刊 14 种,此外还可以免费访问 3400 多种无版权图书。

EBSCO 还提供下列免费数据库:

（1）教育学文摘（ERIC）

ERIC（Educational Resource Information Center）包含有可追溯至 1966 年的 130 多万条记录和指向超过 31.7 万篇全文文档的链接。

（2）绿色文档（GreenFILE）

GreenFILE 提供人类对环境所产生的各方面影响的深入研究信息。其学术、政府及关系到公众利益的标题包括全球变暖、绿色建筑、污染、可持续农业、再生能源、资源回收等。本数据库提供近 38.4 万条记录的索引与摘要,以及 4700 多条记录的 Open Access 全文。

（3）图书馆学信息学科学与技术文摘（Library, Information Science & Technology Abstracts）

Library, Information Science & Technology Abstracts（LISTA）对 500 多种核心期刊、500 多种优选期刊和 125 种精选期刊,以及书籍、调查报告及记录等编制了索引。此数据库还包括 240 多种期刊的全文。主题涉及图书馆馆长的职位资格、分类、目录、书目计量、在线信息检索、信息管理等。数据库中的内容可追溯到 20 世纪 60 年代。

（4）报纸资源库（Newspaper Source）

Newspaper Source 提供 40 多种美国和国际报纸的完整全文,如《纽约时报》、《华盛顿邮报》、《华尔街日报》等。该数据库还包含 389 种美国地方性报纸的精选全文。此外,它还提供电视和广播新闻脚本的全文,提供 47 份美国和国际报纸的完整全文,该数据库还包含 390 份地区（美国）报纸的精选全文。此外,它还提供电视和广播新闻脚本的全文。

（5）地区商业新闻（Regional Business News）

Regional Business News 提供综合型地区商务出版物的全文信息。Regional Business News 包含 80 多篇涉及美国所有城市和农村的地区商务报告。

（6）教师参考中心（Teacher Reference Center）

Teacher Reference Center 提供 280 多种最流行的教师和管理人期刊和杂志的索引和摘要,旨在为职业教育者提供帮助。

2.数据库检索

点击数据库链接,可直接进入该数据库检索界面。EBSCO 提供了 EBSCOhost 一站式检索平台、APA 美国心理学会数据库、EBSCO 电子书（原 NETLIBRARY 电子书）、EBSCO 商管财经资源检索平台等不同界面,数据库平台不同子库收录的内容不同,检索方式和途径也有一些区别,接下来以一站式检索平台为例,介绍检索方法（见图 13-24）。

EBSCOhost 一站式检索平台
APA美国心理学会数据库
EBSCO食品科学全文数据库
EBSCO电子书（原NETLIBRARY电子书）
EBSCO政治学全文数据库

explora Explora（SRC升级版）--英文原版分级读物的新平台

EBSCO商管财经资源检索平台

Nursing Reference Center

图 13-24　EBSCO 检索平台选择页面

　　点击检索首页，右上方可以点击"语言"选择检索界面的语言，如"中文简体"。如要跨库检索，可在页面上点击"选择数据库"标签，进入选库界面，复选后重新进入检索页面（见图 13-25）。

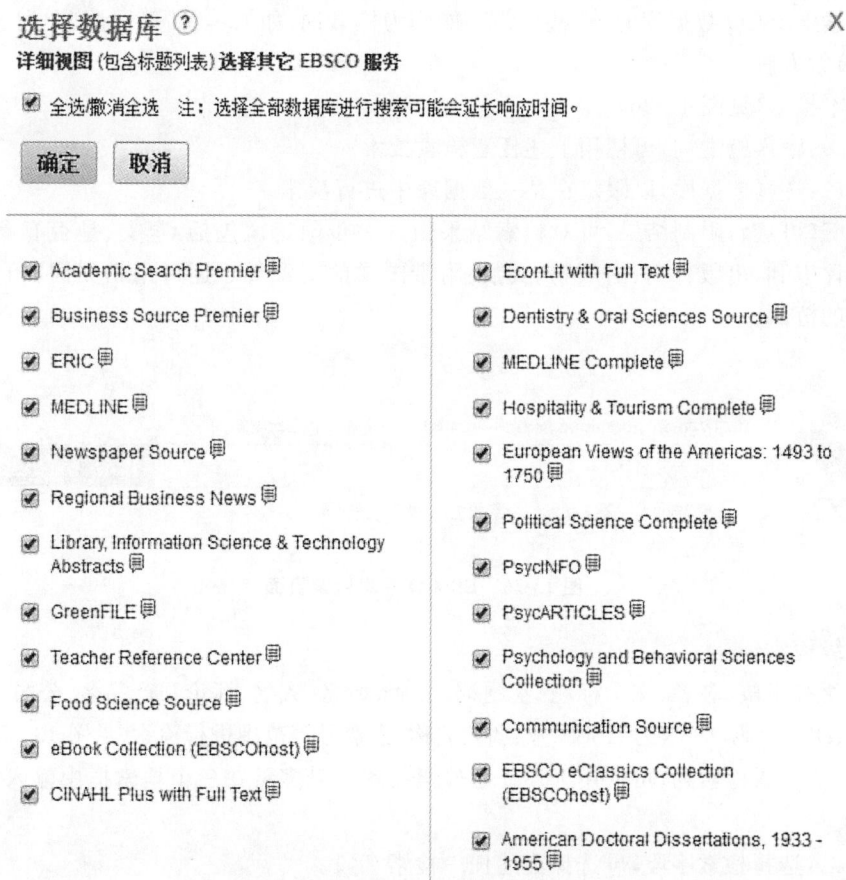

选择数据库 ⑦ ✕
详细视图（包含标题列表）**选择其它 EBSCO 服务**

☑ 全选/撤消全选　注：选择全部数据库进行搜索可能会延长响应时间。

[确定]　[取消]

- ☑ Academic Search Premier
- ☑ Business Source Premier
- ☑ ERIC
- ☑ MEDLINE
- ☑ Newspaper Source
- ☑ Regional Business News
- ☑ Library, Information Science & Technology Abstracts
- ☑ GreenFILE
- ☑ Teacher Reference Center
- ☑ Food Science Source
- ☑ eBook Collection (EBSCOhost)
- ☑ CINAHL Plus with Full Text

- ☑ EconLit with Full Text
- ☑ Dentistry & Oral Sciences Source
- ☑ MEDLINE Complete
- ☑ Hospitality & Tourism Complete
- ☑ European Views of the Americas: 1493 to 1750
- ☑ Political Science Complete
- ☑ PsycINFO
- ☑ PsycARTICLES
- ☑ Psychology and Behavioral Sciences Collection
- ☑ Communication Source
- ☑ EBSCO eClassics Collection (EBSCOhost)
- ☑ American Doctoral Dissertations, 1933 - 1955

图 13-25　EBSCO一站式检索数据库选择页面

（1）检索技术

①布尔逻辑检索：利用布尔逻辑算符 AND、OR、NOT 组配检索。

②截词检索：使用通配符"?"表示中截断，只替代一个字符；使用"＊"表示后截断，替代任意个字符。该数据库不可使用前截断，"♯"号表示不同拼写形式，如 colo♯r，可检索到 color 和 colour。

③位置算符检索：W 算符表示在此算符两侧的检索词在命中时，必须按输入时的先后次序排列，不得颠倒顺序。两个检索词之间可以插入任何其他的词和字母（但可以有一个空格或一个符号连接号），相隔的词用 W 加数字表示。可见，检索用户要想用一个固定的词组检索，也可采用（W）算符，如：thin(W)film 等。

N 算符表示在此算符两侧的检索词在命中时，词序可以颠倒。检索词之间允许插入任何其他的词和字母，相隔的词数用 N 加数字表示。

另外，输入以符号连接的短语检索时，检索结果也会命中不含符号的短语的记录，并在同义词中扩检。例如：输入 television：talk show，检索结果将命中含 television talk-show，television talk show 的文献，如果激活同义词扩展功能，也会检索到 TV talk show 的文献。

④词组检索

如果希望检索词作为词组出现，需要将该词组用双引号（""）引起。

⑤禁用词（Stop Words）

在检索 EBSCO 数据库时，有些词语不能作为检索词，如 the，of 等冠词、介词等。

（2）检索方法

①基本检索（见图 13-26）

步骤一：输入检索词，可使用上述任意检索技术。

步骤二：选择数据库，以限定在某一数据库中进行检索。

步骤三（可选）：限制结果，可对检索结果做进一步限定。包括：全文、是否有参考文献、是否专家评审刊、出版日期、出版物、页数、附带图像的文章等。还可用相关词、相关全文来扩大检索的范围。

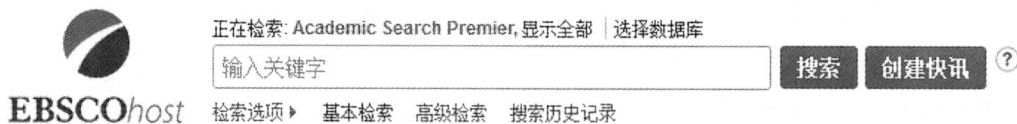

图 13-26　EBSCO 基本检索页面

②高级检索

提供所有字段、著者、文章标题、主题词、文摘、地名、人名、评论和产品名、公司名、NAICS码或叙词、DUNS 码、ISSN 号、ISBN 号、期刊名称、索取号等范围进行检索（见图 13-27）。

步骤一：输入检索词，可使用上述任意检索技术。最多可在三个检索框中输入检索词进行检索。

步骤二：选择检索字段，可选择上述任一检索字段。

步骤三：选择各检索框的组配方式"AND"、"OR"、"NOT"。

步骤四:限制结果,可对检索结果做进一步限定。包括:全文、是否有参考文献,是否专家评审刊、出版日期、出版物、页数、附带图像的文章等。还可用相关词、相关全文来扩大检索的范围。

图 13-27　EBSCO 高级检索页面

③图像搜索

检索页面左上方,点击"图像",选择"图像集"或"图像快速查看集",即可进入图像检索页面。在查找字段中输入搜索词语,选择合适的检索模式,如布尔逻辑/词组、查找全部字词、查找任意字词或智能文本检索,并可进行图像类型(所有类型、人物图像、自然科学图像、地理图像、历史图像、地图和旗帜)的限定,然后单击搜索(见图 13-28)。

④出版物检索

检索页面左上方,点击"出版物",选择不同数据库,如"Academic Search Premier",即可浏览或检索该数据库收录的出版物。检索结果显示:刊名、国际统一刊号、更新频率、价格、出版者、学科、主题、收录文摘或全文的起始时间等。

⑤规范化主题检索

检索页面左上方,点击"科目",选择不同数据库,如"Academic Search Premier",即可检索该数据库的主题词,可以了解用户所考虑的检索词是否为数据库规范的主题词,不同数据库下的规范化主题有所不同,有些有"科目、地点、人物",有些仅是索引。选择所要检索的主题词,然后点击"添加",即可将主题词添加到检索框,添加时可使用 AND、OR、NOT 进行组配;然后点击"搜索"就可以进行检索(见图 13-29)。

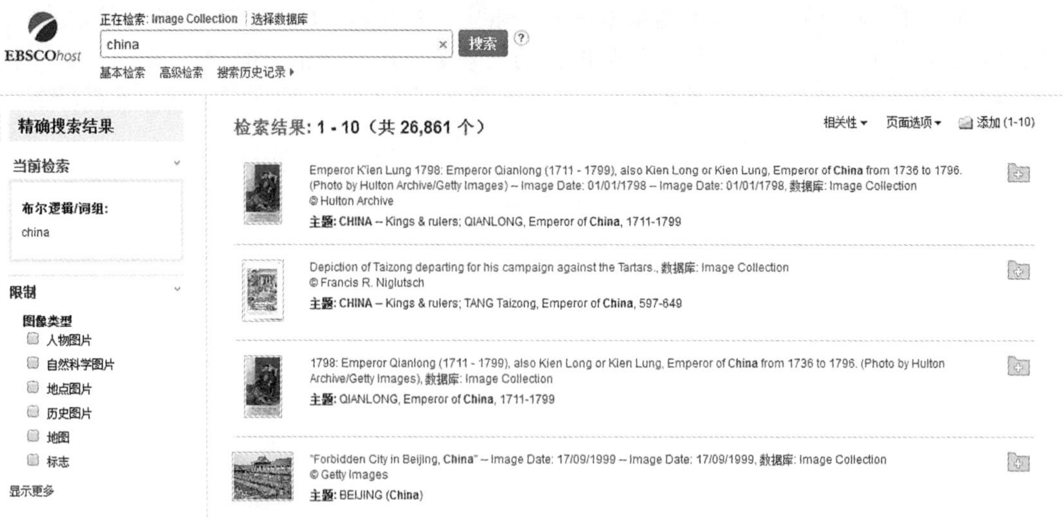

图 13-28　EBSCO 图像搜索页面

图 13-29　EBSCO 规范化主题检索

3.结果处理

(1)浏览

检索结果列表(Result List)显示每一条记录的文章篇名、刊名、作者、出版者、出版地、出版日期、卷期、页数、附注等。并以三种图标分别显示是否有 PDF、HTML、XML 文件浏览格式,以便用户选择。点击记录的题名链接,即可看到文献的文摘内容。点击检索结果记录上方的"页面选项",可对检索结果页面显示格式进行设置,如标准格式、标题格式、简介格式、详细格式;也可对每页显示的记录条数、是否开启快速图像查看、页面布局等进行设置(见图 13-30)。

图 13-30　EBSCO 检索结果页面

（2）排序

检索结果可以选择按最早日期、最近日期、来源、作者、相关度排序，默认按相关度排序。

（3）标记结果记录的批量保存、打印、电子邮件、导出

点击每条显示结果后的"添加到文件夹"图标，可以将当前记录添加到"文件夹"。打开"文件夹"，可以对所有内容进行打印、电子邮件、另存为文件、导出到文献管理软件等操作（见图 13-31）。

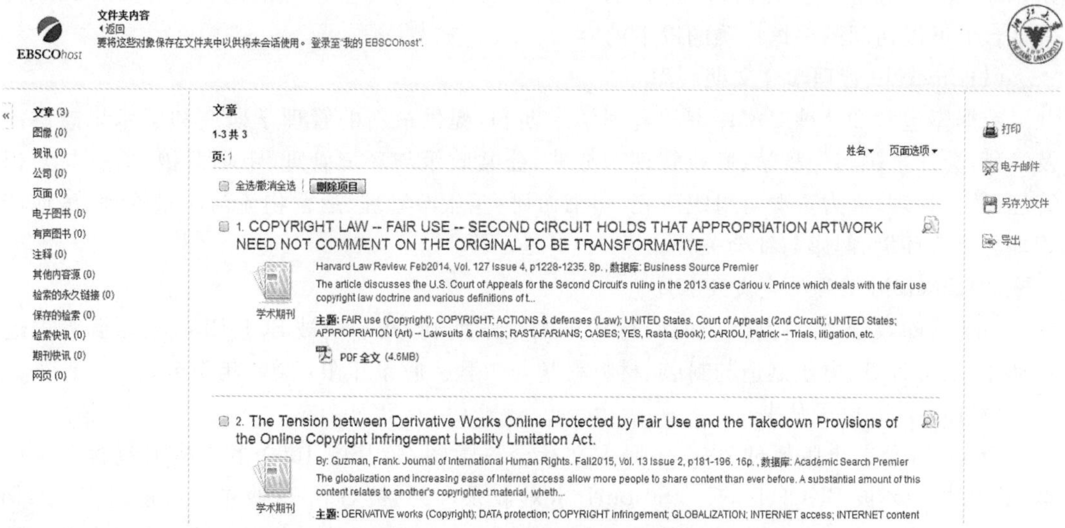

图 13-31　EBSCO 检索结果输出

（4）单条记录的保存、打印、电子邮件、导出（见图 13-32）

点击结果列表中的任一题名，可将该记录完全展开，之后可进行保存、打印、电子邮件、引用、导出操作，步骤如下：首先点击结果显示页面上相应按钮；然后在接续页面上选择记录的格式、内容，再点击相应的保存、打印、电邮、导出按钮即可。

数据库还提供了对该条记录的注释、引用等功能，需登录到个人账户才能使用；另外还

提供了分享功能，可将该篇文献分享到腾讯微博、谷歌、推特、脸书等网络社交软件。

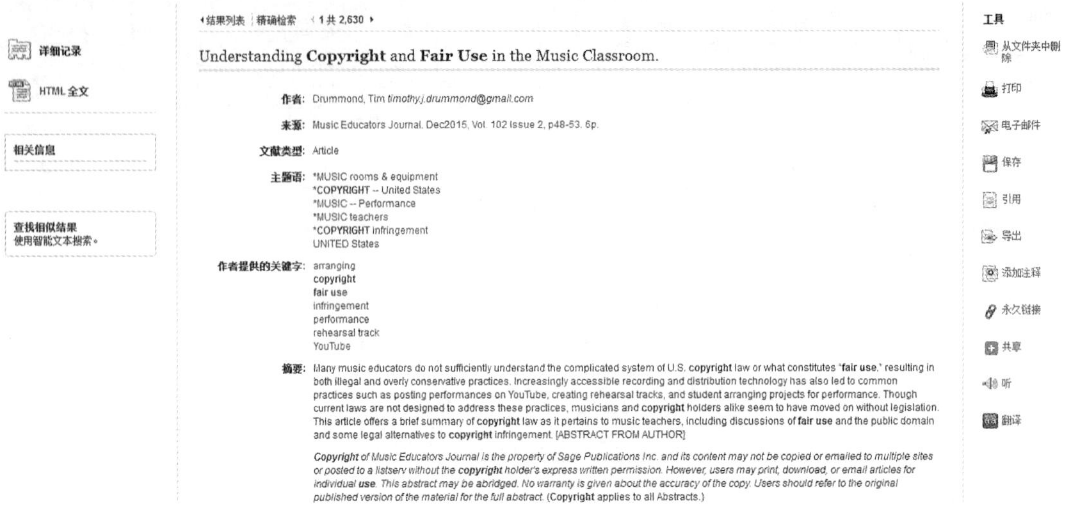

图 13-32　EBSCO 单条记录结果输出

13.3.3　Emerald 系列数据库

1.数据库介绍

Emerald 于 1967 年由来自世界著名百所商学院之一 Bradford University Management Center 的学者建立，主要出版管理学、图书馆学、工程学等专业领域的期刊。在 Emerald 检索平台上可以访问图书馆订购的以下内容：

（1）Emerald 管理学全文期刊库

数据库包含 268 种专家评审的管理学术期刊，提供最新的管理学研究和学术思想。涉及学科：会计金融与经济学、商业管理与战略、公共政策与环境管理、市场营销、信息与知识管理、教育管理、人力资源与组织研究、图书馆研究、旅游管理、运营物流与质量管理、房地产管理与建筑环境、健康与社会关怀。

（2）Emerald 工程学全文期刊库

该数据库收录 23 种高品质的同行评审工程学期刊，几乎全被 SCI、EI 收录。涵盖先进自动化、工程计算、电子制造与封装、材料科学与工程。收录年限：2000 年至今。

（3）Emerald 电子丛书

Emerald 目前出版超过 2000 多册人文社会科学图书，其中 1000 多卷丛书包含电子版本，其中约 50% 被 BKCI（Book Citation Index）收录，85% 被 Scopus 收录。可通过 Emerald 平台对每个章节进行方便快捷的检索和浏览。Emerald 电子系列丛书分为《工商管理与经济学》和《社会科学》两个专集，涉及 150 多个主题领域。

《工商管理与经济学》专辑涵盖经济学、国际商务、管理学、领导科学、市场营销学、战略、组织行为学、健康管理等领域内容。

《社会科学》专辑涵盖社会学、政治学、心理学、教育学、残障研究、图书馆科学、健康护理等领域内容。

（4）Emerald 全文期刊回溯库

该数据库包含 178 种全文期刊，超过 11 万篇的全文内容，涉及会计、金融、人力资源、管理科学与政策、图书馆情报学、工程学等领域。所有期刊均回溯至第一期第一卷，最早可以回溯到 1898 年，收录年限从第一期第一卷至 2000 年。

2.数据库检索

数据库为英文检索界面，提供按期刊和图书浏览（Journals & Books）、案例浏览（Case Studies）、快速检索（Search）、高级检索（Advanced Search）等浏览与检索方法。

（1）浏览

在 Emerald 平台首页，点击资源类型"Journals & Books"，进入书刊浏览界面，可看到按书刊英文名称字顺排列的书刊列表。点击书刊名称，即可看到该图书或期刊的封面、最新卷期、所有卷期等信息。用户可按卷期浏览收录内容，也可下载某篇文章或书的一部分内容及按学科主题浏览图书或期刊（见图 13-33）。点击"Case studies"进入案例浏览页面，可按学科或地区浏览。

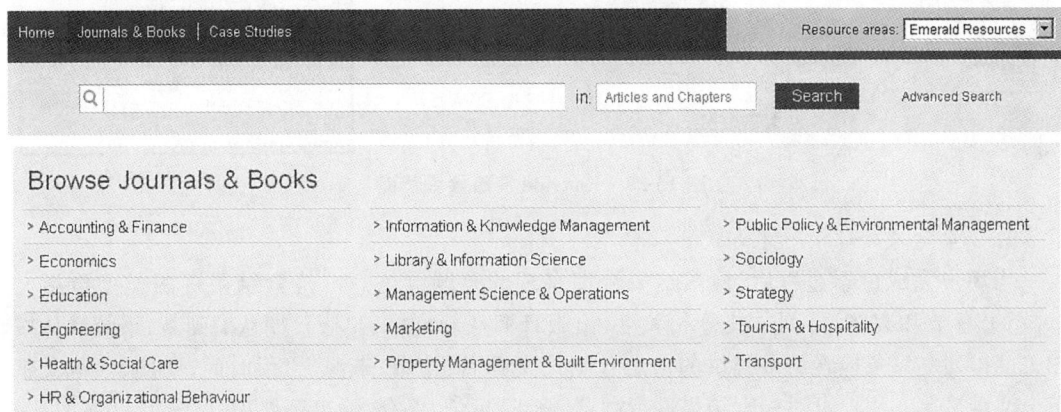

图 13-33　Emerald 书刊浏览页面

（2）快速检索（Search）

该数据库默认为快速检索界面。快速检索是最常用、最简单的检索方式，用户在检索框内输入单词、词组或使用算符构建的检索式，点击"search"即可进行检索（见图 13-34）。

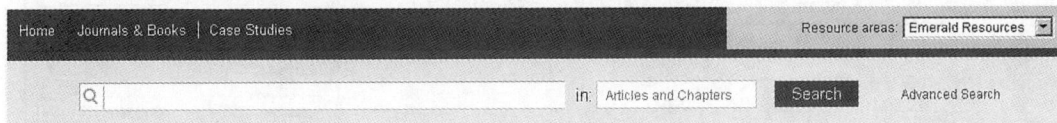

图 13-34　Emerald 快速检索页面

（3）高级检索（Advanced Search）

当快速检索不能满足用户检索需求时，用户可选择高级检索功能。高级检索为用户提供更多的检索字段和限定条件。系统提供的检索字段包括任意地方（Anywhere）、出版物名称（Publication title）、内容项目名称（Content Item title）、作者（Author）、关键词（Keywords）、文摘（Abstract）、卷期（Issue）、页（Page）、章节（Caption）等。利用逻辑算符（AND/OR/NOT）限定不同检索词之间的逻辑关系。其次，利用检索框下方的限定条件进一步限定检索范围。系统提供的限定条件包括资源类型（Content type）、出版日期（Publication date）（见图 13-35）。

图 13-35　Emerald 高级检索页面

3.检索结果处理

　　当用户完成检索过程后,检索结果界面呈现的是题录信息。检索结果资源类型包括文章/图书章节和案例,排列方式分相关度、出版日期从新到旧、出版日期从旧到新;系统默认按相关度排列。每条检索结果提供的信息包括论文题名、作者、来源、出版时间、文摘、参考文献与全文链接等。用户可对检索结果进行浏览、修正、标记、保存、输出等处理(见图 13-36)。

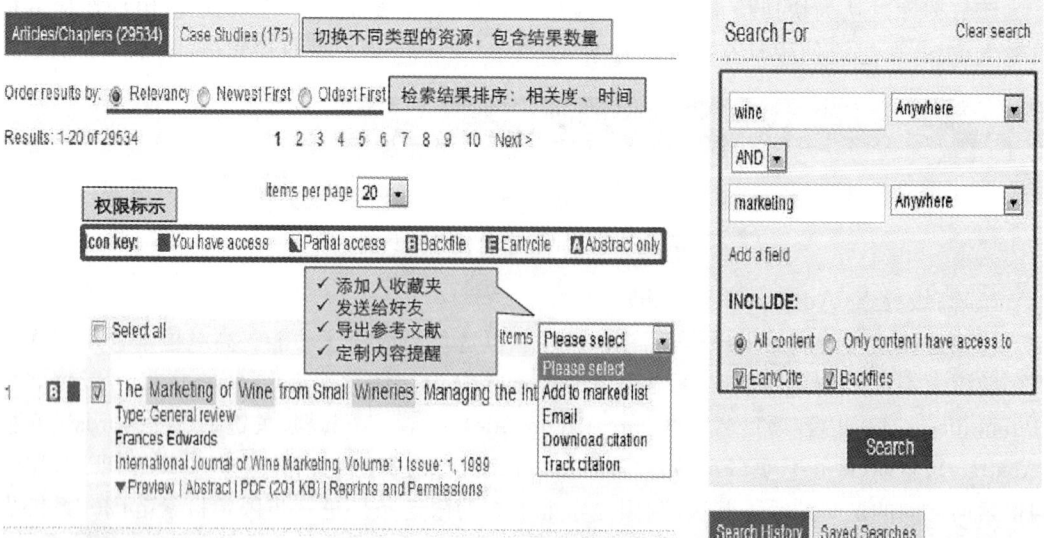

图 13-36　Emerald 检索结果页面

（1）单篇全文的浏览及输出

点击某篇文章下面的"PDF"按钮，即可浏览、保存 PDF 格式的单篇论文全文。

（2）批量浏览及输出论文题录

勾选欲输出的论文题名前的复选框，可对检索结果进行标记，添加到收藏夹中，也可以发送给好友（E-mail）、输出到 EndNote、RefWorks 等个人文献管理系统（Download citation）。

（3）查看检索历史

检索结果右上方的"Search History"检索历史记录页保存当前浏览器会话中运行的检索。当用户检索时，最近的搜索将被添加到列表的顶部。点击"Saved Searchs"可将检索式保存，并可设置定期（按每天、周、月）发送检索结果信息。

（4）个性化工具

点击主页右上方"Register"注册个人账号，可以享受个性化服务。注册成功之后，点击"Login"输入用户名和密码，登录后右上角同时出现个人账户和机构名称。点击个人账户名称进入您的个人页面，在此设置推送服务，添加喜欢的期刊和图书等个性化服务（见图 13-37）。

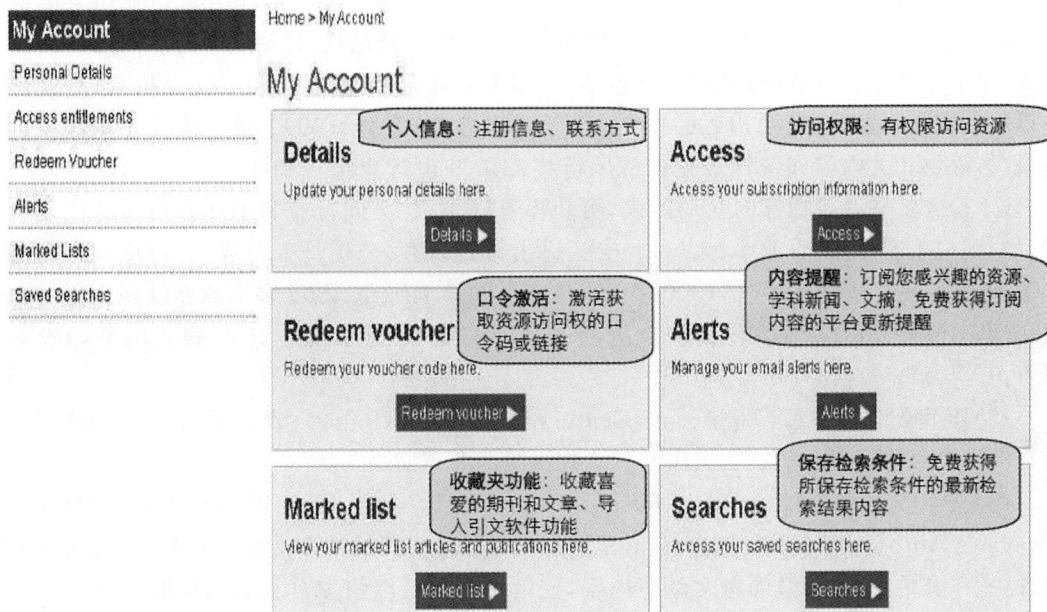

图 13-37　Emerald 个性化服务

（5）辅助资源

数据库还为不同人群设立辅助资源。如作者、评审者、图书馆员以及教学、研究、多媒体、主题等不同区域。

13.3.4　Gale 专题数据库

1. 数据库介绍

该数据库是美国 Gale 集团著名的数据库系列，其核心内容来自 Gale 集团 50 年来出版的众多参考书系列。这些参考书系列中的参考资料被公认为世界上相应学科领域中（文学、历史、商业、人物传记等）最权威、最全面的参考资料。目前，Gale 集团创建并维护了 600 余个在线数据库。这里着重介绍 Gale 的几个人文社科数据库：

(1)名人传记资源中心(Biography in Context)：名人传记资源中心提供全球各个学科、各个领域、不同国家和种族的重要人物的精确、权威的传记资料，可以查阅到人物的生平、得奖情况、从事的职业或从事的研究等相关翔实的资料，是一个内容全面的参考数据库，可同时满足大众和学术研究的需要。用户还可以对感兴趣的人物所处的历史时代、其取得的成就、生活状况以及对特殊国家或区域、特殊年代和特殊事件进行深入的研究。该数据库包含以下信息：①来自 350 多份期刊、杂志与报纸的丰富内容，如 The New York Times USA Today Daily Mail,用户可以在纸本刊发行前提前获得该内容；②包含 Gale 出版的权威人物传记参考书的内容，如：Encyclopedia of World Biography、Contemporary Black Biography、American Men & Women of Science 等，共计 52 万多个人物的 65 万份传记文章；③超过 22.7 万个视频，9.5 万张图片和 9.7 万个音频资料；④可链接到 19000 多个人物网站，这些网站都经过 Gale 专家的严格考察，以确保其权威性。

(2)商业资源中心(Business Insights：Global)：提供全球商业资讯、行业参考资料、统计数据、案例分析、期刊和报纸的综合数据库。收录全球 50 万家公司及 7 万家行业协会的详细信息；其中包括 Reuters Research on Demand reports（路透社投资报告）的 200 万份投资报告，除了路透社的投资报告以外，还包括 60 多家全球重要的投资银行、研究机构、行业协会等的投资报告；Gale 公司出版的经典商业工具书；1000 多份 SWOT 报告；600 多个深度行业概况，提供相关内容和统计数据的深入链接；25000 份行业报告和 2500 多份市场研究报告；数千份经济和商业指标的互动图表，可获得不同国家、不同行业和不同公司间的比较数据，如：国内生产总值、失业率、人口增长率、进出口贸易额、公司员工构成、公司总收入和销售额等；数百份国家经济报告；1000 多份全球商业的案例研究；1200 多个商界管理人士的视频访谈。还包括了 8300 多份商业金融期刊，以及 200 万份珍贵的 PDF 格式的原始投资报告。

(3)18 世纪作品在线(Eighteenth Century Collections Online)：收录了 1701—1800 年所有在英国出版的图书和所有在美国和英联邦出版的非英文书。

(4)文学资源中心(Literature Resource Center-LRC, Scribner Writers Series Online, Twayne's Authors Online)：包含 Gale 集团几十年以来出版的众多文学权威参考书，包括文学评论、作家传记、书评及参考文献等内容，使读者不仅可以快速且直观地获取来自世界各地、各时期、各流派的主要文学资料，了解文学的各个层面，还可以得到历史背景、社会意义等广泛内容。该数据库包含以下信息：480 多种文学、语言学的全文学术期刊和杂志，超过 100 万篇全文文章；15 万多份作家传记；11000 多种当代作家的访谈资料；3000 多张作家照片；7.5 万多篇精选文学评论文章，来自 Gale 出版的著名文学评论系列丛书，如 Contemporary Literary Criticism, Twentieth-Century Literary Criticism 等；超过 11000 篇文学作品概述；超过 5000 篇包含作品社会和历史环境的内容简介；35000 篇当代诗歌、短篇小说和戏剧的全文内容；可链接至 11200 个经过专家严格挑选的文学和作家的相关站点；超过 1 万条来自《韦氏文学大词典》文学术语定义；整合 Modern Language Association (MLA) International Bibliography(现代语言协会国际书目)的 200 万条书目信息。

(5)历史资源中心(World History in Context)

提供全球多文化的全面的历史研究信息,是从事现代历史研究时方便、灵活的在线查询工具。数据库包含以下信息：取自 Gale 独家拥有的 Primary Source Microfilm 的 1760 份一次文献；140 多种 Gale 独家拥有的权威参考书内容，来源自 Gale 及 Gale 旗下拥有的著名出版品牌：Macmillan Reference USA 及 Charles Scribner's Sons 等，出版物如：《欧洲社会史百科全书》(Encyclopedia of European Social History)、《大屠杀百科全书》(Encyclopedia of the Holocaust)、《越南战争百科全书》(Encyclopedia of the Vietnam War)等；来自 300 多种学术期刊的文章，如：《世界历史期刊》(Journal of World History)、《历史综述》(History Review)、《历史学家》(The Historian)、《东南亚研究期刊》(Journal of Southeast Asian Studies)等；1600 多份经耶鲁大学权威专家精心挑选的历史地图、地图集及插图；多媒体内容：包括 37400 多张 Gale 出版物中的图片、83000 多份音频文件以及 6200 多份视频文件，音频文件来自英国广播公司新闻(BBC News)、环球新闻(Universal Newsreels)等，视频文件来自美国国家公共电台(NPR Programs)。

(6)协会和学会数据库(Associations Unlimited)：提供各种专业学会和协会的信息。

(7)相反论点资料中心(Opposing Viewpoints in Context)：提供当今热点问题或事件的事实信息及支持与反对者的各种观点。其 Topic Overviews 使研究人员能够深入了解社会问题的各个层面，从而更加精确地组织他们的研究工作，并与取自 30 多种期刊、报纸的全文文章实现了无缝整合。

(8)泰晤士报数字档案(The Times Digital Archive)：提供自 1785 年创刊以来至 1985 年 200 年间的泰晤士报数字档案。

2.数据库检索

不同子库收录内容不同，检索方法也有一些区别，接下来重点介绍名人传记资源中心、文学资源中心、历史资源中心和商业资源中心 4 个数据库。

(1)名人传记资源中心(Biography in Context)

①人物浏览(Browse People)

点击数据库首页的"Browse People"，进入人物浏览页面，即可通过浏览方式查看人物传记，数据库提供了最新入库的传记人名，点击人物分类的下拉框，可以按不同类别浏览，如演员、美国总统、第一夫人等，找到用户所需要的内容(见图 13-38)。

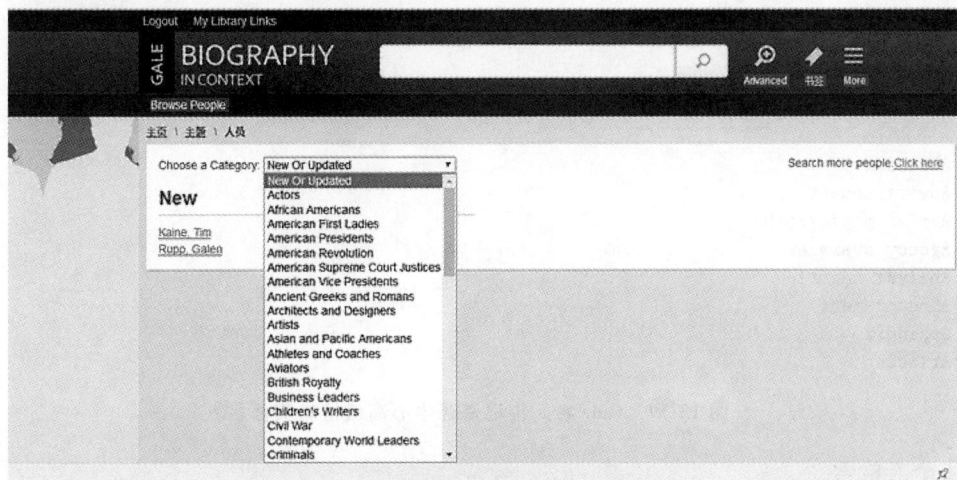

图 13-38　Gale 名人传记资源中心人物浏览页面

②基本检索(姓名检索)

在数据库首页检索框内输入人物对象姓名的一部分或全部,不限姓名前后顺序,点击检索图标即可。如果对拼写没有把握,可以输入姓名的一部分,与查询条件相匹配的名字将按字母顺序以列表形式出现在页面上,选择感兴趣的人名。与此人相关的各种详尽资料将以标签的形式分类显示在页面上:详细传记、简短传记、来自 Marquis Who's Who 的传记、杂志文章及此人的网站。详细传记将自动打开,也可任意选择感兴趣的内容种类。

③高级检索

"高级检索"通过人名、关键字、全文、传记来源名称及杂志出版日期查询,可得到相对更准确的信息。检索途径包括文章标题、出版物标题、关键词、主题、作者(创建者)、人名、地点、公司名称、知名作品、出版社名称、ISSN 号等,可以将不同已知条件进行组配进行检索。并可以进行检索条件的限定,如出版日期、文献类型、内容类型(文章、图像、视频、新闻、原始资料、网站等)、内容水平(基本、中级、高级)、文献长度等(见图 13-39)。

高级检索

检索		于	关键字 ▼
AND(与)▼		于	文章标题 ▼
AND(与)▼		于	出版物标题 ▼

➕添加行　➖删除行　　Search

更多选项

☐ Full Text Documents

☐ Peer Reviewed Journals

出版日期

◉ 全部　◯ 下列日期之前　◯ 开　◯ 下列日期之后　◯ 下列日期之间

Document Type

<u>A</u> B C <u>D</u> E <u>F</u> <u>G</u> <u>H</u> I J K <u>L</u> M <u>N</u> <u>O</u> P Q <u>R</u> <u>S</u> <u>T</u> <u>U</u> V <u>W</u> X <u>Y</u> Z

```
Abstract
Advertisement
Aerial photograph
Agency overview
Analyst report
Announcement
Appendix
Article
```

图 13-39　Gale 名人传记资源中心高级检索页面

④个人检索

"个人检索"适用于无法拼写姓名或希望缩小搜索范围以得到更相关的搜索结果。可通过职业、国籍、种族、性别、生/卒年、生/卒地点等查询,可单项查询也可结合以上标准进行查询。与"姓名检索"一样,与查询条件相匹配的名字将按字母顺序以列表形式出现在页面上(见图 13-40)。

个人检索

检索		于	Name ▼
AND（与）▼		于	Place of Birth ▼
AND（与）▼		于	Place of Death ▼

　　　　　　　　　　　✚添加行　　■删除行　　　　　　　Search

更多选项

Occupation

A B C D E F G H I J K L M N O P Q R S T U V W X Y Z

```
Advertising executive
Advice columnist
Advocate
Aerodynamicist
Aeronautical engineer
Aerospace engineer
Aerospace executive
Aerospace physician
Agency administrator
Agricultural chemist
Agricultural consultant
```

Nationality

A B C D E F G H I J K L M N O P Q R S T U V W X Y Z

图 13-40　Gale 名人传记资料中心个人检索页面

⑤检索结果

检索结果显示人物的生平事迹,并且可链接到不同来源信息,如学术刊物、传记、特色内容、参考资料、音频、图片、视频、新闻、杂志、网站等(见图 13-41)。

(2)文学资源中心(Literature Resource Center-LRC)

①快速检索

在数据库首页检索框内输入任意词进行检索即可。检索途径包括关键词、个人(作者或关于此人)、作品名称、全文(见图 13-42)。

Mark Twain

Mark Twain (1835-1910), American humorist and novelist, captured a world audience with stories of boyhood adventure and with commentary on man's shortcomings that is humorous even while it probes, often bitterly, the roots of human behavior. Bred among American traditions of frontier journalism and influenced by such cracker-box humorists as Artemus Ward and by the tradition of the tall tale, Mark Twain scored his first successes as a writer and lecturer with his straight-faced, laconic recitation of incredible comic incidents in simple, direct, colloquial language. His was an oral style, and his principal contribution is sometimes thought to be the... **查看更多**

Mark Twain

在本页上
- 📖 学术刊物 122
- 📝 Featured Content 2
- 👤 传记 64
- 📖 参考 3
- 🔊 音频 21
- 🖼 图片 5
- ▶ 视频 1
- 📰 新闻 517
- 📑 杂志 714
- 🔗 网站 1
- 🗂 相关主题

📖 **学术刊物** 122

The Antics of Pretend Play: Tom Sawyer's Narrative(s) of...

The Midwest Quarterly, Autumn 2015

"It comes kind of hard on a boy when lie first finds out little he is, and how big everything else is."--Willa Cather,...

Having Mastered Time Travel, Mark Twain Visits the Walmart...

. *Atlanta Review*, Fall-Winter 2015

Having Mastered Time Travel, Mark Twain Visits the

📝 **Featured Content** 2

Mark Twain

St. James Guide to Young Adult Writers, 1999
更新时间: April 22, 2004
Pseudonym for Samuel Langhorne Clemens. Nationality: American. Born: Florida, Missouri, 30 November 1835; moved to...

"To the Person Sitting in Darkness"

American Decades Primary Sources, 2004
Magazine article By: Mark Twain Date: February 1901

Search within page

📖 **Factbox**

Twain, Mark

出生日期
November 30, 1835
Florida, Missouri, United States

逝世日期
April 21, 1910
Redding, Connecticut, United States

图 13-41　Gale 名人传记资源中心检索结果页面

图 13-42　Gale 文学资源中心快速检索页面

②个人检索

个人检索可把作家的姓氏和名字以任何顺序或任意组合方式输入后进行检索；如不能确定作家完整姓氏，输入知道的部分，然后以＊结束。还可以选择其他条件进行限定，如性别、国籍、种族、出生地、流派、作品主题、与作家相关的文学运动、生/卒日期、生/卒地、世纪等。检索结果按传记、文学批评、文章及作品概述、书目信息、其他资源、与文学相关的历史时期、现代语言协会的国际书目信息这几种类别呈现。

③作品检索

作品检索可输入作品的完整名称，也可输入作品名的一部分，同时可选择按作品名中的任意词/完整名称检索。同时可以选择作品类型、作者、出版年份、原文语言、作者国籍、性别、种族等条件进行检索。

④高级检索

高级检索可通过逻辑算符"或、与、非"进行较复杂的检索。可以通过作品名称、关键字、人名、摘要、文章标题、全文、主题、刊号、ISBN 号、出版社及卷编号进行查询，可得到更准确的信息（见图 13-43）。

高级检索

| 检索 | | 于 | 关键字 ▼ |

| AND（与）▼ | | 于 | 作品名称 ▼ |

| AND（与）▼ | | 于 | 个人 - 作者或关于此人 ▼ |

添加行 +

检索

更多选项

☐ 同行评审的刊物

按出版日期：

◉ 所有日期　◉ 下列日期之前　◉ 开　◉ 下列日期之后　◉ 下列日期之间

按出版世纪：

选择出版世纪 ▼

按内容类型：

选择内容类型 ▼

按出版物标题：

图 13-43　Gale 文学资源中心高级检索页面

⑤文学索引检索

如果用户想知道购买的 Gale 文学系列丛书的哪一本书第几页提到某个作家或某部作品，可以从文学索引中查找，然后根据检索结果找到相应的图书浏览，可以节约大量时间。Gale 文学索引涵盖超过 16.5 万个作者姓名，包括笔名和不同的名字，并收录了超过 21.5 万种作品。

文学索引检索分作者检索、作品检索和自定义检索 3 种。作者检索用于查找作者及其相关作品在 Gale 文学系列丛书中被提到的地方；作品检索用于某作品及其作者在 Gale 文学系列丛书中被提到的地方；如果有多位同名作家，可利用自定义检索（Custom Search）功能，限定作家的国别和生卒年。下面为"作品检索"《傲慢与偏见》（Pride and Prejudice）的检索结果（见图 13-44）。

Pride and Prejudice

Author: Jane Austen

Gale series that include a discussion of this work:

Beacham's Encyclopedia of Popular Fiction: Analyses, volume(s)
12:335-44
Beacham's Guide to Literature for Young Adults, volume(s) **3**:
1062-70
Literary Movements for Students, volume(s) **1**:296
Literature and Its Times, volume(s) **2**:295-300
Nineteenth-Century Literature Criticism, volume(s)**1**:30, 32- 4,
36-8, 40, 44-7, 50-2, 56-61, 63-4, 66；**13**:51-112；**19**:2, 4-8,
14, 17, 32, 42, 55-6, 58, 66-7；**33**:28, 44, 58, 62, 64, 66,
69, 72, 76, 78, 86, 89-90, 92, 96；**51**:12, 15, 33, 35, 55；
81:18, 48, 69, 77-9, 81-5；**95**: 4, 9- 11, 14, 16-8, 21, 25,
39, 45, 55-6, 58, 63, 73, 80, 83-4, 86；**119**:11, 14, 16-18,
21, 24-5, 27-8, 35-40, 42, 46, 48-9, 51, 54；**150**:1-160；
207:1-98；**210**:13, 62, 115；**222**:26, 30, 38, 47, 50, 52, 83,
108；**242**:19, 44, 51, 63；**271**:9-10, 23, 33-4, 40-1, 46, 59-60,
103-04, 112-13, 120
Novels for Students, volume(s) **1**:282-97
Reference Guide to English Literature (St. James Press, an
imprint of Gale), edition(s) **2**:1786
World Literature Criticism, volume(s) **1**:144, 146-50, 154-56

图 13-44　Gale 文学资源中心文学索引检索

⑥字典检索(Encyclopedia of Literature)

文学资源中心还收录《韦氏文学大百科》和《韦氏大学生词典》,用户可输入词语或首字母进行检索。

(3)历史资源中心(World History in Context)

①快速检索

在数据库首页检索框内输入任意词进行检索即可。

②高级检索

"高级检索"可过标题、人名、关键字、全文、主题等组合查询,得到相对更准确的信息。检索途径包括文章标题、出版物标题、关键词、主题、作者(创建者)、人名、地点、公司名称、知名作品、出版社名称、ISSN 号等,可以将不同已知条件进行组配进行检索。并可以进行检索条件的限定,如出版日期、文献类型、内容类型(文章、图像、视频、新闻、原始资料、网站等)、内容水平(基本、中级、高级)、文献长度等(见图 13-45)。

③主题浏览(Browse Topics)

数据库还提供了主题浏览功能,读者可以按主题字母顺序或学科分类浏览,查看自己所需的内容。主题分类包括传记,国家、文化和文明,经济,事件、时期、文化趋势,人权,宗教,政治结构、运动和组织,战争和冲突等。

④检索结果

检索结果显示检索内容的概述,并且可链接到不同来源信息,如学术刊物、传记、特色内容、参考资料、音频、图片、视频、新闻、杂志、网站等。点击概述部分的"查看更多",可以看到历史事件的详细内容,并可进行下载、打印、电邮和分享等操作(见图 13-46)。

高级检索

检索	[　　　　　　　　　　]	于	关键字 ▼
AND（与）▼	[　　　　　　　　　　]	于	文章标题 ▼
AND（与）▼	[　　　　　　　　　　]	于	出版物标题 ▼

➕添加行　➖删除行　　　　　　　Search

更多选项

☐ Full Text Documents
☐ Peer Reviewed Journals

出版日期

◉ 全部　◯ 下列日期之前　◯ 开　◯ 下列日期之后　◯ 下列日期之间

Document Type

A B C D E F G H I J K L M N O P Q R S T U V W X Y Z

Abstract
Advertisement
Aerial photograph
Agency overview
Analyst report
Animation
Announcement
Article

图 13-45　Gale 历史资源中心高级检索页面

World War II

The maintenance of peace in Europe in the 1920s and 1930s was both strengthened and weakened by the memory of the costs of World War I. On the one hand, that memory led many to have such a horror of military conflict that they shrank from the very idea. This horror, on the other hand, could favor a country determined on war by restraining those who in their revulsion at war had disarmed, were reluctant to rearm, and believed that almost any sacrifices these actions entailed were likely to be less than those a new conflict would exact. This situation...查看更多

Fanfare of the Hitler Youth in Nazi Germany (1935)

在本页上

📖 学术刊物 586
🔍 原始来源 18
📄 Featured Content 3
📝 参考 478
👤 传记 87
🔊 音频 181
🖼 图片 18
▶ 视频 11
📰 新闻 945
📚 杂志 753
🔗 网站 1
📊 相关主题

📖 **学术刊物** 586

New memorial to Hong Kong vets

Manitoba History, Summer 2015
📖 *World History in Context*
Canadian soldiers in the Pacific Theatre were front and centre in a bloody battle fought against the Japanese in Hong...

🔍 **原始来源** 18

London Docks Bombed, 7 September 1940

Gale World History in Context, 2014
📖 *World History in Context*
When the Germans failed to destroy the British Royal Air Force, they began a campaign bombing the city of London during...

Search within page 🔍

📊 **相关主题**

Adolf Hitler

Atomic Bomb

Benito Mussolini

图 13-46　Gale 历史资源中心检索结果页面

（4）商业资源中心（Business Insights：Global）

①快速检索

在数据库首页检索框内输入词语进行检索即可。检索途径有公司、国家、行业、全文、关键词，用户根据需要选择不同检索途径输入关键词进行检索。

②公司查找（Companies）

点击数据库首页上方工具条的"Companies"按钮，系统自动显示下拉选择项，用户可以选择公司查找（Company Finder）、公司历史（Company Histories）、SWOT 分析报告（SWOT Reports）、投资报告（Investment Reports）、财务报告（Financial Reports）等类别进行检索（见图 13-47）。点击检索结果记录题名，可以查看详细内容，并可以保存、下载和打印。

检索内容：　公司名称: **IBM**

限定依据：公司 Ⓧ

正在显示 1 - 50（共 116 条）　　　　　　　　　　　<< first　< prev　**1**　2　3　next >　last >>

★ **International Business Machines Corp. (IBM)**

Company Profile, Gale Business Insights Online Collection, 2016

International Business Machines Corp. (IBM) is engaged in creating value for clients through integrated solutions and products that leverage data, information technology, deep expertise in industries and business

品牌	Trade Journals
公司年表	Magazines
公司历史	市场份额报告
基本面分析	排名
投资报告	新闻
Academic Journals	SWOT 报告

Total Revenue: $81,741,000,000
员工数量: 377,757
Location: United States

★ **IBM Global Services**

Company Profile, Gale Business Insights Online Collection, 2016

Offers business and IT consulting. Also offers services in such areas as application development, data storage, infrastructure management, networking and technical support.

Academic Journals	市场份额报告
Trade Journals	排名
Magazines	新闻

Sales: $47,400,000,000
员工数量: 190,000
Location: United States

图 13-47　Gale 商业资源中心公司查找结果页面

③行业检索（Industries）

点击数据库首页上方工具条的"Industries"按钮，系统自动显示下拉选择项，用户可以选择所有行业（All Industries）、市场份额报告（Market Share Reports）和行业论文（Industry Essays）进行检索。

④比较图表

点击数据库首页上方工具条的"比较图表"按钮，系统自动显示下拉选择项，用户可以选择国家、公司和行业进行比较图表的检索。

⑤案例研究

点击数据库首页上方工具条的"案例研究"按钮，用户可以选择案例研究进行检索。

⑥术语表

点击数据库首页上方工具条的"术语表"按钮，进入"术语表"查询。使用此商业术语表可查找不熟悉的商业术语，方法是将术语键入到检索框，或向下滚动到下方看到的按字母顺序排序的列表。

　　⑦高级检索

　　"高级检索"可通过标题、人名、关键字、全文、主题、公司名称、行业分类号、协会等途径进行组合查询,得到更准确的信息。并可对检索内容,如案例研究、分析报告、新闻、学术期刊、行业杂志等进行限定;也可对起始日期进行限定(见图 13-48)。

高级检索

输入检索词:

	关键字　▼
AND（与）▼	
	关键字　▼　⊖ 删除行
AND（与）▼	
	关键字　▼　⊖ 删除行

⊕ 添加行

选择限定条件:

内容类型:	选择选项...　▼	
出版物标题:	选择出版物标题...	
同行评审:	☐	
仅全文:	☐	
Articles and Reports:	☐	
行业 (NAICS 2012):	选择行业...	NAICS codes
行业 (SIC):	选择行业...	
开始日期:	MM/DD/YYYY　结束日期: MM/DD/YYYY	

检索

图 13-48　Gale 商业资源中心高级检索页面

　　⑧主题检索

　　商业资源中心提供了从主题途径进行检索的方式,用户输入感兴趣的主题,即可从商业主题索引中查找到相关或相近的分组主题的结果。

　　⑨出版物检索(Publication Search)

　　用于查找数据库所收录的出版物,也可按字母顺序浏览。

13.3.5　OCLC FirstSearch 系列数据库

　　1.数据库介绍

　　OCLC 全名为联机计算机图书馆中心(Online Computer Library Center),是一个非营利机构,也是世界上最大的图书馆合作机构,向全世界图书馆提供服务。FirstSearch 是 OCLC 的一个联机参考服务系统,包括 70 多个数据库,从 1999 年开始,CALIS 全国工程中心订购了其中的基本组数据库。FirstSearch 基本组包括 10 多个数据库,其中大多是综合性的,内容涉及艺术和人文科学、商务和经济、会议和会议录、教育、工程和技术、普通科学、生命科学、医学、新闻和时事、公共事务和法律、社会科学等领域。

（1）期刊论文索引（ArticleFirst）

数据库包括自 1990 年以来的 16000 多种来自世界各大出版社的期刊目次表页面上的各项内容,每一条记录都对期刊中的一篇文章、新闻故事、信件和其他内容进行描述,并且提供收藏该期刊的图书馆名单。这些期刊的语言大多为英文,同时也有部分为其他语种。目前该库有 3200 多万条记录,主题涵盖商业、人文学、医学、科学、技术、社会科学、大众文化等等。该数据库每天更新。

（2）拉丁美洲期刊索引（ClasePeriodica）

数据库由 Clase 和 Periodica 两部分组成,其中 Clase 是针对专门登载社会科学与人文科学的拉丁美洲期刊中的文献所做的索引;Periodica 则涵盖专门登载科学与技术文献的期刊。该数据库对 2700 多种以西班牙文、葡萄牙文、法文和英文发表的学术期刊中的 65 万多条书目引文提供检索。不但包括以泛美问题为主的期刊中的信息,还含有在 24 个不同的拉丁美洲和加勒比海地区出版的文章、论文、单行本、会议录、技术报告、采访以及简注。其中,Clase 收录的期刊从 1975 年开始至今,Periodica 收录的期刊从 1978 年开始至今。主题有农业科学、历史、人类学、法律、艺术、图书馆学与信息科学、生物学、语言学与文学、化学、管理与会计、通讯科学、医药学、人口统计学、哲学、经济学、物理学、教育学、政治学、工程学、心理学、精密科学、宗教学、外交事务、社会学和地球科学。该数据库每三个月更新一次。

（3）全球图书馆电子书目录（Ebooks）

收录了 OCLC 成员图书馆编目的所有电子书的书目信息,接近 1300 万种,涉及所有主题,涵盖所有学科,收录日期从公元前 1000 年至今。该数据库每天更新。

（4）学术期刊索引数据库（ECO-Index）

该数据库是一个学术期刊索引数据库,收录了自 1995 年以来来自世界上 70 多家出版社的 5000 多种期刊,总计 680 多万条记录,涉及几乎所有学科,主要有农业、商业、科学、技术、文学、医学、宗教、哲学、语言、法律、政治学、心理学、社会学、经济学、教育学、地理学、历史学、人类学、美术以及图书馆学等。该数据库每天更新。

（5）教育学文摘（ERIC）

ERIC 是由美国教育部教育资源中心创立的美国教育文献的摘要数据库,始于 1966 年。该数据库涉及两个印刷型月刊的内容:《教育资源》（Resources in Education,RIE）和《教育期刊现刊索引》（Current Index to Journals in Education,CIJE）。其中 RIE 含多种类型的文献,包含了 1000 多种原始文献的摘要信息;CIJE 则含有 900 多种专业期刊的论文索引。

（6）美国政府出版物数据库（GPO）

由美国政府出版署创建,覆盖从 1976 年以来各种各样的美国政府文件,包括美国国会的报告、听证会、辩论、记录、司法资料以及由行政部门（国防部、国务院、总统办公室等）颁布的文件,每条记录包含有一个书目引文,共有 60 多万条记录。该数据库每月更新。

（7）全球联合机构知识库（OAIster）

OAIster 是 2002 年密歇根大学在美国梅隆基金会的资助下开展的项目,目前发展成全球最大的开放档案资料数据库,为研究者提供多学科数字资源。该库记录数量已达 2100 多万条,来自 1100 多家图书馆及研究机构。包括:数字化图书与期刊文章、原生数字文献、音频文件、图像、电影资料、数据集、论文、技术报告、研究报告等。每条记录包括数字资源的全文链接，用户可以查看、下载和保存大量的图片及全文内容。数据库每三个月更新一次。

（8）会议论文索引（PapersFirst）

该数据库收录了在世界范围召开的大会、座谈会、博览会、研讨会、专业会、学术报告会上发表的论文的索引。涵盖了 1993 年以来所有来自大英图书馆文献供应中心的发表过的研讨会、大会、博览会、研究讲习会和会议的资料，共有 810 多万条记录，所包含的主题就是在所报道的会议中讨论的种种主题。该数据库每两周更新一次。

（9）会议录索引（ProceedingsFirst）

该数据库是 PapersFirst 的相关库，收录了在世界范围召开的大会、座谈会、博览会、研讨会、专业会、学术报告会上发表的会议录的索引。涵盖了 1993 年以来所有来自大英图书馆文献供应中心的发表过的研讨会、大会、博览会、研究讲习会和会议的资料，而且每条记录都包含一份在每次大会上所呈交的文件的清单，从而提供了各次活动的一个概貌，共有近 46 万条记录。该数据库每周更新两次。

（10）在线艺术品和珍本拍卖目录（SCIPIO）

该数据库涵盖了从 16 世纪晚期到目前已排定日期但尚未举行的拍卖中的出售目录，共有 300 多万条记录。每条记录包含出售日期和地点、目录题名、拍卖行、出售者、拥有馆藏的图书馆。SCIPIO 提供北美和欧洲主要拍卖行以及许多私下销售的拍卖目录，是了解艺术品、珍本、收藏历史、古今市场趋势的珍贵信息来源。涉及的主题有珍本、绘画、艺术作品、雕塑、素描、家具、珠宝、房地产、纺织品和地毯等。该数据库每天更新。

（11）全球图书馆联合目录（WorldCat）

WorldCat 是世界上最大的书目记录数据库，包含 OCLC 近两万家成员馆编目的书目记录和馆藏信息。从 1971 年建库到目前为止，共收录有 480 多种语言总计近 19 亿条的馆藏记录，2.8 亿多条独一无二的书目记录，每个记录中还带有馆藏信息，基本上反映了从公元前 1000 多年至今世界范围内的图书馆所拥有的图书和其他资料，代表了 4000 年来人类知识的结晶。文献类型多种多样，包括图书、手稿、地图、网址与网络资源、乐谱、视频资料、报纸、期刊与杂志、文章以及档案资料等等。该数据库平均每十秒更新一次。

（12）WorldCat 硕博士论文目录（WorldCat Dissertations）

收集了 WorldCat 数据库中所有硕博士论文和以 OCLC 成员馆编目的论文为基础的出版物，涉及所有学科，涵盖所有主题。WorldCat 硕博士论文数据库最突出的特点是其资源均来自世界一流高校的图书馆，如美国的哈佛大学、耶鲁大学、斯坦福大学、麻省理工学院、哥伦比亚大学、杜克大学、西北大学以及欧洲的剑桥大学、牛津大学、帝国理工学院、欧洲工商管理学院、巴黎大学、柏林大学等等，共有 1800 多万条记录，其中 100 多万篇有免费全文链接，可免费下载，是学术研究中十分重要的参考资料。该数据库每天更新。

（13）百科全书及年鉴（WorldAlmanac）

该数据库包括《芬克与瓦格纳新百科全书》（Funk & Wagnalls New Encyclopedia）及 4 本世界年鉴。该数据库包括传记、百科全书款目、事实与统计资料。涉及主题广泛，涵盖了 1998 年到现在的资料。数据库每年更新一次。

　2.检索方法

点击数据库链接，可直接进入该数据库检索界面，平台提供了 8 种语言的检索界面，其中包括中文简体界面。

FirstSearch 的 13 个数据库通过一个检索平台来进行检索,但各个数据库的简单检索和高级检索界面略有不同:多库同时检索时,可用的检索框和限制条件相对较少。平台提供基本检索、高级检索和专家检索 3 种方式,系统默认是基本检索。

无论进行哪种检索,检索前要首先选择数据库,每次最多选 3 个。如果希望了解数据库,可以点击数据库后的信息按钮,可以看到有关数据库的介绍,进行了解和选择。

FirstSearch 一般检索步骤:

首先选择 1－3 个数据库或相关主题(也可以不选数据库,系统会在相关数据库中查找,然后分别列出检索结果数据,此时再选择数据库进行检索),并在相应检索项目内输入检索内容;之后,可浏览命中记录的一览表,查看记录的详细内容或直接获取全文。最后,点击导航菜单的"退出"按钮退出 FirstSearch 系统。

(1)选择数据库

在 FirstSearch 主页,可以通过 3 种途径选择数据库,每次最多选择 3 个数据库。①点击"所有的数据库"导航条,了解数据库的情况并选择,之后进入高级检索;②"选择"栏目中的"选择主题或数据库"下拉菜单,进入基本检索;③"跳至高级检索"栏目的下拉条"选择数据库加以检索",之后进入高级检索。

系统提供了"列出按主题分类的数据库"功能,可以浏览和选择某个与主题类目相关的数据库。选择数据库或主题之后,进入检索界面,用户可以分别选择不同的检索方式进行检索。

(2)选择检索的字段索引,输入检索项

①基本检索

在首页可直接进行检索,在"查询"文本框后输入检索词或检索式,点击"检索"即可(见图 13-49)。

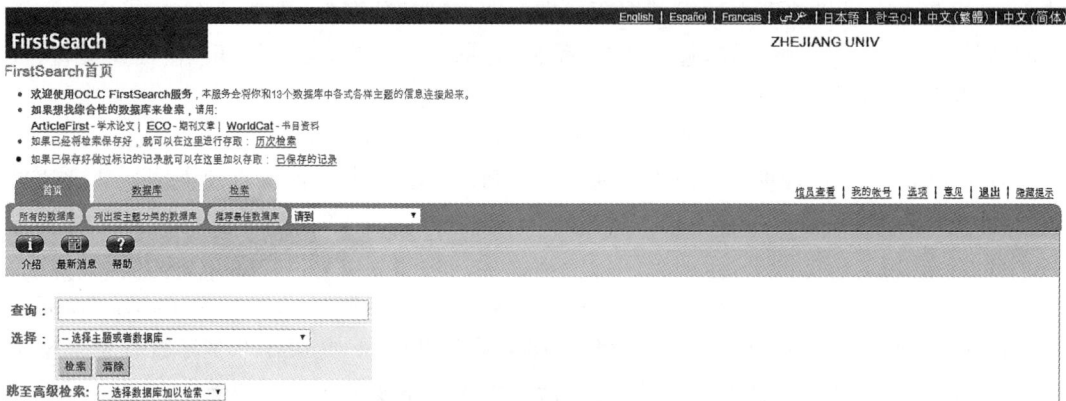

图 13-49　OCLC FirstSearch 基本检索页面(1)

也可以点击"基本检索"链接进入基本检索界面,在"关键词"、"著者"等字段输入检索词进行检索(见图 13-50)。

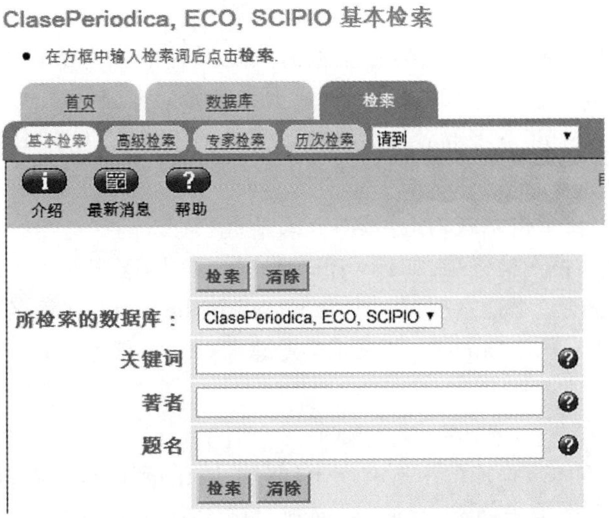

ClasePeriodica, ECO, SCIPIO 基本检索

● 在方框中输入检索词后点击检索.

图 13-50　OCLC FirstSearch 基本检索页面(2)

②高级检索

通过高级检索,可以构建更复杂的检索式。各个检索词之间可以用布尔逻辑算符进行组配。使用圆括号可以把检索式输入同一个检索框中,也可以把每一个检索词分别输入不同的检索框。

在"跳至高级检索"的下拉条"选择数据库加以检索",之后进入高级检索。在高级检索中,可以通过一些限制条件进行限定,缩小检索范围,得到更高的查准率。每个数据库的限制条件有所不同。图 13-51 为 WorldCat 学位论文数据库的高级检索界面。

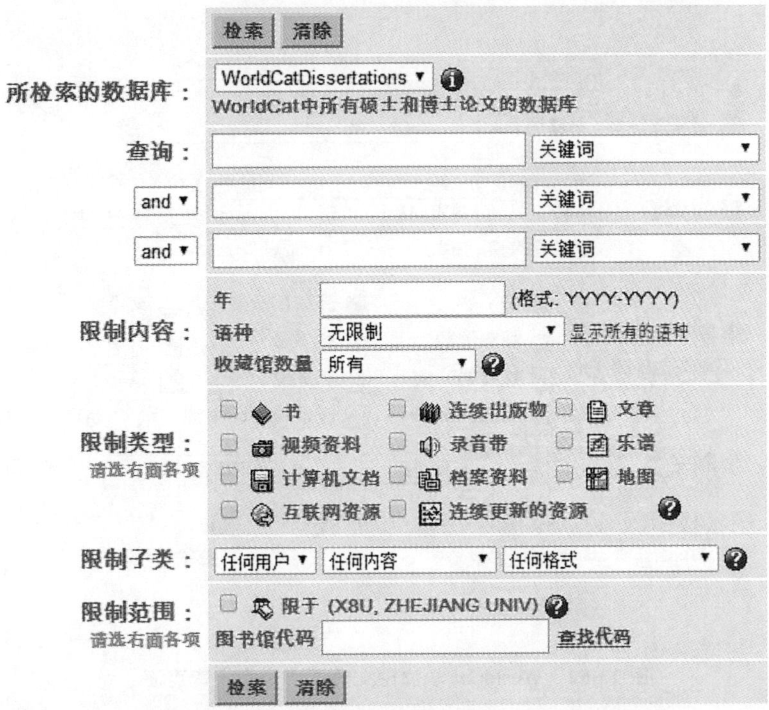

图 13-51　WorldCat 学位论文数据库高级检索页面

③专家检索

专家检索是为喜欢输入检索式的专业检索人员设计的。构造检索式可以使用逻辑算符、截词符和位置算符等。在选择数据库后,进入高级检索界面,点击"专家检索",进入专家检索页面。下面为 WorldCat 学位论文数据库的专家检索界面(见图 13-52)。专家检索提供的限制条件与高级检索基本相同。

专家检索的核心在于检索式构造,基本方式是:

字段代码+冒号(:)+检索项,如:kw:gene(在关键词字段检索)

字段代码+等号(=)+检索项,如:ti=gone with the wind(在篇名中检索)

字段代码主要有:著者(au),主题(su),关键词(kw),篇名(ti),标准号码(sn),年代(yr)。

注意事项:

在主题检索中,不同数据库的主题有所不同,如 ArticleFirst,查找范围为题名和文摘字段;ECO 中,主题查找范围为题名、文摘、叙词和引用字段;WorldCat 中,主题查找范围为主题词、题名和内容注释字段。

作者检索,一般是姓前名后。

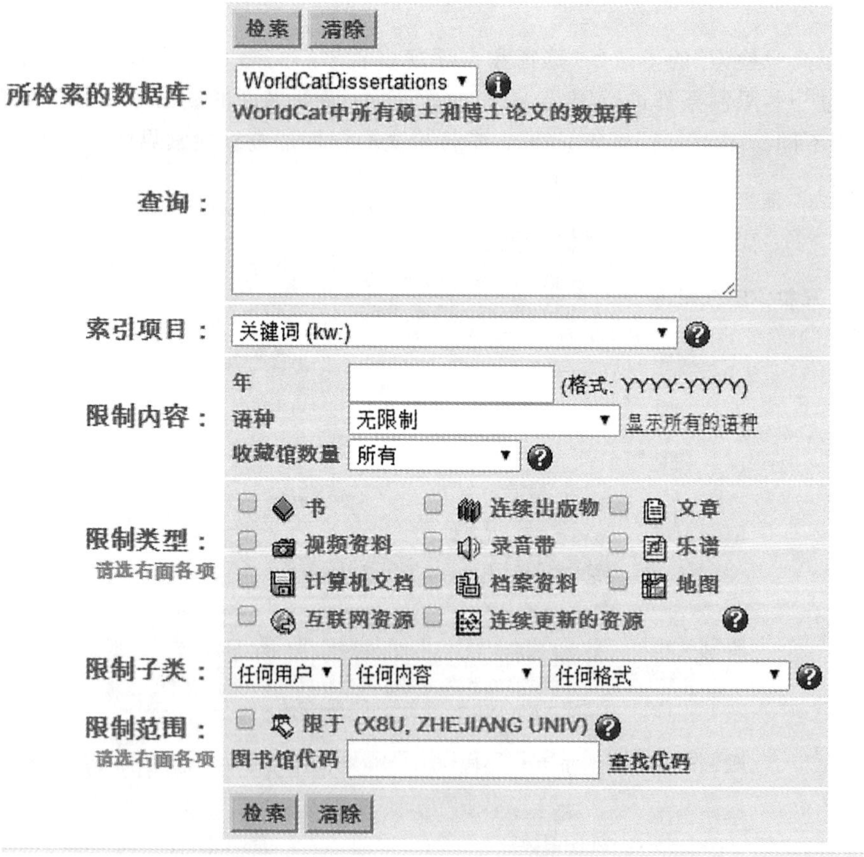

图 13-52　WorldCat 学位论文数据库专家检索页面

13.3.6　Lexis 法律信息数据库(Lexis.com International)

1.数据库介绍

Lexis.com International 作为 Lexis.com 的全面升级版本,是 LexisNexis 律商联讯公司为中国学术市场量身打造的个性化检索平台。该平台拥有全新的中文界面,在保留 Lexis.com 经典内容的基础上对页面布局和功能做了大幅度的调整和提升,简化了检索流程,提升了运行和下载速度。

主要资源概况:Lexis.com 不仅收录了丰富的原始法律文献信息,还有大量全球性二次法律文献信息。原始法律文献信息主要包括:美国联邦和各州的判例法——收录近 300 年美国联邦和各州的判例法案例;美国联邦和各州的立法和法律法规——包括著名的 USCS 美国联邦立法信息服务;英美立法和政治制度材料;全球包括 150 多个国家的法律信息,包括立法、判例、论文等;国际组织的条约。二次法律文献信息有:900 多种法律期刊、杂志和报告,大多可以回溯到 1980 年;法律专业书籍;法律重述资料(Restatements);美国律师协会、法律继续教育相关资料(ABA,CLE materials);Mealey 法律报告和会议资料,可以追溯到 1982 年;Martindale-Hubbell 全球律所和律师黄页;以及 100 多个国家的法律概要(Law Digest);法律新闻;法律百科全书、辞典。

2.数据库检索

(1)案例检索(见图 13-53)

数据库收录了美国、加拿大、欧盟 EUR-Lex、英国、澳大利亚、新西兰等国家和我国香港地区的案例,如美国案例,含联邦和州案例合集、联邦法院案例合集、州案例合集、美国联邦公报;其他案例还有加拿大案例、欧盟 EUR-Lex 案例、英国法院案例合集、澳大利亚联邦.州和领土案例法、新西兰案例、香港地区案例。此外还收录了国际法院裁决汇编、人权法案例。

首先选择所要检索的案例范围,选择不同的案例合集,可以从当事人、全文、概述、法院、法官、引文号等途径进行检索。并可以进行日期限定,如所有日期、前一周、前一个月、前六个月、前一年、前五年、指定日期。

点击案例集后面的"i"图标可以查看案例集的详细信息。

(2)法律法规检索(见图 13-54)

法律法规收录了包括美国法典服务、联邦法规、联邦公报、欧盟法律数据库、澳大利亚联邦法、英格兰和威尔士立法、加拿大立法等内容。

首先选择所要检索的法律法规范围,选择不同的资源子集,可以从全文和引文号两个途径进行检索。并可以进行日期限定,如所有日期、前一周、前一个月、前六个月、前一年、前五年、指定日期。

点击资源集后面的"i"图标可以查看相关资源的详细信息。

案例检索

来源： 联邦和州案例合集

Lexis.com ® 快速搜索数据库信息

当事人 (1)： AND

当事人 (2)： AND

全文： AND

概述： AND

法院： AND

法官： AND

引文号： AND

时间： 所有日期

搜索　　重置

图 13-53　Lexis.com 案例检索页面

法律法规

来源： 美国法典服务-标题1到50

Lexis.com ® 快速搜索数据库信息

全文： AND

引文号： AND

时间： 所有日期

搜索　　重置

图 13-54　Lexis.com 法律法规检索页面

（3）评论期刊检索（见图 13-55）

评论期刊分三大部分：①美国法律评论，含美国法律和学报合集、加拿大法律评论合集、美国律师协会期刊合集、哈佛法律评论、斯坦福大学法律评论、耶鲁法律评论、法规重述汇编等；②按法律领域区分，包括银行、破产、诉讼、商法、公司法、刑法、环境法、财产法、家庭法、保险法、知识产权、国际法、证券法、税法、劳动法、反垄断等评论文章合集；③其他，收录了英国法律期刊、加拿大法律期刊合集、澳大利亚法律期刊合集。

首先选择所要检索的评论期刊范围，选择不同的资源子集，可以从全文、出版物、摘要、标题、作者、引文号等途径进行检索。同样可以进行日期限定。

　　点击资源集后面的"i"图标可以查看相关资源的详细信息。

图 13-55　Lexis.com 评论期刊检索页面

（4）国际条约检索（见图 13-56）

　　国际条约包含关贸总协定基本法律文件选编和美国现行条约集合。首先选择所要检索的国际条约范围，选择不同的资源子集，可以进行全文检索及日期限定。

图 13-56　Lexis.com 国际条约检索页面

（5）新闻资讯检索（见图 13-57）

　　检索框内输入相应检索词，可以指定检索词出现的位置以及次数，如"任意位置、标题、索引、开头、公司、多次提到、3 次以上"。

可从行业、主题、国家三个途径进行检索范围限定。行业覆盖银行、金融、制造、化工、高科技、能源、交通等 30 多个行业；主题包含反垄断、外汇、人权、移民、通货膨胀、知识产权、收购兼并等近百个主题；国家包括非洲、中东、南美、欧洲等 200 个国家。

还可以对资源进行语言和来源限定，如所有语言和所有新闻、非英语新闻、亚太新闻、美国出版物等等。

数据库提供了"Duplicate Options"重复选项功能，对新闻检索结果的相似性分析："Off"不进行相似性分析；"On-High Similarity"高度相似性分析；"On-Moderate Similarity"中度相似性分析。

同样也可以进行日期限定。

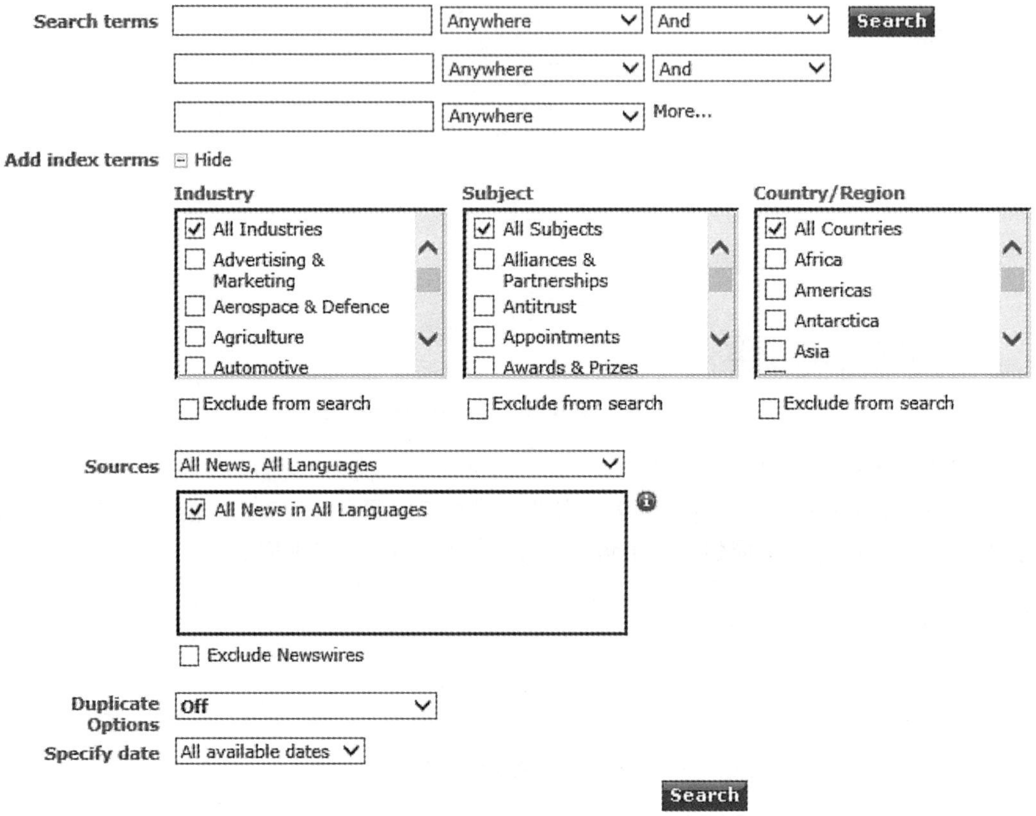

图 13-57　Lexis. com 新闻资讯检索页面

3. 检索结果处理（以案例检索为例）

检索结果显示方式有简单列表（List）、扩展列表（Expanded List）、全文（Full Text）、全文附索引（Full Text with Indexing）、在全文中命中（Hit in Context）、自定义（Custom）几种格式。可以选择按出版日期、年份和相关度进行排列。点击检索结果题名，可以查看检索记录详细信息。用户选择检索结果前面的复选框，点击页面右上角的相应图标，即可将选择的记录打印、E-mail 和下载到计算机（见图 13-58）。

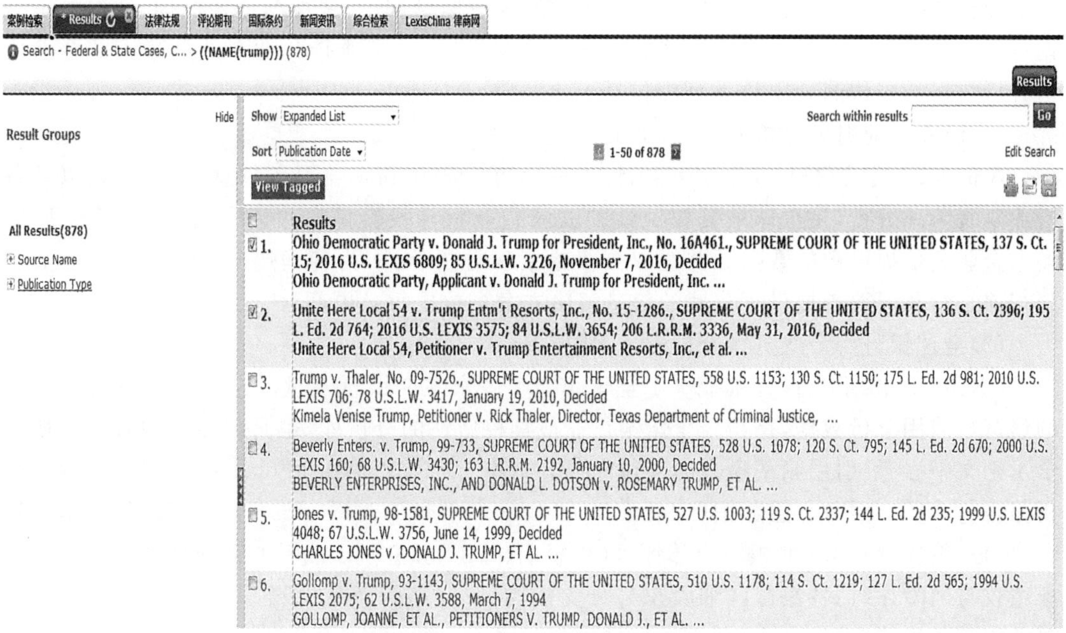

图 13-58　Lexis. com 检索结果页面

具体检索结果记录如图 13-59 所示。

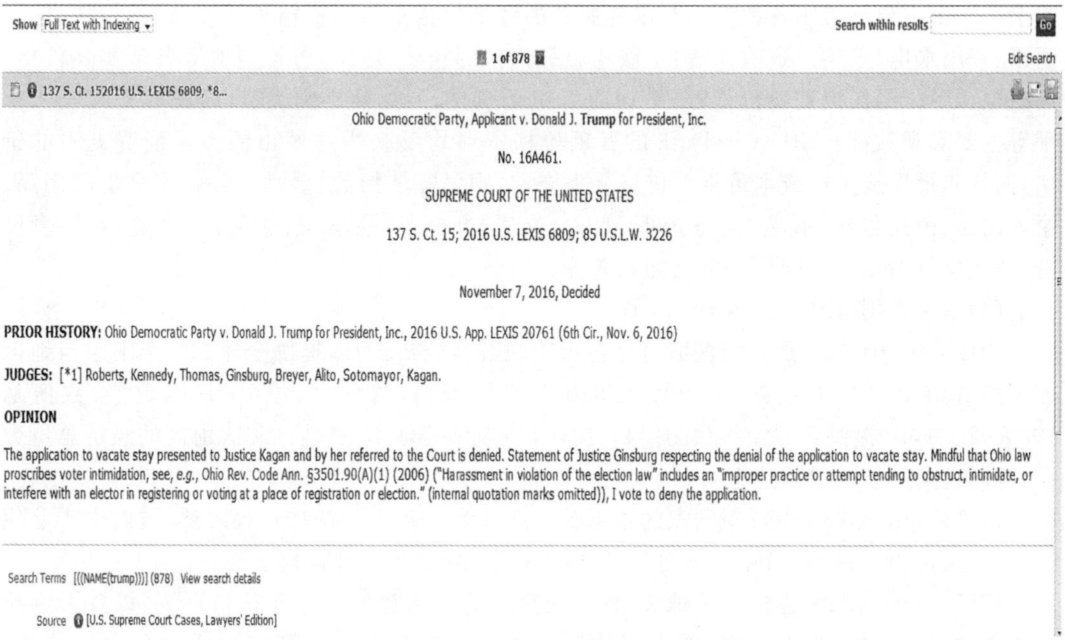

图 13-59　Lexis. com 检索结果详细信息

13.3.7　BvD 系列库

1. 数据库介绍

Bureau van Dijk Editions Electroniques SA(简称 BvD)是欧洲著名的全球金融与企业

资信分析数据库电子提供商。BvD 为各国政府金融监管部门、银行与金融机构、证券投资公司等提供国际金融与各国宏观经济走势分析等专业数据，同时 BvD 也是欧洲最大的企业资信分析数据的提供商。BvD 系列库包括：

(1)泛欧企业财务分析库（Amadeus）

Amadeus 提供欧洲 45 个国家共计 2000 多万家公司和企业财务信息、经营信息以及各行业发展情况分析，是全球最具权威性的欧洲企业贸易投资信息检索库，它整合了欧洲 30 多家企业资信提供商的数据源并配以高级检索和分析软件，为各国用户开展欧洲企业实力与当前经营状况调查提供了权威的信息解决方案。数据每日更新。

(2)全球银行与金融机构分析库（ORBIS Bank Focus）

ORBIS Bank Focus 详细提供了全球 40000 多家主要银行及世界重要金融机构与组织的经营与信用分析数据，是当今全球银行业最具权威性的分析库，也是国际金融研究领域的学术论文中参考、引用频率最高的银行专业分析库。ORBIS Bank Focus 中每一家银行的分析报告包含历年财务分层数据（Global format，Raw Data，All ratios）、各银行全球及本国排名、标普/穆迪/Markit 的银行个体评级（长短期、外汇、独立性、支持力、商业债券等评级）、国家主权与风险评级、各银行详细股东与分支机构、董监高管、评级报告、原始财务报表、新闻与并购记录等信息。

(3)世界主要城市物价指标（EIU CityData）

EIU CityData 是一个用途广泛的全球城市消费价格信息库，它提供了从 1990 年至今世界上 123 个主要城市中各种商品与本地服务的详细价格资料。价格种类涉及广泛，从食品、通讯、家用水电、平均工资收入、写字楼租金等价格到娱乐、饭店、餐饮消费等各项实际价格。同时也含各国国民消费物价指数、平均通货膨胀率、外汇兑换比率、城市居民可支配收入水平等主要宏观数据。EIU CityData 的各项价格资料均反映当地城市的实际消费支出的价格，而并非批发或生产成本价格。价格分类介绍：国民经济指数、食品、烟酒、家庭生活用品、个人用品、民用供给、服装、家务护理、娱乐、交通、办公/居住房租、学费、医疗费用、体育健身、商业旅行费用、工资收入、可支配收入等。

(4)国家数据（EIU Countrydata）

EIU Countrydata 是全面获取全球各国宏观数据分析工具，提供全球 201 个国家与地区宏观经济历史与预测数据，每个国家 320 个指标系列，含年度、季度、月度数值，数值从 1980—2035 年（提供 5～25 年预测值）。同时，还提供全球 45 个地区和次地区的经济总量数据、各国近期经济展望综述报告。

EIU Countrydata 内每个国家的数据分为 7 大类，即：人口统计和收入类、国内生产总值类、财政及货币指标类、国际支付类、外部债务存量、外贸类与外债偿还类。

EIU Countrydata 还提供全球 28 种大众商品的分析数据及 5 年价格预测，以及影响价格因素的预测分析，包括产量、消费量和库存水平。为帮助企业了解大众商品交易趋势，EIU Countrydata 还计算大宗商品价值指数，并定期更新，它是任何在国际商品市场拥有交易敞口的企业的重要参考信息。所覆盖的全球商品如下：（全球产量、库存量、价格）铝、煤、铜、棉花、铅、镍、天然橡胶、天然气、锌、原油、羊毛、钢铁、黄金、食品、饲料和饮料、可可、阿拉伯咖啡、罗巴斯塔咖啡、小麦、玉米、水稻、大豆、棕榈油、葵花籽油、菜籽油、糖、茶等。

（5）北美企业分析库（Orbis Americas）

Orbis Americas 是一个包含了北美、南美和中美洲 3400 万家企业的公司及其财务、管理层、董监高管、评级报告、原始财务报表、新闻与并购记录和行业信息的数据库。

（6）亚太企业分析库（Oriana）

提供亚太和中东地区 60 多个国家和地区内共计 5000 多万家公司的企业财务、经营信息以及各行业发展情况的大型企业分析库，是全球最具权威性的亚太地区企业贸易投资信息检索库，长期以来被全球各国政府经济管理部门及各国企业用户所广泛订购使用。

通过 Oriana 数据库，用户可按亚太地区各国家、所在城市、所在行业、产品类别、雇员人数、企业资产规模、企业盈利状况、企业在行业排名等指标快速查询、筛选出符合开展贸易与合作条件的亚太目标企业，并详细了解目标企业的当前与历史经营状况、公司组织结构及背后的控股公司等重要商业信息，以此作为中国企业了解亚太市场，开展投资与贸易合作经营所不可缺少的商业情报。同时，Oriana 也可为中国企业与各地政府部门开展针对亚太地区进出口商的资信背景调查、跨国企业并购战略分析、竞争对手行业分析的重要信息依据。更为重要的是 Oriana 在企业经营信息的基础上，更提供了亚太地区各国各行业最新的整体发展分析报告（Industrial Report），使用户可及时了解所关注行业的整体发展动态，有力提升中国企业的国际竞争力与风险回避能力，快速、稳健地开拓国际市场份额。

（7）全球上市公司分析库（Osiris）

Osiris 数据库是研究全球各国证券交易所内 155 个国家超过 8 万家上市公司的大型专业财务分析库（含中国深/沪及海外上市公司数据），向专业用户提供深入分析各国上市公司所需的详细财务经营报表与分析比率、股权结构、企业评级数据、历年股价系列、企业行业分析报告等（含已下市公司数据）。Osiris 数据库是目前欧美各国针对各国上市公司证券投资分析、企业战略经营分析、跨国企业转让定价、公司财务分析等研究领域中广泛使用的知名实证分析数据库。为适合不同用户的需求及准确开展跨国、跨行业检索与分析，库中各上市公司的财务数据按不同财务格式分层呈现，由标准模板深入至原始财务数据。

BvD 旨在将全球所有上市公司收入 Osiris 库。与此同时，数据库中也收录了全球近 3200 家重要的非上市公司的历年经营分析数据。财务会计准则具有国家和行业的差异，为正确反映出一家公司的财务情况，并同时提供准确的跨国检索与对比分析，Osiris 库中的公司分为：工业、银行、保险公司三大类，共计七大模板。在每份公司报告中，数据按深度分为 5 个层次，分别以两种预设的货币——美元、欧元显示。Osiris 含合并与非合并财务报表。另外，每家公司报告中含有一份默认的标准同业对比报告，使用户可立刻将任一家公司与其同行业对比组进行比较。此外，用户也可自选同业公司组成员。

（8）全球并购交易分析库（Zephyr）

Zephyr 是国际并购研究领域知名的 M&A 分析库，每天在线向用户发布全球并购（M&A）、首发（IPO）、计划首发、机构投资者收购（IBO）、管理层收购（MBO）、股票回购（Share Buyback）、杠杆收购（LBO）、反向收购（Reverse Takeover）、风险投资（VC）、合资（JV）等交易的最新信息。快速更新的全球数据来自欧洲著名并购信息专业提供商 Zephus 公司，集成 BvD 的增值软件。目前 Zephyr 收录了全球各行业 100 万笔并购记录，每年新增约 10 万笔。数据可追溯至 1997 年，并涵盖亚太地区及中国的交易记录。

（9）各国能源指标分析库（EIU Energy Indicators and Forecasts）

各国能源指标分析库为学术研究者提供各国可比的 69 个主要能源市场的能源指标和预测，帮助研究者了解全球能源的市场需求和能源行业的潜在增长。该数据库的数据服务可以按时间将各个国家的数据并列展示，也可以以国家为单位提供详细的数据报告。用各种不同的数据分析方式满足不同研究者的需要。

（10）ORBIS Insurance Focus

它是一个动态更新的全球保险行业分析库，它包含 12000 多家各国主要保险公司的详细财务信息，提供各公司的保险业务性质、业务描述、全球及本国排名、历年资产负债、损益表、现金流量表、信用评级、股价系列（上市保险公司）、管理层人员姓名、股东及附属机构、审计情况等综合信息。

2. 检索方法

BvD 系列库每个子库的检索方法均有所不同，这里仅以 EIU CityData——世界主要城市物价指标库为例进行介绍。

点击数据库链接，可直接进入该数据库检索界面（见图 13-60）。

首先选择数据，点击首页"Data selection"即可进行。

图 13-60　BvD-EIU CityData 数据库首页

选择数据分三步走：先选城市、国家或地区，点击"Choose/Edit Cities"；接着选指标，点击"Choose/Edit Series"，可以按指标分类、指标名称及指标代码进行选择；最后选年限，点击"Choose/Edit Years"（见图 13-61）。

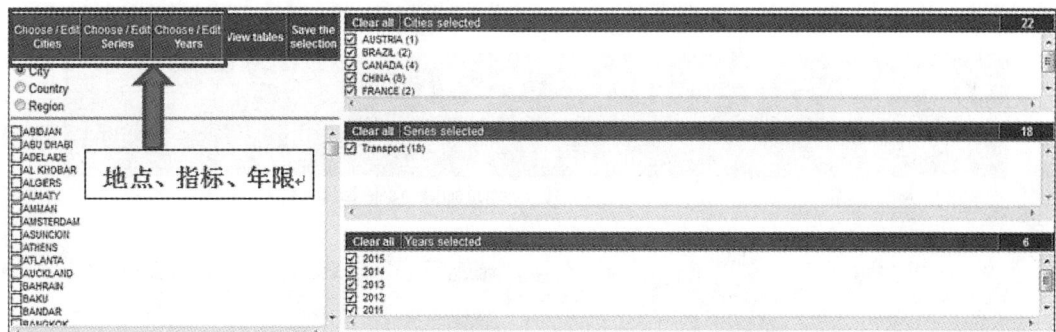

图 13-61 BvD—EIU CityData 数据选择页面

数据选择完成后,点击"View tables"即可看到以表格形式展现的检索结果。也可以点击"Save the selection"将所选的检索选项保存。

3. 检索结果处理

检索结果可以按国家(城市)、指标和按年度多维度呈现(见图 13-62)。

按国家(城市)显示模式:系统默认显示结果是按某一城市、国家或地区分年度展现不同指标。点击指标代码链接可以查看指标释义。点击左下角"List all"可以切换到选择的其他国家或地区的数据。点击中下部"Analysis"可以使用分析功能,选择不同基准对检索结果进行分析。点击下部图示类型可以将结果转化成柱状图、折线图等显示。

Code	Series name	Unit	2010	2011	2012	2013	2014	2015
DCPI	Consumer prices (% change...	%	3.2	5.5	2.6	2.6	2.1	1.5
CCPI	Consumer price index...	X	115.6	122.0	125.2	128.4	131.0	133.0
XRSD	Exchange rate LCU:USD (date...	CNY/USD	6.8000	6.3800	6.3400	6.1200	6.1400	6.3600
ISF1	French school: annual...	CNY	47,076.92	50,792.00	57,071.25	57,517.25	59,242.40	52,597.00
ISF2	French school: annual...	CNY	54,487.18	57,549.15	67,604.40	68,103.00	69,977.60	62,128.00
ISF3	French school: extra costs,...	CNY	23,974.36	24,942.50	21,811.23	22,057.00	22,663.20	20,121.00
ISF4	French school: extra costs,...	CNY	28,333.33	29,477.50	26,264.79	26,484.50	27,036.80	24,004.00
ISF5	French school: kindergarten...	CNY	47,076.92	49,440.57	57,071.25	57,517.25	59,242.40	52,950.00
ISG1	German school: annual...	CNY	93,100.00	93,125.00	84,500.00	84,500.00	80,500.00	81,000.00
ISG2	German school: annual...	CNY	93,275.00	93,300.00	85,500.00	85,500.00	85,536.00	85,550.00
ISG3	German school: extra costs,...	CNY	47,750.00	47,800.00	47,000.00	47,000.00	47,000.00	47,000.00
ISG4	German school: extra costs,...	CNY	48,050.00	48,050.00	48,050.00	48,100.00	48,100.00	48,150.00

图 13-62 BvD—EIU CityData 检索结果(按国家/城市显示)

按指标显示模式:点击页面左下角"By series",切换到按指标显示模式(见图 13-63)。

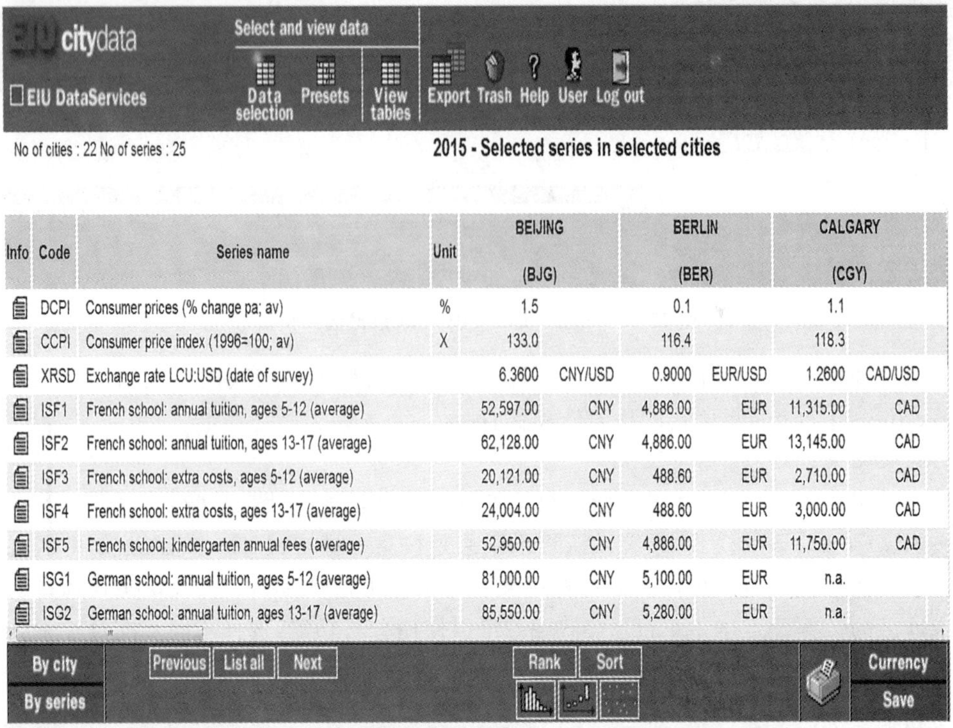

Info	Code	Series name	Unit	BEIJING (BJG)		BERLIN (BER)		CALGARY (CGY)	
	DCPI	Consumer prices (% change pa; av)	%	1.5		0.1		1.1	
	CCPI	Consumer price index (1996=100; av)	X	133.0		116.4		118.3	
	XRSD	Exchange rate LCU:USD (date of survey)		6.3600	CNY/USD	0.9000	EUR/USD	1.2600	CAD/USD
	ISF1	French school: annual tuition, ages 5-12 (average)		52,597.00	CNY	4,886.00	EUR	11,315.00	CAD
	ISF2	French school: annual tuition, ages 13-17 (average)		62,128.00	CNY	4,886.00	EUR	13,145.00	CAD
	ISF3	French school: extra costs, ages 5-12 (average)		20,121.00	CNY	488.60	EUR	2,710.00	CAD
	ISF4	French school: extra costs, ages 13-17 (average)		24,004.00	CNY	488.60	EUR	3,000.00	CAD
	ISF5	French school: kindergarten annual fees (average)		52,950.00	CNY	4,886.00	EUR	11,750.00	CAD
	ISG1	German school: annual tuition, ages 5-12 (average)		81,000.00	CNY	5,100.00	EUR	n.a.	
	ISG2	German school: annual tuition, ages 13-17 (average)		85,550.00	CNY	5,280.00	EUR	n.a.	

图 13-63　BvD—EIU CityData 检索结果页面(按指标显示)

按年度显示模式:点击页面左下角"By year",切换到按年度显示模式(见图 13-64)。

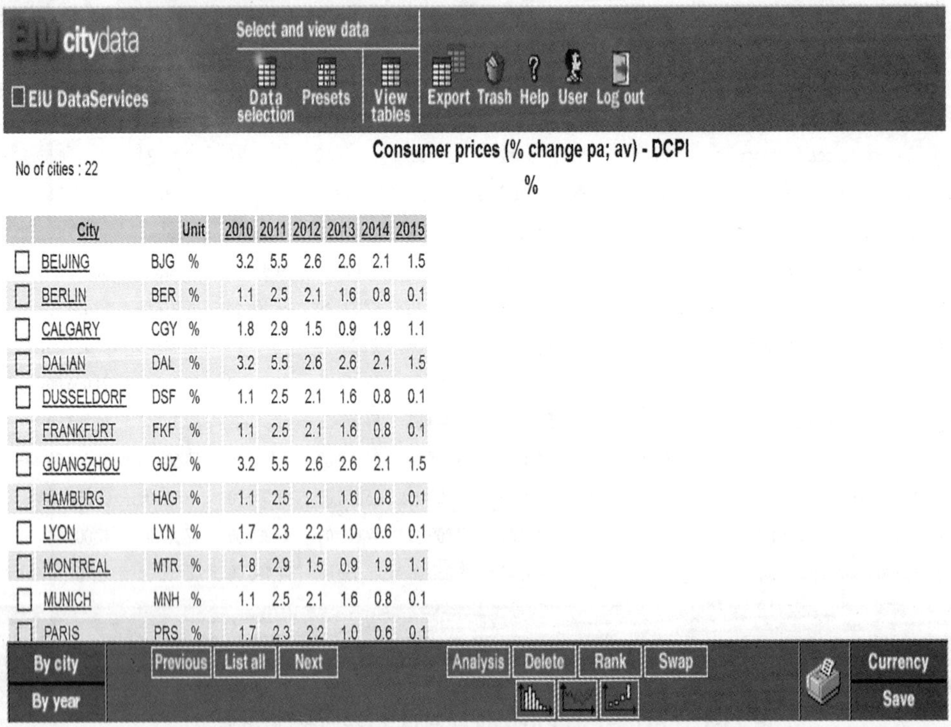

Consumer prices (% change pa; av) - DCPI
%

City	Code	Unit	2010	2011	2012	2013	2014	2015
BEIJING	BJG	%	3.2	5.5	2.6	2.6	2.1	1.5
BERLIN	BER	%	1.1	2.5	2.1	1.6	0.8	0.1
CALGARY	CGY	%	1.8	2.9	1.5	0.9	1.9	1.1
DALIAN	DAL	%	3.2	5.5	2.6	2.6	2.1	1.5
DUSSELDORF	DSF	%	1.1	2.5	2.1	1.6	0.8	0.1
FRANKFURT	FKF	%	1.1	2.5	2.1	1.6	0.8	0.1
GUANGZHOU	GUZ	%	3.2	5.5	2.6	2.6	2.1	1.5
HAMBURG	HAG	%	1.1	2.5	2.1	1.6	0.8	0.1
LYON	LYN	%	1.7	2.3	2.2	1.0	0.6	0.1
MONTREAL	MTR	%	1.8	2.9	1.5	0.9	1.9	1.1
MUNICH	MNH	%	1.1	2.5	2.1	1.6	0.8	0.1
PARIS	PRS	%	1.7	2.3	2.2	1.0	0.6	0.1

图 13-64　BvD—EIU CityData 检索结果页面(按年度显示)

　　检索结果输出：点击检索结果页面右下角的打印机图标，即可打印相关的检索结果；点击"Save"，可将检索结果进行保存。点击页面上方工具条中的"Export"，可将检索结果以Excel 表格的形式输出。

13.3.8　ProQuest 系列数据库

1. 数据库介绍

　　ProQuest 检索平台是 ProQuest Information and Learning 公司的产品，它提供的数据库涉及商业管理、社会与人文科学、科学与技术、金融与税务、医药学等领域。该公司网络版数据库的主要特点是将二次文献与一次文献"捆绑"在一起，为最终用户提供文献获取一体化服务，用户在检索文摘索引时就可以实时获取全文信息。

　　ProQuest 检索平台包含的人文社科数据库主要包括：

　　(1)经济管理商业档案(ABI/INFORM Archive)

　　此数据库包含主要商业和管理期刊的全部出版物，针对数百个主题提供了独特的历史回顾，包括公司战略、管理技巧、营销、产品开发和全球行业状况，完整收录了全部图像，包括其中的插图和广告。提供全文文献，收录时间范围：1905—1985 年。

　　(2)经济管理商业数据库(ABI/INFORM Complete)

　　学科与文献类型：经济管理商业－学术与贸易行业期刊文章、学位论文、市场报告、行业报告、商业案例及全球与行业新闻。

　　此数据库是最全面的 ABI/INFORM 数据库，包括 ABI/INFORM Global、ABI/IN-FORM Trade and Industry 和 ABI/INFORM Dateline。数据库拥有上千份全文文献期刊、长篇论文、工作文件、重要商业和经济期刊(如《Economist》)以及有关国家和行业主题的报告和可下载数据。其内容与国际全面接轨，使研究人员得以一窥全球公司和商业趋势的全貌。提供全文文献，收录时间范围：1971 年至今。

　　(3)Barron's 杂志

　　Barron's 为金融类杂志

　　此出版物的详细索引有助于用户快速查找所需的新闻信息。每一期均完整地编入了索引，这样研究人员不但可以阅读热门新闻，同时还可以阅读报纸各个版块中的信息。该索引不但包含完整的参考书目信息，而且涉及各个公司、人员、产品信息等。提供全文文献，收录时间范围：1988 年至今。

　　(4)世界学者库(COS Scholar Universe)

　　此数据库收录了有关全世界超过 100 万条学者和组织的官方信息，并包括经证实的单位和出版信息。数据库包含 4 年制大学及其院系的国际教职员。

　　(5)胡佛公司文档(Hoover's Company Profiles)

　　主题与文献类型：公司研究、重要主管、财务数据、竞争对手、历史等公司数据

　　此数据库包括有关 4 万多个上市公司和非上市公司以及 22.5 万个重要主管的专有信息。Hoover 被普遍认为是公司数据的领导者，提供深入的行业分析、有关公司的地理位置、财务摘要、主要竞争对手、高级官员等的信息。

　　(6)纽约时报(The New York Times)

　　《纽约时报》，被视为美国的官方报纸，因为它会发表重要公文演讲及总统新闻发布会的

文本全文。在其150年的历史中,该报纸的记者获得了几十个普利策奖项。收录了1980年至今的报纸全文。

(7)典藏期刊数据库(Periodicals Archive Online)

Periodicals Archive Online 收录了700多种人文社科学术期刊全文。

(8)亚洲商业信息(ProQuest Asian Business & Reference)

此数据库重点收录了来自东半球的商业和金融新闻。它涵盖了来自重要的国际出版物的亚洲商业和金融信息。收录1971年至今的期刊全文。

(9)欧洲商业信息(ProQuest European Business)

此数据库收录了最新的欧洲商业和金融信息。收录时间范围:1971年至今。

(10)学术研究数据库(ProQuest Research Library)

学科与文献主题:来自学术、行业和消费者出版物中的跨学科主题内容

ProQuest Research Library 提供对4000多种期刊的一站式访问服务,这些期刊来自ProQuest 必须提供的最广泛、包含内容最多的常规参考数据库中的一个。从备受推崇的多种学术期刊、贸易行业出版物及涵盖150多种学科的杂志的组合中进行检索。

(11)今日美国(USA Today)

收录《今日美国》的全文,每一期均完整地编入了索引,此出版物的详细索引有助于用户快速查找所需的新闻信息。研究人员不但可以阅读热门新闻,同时还可以阅读报纸各个版块中的信息。该索引不但包含完整的参考书目信息,而且涉及各个公司、人员、产品信息等。

(12)华尔街日报(The Wall Street Journal)

《收录华尔街日报》的全文,每一期均完整地编入了索引,有助于用户快速查找所需的新闻信息。研究人员不但可以阅读热门新闻,同时还可以阅读报纸各个版块中的信息,该索引不但包含完整的参考书目信息,而且涉及各个公司、人员、产品信息等。

(13)ProQuest 学位论文文摘库(ProQuest Dissertations & Theses)

收录了欧美2000余所大学的学位论文文摘,是目前世界上最大和最广泛使用的学位论文数据库。收录年代从1861年开始,每周更新,1997年以来的部分论文不但能看到文摘索引信息,还可以看到前24页的论文原文。分人文和社会科学学位论文、科学和工程学位论文两大子库。

2.数据库检索

点击数据库链接,可直接进入该数据库检索界面,检索首页右上方头像图标,可以选择检索界面的语言,例如"中文简体"。检索前要先选择数据库,点击"数据库()",进入选库界面,确定后重新进入检索。平台提供了基本检索、高级检索、出版物、主题4种检索方式。

(1)检索技术

①布尔逻辑检索:利用布尔逻辑算符"AND、OR、NOT"组配检索。

②截词检索:使用通配符"?"表示中截断,只替代一个字符;使用"＊"表示后截断,替代任意个字符。该数据库不可使用前截断。

③位置算符检索:NEAR/n 或 N/n:查找包含间隔指定数量字词的两个检索词(任意顺序)的文档。将"n"替换为数字。例如,3表示在3个字词中,如"nursing NEAR/3 education"。单独使用时,NEAR 默认为 NEAR/4。

PRE/n 或 P/n 或—：查找包含一个检索词语先于另一个词语指定字数的文档。用一个数字代替"n"。例如，4 表示第一个词先于第二个词 4 个字或更少。连字符（—）可连接检索中的两个词语，等同于 PRE/0 或 P/0。

EXACT 或 X：在全部内容中查找准确检索词语。主要用于检索特定字段，如"主题"。例如，su. exact("higher education")检索将返回包含主题词"higher education"的文件，而不会是带有"higher education funding"主题词的文件。

LNK：通过在"词库"窗口选择适当的限定符，或通过在"基本检索"、"高级检索"或"命令行检索"中使用 LNK（或—），将描述词链接到副标题（限定符）。此外，一起链接两个相关的数据元素，以确保您的检索的适当特异性。

运算符优先级：如果检索包含如 AND 或 OR 等运算符，ProQuest 将按以下顺序合并它们：PRE、NEAR、AND、OR、NOT。重要信息：上述"运算符优先级"列表中不包含 LNK 和 EXACT（完全匹配）。与 AND 或 PRE 等所列运算符不同，LNK 和 EXACT 既不属于布尔运算符，也不属于临近运算符。EXACT 可根据"完全匹配"词语的精确检索词指定检索，不返回包含检索词的多词检索结果。使用 LNK 可帮助指定检索查询中限定词与检索词之间的精确关系。

（2）检索方法

①基本检索（见图 13-65）

基本检索是系统默认方式，在检索框中输入关键词词组或检索式进行检索，也可使用系统支持的各种运算符构造检索式进行查询。可以在复选框中选择："全文文献"仅显示有全文的文献；"同行评审"仅显示同行评审的文献；"学术期刊"显示发表在学术期刊上的文献。选择完毕后，点击"放大镜"按钮进行搜索。

图 13-65　ProQuest 基本检索页面

②高级检索（见图 13-66）

高级检索是用于从多个途径组配查询，此方式功能较强，可快速查询特定文献。高级检索除了可以在检索框中输入检索词、词组或检索式,通过下拉列表和链接点也能完成检索框的填写,它将多个字段组合在一起,提供精确与快速地搜寻。选择此方法可以提高查全率和查准率。"高级检索"除具有基本检索的全部功能外,主要增加了以下功能:a.字段选择功能,点击字段选择下拉菜单,选择要检索的字段:引文和摘要、引文和文章正文、摘要、文章内容、文章篇名、文章类型、作者、公司、分类代码、图像题注、人名、产品名、出版物名、主题。b.多检索条件增减功能,如果要添加多条检索条件,单击"添加行",否则可选择"删除行"。可任意增减检索条件。c.显示更多的检索选项,提供出版物名称、学科、公司、人名、分类代码等字段的主题浏览功能,可在系统提供的词库中查找准确的主题词检索,出版物类型、检索结果的排列顺序等。

图 13-66　ProQuest 高级检索页面

(3)浏览(见图 13-67)

在无法给出检索词时可采用此方法,这里列出了数据库涉及的主题,通过逐层点击主题概念,获得检索结果。点击系统界面上方"浏览"按钮,进入浏览页面。浏览页面分"主题指南"、"行业与市场研究"、"商品报告"、"公司报告"、"国家/地区报告"等内容。都是按学科分类编排的,逐层点击就可以查找到所需要的内容。以"主题指南"为例,"主题指南"主要有两个功能:a.查找主题,检索某一特定主题的文献:在检索框输入一个术语,点击查找图标,点击该主题词下"查看文章"按钮,即可查看该主题的文章。b.浏览学科目录,检索某一特定主题的文献:点击按学科分类前的"+"逐层展开学科主题,主题树的方式使文章查找非常容易。只需在列表中逐级点击类目查看相关主题词,直至最后一级,显示"查看文章",可点击查看该主题的相关文献。

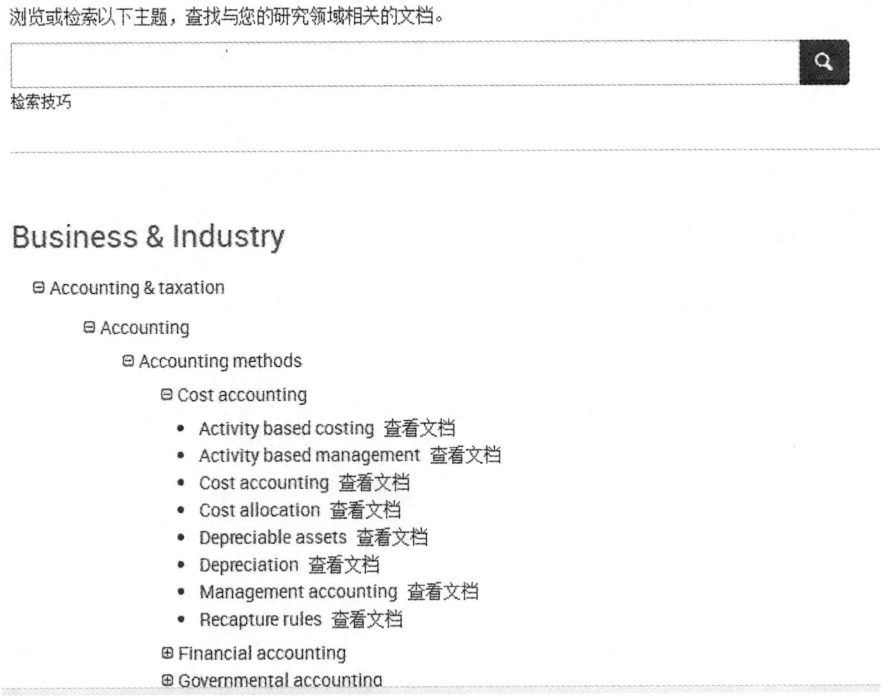

浏览或检索以下主题，查找与您的研究领域相关的文档。

检索技巧

Business & Industry

⊟ Accounting & taxation

　⊟ Accounting

　　⊟ Accounting methods

　　　⊟ Cost accounting

　　　　• Activity based costing　查看文档
　　　　• Activity based management　查看文档
　　　　• Cost accounting　查看文档
　　　　• Cost allocation　查看文档
　　　　• Depreciable assets　查看文档
　　　　• Depreciation　查看文档
　　　　• Management accounting　查看文档
　　　　• Recapture rules　查看文档

　　⊞ Financial accounting

　　⊞ Governmental accounting

图 13-67　ProQuest 浏览页面

（4）出版物检索（见图 13-68）

用于从出版物名称途径检索某报纸、杂志上的所有文章；也可按出版物名称字顺浏览杂志。进入出版物检索页面后，在检索框中输入出版物的名称或第一个单词，选择"标题中"、"出版物开头为……"、"出版物摘要中"或"主题中"等检索途径，点击"检索"，即可检索到某个具体出版物或含检索词的出版物。

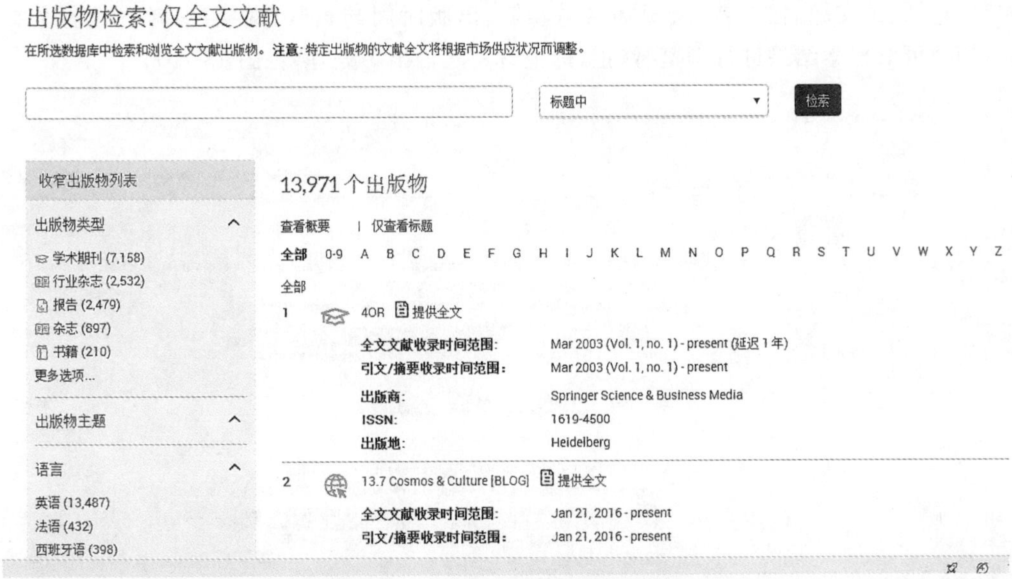

出版物检索: 仅全文文献

在所选数据库中检索和浏览全文文献出版物。**注意**: 特定出版物的文献全文将根据市场供应状况而调整。

| | 标题中　▼ | 检索 |

收窄出版物列表

出版物类型　∧

☞ 学术期刊 (7,158)
▦ 行业杂志 (2,532)
▤ 报告 (2,479)
▦ 杂志 (897)
▯ 书籍 (210)
更多选项…

出版物主题　∧

语言　∧

英语 (13,487)
法语 (432)
西班牙语 (398)

13,971 个出版物

查看概要　| 仅查看标题

全部　0-9　A B C D E F G H I J K L M N O P Q R S T U V W X Y Z
全部

1　🎓 4OR　▤ 提供全文

　　全文文献收录时间范围：　Mar 2003 (Vol. 1, no. 1) - present (延迟 1 年)
　　引文/摘要收录时间范围：　Mar 2003 (Vol. 1, no. 1) - present
　　出版商：　Springer Science & Business Media
　　ISSN：　1619-4500
　　出版地：　Heidelberg

2　🌐 13.7 Cosmos & Culture [BLOG]　▤ 提供全文

　　全文文献收录时间范围：　Jan 21, 2016 - present
　　引文/摘要收录时间范围：　Jan 21, 2016 - present

图 13-68　ProQuest 出版物检索页面

　　如输入"ABA Journal"期刊名,进入该出版物检索。可检索到该刊相关的年、卷、期及全文。点击出版物的名称后,可按年、卷、期索引浏览每期全文。也可在此出版物中检索相关文献(见图 13-69)。

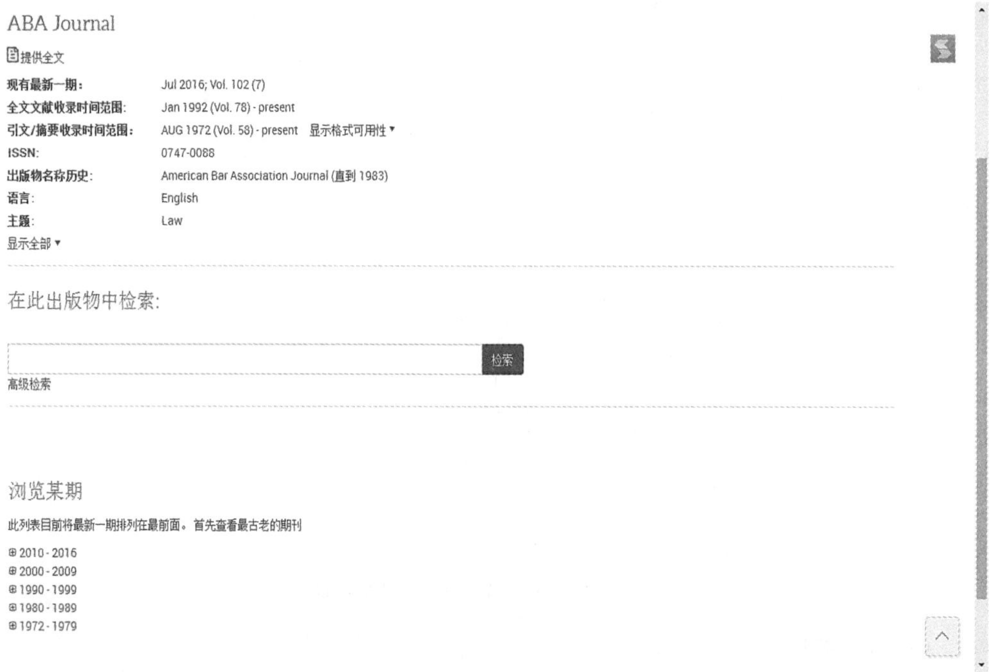

图 13-69　ProQuest"ABA Journal"出版物检索页面

3.检索结果处理

　　当用户完成检索过程后,检索结果界面呈现的是题录信息。检索结果的排列方式分相关性、出版日期先远后近、出版日期先近后远;系统默认按相关性排列。每条检索结果提供的信息包括:论文题名、作者、来源刊名与卷期、出版时间与页数、文摘、参考文献与全文链接。用户可对检索结果进行浏览、修正、标记、保存、输出等处理(见图 13-70)。

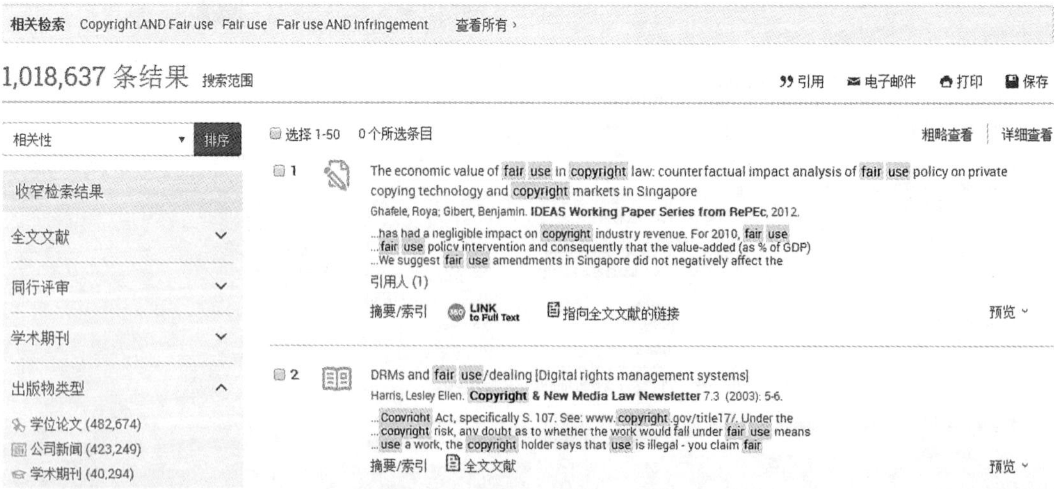

图 13-70　ProQuest 检索结果页面

（1）单篇全文的浏览及输出

点击某篇文章下面的"全文文献"或"全文-PDF 格式"按钮，即可浏览、保存网页方式或 PDF 格式的单篇论文全文。如果数据库没收录该篇文章全文，点击"指向全文文献的链接"即可链接到机构所购买其他数据库中该文章的全文；点击"360 Link to Full Text"则指向该文的网络全文或全文获取途径。

（2）批量浏览及输出论文题录

勾选欲输出的论文题名前的选择框，可对检索结果进行标记，添加到标记结果到"所选条目"中，用户可以浏览、保存、电邮、打印这些标记的论文题录。如果用户拥有"我的检索"账户，则可通过单击"保存到我的检索"将文档存入 ProQuest 中供将来使用。

（3）修正检索结果

可以对检索结果的显示方式进行设置，如文献记录格式，可以选择"粗略查看"或"详细查看"；排序方式可按相关性、出版日期先远后近、出版日期先近后远；文献类型可限定"全文文献"、"学术期刊"、"同行评审"；也可对出版物类型进行限定，如学术期刊、行业杂志、学位论文、公司新闻等。同时也可对出版日期进行限定。

如果对检索结果不满意，也可以点击"修改检索"对检索式、检索范围、检索条件等重新设定。ProQuest 会保存用户近期的检索，直到此次会话结束。如果用户拥有"我的检索"账户，则将可检索式存入 ProQuest 中供将来使用。

（4）个性化工具——"我的检索"

首先需要注册一个 ProQuest 账户，登录后，在"我的检索"中，用户可以保存、管理和组织在 ProQuest 中发现和创建的内容和辅助材料。用户可以在"我的检索"中添加文档、检索、检索提醒、RSS 荟萃等内容。如果用户同时拥有一个 RefWorks 账户，则可以将引文无缝添加至 RefWorks，并可以将用户的 RefWorks 与"我的检索"账户文件夹进行同步。

13.3.9　学位论文数据库

1. ProQuest 全球博硕士学位论文库（ProQuest Dissertations & Theses，PQDT）

（1）数据库介绍

PQDT 收录了欧美 2000 余所知名大学的学位论文文摘，是目前世界上最大和最广泛使用的学位论文数据库。收录时间范围从 1861 年至今，每周更新，1997 年以来的部分论文不但能看到文摘索引信息，还可以看到前 24 页的论文原文。分人文和社会科学学位论文、科学和工程学位论文两大子库。

（2）检索方法

① 选择数据库

点击数据库链接，可直接进入数据库检索界面，检索首页右上方头像图标，可以选择检索界面的语言，如"中文简体"。检索前要在先选择数据库，点击"数据库（）"，进入选库界面，勾选"ProQuest Dissertations & Theses Global A&I：The Humanities and Social Sciences Collection"或"ProQuest Dissertations & Theses Global A&I：The Sciences and Engineering Collection"，也可以同时选定两个数据库，确定后重新进入检索。全球博硕论文库提供了基本检索、高级检索和浏览 3 种检索方式。

② 基本检索

基本检索是系统默认方式，在检索框中输入关键词、词组或检索式进行检索，也可使用系统支持的各种运算符构造检索式进行查询（见图 13-71）。

图 13-71　PQDT 基本检索页面

③高级检索

高级检索是用于从多个途径组配查询，此方式功能较强，可快速查询特定文献。高级检索除了可以在检索框中输入检索词、词组或检索式，通过下拉列表和链接点也能完成检索框的填写，它将多个字段组合在一起，提供精确与快速地搜寻。选择此方法可以提高查全率和查准率。全球博硕论文除提供题名、作者、关键词、主题、文摘、全文、ISBN 号等检索字段外，还可以通过导师、大学/单位、大学/单位位置、参考文献信息、学位、论文编号等途径进行查找（见图 13-72）。

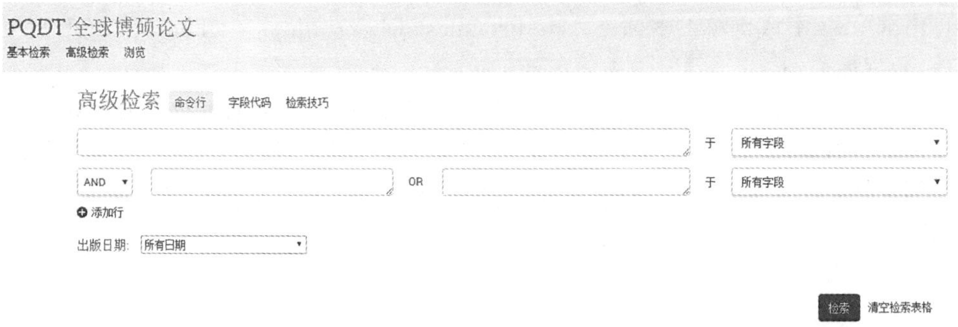

图 13-72　PQDT 高级检索页面

高级检索还提供了"更多检索选项"功能，可以从导师、大学/单位、主题词、稿件类型、语种等方面进行更精确的限定，并可以设置检索结果的排列顺序和每页显示的记录数。

④浏览

全球博硕论文提供了两种浏览方式：按主题浏览和按地点浏览。点击主题词或地点前面的"＋"号，可以逐层展开浏览（见图 13-73）。

基本检索　高级检索　出版物　浏览

ProQuest Dissertations and Theses

根据主题浏览　　按地点浏览

All 0-9 A B C D E F G H I J K L M N O P Q R S T U V W X Y Z

⊞ 150-hour requirement　　　查看文档

⊞ 3-d graphics　　　查看文档

⊞ 3-d technology　　　查看文档

⊞ 900 services　　　查看文档

⊞ abandonments　　　查看文档

⊞ abdomen　　　查看文档

图 13-73　PQDT 浏览页面

国内多家图书馆、文献收藏单位每年联合购买一定数量的 ProQuest 学位论文全文（PDF 格式），提供网络共享，即：凡参加联合订购成员馆均可共享整个集团订购的全部学位论文资源。截至 2016 年年底，该库收录国外博硕士学位论文全文 62 万多篇。

ProQuest 学位论文全文下载镜像有 3 个：

CALIS 镜像 http://pqdt.calis.edu.cn/

上交大镜像 http://pqdt.lib.sjtu.edu.cn/

中信所镜像 http://pqdt.bjzhongke.com.cn/

ProQuest 学位论文全文平台提供基本检索和高级检索两种检索方式，用户也可以按学科主题进行浏览。图 13-74 和图 13-75 分别为基本检索和高级检索界面。

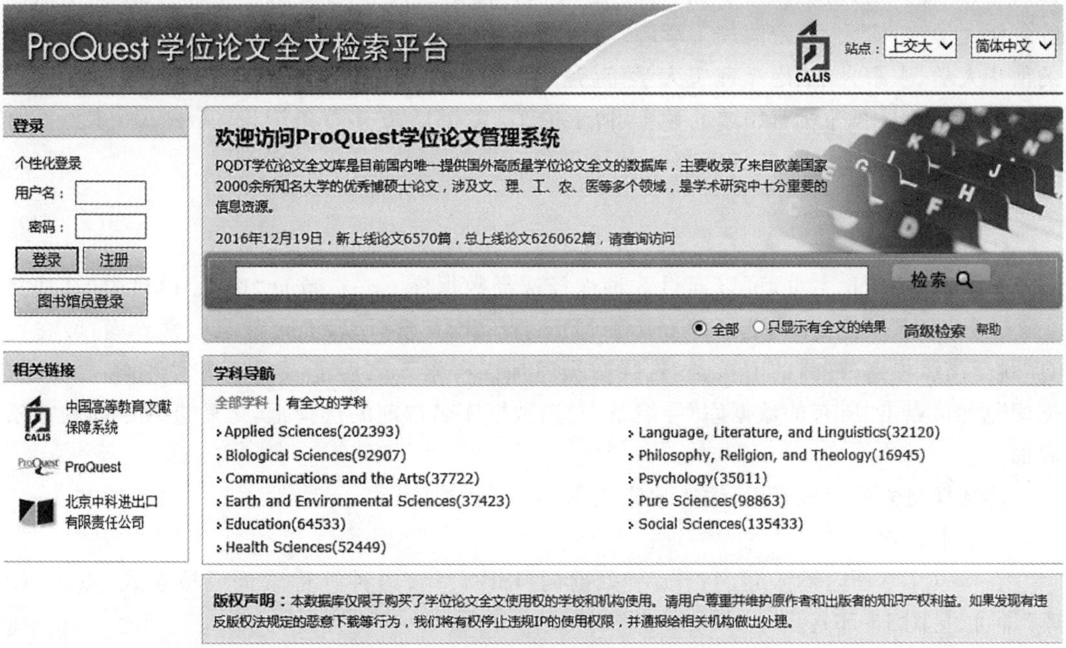

图 13-74　PQDT 全文库基本检索页面

图 13-75　PQDT 全文库高级检索页面

2. WorldCat 博硕士论文目录（WorldCat Dissertations）

（1）数据库介绍

收寻了 WorldCat 数据库中所有博硕士论文和以 OCLC 成员馆已编目的学位论文为基础的出版物。该数据库最突出的特点是其资源均来自世界一流高校的图书馆，如美国的哈佛大学、耶鲁大学、斯坦福大学、麻省理工学院、哥伦比亚大学、杜克大学、西北大学以及欧洲的剑桥大学、牛津大学、帝国理工学院、欧洲工商管理学院、巴黎大学、柏林大学等，以及亚洲的清华大学、东京大学、南洋理工大学等，是学术研究中十分重要的参考资料。数据库收录了文、理、工、农、医等所有领域的硕士、博士论文，共有 1800 多万条记录，其中 100 多万篇有免费全文链接，可免费下载。该数据库每天更新。

（2）检索方法

① 选择数据库

在 FirstSearch 主页，可以通过 3 种途径选择数据库。a. 在首页"选择"栏目中的"选择主题或数据库"下拉菜单，选择 WorldCat Dissertations 数据库，进入基本检索界面；b. 在首页"跳至高级检索"栏目的下拉条"选择数据库加以检索"，之后进入高级检索界面；c. 在"数据库"页面，点击"所有的数据库"导航条，勾选数据库名称前的选择框，之后进入不同的检索界面。

② 选择检索的字段索引，输入检索项

a. 基本检索

在检索文本框内输入题名、作者、关键词、ISBN、年、语种等检索词或检索式，点击"检索"即可（见图 13-76）。

图 13-76　WorldCat Dissertations 基本检索页面

b. 高级检索(见图 13-77)

通过高级检索,可以构造更复杂的检索式。各个检索词之间可以用布尔逻辑算符进行组配。使用圆括号可以把检索式输入同一个检索框中,也可以把每一个检索词分别输入不同的检索框。

点击"跳至高级检索"的下拉条"选择数据库加以检索",之后进入高级检索。在高级检索中,可以通过一些限制条件进行限定,如语种、年份、文献类型、文献内容、馆藏地等,缩小检索范围,得到更高的查准率。

c. 专家检索(见图 13-78)

专家检索是为喜欢输入检索式的专业检索人员设计的。构造检索式可以使用逻辑算符、截词符和位置算符等。在选择数据库后,点击"专家检索",进入专家检索页面。专家检索提供的限制条件与高级检索基本相同。

专家检索的核心在于检索式构造,基本方式是:

字段代码+冒号(:)+检索项,如:kw:gene(在关键词字段检索)。

字段代码+等号(=)+检索项,如:ti=gone with the wind(在篇名中检索)。

字段代码主要有:著者(au),主题(su),关键词(kw),篇名(ti),标准号码(sn),年代(yr)。

如要在关键词字段查找包含"版权合理使用"的学位论文,检索式可以表达为:"(kw:fair use) AND kw:copyright"。

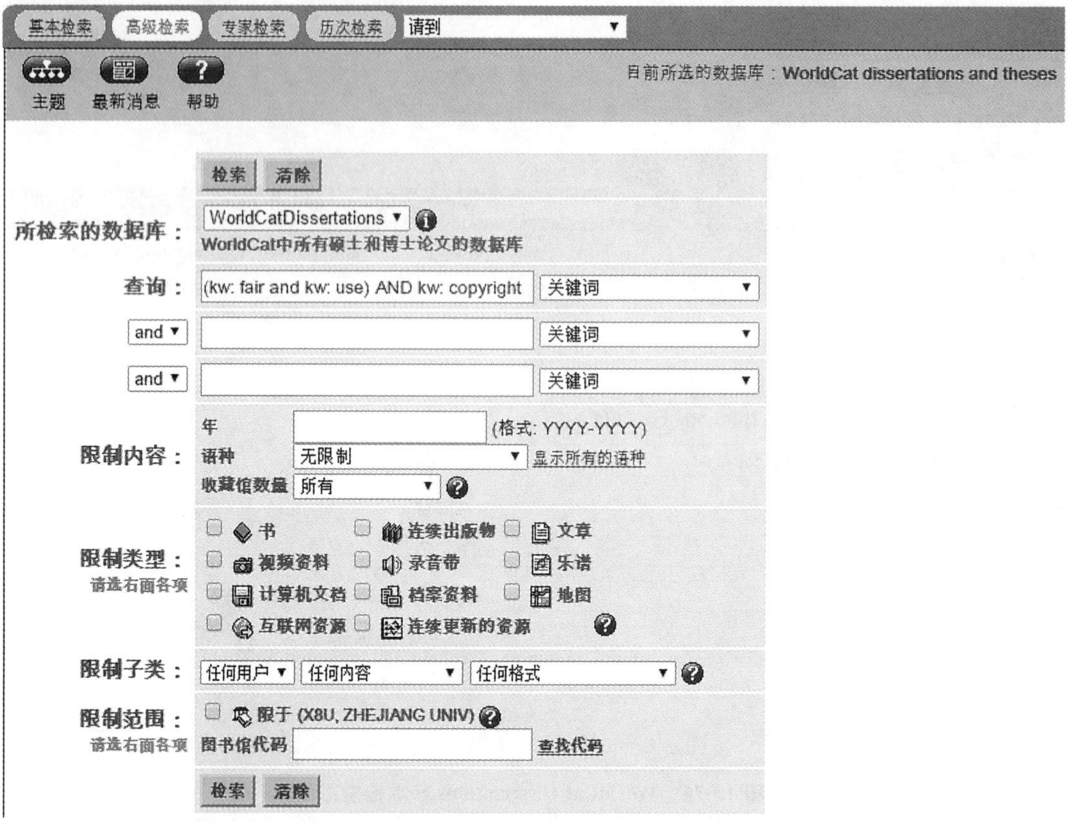

图 13-77　WorldCat Dissertations 高级检索页面

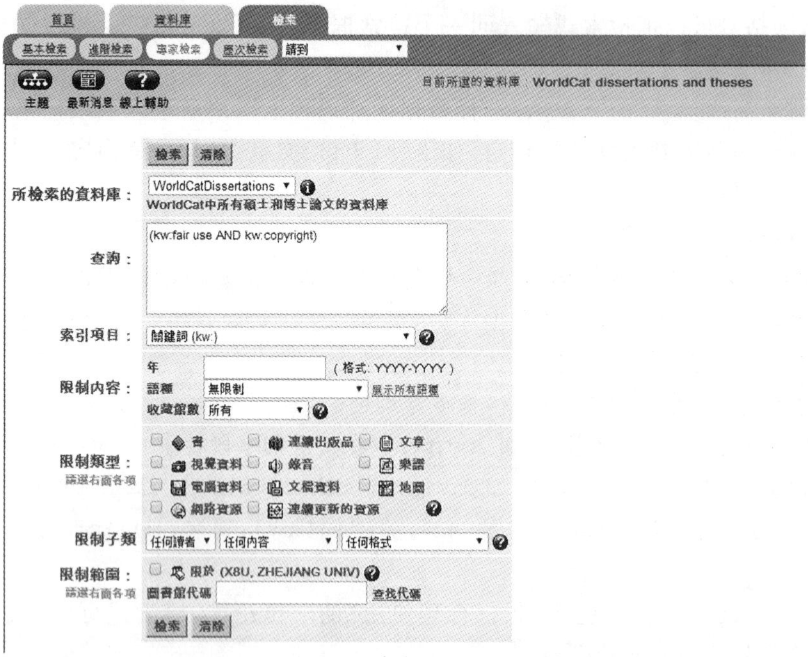

图 13-78　WorldCat Dissertations 专家检索页面

13.3.10　会议论文数据库

1. OCLC 会议论文索引（PapersFirst）及会议录索引（Proceedings）数据库

OCLC 会议论文索引（PapersFirst）数据库收录了在世界范围召开的大会、座谈会、博览会、研讨会、专业会、学术报告会上发表的论文的索引。涵盖了自 1993 年以来所有来自大英图书馆文献供应中心的相关资料，共有 810 多万条记录，所包含的主题就是在所报道的会议中讨论的种种主题。该数据库以会议论文为主，按何人、何时发表和论文排序。数据库每两周更新一次。

OCLC 会议录索引（Proceedings）数据库是 PapersFirst 的相关库，收录了在世界范围召开的大会、座谈会、博览会、研讨会、专业会、学术报告会上发表的会议录的索引。涵盖了从 1993 年以来所有来自大英图书馆文献供应中心的发表过的研讨会、大会、博览会、研究讲习会和会议的资料，而且每条记录都包含一份在每次大会上所呈交的文件的清单，从而提供了各次活动的一个概貌，共有近 46 万条记录。与 PapersFirst 不同，该数据库以会议名称排序，如：何年、何会、何人、发表什么论文。该数据库每周更新两次。

登录与检索方法参见 OCLC FirstSearch 基本数据库。

2. Web of Science 社会科学及人文科学会议录索引（CPCI-SSH）

社会科学及人文科学会议录索引（Conference Proceedings Citation Index—Social Sciences & Humanities，CPCI-SSH），汇集了世界上最新出版的会议录资料，包括专著、丛书、预印本以及来源于期刊的会议论文，提供了人文与社会科学领域的会议论文资料。CPCI-SSH 是 Web of Science 的一个子库，通过 Web of Knowledge 平台发布。

登录与检索方法参见 Web of Science 数据库。

13.4　科学研究工具类数据库

13.4.1　Web of Science 核心合集数据库

1. 数据库介绍

Web of Science 核心合集数据库收录了 12000 多种世界权威的、高影响力的学术期刊，内容涵盖自然科学、工程技术、生物医学、社会科学、艺术与人文等领域，最早回溯至 1900 年。Web of Science 核心合集收录了论文中所引用的参考文献，并按照被引作者、出处和出版年代编成独特的引文索引。所收录的期刊都是根据其所属学科领域的影响而选择的重要期刊。Web of Science 通过文献间的引证关系来展开检索，通过作者所引用的参考文献发现论文间潜在的科学关系，以获取相关的科学研究信息。Web of Science 主要包含以下子库：

三大期刊论文引文索引：

科学引文索引（Science Citation Index Expanded，SCI-E）

社会科学引文索引（Social Sciences Citation Index，SSCI）

艺术与人文科学引文索引（Arts & Humanities Citation Index，A&HCI）

两个会议论文引文索引：

科技会议录索引(Conference Proceedings Citation Index-Science，CPCI-S)

社科与人文会议录引文索引(Conference Proceedings Citation Index-Social Science & Humanities，CPCI-SSH)

与人文社科相关的主要是社会科学引文索引(SSCI)和艺术与人文科学引文索引(A & HCI)，收录人文社科领域的顶级论文；以及社科与人文会议录引文索引(CPCI-SSH)，主要收录人文社科领域的会议文献。

2.数据库检索

Web of Science 提供了基本检索、作者检索、被引参考文献检索和高级检索等检索方式。

(1)检索方法

①基本检索(见图 13-79)

提供主题、标题、作者、作者识别号、团体作者、编者、出版物名称、DOI、出版年、地址、机构扩展、语种、文献类型、基金资助机构、入藏号等检索字段；在检索框内输入相应检索内容即可。通过点击"添加另一字段"或"清除所有字段"可以增减检索框，也可以点击"更多设置"前面的箭头，选择要检索的数据库范围。

图 13-79　Web of Science 基本检索页面

②作者检索(见图 13-80)

按作者进行检索，通过输入作者姓名，选择研究领域和选择组织进行检索。

③被引参考文献检索(见图 13-81)

输入被引作者姓名，被引著作名称，被引年份进行检索，被引作者姓名、著作名称等可以使用通配符"＊"，部分信息不确定的话也可省略。

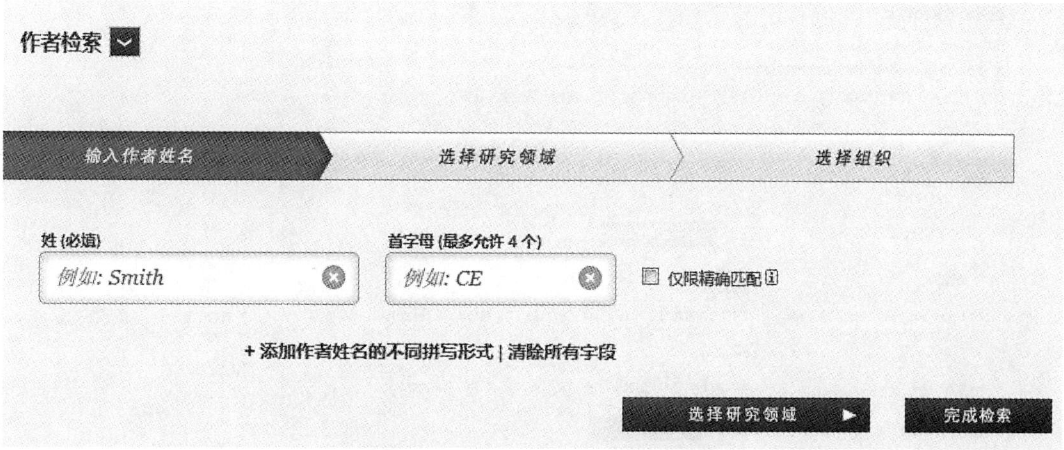

图 13-80　Web of Science 作者检索页面

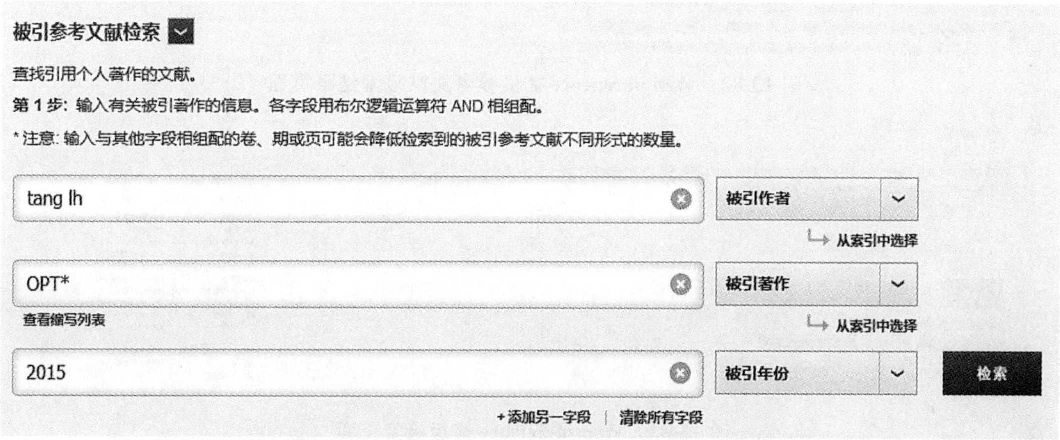

图 13-81　Web of Science 被引参考文献检索页面

检索结果见图 13-82，勾选检索结果前面的复选框，点击"完成检索"，即可看到引用该文的 4 条施引文献的详细信息。点击"查看记录在 Web of Science 核心合集中"即可看到该文在 Web of Science 中的详细信息。

④高级检索（见图 13-83）

用 AND、OR、NOT、SAME、NEAR 等布尔运算符编制组配包含不同字段的检索式，进行检索。如"OG ＝（ZHEJIANG UNIVERSITY OR ZHEJIANG UNIV）AND PY ＝（2011—2015）"检索式，用机构扩展的方式检索浙江大学 2011—2015 年出版的论文。

（2）检索结果解读与输出（见图 13-84）

检索结果页面最左边提供了"精炼检索结果"功能，可以从学科类别、文献类型、研究方向、出版物名称、语种、国家/地区等方面对检索结果进行精炼。检索结果默认按出版日期降序排列，也可以按被引频次、使用次数、相关性进行排序。文章题名最右边可以看到该文的被引次数，点击数字可以查看引用该文的所有文献。Web of Science 虽然是文摘数据库，但做了全文链接，图书馆购买的其他数据库中收录的全文，都可以通过点击"出版商处的全文"查看相应的全文。

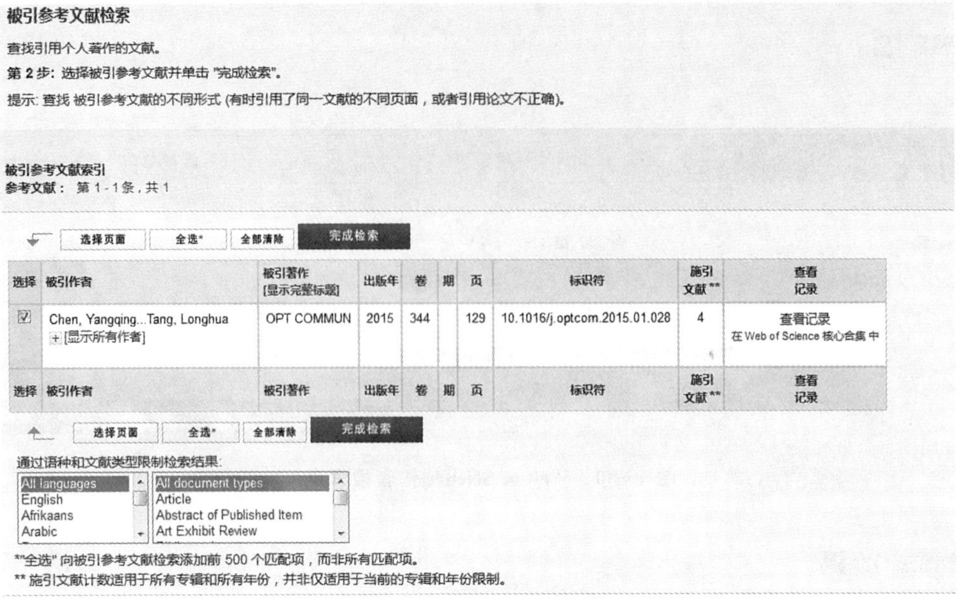

图 13-82　Web of Science 被引参考文献检索结果页面

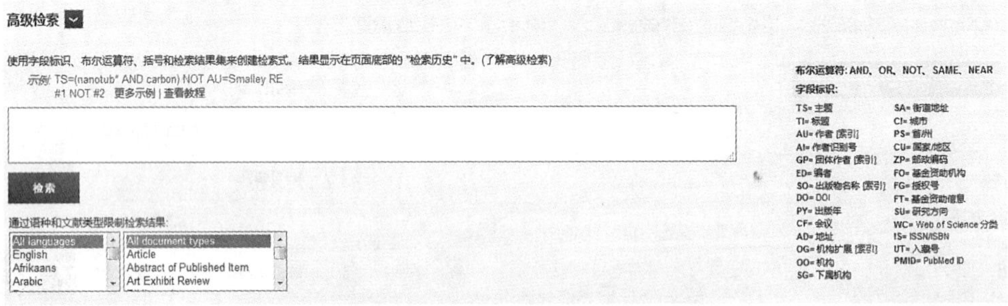

图 13-83　Web of Science 高级检索页面

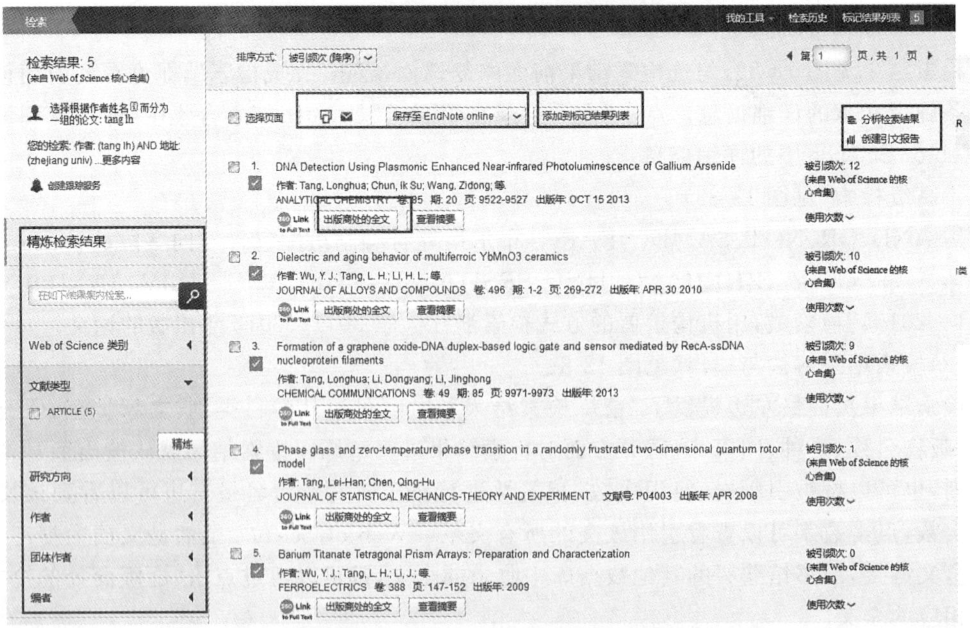

图 13-84　Web of Science 检索结果页面

　　勾选文献记录前面的复选框,将需要的检索结果记录添加到"标记结果列表",打开"标记结果列表",即可按自定义的格式输出所选择的结果记录,可以打印、电邮、保存。也可以直接点击结果页面的图标进行相关操作(见图 13-85)。

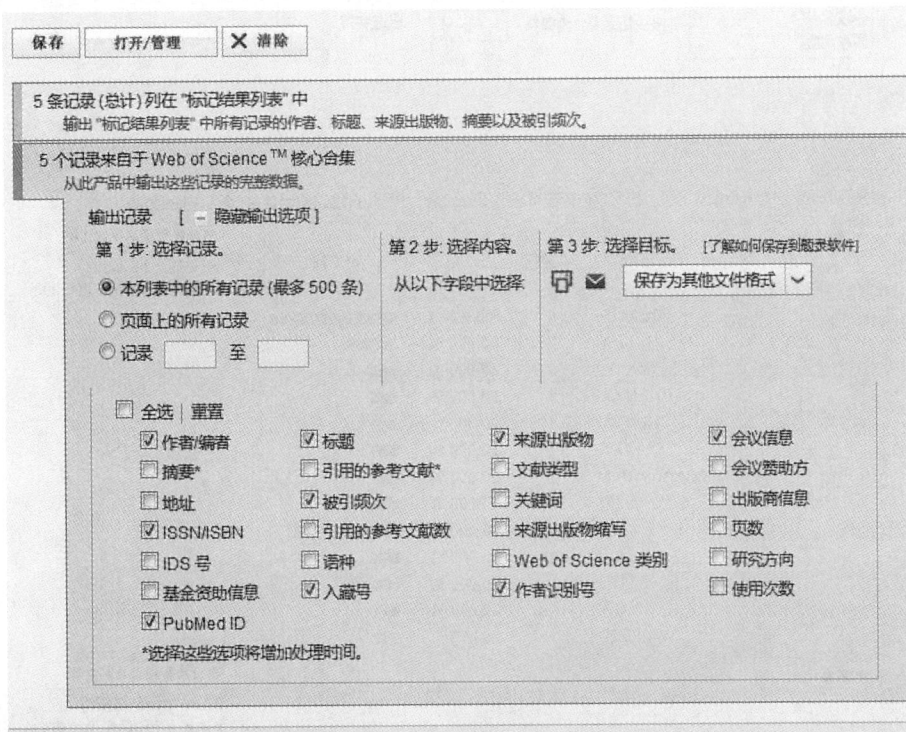

图 13-85　Web of Science 检索结果输出页面

(3)检索结果分析

　　点击"分析"按钮,即可分析检索结果(见图 13-84),可以从作者、文献类型、国家地区等不同角度对检索结果进行分析(见图 13-86)。

　　点击"创建引文报告"(见图 13-84),可以生成此次检索的引文报告。也可以选择检索结果的部分记录进行引文分析(见图 13-87)。

13.4.2　Scopus 数据库

1.Scopus 数据库资源及特点

　　Scopus 是同行评议的学术论文索引摘要数据库,每日更新,涵盖所有学科领域,在医学、社会科学、生命科学等领域收录更为全面,文献索引内容涵盖期刊论文、会议论文、图书和专利,2016 年收录期刊的引文全面回溯到 1970 年。

　　Scopus 内容特点:收录全球 5000 多家出版商出版的 22000 多种期刊,含 4200 种金色开放获取期刊;包括 105 个国家的 40 种语言的期刊,其中含近 600 种中文同行评议核心期刊;720 多万篇会议论文;120000 多种图书(2003 年至今);500 多套丛书;2700 多万条专利信息(来自五大国际专利库:世界知识产权组织、英国知识产权局、美国专利局、欧洲专利局、日本专利局)。Scopus 的收录范围比 Web of Science 更广,文献量也更多,但在标准著录方面不及 Web of Science。Scopus 新平台在文献分析与评价功能方面做出了许多新的尝试。

5 个记录。 作者: (tang lh) AND 地址: (zhejiang univ)

根据此字段排列记录:	设置显示选项:	排序方式:
作者 丛书名称 会议名称 国家/地区	显示前 50 个分析结果。 最少记录数 (阈值): 1	◉记录数 ◉已选字段

分析

请使用以下复选框查看相应记录。您可以选择查看已选择的记录，也可以排除这些记录 (并查看其他记录)。

➜ 查看记录 ✕ 排除记录	字段: 作者	记录数	占 5 的 %	柱状图	将分析数据保存到文件 ◉ 表格中显示的数据行 ◉ 所有数据行 (最多 200,000)
☐	TANG LH	5	100.000 %	▬▬▬▬▬	
☐	LI JH	2	40.000 %	▬▬	
☐	WU YJ	2	40.000 %	▬▬	
☐	CHEN QH	1	20.000 %	▬	
☐	CHEN XM	1	20.000 %	▬	
☐	CHUN IS	1	20.000 %	▬	
☐	KUWABARA M	1	20.000 %	▬	
☐	LI DY	1	20.000 %	▬	
☐	LI HL	1	20.000 %	▬	
☐	LI J	1	20.000 %	▬	
☐	LI XL	1	20.000 %	▬	
☐	LU Y	1	20.000 %	▬	
☐	WANG ZD	1	20.000 %	▬	

➜ 查看记录 ✕ 排除记录	字段: 作者	记录数	占 5 的 %	柱状图	将分析数据保存到文件 ◉ 表格中显示的数据行 ◉ 所有数据行 (最多 200,000)

图 13-86　Web of Science 检索结果分析页面

引文报告: 5

(来自 Web of Science 核心合集)

您的检索: 作者: (tang lh) AND 地址: (zhejiang univ) …更多内容

此报告中的引文均来源于 Web of Science 核心合集收录的文献。执行"被引参考文献检索"，可查看 Web of Science 核心合集未收录单文献的引文。

每年出版的文献数　　每年的引文数

找到的结果数: 5
被引频次总计[?]: 32
去除自引的被引频次总计[?]: 32
施引文献[?]: 32
去除自引的施引文献数[?]: 32
每项平均引用次数[?]: 6.40
h-index[?]: 3

显示最近 20 年。

排序方式: 被引频次 (降序) ☑　　　　　　　　　　◀ 第 1 页，共 1 页 ▶

	2013 ◀	2014	2015	2016	2017 ▶	合计	平均引用次数/年
选择记录前面的复选框，从"引文报告"中删除记录 您可限定在以下时间范围内出版的记录。从 2008 ☑ 至 2013 ☑ 确定	3	5	9	11	0	32	4.00
1. DNA Detection Using Plasmonic Enhanced Near-infrared Photoluminescence of Gallium Arsenide 作者: Tang, Longhua; Chun, Ik Su; Wang, Zidong; 等. ANALYTICAL CHEMISTRY 卷: 85 期: 20 页: 9822-9527 出版年: OCT 15 2013	0	2	4	6	0	12	2.40
2. Dielectric and aging behavior of multiferroic YbMnO3 ceramics 作者: Wu, Y. J.; Tang, L. H.; Li, H. L.; 等. JOURNAL OF ALLOYS AND COMPOUNDS 卷: 496 期: 1-2 页: 289-272 出版年: APR 30 2010	2	0	2	2	0	10	1.25

图 13-87　Web of Science 引文分析页面

2.数据库检索

(1)进入网址:http://www.scopus.com,最好注册一个账号,数据库的某些功能需登录账号后才能使用。

(2)检索方式

Scopus 提供文献搜索、作者搜索、归属机构搜索和高级搜索 4 种检索方式。

①文献搜索

通过选择不同检索字段,如论文标题、关键词、摘要、作者、归属机构、来源出版物名称等,输入相应的检索词,不同检索词之间可用逻辑算符 AND、OR、AND NOT 进行组配,点击"检索"即可,可以通过检索条右边的"+"、"-"增加或减少检索条,并可以限定文献出版时间和文献类型(见图 13-88)。

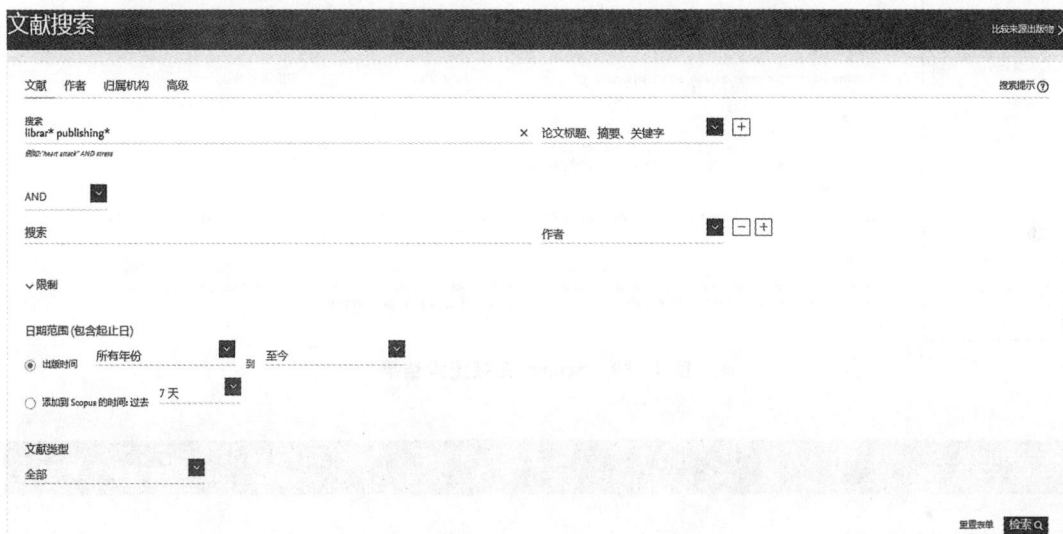

图 13-88　Scopus 文献搜索页面

图 13-89 为文献搜索结果页面,左边为检索结果精简区,可以根据文献类型、学科类别、出版年份、归属机构、作者、国家地区、来源出版物等不同条件对检索结果进行进一步限定;中间为检索结果显示区,检索结果以题录形式显示,可以按日期、施引文献和相关性排序;点击右上角"显示/隐藏所有摘要"可以显示或隐藏文献摘要。勾选检索结果前面的复选框,可以将所选的题录按不同格式导出、下载、打印、通过电子邮件发送。点击"查看引文概览"可以查看所选记录的引文情况,点击"查看施引文献"可以了解哪些文献引用了所选文献。点击"分析搜索结果"可以查看从年份、作者、归属机构、国家地区、文献类型、学科类别、来源出版物等不同角度对检索结果的分析。Scopus 是文摘索引库,不收录论文全文,只提供论文链接。

②作者搜索(见图 13-90)

作者搜索有两种方式,"作者姓氏+归属机构"或者作者"ORCID"的检索。数据库提供作者检索和分析功能,涵盖了全球 3000 多万名学者的信息,每位作者在 Scopus 都被赋予了一个作者编码 Author ID;针对每位作者,统计了其文献信息(总发文量,总被引次数)、h 指数、引文概览(可选择排除自引,或排除共同作者引用),并可以查看作者的个人文献分析图表。

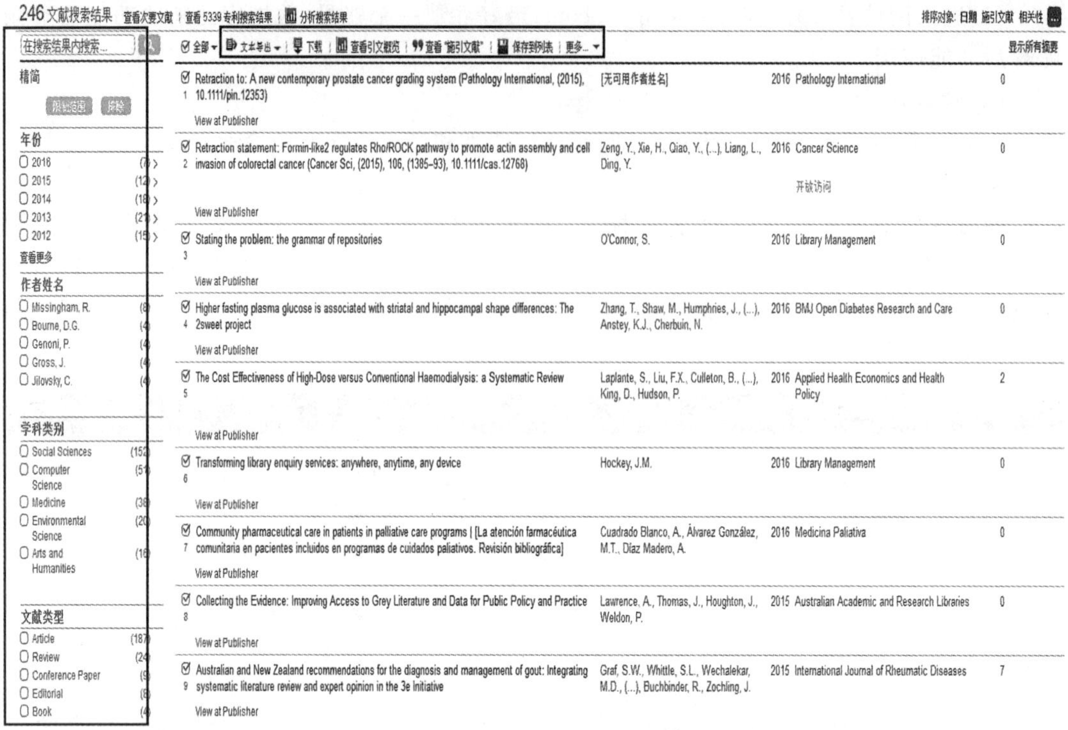

图 13-89　Scopus 文献搜索结果

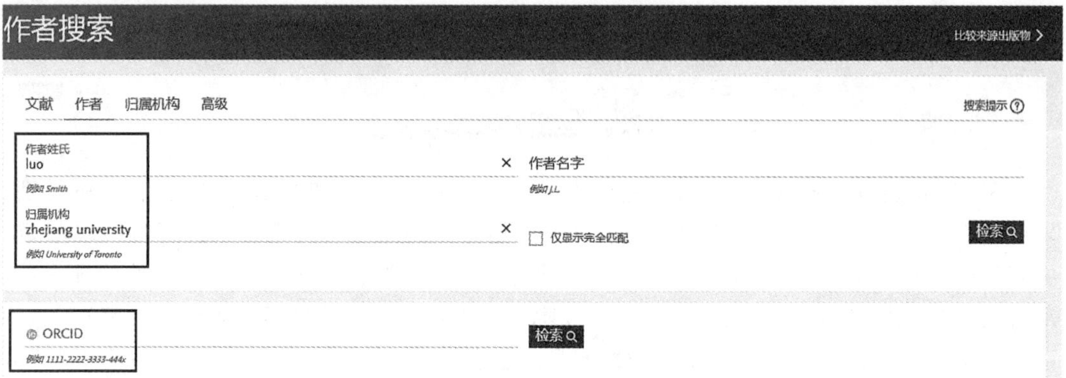

图 13-90　Scopus 作者搜索页面

下面为作者姓氏"luo"，归属机构"zhejiang university"的检索结果（见图 13-91）。

点击作者姓名，即可看到该作者的相关信息（单位，作者 ID），所发表的文献数量及其被引情况、合作作者、学科类别等；点击"分析作者的产出"可以看到对作者产出的各项分析；点击"查看 h-graph"可以查看作者的 h 指数；点击"查看引文概览"可以查看这些文献的引文情况（见图 13-92）。

作者搜索结果

作者姓氏 "luo"，归属机构 "zhejiang university"　✎ 编辑

第 449 条作者检索结果，共 794 条　显示具有一篇文献的匹配个人资料 | 关于 Scopus 作者辨识功能　　　　排序对象：文献计数 ↓ 作者 (A-Z)

○ 仅显示完全匹配　　　○ 全部 | 显示文献 | 查看引文概览 | 请求合并作者

精简

来源出版物名称
- ○ Advanced Materials Research (53)
- ○ Zhejiang Daxue Xuebao Gongxue Ban Journal Of Zhejiang University Engineering Science (51)
- ○ Plos One (38)
- ○ Applied Mechanics And Materials (27)
- ○ Proceedings Of SPIE The International Society For Optical Engineering (27)

归属机构
- ○ Zhejiang University (518)
- ○ Zhejiang University School of Medicine (77)
- ○ Zhejiang (52)

○ 1	Zhang, Xiaodong Zhang, X. D. Zhang, Xiao Dong Zhang, X.	1896	Engineering ; Computer Science ; Biochemistry, Genetics and Molecular Biology; ...	Qingdao University	Qingdao	China
○ 2	Luo, Zhongyang Luo, Zhong Yang Luo, Z. Y. Luo, Zhong yang	764	Energy ; Engineering ; Chemical Engineering; ...	Zhejiang University	Hangzhou	China
○ 3	Luo, Qingming Luo, Q. Luo, Qing ming Luo, Qing Ming	567	Physics and Astronomy ; Engineering ; Materials Science; ...	Wuhan National Laboratory for Optoelectronics	Wuhan Wuhan	China China
○ 4	Luo, Yi Luo, Y. LUO, Yi	548	Chemistry ; Physics and Astronomy ; Materials Science; ...	University of Science and Technology of China	Hefei Hefei	China China
○ 5	Luo, Jun Luo, J. LUO, Jun Luo, J. F.	526	Physics and Astronomy ; Engineering ; Materials Science; ...	Hubei Key Laboratory for Engineering Structural Analysis and Safety Assessment	Wuhan Wuhan	China China

图 13-91　Scopus 作者搜索结果页面

返回搜索结果 | 〈 上一页 2 / 794 下一页 〉　　　　　　　　　　　　　　　　　　　　　　🖨 打印 | ✉ 通过电子邮件发送

关注该作者　当该作者发表新论文时，倘会收到电子邮件

Luo, Zhongyang
Zhejiang University, State Key Laboratory of Clean Energy Utilization, Hangzhou, China
作者 ID: 7401699080

关于 Scopus 作者辨识功能 | 查看可能的匹配作者
其他姓名格式: Luo, Zhong Yang
Luo, Z. Y.
Luo, Zhong yang
查看更多

▼ 获取引文通知
👤 添加到 ORCID ❓
📝 请求修改作者详情
📤 导出个人资料到 SciVal

文献: 764
引文: 总共 7309 次引用，来自 5429 篇文献
h-Index: 36 ❓

合著作者: 150 (最多可以显示 150 名合著作者)
学科类别: Energy , Engineering 查看更多

⚙ 分析作者的产出
📊 查看引文概览
📈 查看 h-graph

764 篇文献 | 被 5429 篇文献引用 | 150 合著作者

764 篇文献　以搜索结果格式查看全部　　　　　　　　　排序对象：日期 旧到引文

📄 全部导出为文本 ▾ | 📄 全部保存到列表 | ⚙ 设置文献通知 | 🔔 设置文献馈送流

Design optimization with computational fluid dynamic analysis of β-type Stirling engine View at Publisher | 🔒 显示摘要 | 相关文献	Xiao, G., Sultan, U., Ni, M., (...), Wang, S., Luo, Z.	2017	Applied Thermal Engineering 113, pp. 87-102	0
Numerical calculation of particle movement in sound wave fields and experimental verification through high-speed photography View at Publisher	Zhou, D., Luo, Z., Fang, M., (...), Chen, H., He, M.	2017	Applied Energy	1
Selective catalytic reduction of NO over Cu-Mn/OMC catalysts: Effect of preparation method View at Publisher	Yu, X., Cao, F., Zhu, X., (...), Luo, Z., Cen, K.	2017	Aerosol and Air Quality Research	0
Simulation and exergetic evaluation of hydrogen production from sorption enhanced and conventional steam reforming of acetic acid	Tian, X., Wang, S., Zhou, J., (...), Liu, S., Luo, Z.	2016	International Journal of Hydrogen Energy	0

作者历史

出版时间范围: 1984 - Present
参考文献: 8418

来源出版物历史:
Applied Optics　　　　查看文献
CFB 2008 - Proceedings of the 9th Int. Conference on Circulating Fluidized Beds, in Conjunction with the 4th International VGB Workshop "Operating Experience with Fluidized Bed Firing Systems"　查看文献
Huanjing Kexue Xuebao/Acta Scientiae Circumstantiae　查看文献
查看更多

🔗 显示相关的归属机构

图 13-92　Scopus 作者搜索引文概览

③归属机构搜索(见图 13-93)

归属机构检索模式下,在检索条内输入机构名称即可。

Scopus 支持机构检索和分析功能,涵盖了高校、政府机构、科研机构、企业 R&D 等等,每个独立机构在 Scopus 中被赋予了一个机构编码 Affiliation ID;针对每个机构,统计了各机构的文献信息(总发文量,总被引次数)、主要作者、各领域发文占比、期刊源、专利信息等等。

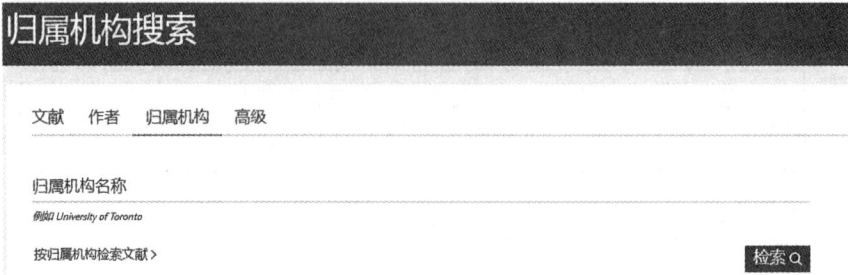

图 13-93　Scopus 归属机构搜索页面

点击机构名称,即可看到该机构的相关信息(地址、城市、国家、机构 ID),所发表的文献数量、作者、专利、来源出版物、合作机构等,点击检索结果后面的数字可以看到文献详细信息清单;并提供按学科类别划分的文献的图表分析(见图 13-94)。

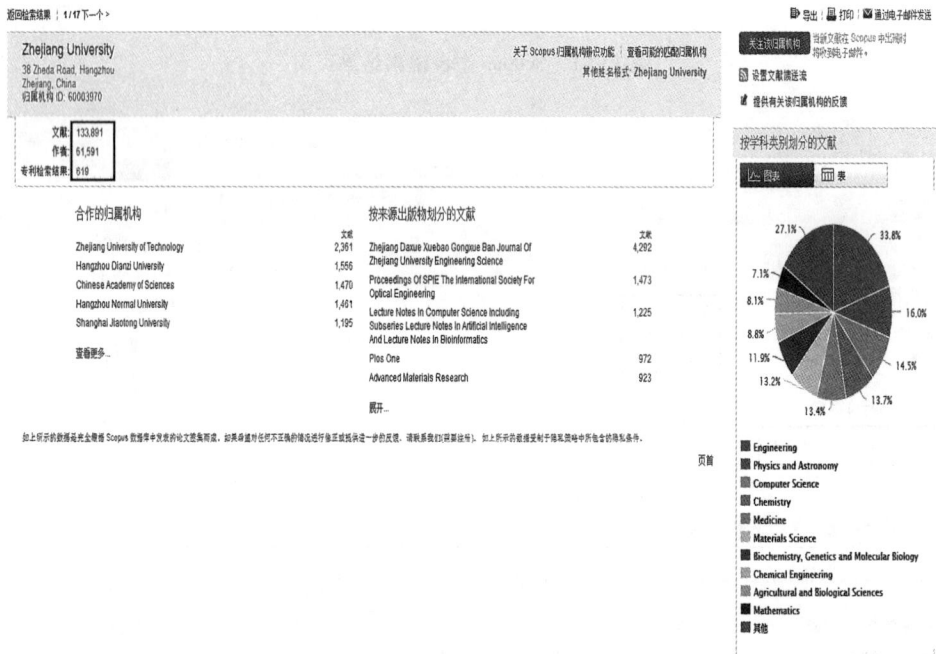

图 13-94　Scopus 归属机构搜索结果

④高级搜索(见图 13-95)

通过不同检索条件的组配进行更为精确的检索。检索式示例:TITLE-ABS-KEY(* somatic complaint wom? n) AND PUBYEAR AFT 1993。

可以通过三种方法添加运算符和字段代码(见表 13-1):在搜索字段中直接键入,也可以单击“＋”图标,或者单击所弹出示例中的“添加”按钮。

文献　作者　归属机构　**高级**

Enter query string

AFFIL(zhejiang university)AND AUTHOR-NAME(luo)

ALL("heart attack") AND AUTHOR-NAME(smith)
TITLE-ABS-KEY("somatic complaint wom?n) AND PUBYEAR AFT 1993
SRCTITLE("field ornith") AND VOLUME(75) AND ISSUE(1) AND PAGES(53-66)

　　　　大纲检索式　　紧凑检索式　添加作者姓名/归属机构　清除表单　检索 Q

图 13-95　Scopus 高级搜索页面

表 13-1　Scopus 运算符和字段代码

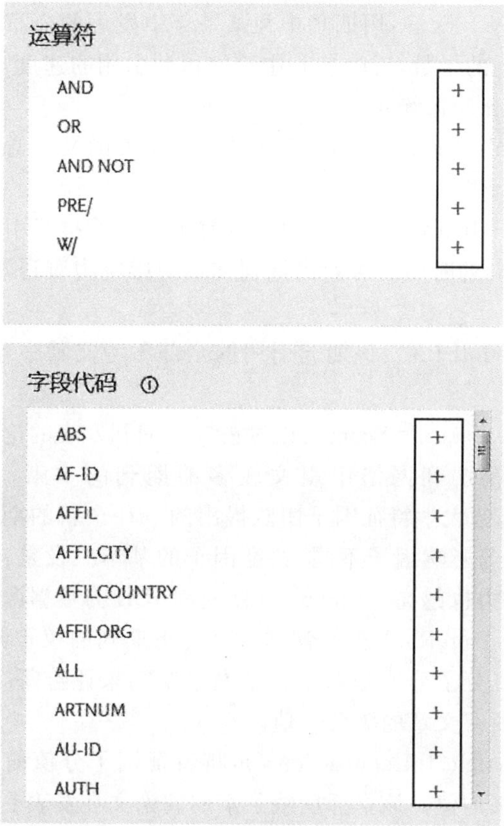

运算符	
AND	+
OR	+
AND NOT	+
PRE/	+
W/	+

字段代码 ⓘ	
ABS	+
AF-ID	+
AFFIL	+
AFFILCITY	+
AFFILCOUNTRY	+
AFFILORG	+
ALL	+
ARTNUM	+
AU-ID	+
AUTH	+

13.4.3　期刊引用报告(Journal Citation Reports)

1.数据库资源及特点

　　期刊引用报告(Journal Citation Reports,JCR)是一个独特的多学科期刊评价工具,提供基于引文数据的统计信息的期刊评价资源。通过对参考文献的统计汇编,JCR 可以在期刊层面衡量某项研究的影响力,显示引用和被引期刊之间的相互关系。JCR 有自然科学版(JCR Science Edition)和社会科学版(JCR Social Science Edition)两个版本。其中,自然科学版涵盖来自 83 国家或地区,约 2000 家出版机构的 8500 多种期刊,覆盖 176 个学科领域;社会科学版涵盖来自 52 个国家或地区 3000 多种期刊,覆盖 56 个学科领域。

　　JCR 应用引文分析方法及各种量化指标,系统地分析自然科学和社会科学领域内各个学科学术期刊的相对重要性。JCR 与 Web of Science 核心合集的数据无缝链接、自由切换,可以帮助研究人员迅速了解科学研究的相对影响,为科研绩效的评价提供了一定程度的定量依据。

2.主要指标解释

刊名缩写(Abbreviated Title):查看期刊的刊名缩写。

总引用次数(Total Cites):某一特定期刊的文章在 JCR 出版年被引用的总次数。

影响因子(Journal Impact Factor):期刊过去两年发表的论文在当前 JCR 年的平均被引次数。

去除自引的影响因子(Journal Impact Factor Without Self Cites):去除期刊自引后计算得到的期刊影响因子。

五年影响因子(5 Year Journal Impact Factor):期刊论文过去 5 年的平均被引次数,通过用过去 5 年期刊的被引次数除以 5 年论文总数得到。

立即指数(Immediacy Index):用期刊中在某一年中发表的文章在当年被引用次数除以同年发表文章的总数得到的指数,反映期刊中论文得到引用的速度,哪些期刊发表的文章比较热门,哪些期刊的文章比较边缘化。

可引用论文量(Citable Items):某特定期刊当年发表的文章总数(旧版中的 JCR-Current Articles)。

被引半衰期(Cited Half-life):一份期刊从当前年度向前推算引用数占截至当前年度被引用期刊的总引用数 50% 的时间。可看出该刊文章的影响力衰退速度,半衰期越长的表示影响力越持久。

引用半衰期(Citing Half-life):该期刊引用的全部参考文献中,较新的一般是在多长一段时间发表的。

特征因子分值(Eigenfactor® Score):以过去 5 年期刊发表的论文在该 JCR 年被引总数为基础计算,同时考虑在期刊网络中引文较多的期刊的贡献。特征因子(Eigenfactor Scores):特征因子是华盛顿大学特征因子团队提出的一种全新的期刊引文评价指标,将"引文质量"纳入测评范围。与影响因子不同,特征因子的基本假设是:期刊越多地被高影响的期刊所引用,则该刊影响力也越高。Eigenfactor 使用 JCR 为数据源,构建剔除自引的期刊 5 年期引文矩阵,以类似于 PageRank 的算法迭代计算出期刊的权重影响值,实现了引文数量与价值的综合评价。特征分子分值是基于整个网络结构来评价每个期刊的重要性,展示了一个刊物一年内发布的所有文章的集合价值。

论文影响力分值(Article Influence Score):将特征因子分值前五年的分值除以前五年所出版的文章数所得的平均值。该指标反映了某期刊论文在发表后的第一个 5 年的平均影响力。论文影响分值则测度了同一期刊中出现的单篇文章的平均影响力。Article Influence 的平均值为 1,如果大于 1,说明当前期刊中的每篇论文的影响力高于平均水平;如果小于 1,说明当前期刊中的每篇论文的影响力低于平均水平。

ISSN:国际标准刊号。

期刊影响因子百分位(JIF Percentile):期刊影响因子百分位是将期刊影响因子在某一学科下的排名转化为百分位值,是一个规范化的指标,其价值在于实现不同学科领域的期刊的对比分析。

3.数据库检索与应用

(1)进入方法

https://jcr.incites.thomsonreuters.com,或者从 Incites 平台直接登录。

(2)JCR 主界面(见图 13-96)

JCR 主界面可以分为几大区域:

筛选区:最左边为筛选区,可以根据多个选项来筛选期刊数据集,包括学科、JCR 版本、年份、分区、国家/地区、影响因子区间等;也可以查看期刊的更名历史(View Title Changes)。

浏览区:页面最上方提供期刊浏览功能,可以按期刊排名或学科排名模式浏览数据。

图示区:展示期刊或学科的网络关系视图,可以通过 Show Visualization 和 Hide Visualization 来显示或隐藏。

结果区:显示经过筛选得到的数据和相应的指标。

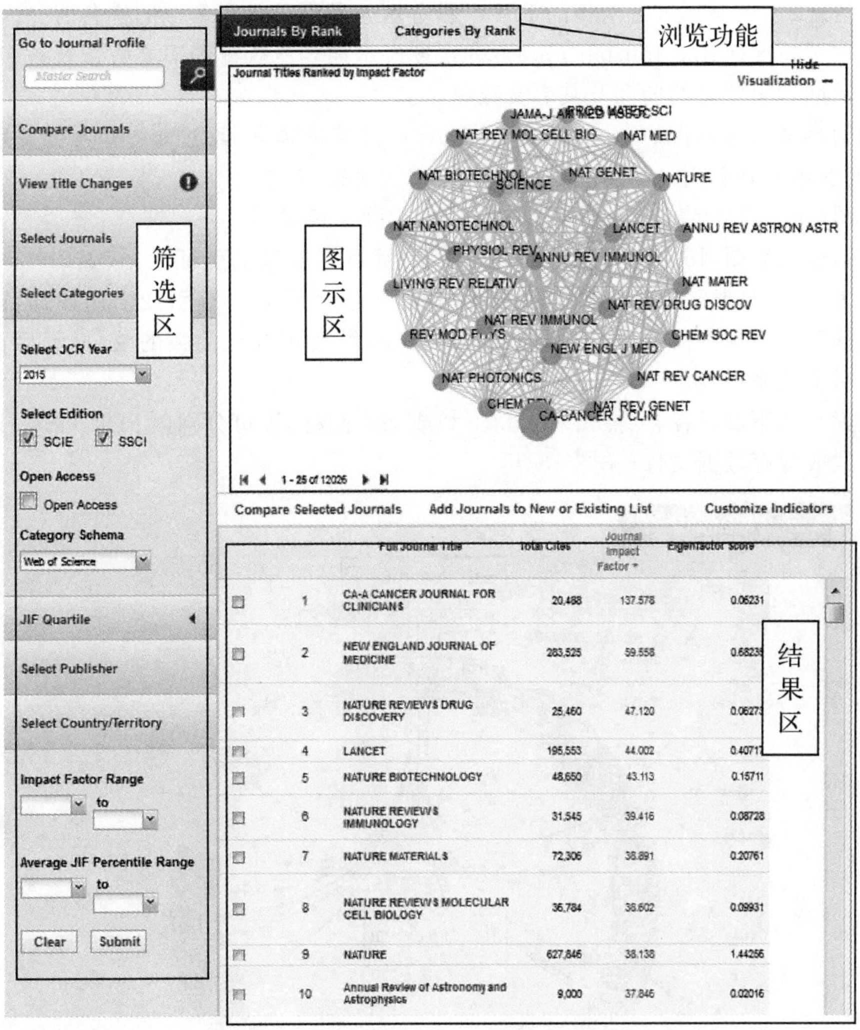

图 13-96　JCR 主界面

①单一期刊检索

a. 选择期刊排名方式(Journal By Rank),在"Go to Journal Profile"下检索框内键入期刊全称、缩写、刊名关键字或 ISSN 号检索期刊;或者点击"Select Journals",在随后出现的检索对话框内输入上述内容,两种方式下都具有自动提示刊名功能。

b. 也可以通过其他筛选条件,如 JCR 年份与版本、期刊所属学科、限定学科分类方式(Web of Science 分类或 ESI 分类)、期刊影响因子分区、期刊影响因子范围、期刊影响因子百分位、期刊所在国家或地区、是否 OA 期刊等方式进行更为精确的限定。

c. 期刊检索结果解读：

点击检索结果区期刊名称，即可看到该期刊详细信息，包括刊名、ISSN 号、出版社等，以及总被引次数、影响因子、半衰期、立即指数、特征因子等各项指标。点击指标下的"Graph"可以查看该指标年度变化趋势图。

点击结果下方期刊源数据"Source Data"中的数字，可以链接到 Web of Science 获取文章详细信息及引用数据。

期刊排名情况（Rank）：展示期刊过去五年的 Web of Science 学科分区及其在该学科领域的排名情况；展示期刊过去两年的 ESI 学科分区及其在该学科领域的排名情况。

期刊被引情况（Cited Journal Data）：分年度展示期刊所获得的引文数量及被引半衰期，分年度展示期刊引用过的期刊及其引文数量。

期刊的参考文献情况（Citing Journal Data）：分年度展示期刊的参考数量及引用半衰期，分年度展示期刊引用过的期刊及其引文文章的数量。

箱线图（Box Plot）：展示期刊所在学科的影响因子箱线图。

期刊引证关系图（Journal Relationships）：展示目标期刊的引证关系，如图 13-97 所示，目标期刊为 ANNU REV NUTR（12 点钟位置），可以选择查看被引或引用数据，图例为被引数据。移动鼠标至圆弧，显示该期刊的影响因子；移动鼠标至圆弧的弦，显示目标期刊与该期刊的引证关系。

d. 检索结果下载或保存：点击右上角下载或保存图标，即可分别以 PDF、CSV 或 XLS 不同格式下载或保存数据文件（见图 13-98）。

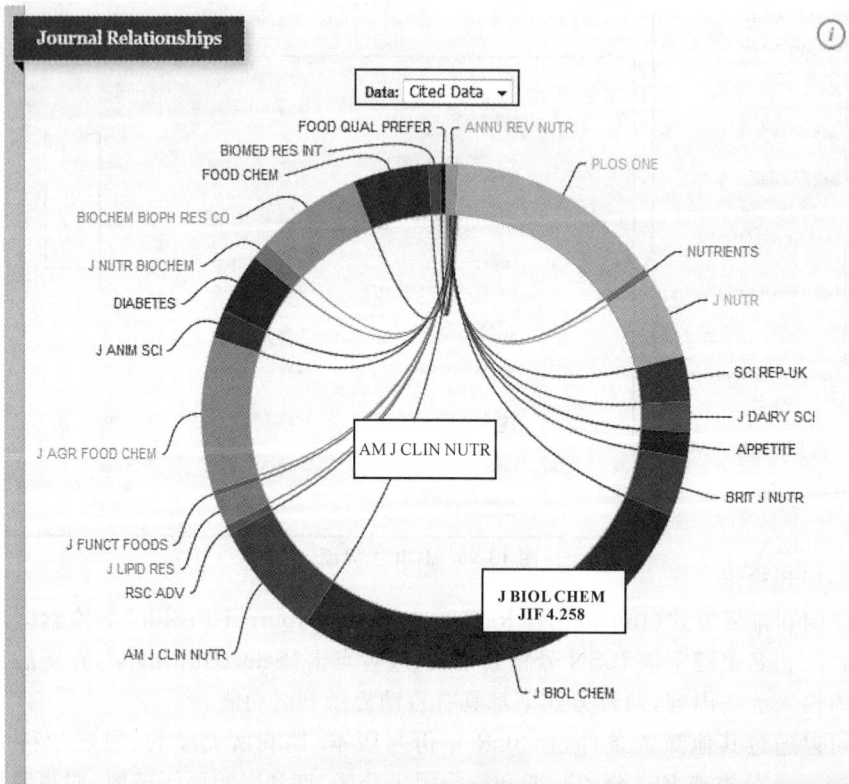

图 13-97　期刊引证关系

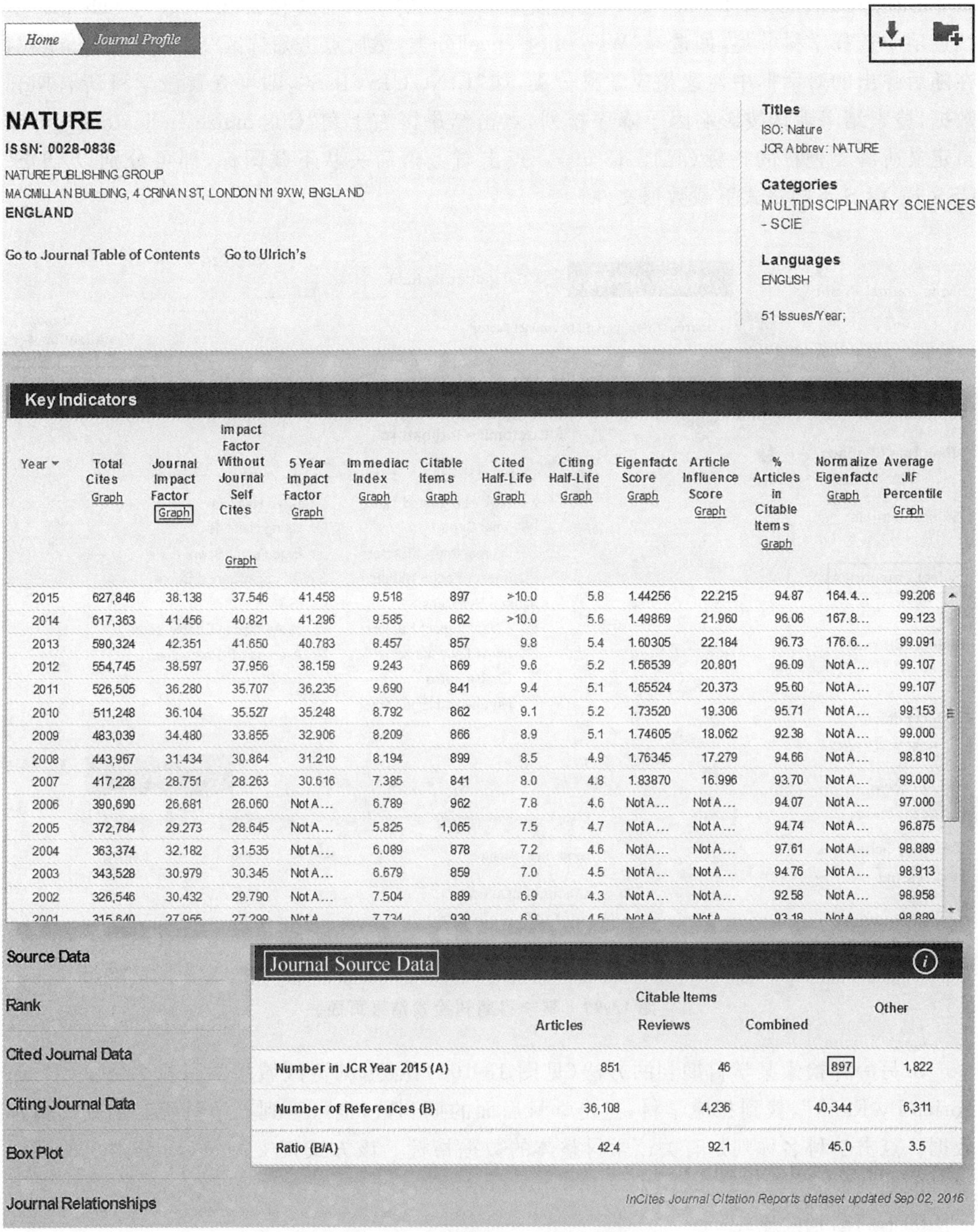

Home　Journal Profile

NATURE
ISSN: 0028-0836

NATURE PUBLISHING GROUP
MACMILLAN BUILDING, 4 CRINAN ST, LONDON N1 9XW, ENGLAND
ENGLAND

Go to Journal Table of Contents　Go to Ulrich's

Titles
ISO: Nature
JCR Abbrev: NATURE

Categories
MULTIDISCIPLINARY SCIENCES - SCIE

Languages
ENGLISH

51 Issues/Year;

Key Indicators

Year ▼	Total Cites Graph	Journal Impact Factor Graph	Impact Factor Without Journal Self Cites Graph	5 Year Impact Factor Graph	Immediacy Index Graph	Citable Items Graph	Cited Half-Life Graph	Citing Half-Life Graph	Eigenfactor Score Graph	Article Influence Score Graph	% Articles in Citable Items Graph	Normalize Eigenfacto Graph	Average JIF Percentile Graph
2015	627,846	38.138	37.546	41.458	9.518	897	>10.0	5.8	1.44256	22.215	94.87	164.4...	99.206
2014	617,363	41.456	40.821	41.296	9.585	862	>10.0	5.6	1.49869	21.960	96.06	167.8...	99.123
2013	590,324	42.351	41.650	40.783	8.457	857	9.8	5.4	1.60305	22.184	96.73	176.6...	99.091
2012	554,745	38.597	37.956	38.159	9.243	869	9.6	5.2	1.56539	20.801	96.09	Not A...	99.107
2011	526,505	36.280	35.707	36.235	9.690	841	9.4	5.1	1.65524	20.373	95.60	Not A...	99.107
2010	511,248	36.104	35.527	35.248	8.792	862	9.1	5.2	1.73520	19.306	95.71	Not A...	99.153
2009	483,039	34.480	33.855	32.906	8.209	866	8.9	5.1	1.74605	18.062	92.38	Not A...	99.000
2008	443,967	31.434	30.864	31.210	8.194	899	8.5	4.9	1.76345	17.279	94.66	Not A...	98.810
2007	417,228	28.751	28.263	30.616	7.385	841	8.0	4.8	1.83870	16.996	93.70	Not A...	99.000
2006	390,690	26.681	26.060	Not A...	6.789	962	7.8	4.6	Not A...	Not A...	94.07	Not A...	97.000
2005	372,784	29.273	28.645	Not A...	5.825	1,065	7.5	4.7	Not A...	Not A...	94.74	Not A...	96.875
2004	363,374	32.182	31.535	Not A...	6.089	878	7.2	4.6	Not A...	Not A...	97.61	Not A...	98.889
2003	343,528	30.979	30.345	Not A...	6.679	859	7.0	4.5	Not A...	Not A...	94.76	Not A...	98.913
2002	326,546	30.432	29.790	Not A...	7.504	889	6.9	4.3	Not A...	Not A...	92.58	Not A...	98.958
2001	315,640	27.955	27.299	Not A	7.734	939	6.9	4.5	Not A	Not A...	93.18	Not A	98.889

Source Data

Rank

Cited Journal Data

Citing Journal Data

Box Plot

Journal Relationships

Journal Source Data

	Citable Items			Other
	Articles	Reviews	Combined	
Number in JCR Year 2015 (A)	851	46	897	1,822
Number of References (B)	36,108	4,236	40,344	6,311
Ratio (B/A)	42.4	92.1	45.0	3.5

InCites Journal Citation Reports dataset updated Sep 02, 2016

图 13-98　单一期刊检索输出页面

②某个学科期刊的检索

JCR 提供了两种学科分类模式：WOS 分类和 ESI 分类。WOS 学科分类模式由 252 个来自自然科学、社会科学与艺术人文领域的学科构成，JCR 数据库收录的是 SCI 和 SSCI 所覆盖的 232 个学科分类，不包含 A&HCI。ESI 学科分类模式，由自然科学与社会科学的 22 个学科构成。

　　a. 在"Journals By Rank"模式下,首先在筛选区的学科分类模式"Category Schema"下拉选项中选择学科分类,如选择"Web of Science"分类,然后点击筛选区"Select Categories",在随后弹出的对话框中勾选相应学科分类,如"LINGUISTICS",即可查看该学科所有期刊数据,检索结果默认按影响因子降序排列,点击结果区右上角"Customize Indicators",可以自定义所需要查看的指标(见图 13-99)。点击右上角箭头状下载图标,即可分别以 PDF、CSV 或 XLS 不同格式下载数据文件。

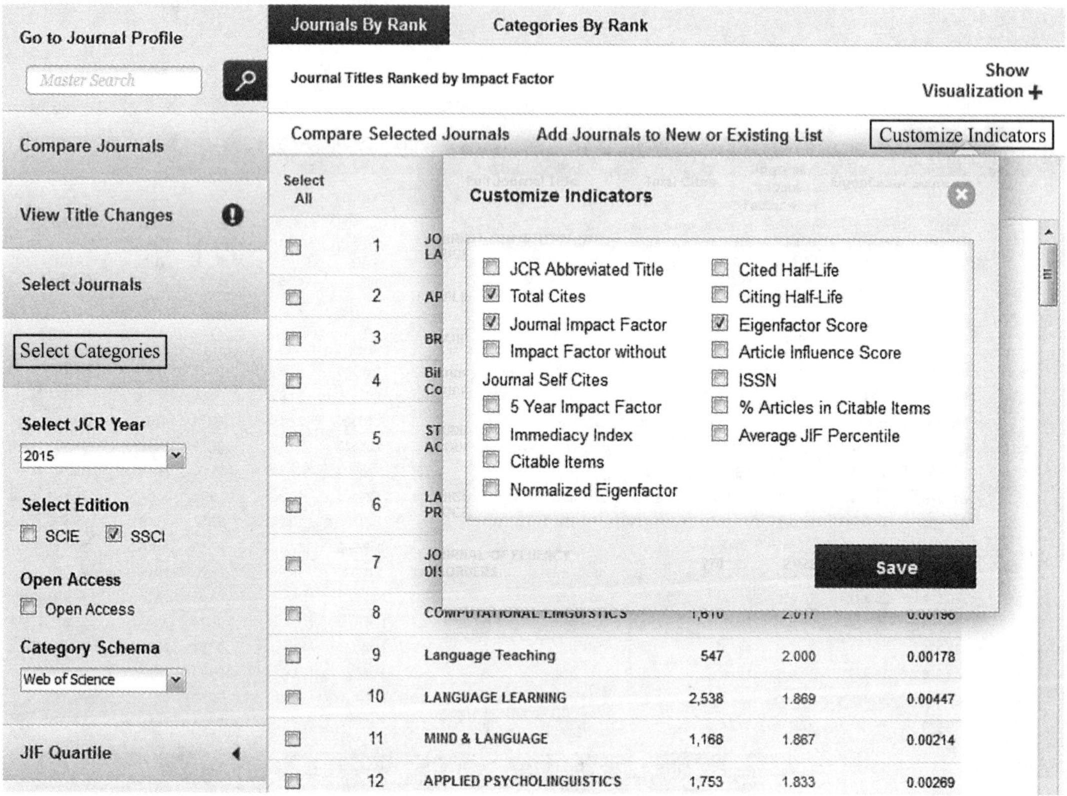

图 13-99　某学科期刊检索结果页面

　　b. 另一种检索某学科期刊的方法(见图 13-100):点击浏览区域按学科排名方式"Categories By Rank",找到相应学科,点击学科后面的期刊数,也可看到该学科所有期刊的指标数据。点击学科名称则是有关该学科整体的数据指标。该方式仅支持 WOS 分类下的某一学科的期刊检索。

　　③不同期刊的比较

　　在通过期刊排名方式浏览结果模式下,通过"Compare Journals"进入,或在期刊列表中勾选相关期刊点击"Compare Selected Journals"进入。如图 13-101 所示,用户可以选择比较期刊的分区或发展趋势;可以通过键入期刊名称,添加进行比较的期刊(两本或多本);选择进行比较的 JCR 年份,通过 shift 键选择多于一年进行比较;选择比较的指标;还可以选择进行比较的学科。完成后,点击"Submit"即可显示结果。

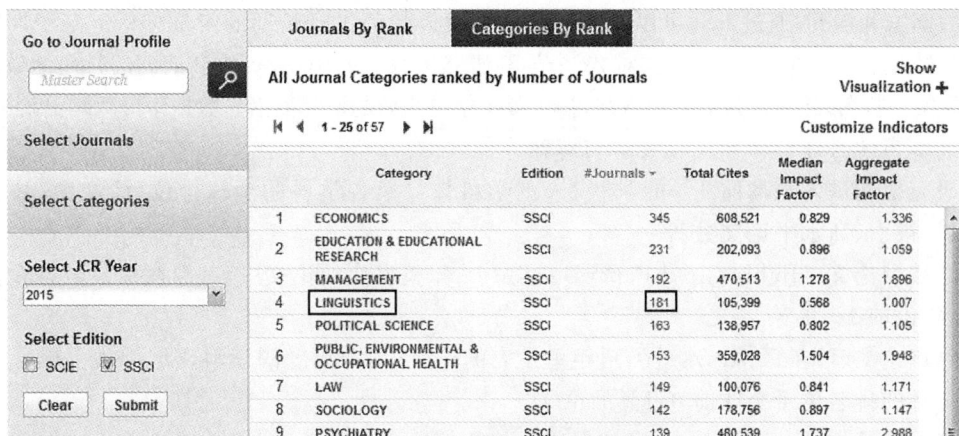

图 13-100　　WOS 分类下某学科期刊的检索

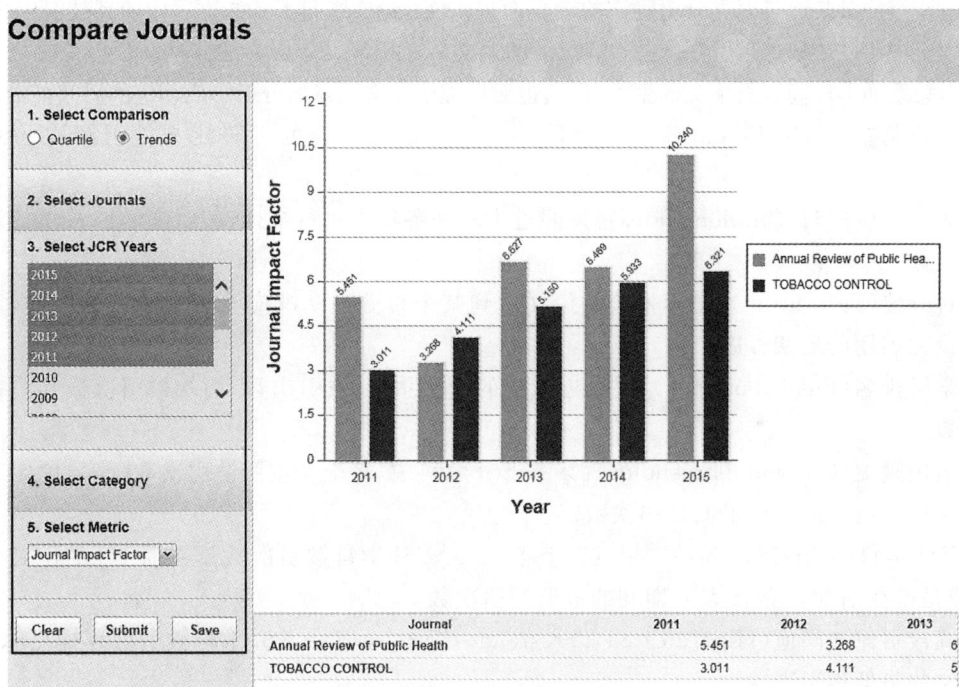

图 13-101　　不同期刊的比较

13.4.4　基本科学指标(Essential Science Indicators)

1.数据库资源及特点

基本科学指标(Essential Science Indicators,ESI)是一个基于 Web of Science 核心合集数据库的深度分析型研究工具。ESI 以近十年 SCIE 和 SSCI 的期刊论文(文献类型包括 Articles 和 Review)数据为基础,对每一种期刊都按照 22 个学科进行了分类标引,每种期刊只属于一个学科,还对跨学科的 40 多种期刊中的每篇文献进行重新分类,做到论文与学科唯一对应。ESI 的论文数据来自 SCIE 和 SSCI,引文数据则来自 SCIE、SSCI 和 A&HCI。

数据库滚动统计了十年来累计被引次数进入学科前 1% 的单位、作者、论文及进入学科前

50％的国家和期刊,通过 ESI 可以对科研绩效和发展趋势进行长期的定量分析。基于期刊发表论文数量和引文数据,ESI 提供对 22 个学科研究领域中的国家、机构和期刊的科研绩效统计和科研实力排名;并通过共引分析方法,揭示各个学科当前的研究前沿。数据库每两月更新一次。

2. 常用学科评价指标及相关名词解释:

研究机构进入全球前 1％的学科:入围学科数量及各学科的全球排位、论文数、被引频次、篇均被引、高水平论文数等。

高被引论文(Highly Cited Papers):过去 10 年里发表的论文中,其总被引次数排在同学科、同年份前 1％的论文。

热点论文(Hot Papers):过去两年里发表的论文中,同年度同学科领域中被引频次在最近两个月的排名位于全球前 0.1％的论文。

高水平论文(Top Papers):高被引论文与热点论文去重后的总和。

研究前沿(Research Fronts):由一组高被引的核心论文和一组共同引用核心论文的施引文献组成。研究前沿是通过聚类分析确定的核心论文。核心论文来自 ESI 数据库中的高被引论文,即在同学科同年度中根据被引频次排在前 1％的论文。通过聚类分析方法测度高被引论文之间的共被引关系而形成高被引论文的聚类,再通过对聚类中论文题目的分析形成相应的研究前沿。

学科基线(Field Baselines):各学科论文进入世界前列的百分比与被引频次的对应关系。

篇均被引次数(Citation Rates):按照近十年间各年来进行统计,表示各学科每年的篇均被引次数。

百分位(Percentiles):每年发表的论文达到某个百分点基准应至少被引用的次数,用来衡量论文引用的活跃程度。

学科排名(Field Rankings):提供近十年的论文总数、被引次数、篇均被引次数和高被引论文数。

引用阈值(Citation Thresholds):某一 ESI 学科中,将论文按照被引次数降序,确定其排名或百分比位于前列的最低被引次数。

ESI 学科阈值(ESI Threshold):近十年,某一 ESI 学科被引次数排在前 1％的作者和机构,或是排在前 50％的国家或期刊的最低被引次数。

高被引论文阈值(Highly Cited Threshold):近十年,某一 ESI 学科被引次数排在前 1％的论文的最低被引次数。

热点论文阈值(Hot Papers Threshold):近两年,某一 ESI 学科最近两个月被引次数排在前 0.1％的论文的最低被引次数。

3. ESI 典型应用

(1)进入方法:网址:https://esi.incites.thomsonreuters.com/,或者从 Incites 平台直接登录。

(2)ESI 主界面(见图 13-102)

ESI 主界面分为上、下两个部分:

上半部——数据类型与下载输出

可以选择 ESI 各学科所有机构的数据指标(Indicators)、基线(Field Baselines)或 ESI 阈值(Citation Thresholds)不同数据类型;还可以分别点击三个按钮来下载 PDF、CSV 或 XLS

格式的数据文件,直接打印检索结果,或保存在本地的文件夹中。

下半部——数据筛选与分析解读

可以通过自由组合各项指标来查找某机构已经进入全球前 1% 的 ESI 学科、明确机构在 ESI 中的影响力排名、直接获取某机构在各 ESI 学科的高水平论文、高被引论文和热点论文。

下半部分可以分为三个区:最左边为筛选区,右上为图示区,最下面为结果区。

筛选区:可以根据多个选项来筛选数据集,包括研究领域、作者、机构、期刊、国家/地区、研究前沿等;可以选择不同的显示结果,包括高水平论文、高被引论文和热点论文等;

图示区:可以查看数据的可视化结果,通过点击 Show Visualization 和 Hide Visualization 来显示或隐藏可视化地图;

结果区:可以看到分析对象的详细指标表现,通过点击 Customize 自定义结果区中显示的指标。

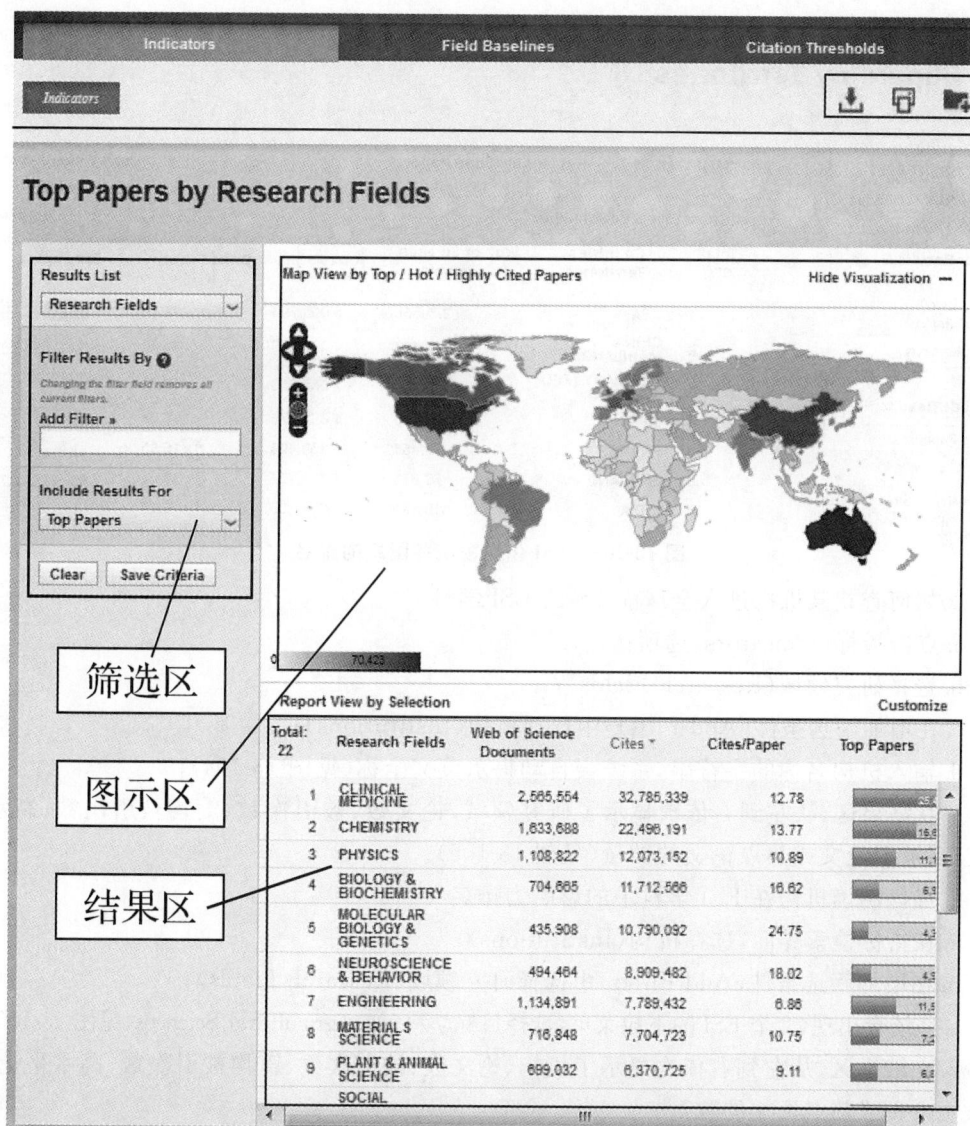

图 13-102　ESI 主界面

（3）ESI 应用案例

①如何查找某研究领域中各国家的排名

a. 点击指标（Indicators）选项；

b. 选择国家与地区（Countries-Territories）；

c. 在增加筛选条件（Add Filter）中选择研究领域（Research Fields），如化学（Chemistry）；

d. 影响力排在某学科前 50％的国家被收录在 ESI 中，结果可以按发表论文数、被引次数、篇均被引和高水平论文排序，默认是按总被引频次排序。如图 13-103 所示，化学领域影响力最高的国家是美国，中国的引文次数排名第二，仅次于美国。

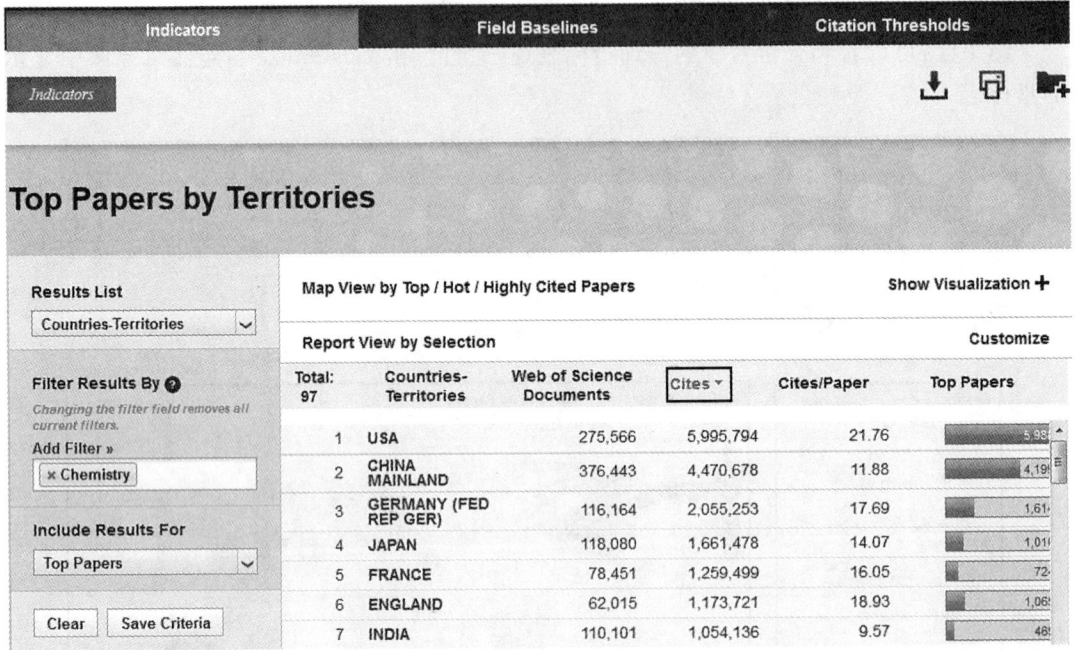

图 13-103　ESI 化学领域各国家的排名

②如何查找某机构进入全球前 1‰的 ESI 学科

a. 点击指标（Indicators）选项；

b. 选择研究领域（Research Fields）；

c. 在增加筛选条件（Add Filter）中选择机构（Institutions）；

d. 输入机构名称的字符串，系统会自动提示英文全称（见图 13-104）；

e. 在结果区，从左到右依次显示了研究领域、论文数、被引次数、篇均被引次数、高水平论文、高被引论文或热点论文的数量（见图 13-105）。

③如何明确机构在 ESI 学科中的影响力排名

a. 在指标检索界面，选择机构（Institutions）；

b. 在增加筛选条件（Add Filter）中选择研究领域（Research Fields）；

c. 系统会出现 22 个 ESI 的下拉菜单，选择目标学科，如 Agricultural Sciences（见图 13-106）；

d. 在结果区，从左到右依次显示了机构、论文数、被引次数、篇均被引次数、高水平论文、高被引论文或热点论文的数量。

e. 定位某机构，将检索结果按被引频次（Cites）倒序排列，点击结果中机构（Institutions）

右边的倒三角形标识,选择筛选条件(Filters),输入机构名,如"Zhejiang",即会显示相关机构在该 ESI 学科中的排名(见图 13-107)。

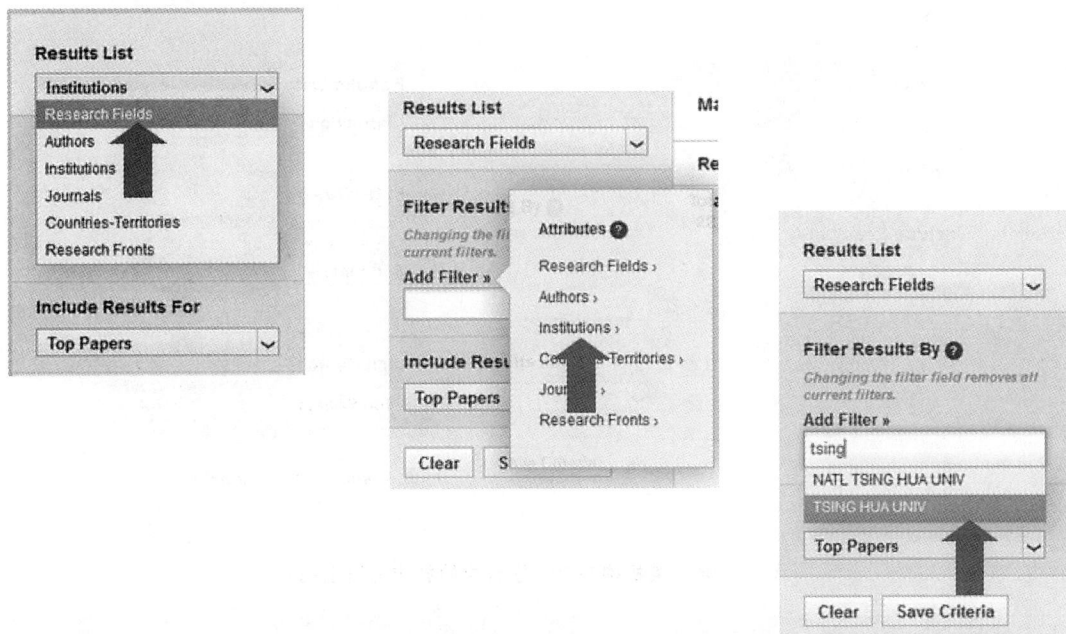

图 13-104　某机构进入全球前 1%的 ESI 学科的查找

图 13-105　某机构进入全球前 1%的 ESI 学科

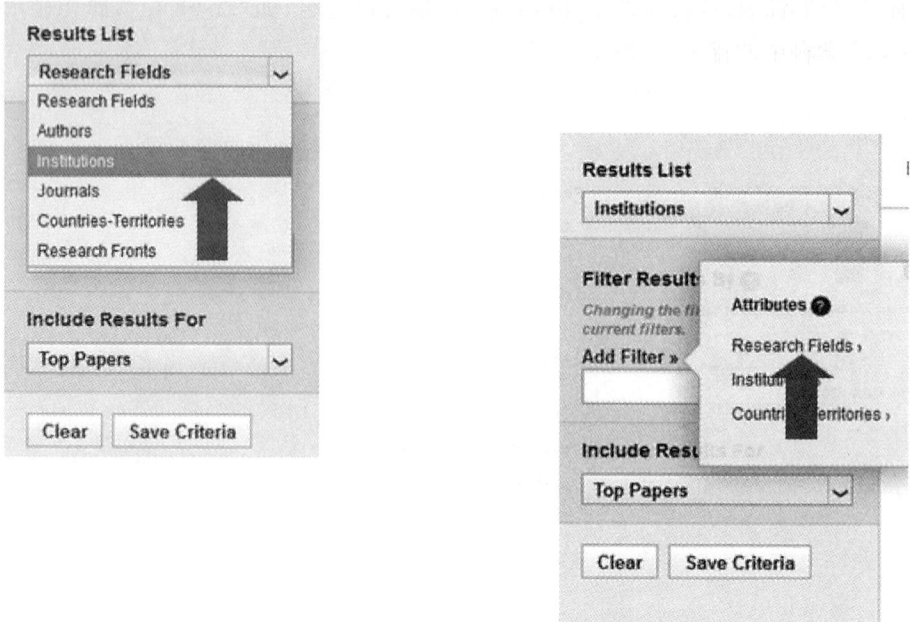

图 13-106　某机构在 ESI 学科中的影响力排名(1)

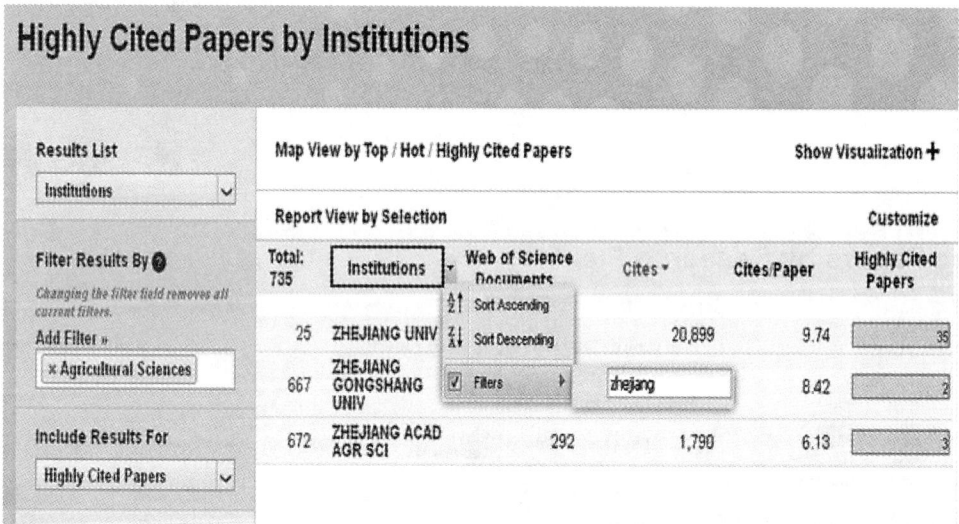

图 13-107　某机构在 ESI 农学学科中的影响力排名(2)

④如何查找 ESI 各学科的研究前沿

a. 在指标检索界面,选择研究前沿(Research Fronts);

b. 在增加筛选条件(Add Filter)中选择研究领域(Research Fields),选择学科,如 Agricultural Sciences;

c. 如选择高被引论文为结果输出类型,在结果区从左到右依次显示了研究前沿的数量、研究前沿的具体内容、高被引论文数和平均年;

d. 可以点击包含高被引论文数的蓝色条形图,获取每一篇高被引论文的详细信息,还可以通过点击高被引论文旁的倒三角形标识,对结果进行排序(见图 13-108)。

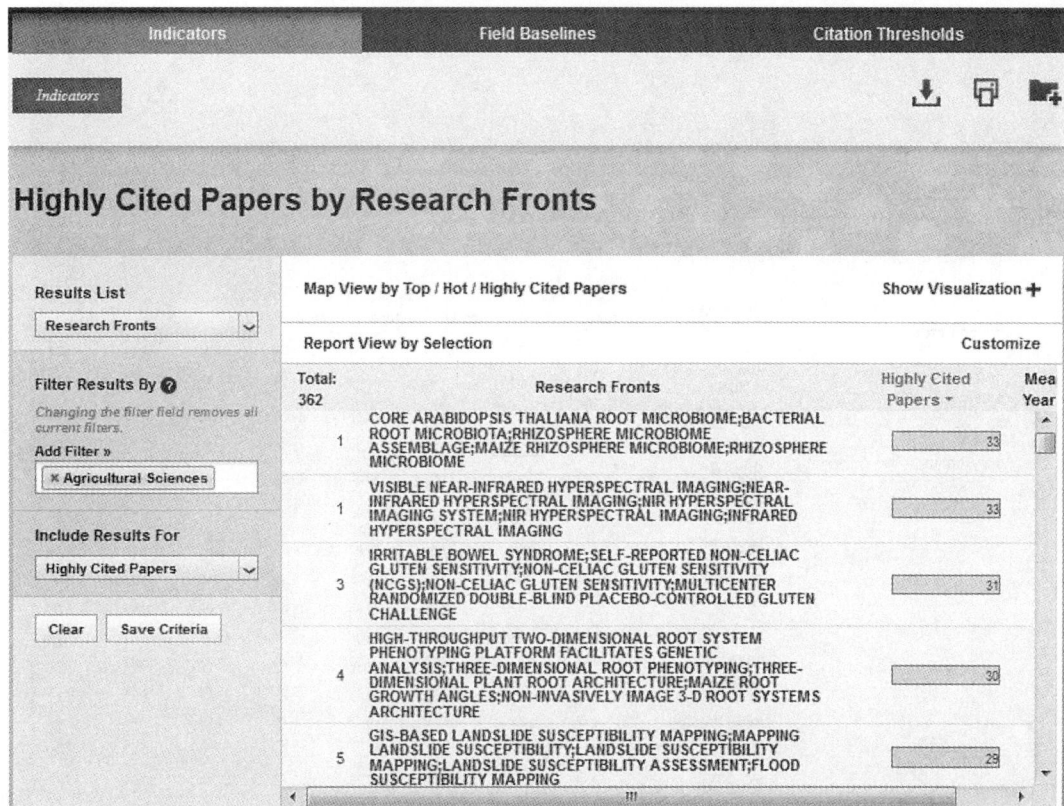

图 13-108　某学科研究前沿的查找

⑤如何确定 ESI 各学科的基准值（以被引次数为例）

a.点击进入学科基线（Field Baselines）选项，可以分别选择篇均被引次数（Citation Rates）、百分位（Percentiles），或者学科排名（Field Rankings）；

b.同时提供学科基准值的解释说明，方便用户对各项指标的理解及运用；

c.结果区的第一栏为 ESI 的 22 个学科，分年度显示各学科论文的被引用情况是否达到了全球平均水平。

如图 13-109 所示，可以看到 2007 年化学学科发表的论文截至目前的篇均被引次数为 22.55 次。如果一篇发表在 2007 年的化学学科的论文截至目前的被引次数不低于 22.55 次，则该论文的被引表现达到全球平均水平。

⑥如何确定 ESI 各学科的阈值

a.点击进入引用阈值（Citation Thresholds）选项，可以分别选择 ESI 学科阈值、高被引论文阈值或者热点论文阈值；

b.同时提供引用阈值以及所选子项阈值的解释说明，方便用户对于各项指标的理解及运用；

c.结果区以 ESI 的 22 个学科为出发点，分别从作者、机构、期刊、国家等不同层次来给出阈值。

如图 13-110 所示，总被引次数进入全球前 1% 的化学学科的机构要求发表论文的最低总被引次数为 6120 次。

Field Baselines

Baselines are annualized expected citation rates for papers in a research field.

Citation Rates are yearly averages of citations per paper.

	RESEARCH FIELDS ▲	2006	2007	2008	2009	2010	2011	2012	2013
Citation Rates	ALL FIELDS	23.95	22.25	20.04	18.11	15.94	13.24	10.64	7.88
	AGRICULTURAL SCIENCES	18.70	16.58	13.93	12.44	11.03	9.00	7.22	5.41
Percentiles	BIOLOGY & BIOCHEMISTRY	34.02	30.83	28.02	25.52	21.66	17.78	14.14	10.34
	CHEMISTRY	23.93	22.55	21.97	19.99	18.48	16.13	13.80	10.36
Field Rankings	CLINICAL MEDICINE	27.47	24.21	21.63	19.52	16.81	13.89	11.10	8.14
	COMPUTER SCIENCE	8.45	12.12	11.16	10.83	9.20	7.67	5.79	4.33
	ECONOMICS & BUSINESS	20.07	16.92	13.91	12.20	10.25	8.09	5.81	4.05
	ENGINEERING	12.65	12.39	11.24	11.05	9.91	8.45	6.73	5.24
	ENVIRONMENT/ECOLOGY	29.33	26.65	24.06	20.40	18.00	14.55	11.69	8.26
	GEOSCIENCES	25.01	21.96	20.53	18.91	15.97	13.75	10.63	7.80
	IMMUNOLOGY	39.63	36.72	33.16	29.68	25.23	20.77	15.93	11.99
	MATERIALS SCIENCE	17.95	18.90	17.25	16.42	15.65	13.57	11.51	8.83
	MATHEMATICS	8.77	8.03	7.39	6.57	5.76	4.59	3.46	2.44
	MICROBIOLOGY	32.72	29.65	26.24	23.91	20.94	16.05	12.62	9.67
	MOLECULAR BIOLOGY & GENETICS	53.94	50.73	43.75	39.22	33.47	27.44	20.61	15.17

图 13-109　ESI 各学科的基准值

Citation Thresholds

A citation threshold is the minimum number of citations obtained by ranking papers in a research field in descending order by citation count and then selecting the top fraction or percentage of papers.

The **ESI Threshold** reveals the number of citations received by the top 1% of authors and institutions and the top 50% of countries and journals in a 10-year period.

	RESEARCH FIELDS ▲	AUTHOR	INSTITUTION	JOURNAL	COUNTRY
ESI Thresholds	AGRICULTURAL SCIENCES	396	1,753	1,646	924
	BIOLOGY & BIOCHEMISTRY	901	5,463	6,264	615
Highly Cited Thresholds	CHEMISTRY	1,568	6,120	5,879	1,103
	CLINICAL MEDICINE	1,809	1,870	4,332	4,711
	COMPUTER SCIENCE	311	2,800	1,187	254
Hot Paper Thresholds	ECONOMICS & BUSINESS	354	3,768	1,180	225
	ENGINEERING	474	1,884	1,787	853
	ENVIRONMENT/ECOLOGY	689	3,446	2,811	1,559
	GEOSCIENCES	1,076	4,895	2,237	1,073
	IMMUNOLOGY	927	4,029	7,287	1,613
	MATERIALS SCIENCE	1,050	3,948	2,019	700
	MATHEMATICS	305	3,699	1,399	326
	MICROBIOLOGY	660	4,688	3,519	905

图 13-110　ESI 各学科阈值

13.4.5　InCites 数据库

1. 数据库资源及特点

InCites 是基于 Web of Science 权威数据的科研评估工具,集合了 Web of Science 核心合集七大索引数据库 30 多年的数据,拥有多元化的指标,可实现从宏观的国家、机构、领域分析到微观的每篇论文、每个科研人员的绩效评估。Web of Science 核心合集七大索引数据库涵盖了超过 12000 种期刊、超过 16 万种会议录,以及 53000 本学术典籍。目前 InCites 数据库提供了 1980 年至今的全部文献类型的出版物。数据与基线每两个月更新一次。

2. 常用学科评价指标:

基线(Baseline):基线反映了全球范围内某一组具有相同学科领域、相同文献类型、相同出版年的出版物的平均表现。

引文影响力(Citation Impact):即篇均被引,一组文献的引文影响力的计算是通过用该组文献的引文总数除以总文献数量得到的。引文影响力展现了该组文献中某一篇文献获得的平均引用次数。

相对于全球平均水平的影响力(Impact Relative to World):某组出版物的引文影响力与全球总体出版物的引文影响力的比值。这个指标可以反映机构、国家和全球水平。这个指标展示了某项研究的影响力与全球研究影响力的关系,反映了相对的科研绩效水平。全球平均值总是等于 1。如果该比值大于 1,即表明该组论文的篇均被引频次高于全球平均水平;小于 1,则低于全球平均水平。

学科规范化的引文影响力(Category Normalized Citation Impact,CNCI):该指标能够表征一组论文在学科层面上的相对影响力水平,即该组论文在每个学科中发表论文的实际被引频次与全球该学科同年同类型论文的平均被引频次的比值的均值。常用以衡量科研质量。一般以 1.00 为分界线,大于 1.00 表示科研产出影响力高于平均水平,小于 1.00 则低于平均水平。

平均百分位(Average Percentile):指该篇或该组论文在全球该学科当年发表的论文中按被引频次排名的百分位数。该指标的量纲为百分数,数值等于 1 表示该组论文在全球各学科领域中平均排名在全球前 1%,该数值等于 90 表示该组论文的被引次数较低,平均来说位于全球各学科领域的前 90%。与 CNCI 相比,百分位数指标有更进一步的优点:它考虑引文的偏态分布情况,避免使用数学平均值算法,受到引文分布中极端值的影响较小。

论文被引百分比(% Documents Cited):论文被引百分比指标是一组出版物中至少被引用过一次的论文占总论文数的百分比。

h 指数(h-index):特定检索对象的 h 指数是指其在一定期间内发表的论文至少有 h 篇的被引频次不低于 h 次。用于定量评价科研人员或科研机构的学术成果,它鼓励大量发表有影响力的成果而非影响力较低的工作,同时与引文影响力不同的是,单纯一篇高被引论文并不能影响 h 指数的数值。h 指数最大的优点是兼顾了数量和质量,与篇均被引次数相比,它可以规避一些极端现象。

高被引论文百分比(% Highly Cited Papers):入选 ESI 高被引论文(按领域和出版年统计的引文数排名前 1%)的出版物百分比。

热点论文百分比(% Hot Papers):入选 ESI 热点论文(按领域和时间段统计的引文数排

名前 0.1%)的出版物百分比。

被引次数排名前 1%的论文百分比(% Documents in Top 1%):指在某一指定学科领域、某一年、某种文献类型下,被引频次排名前 1%的文献数除以该组文献全部论文数的值,以百分数的形式展现。通常,该指标数值越大,表明该组文献表现越好。

被引次数排名前 10%的论文百分比(% Documents in Top 10%):指在某一指定学科领域、某一年、某种文献类型下,被引频次排名前 10%的文献数除以该组文献全部论文数的值,以百分数的形式展现。通常,该指标数值越大,表明该组文献表现越好。

高被引论文百分比基于 ESI 分类下的数据,而这两个指标基于 Web of Science 分类下的数据,不同分类原则下的被引数据统计存在一定的差异,因此 ESI 高被引论文和被引次数排名前 1%的论文并不一定相同。

国际合作论文(International Collaboration):指由两个或者两个以上国家(地区)的作者共同参与合作发表的论文。国际合作论文百分比即指学者或机构发表的国际合作论文数占全部论文数的百分比。

横向合作论文(Industry Collaborations):一篇横向合作的出版物,是指那些包含了一位或多位组织机构类型标记为"企业"的作者的出版物。横向合作论文百分比是某一出版物集横向合作发表文献数除以该文献集合中文献总数的数值,以百分数的形式展现。

国际教学人员/教学人员(Academic staff-international/Academic staff):国际教学人员的比例。此指标反映了机构吸引国际教学人员的能力。

教学人员/学生总数(Academic staff/Students-total):也称为教学人员与学生比例,反映了教学环境。该数值用教学人员总数除以学生总数而得到。

博士学位/教学人员(Doctoral degrees awarded/Academic staff):反映机构授予博士学位的数量与相应教学人员数量的指标。其值由授予博士学位数量除以教学人员数量获得。

博士学位/本科学位(Doctoral degrees awarded/Undergraduate degrees awarded):反映机构办学重点的指标。其值由授予博士学位数量除以授予本科学位数量获得。

影响因子(IF):是评价 SCI 期刊影响力的重要指标之一,影响因子计算方式为 SCI 期刊在前两年发表的论文在该年的总被引次数除以该期刊在前两年发表的论文总数。影响因子是一种重要的学术评价指标,一般来说,影响因子值越高,SCI 期刊的学术影响力和学术水平越高,常用于评价同一研究领域不同 SCI 期刊的相对影响力。

五年影响因子:5 年影响因子的计算方式为 SCI 期刊在前 5 年发表的论文在该年的总被引次数除以该期刊在前 5 年发表的论文总数。5 年影响因子的统计方法与 IF 相似,只是将时间跨度从 2 年延长至 5 年,反映了 SCI 期刊的长期被引情况和平均水准。

期刊规范化的引文影响力(Journal Normalized Citation Impact,JNCI):该指标与学科规范化的引文影响力类似,其区别在于 JNCI 没有对研究领域进行规范化,却对文献发表在特定期刊上的被引次数进行了规范化。每篇出版物的 JNCI 值为该出版物实际被引频次与该发表期刊同出版年、同文献类型论文的平均被引频次的比值。一组出版物的 JNCI 值为每篇出版物 JNCI 值的平均值。JNCI 指标能够提供某单一出版物(或某组出版物)与其他科研工作者发表在同一期刊(或同一组期刊)上成果的比较信息。如果 JNCI 的值超过 1,说明该科研主体影响力高于平均值,如果 JNCI 的值低于 1,说明其影响力低于平均值。JNCI 对于出版社评价论文发表后的影响力水平亦是十分有用的指标,它揭示出那些超过平均水平并提高了期刊被引频次的研究工作。

3. InCites 主界面的 6 大模块和系统报告简介

(1)进入方法：网址：https://incites.thomsonreuters.com/。首次使用 InCites 需要注册账号密码，登录后才能使用。

(2)InCites 主界面(见图 13-111)

InCites 主界面的 6 个模块和系统报告简介：

①人员：可分析各个机构所属科研人员和科研团体的产出和影响力等；

②机构：可分析全球各个机构的科研绩效和进行同行对比；

③区域：可分析各个机构的国际合作区域的分布；

④研究方向：可分析机构在不同学科分类体系中的学科布局；

⑤期刊、图书、会议录文献：可分析文献所发表的期刊、图书和会议录分布；

⑥基金资助机构：可分析文献的基金资助情况。

⑦系统报告：InCites 数据库中内置报告模板，可以通过机构名称一步分析其研究绩效、合作论文和教学情况。

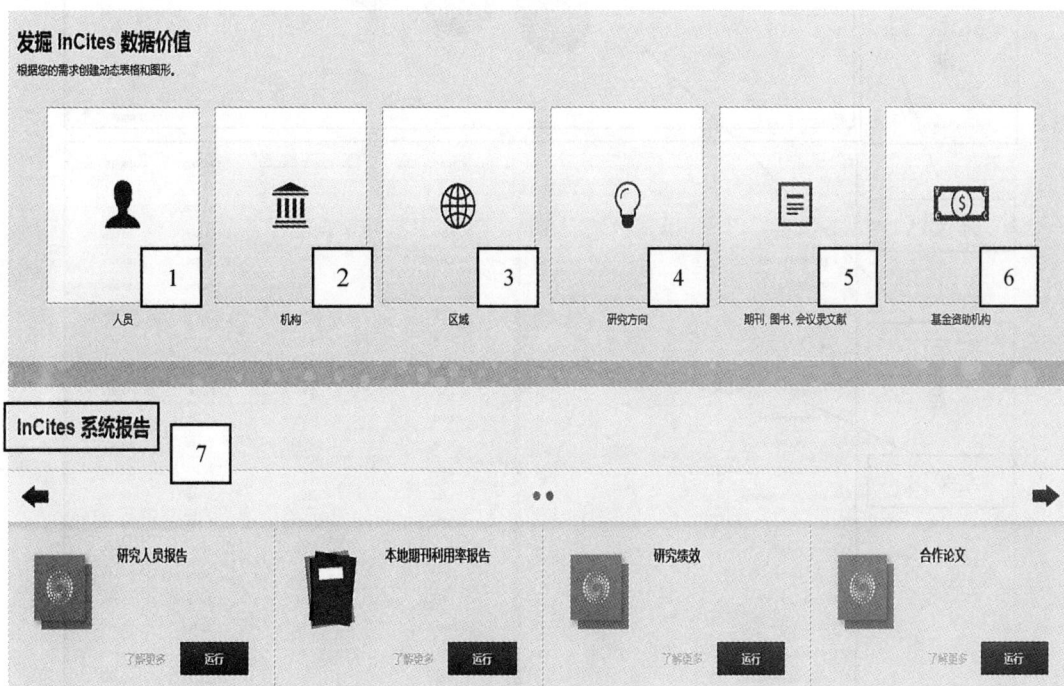

图 13-111　InCites 主界面

(3)InCites 每个模块的结构：

以"研究方向"模块(见图 13-112)为例：

①筛选区：您可以根据多个选项来筛选数据集，包括机构名称、合作机构、文献类型、出版年等；

②图示区：您可以看到通过筛选得到的各个学科数据所生成的图像；

③结果区：浏览筛选过后得到的各个学科的数据和相应的指标。

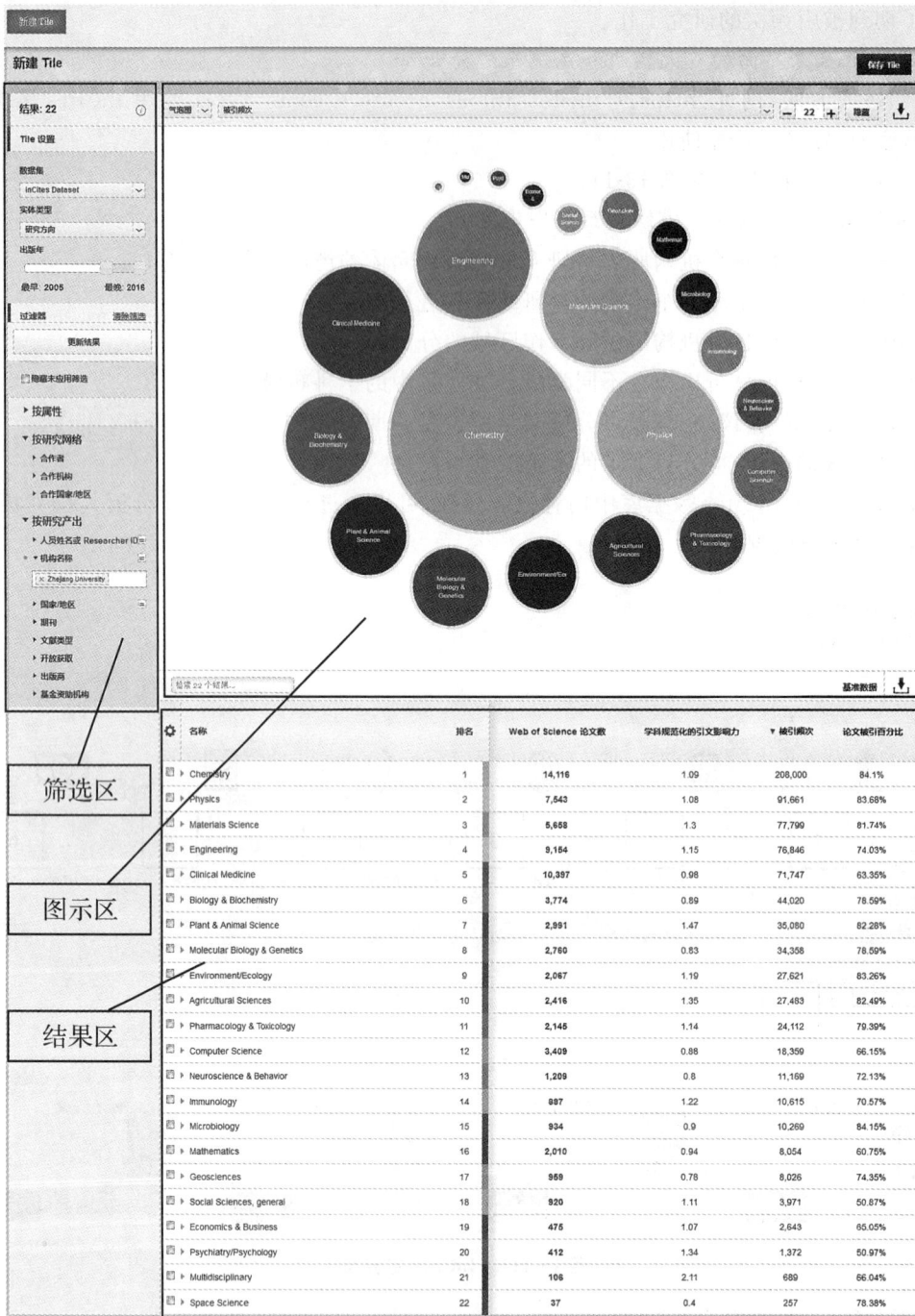

图 13-112　InCites"研究方向"模块界面

4. InCites 典型应用案例

　　因篇幅所限,在此仅介绍机构科研绩效和对标分析,机构国际合作情况分析的应用案例;科研人员的产出和影响力分析的操作步骤与机构分析有相通之处,不再赘述。

　　(1)如何分析本机构的科研产出和影响力

　　①选择"机构"模块(见图 13-113);

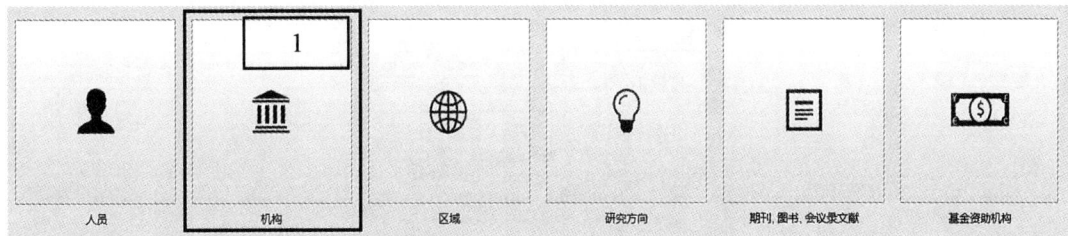

图 13-113　机构的科研产出和影响力分析 1——选择"机构"模块

②"筛选区"中通过"机构名称"输入本机构名称,系统会自动提示近似名称(见图 13-114);

图 13-114　机构的科研产出和影响力分析 2——输入机构名称

③"筛选区"中通过"出版年"选择分析年份;

④点击"更新结果"就可以显示本机构的数据(见图 13-115)。

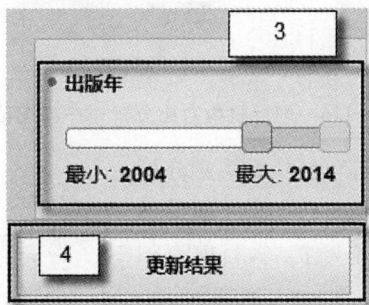

图 13-115　机构的科研产出和影响力分析 3——选择年份及更新结果

(2)如何选择同行机构进行对比分析

①在上一步得到的结果中,可继续在"筛选区"中选择对标机构,可以按照如下条件选择(见图 13-116):

A 机构名称:输入对标机构的名称;

B 机构类型:按照机构所属的类型例如大学、政府、医院等来选择;

C 国家/地区:按照机构所属的国家/地区来选择;

D 排名:按照是否进入 THE 大学排名和是否进入 ESI 引用前 1% 来选择;

E 机构联盟:按照机构所属的联盟,例如中国 C9 高校、澳大利亚的 GROUP OF 8 等来选择。

图 13-116　同行机构对比分析——筛选项 1

②在"筛选项"的"研究方向"处选择需要分析的学科分类（见图 13-117）。InCites 内置的学科分类种类随各国学科分类的制定不断扩展，目前有如下 9 种学科分类可供选择：ESI 学科分类（22 个）、Web of Science 核心合集学科分类（252 个）、中国国务院学位委员会和教育部《学位授予与人才培养学科目录（2011 年）》（目前提供其中 12 个学科门类和 77 个一级学科的分析数据）、意大利 ANVUR 分类、GIPP（6 个）、澳大利亚 ERA 分类（23 个一级分类和 149 个二级分类）、巴西 FAPESP 分类、OECD 学科分类、英国 RAE(2008) 和 RAF(2014) 分类。

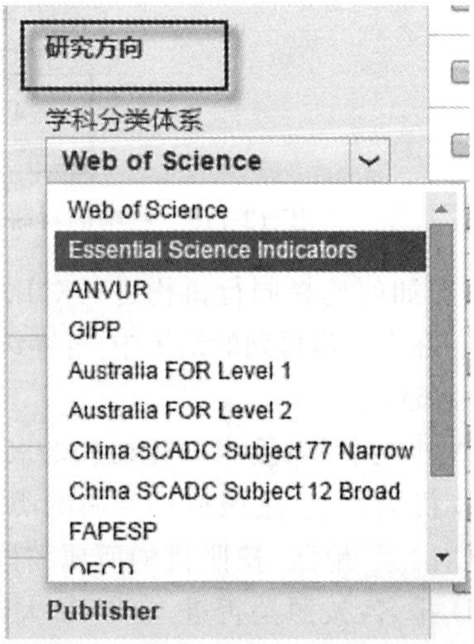

③在"筛选区"利用其他选项来选择需要分析的数据（见图 13-118）。

图 13-117　同行机构对比分析——筛选项 2

可供选项：A. 文献类型、B. 期刊、C. 开放获取、D. 出版商、E. 基金资助机构、F. Web of Science 论文、G. 被引频次。

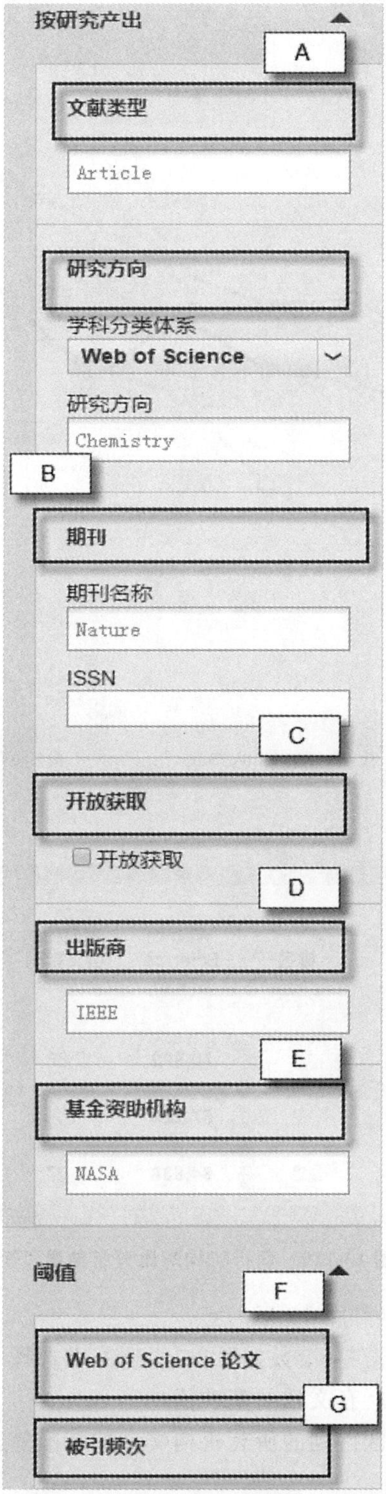

图 13-118　同行机构对比分析——筛选项 3

④点击"更新结果"后得到本机构和对标机构的数据(见图 13-119)

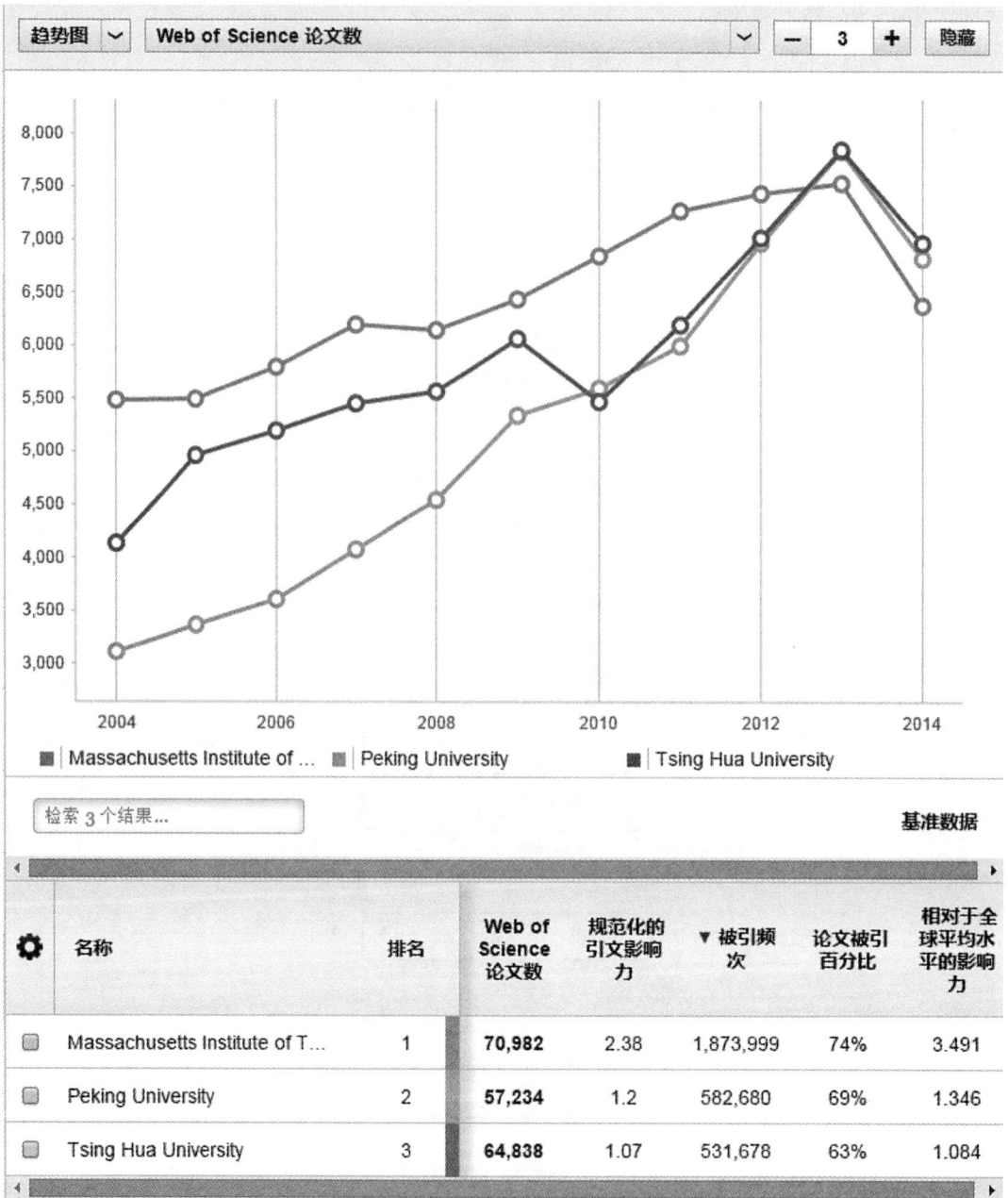

图 13-119　同行机构对比分析结果页面

(3)如何设置不同的基线(见图 13-120)

①在某一分析结果中,点击"基准数据"可以根据需求选择不同的基线;

②全球基准值:全球同年所有文献的基准值;

③所有项目基准值:结果区得到的所有机构文献的基准值。

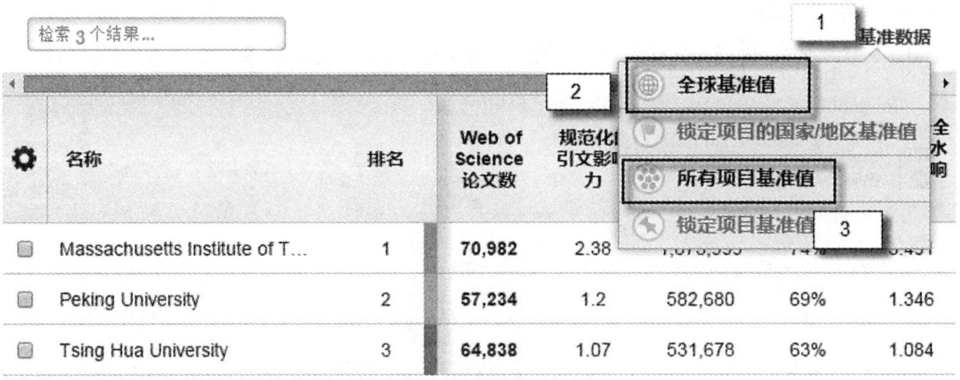

图 13-120　分析结果基线设置

（4）如何自定义基线

①在某一分析结果中，勾选需要创建基线的机构；

②点击"锁定到最上方"（见图 13-121）；

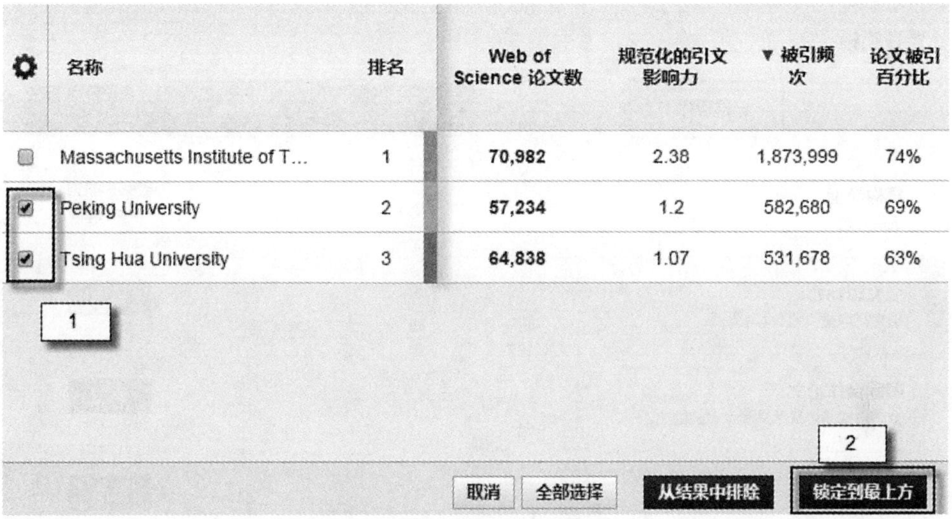

图 13-121　机构自定义基线 1

③通过"锁定项目基准值"可以得到已经锁定机构的文章的基准值（见图 13-122）。

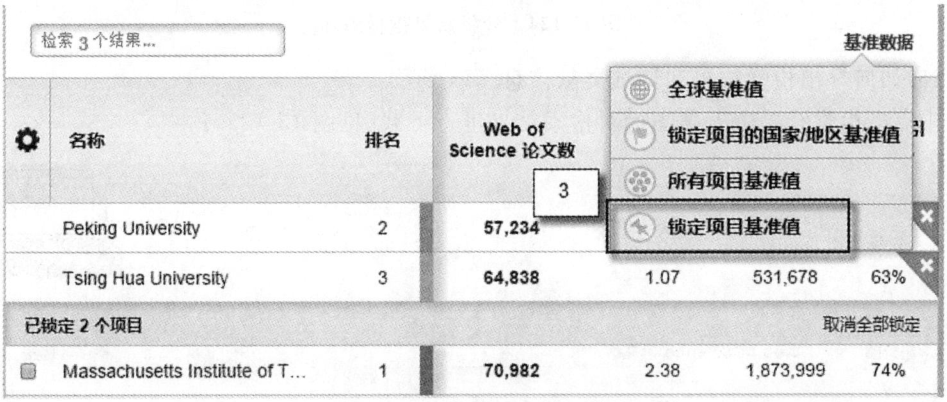

图 13-122　机构自定义基线 2

(5)如何添加指标

①在某一分析结果中，点击图示的齿轮图标可以自由选择指标(见图 13-123)；

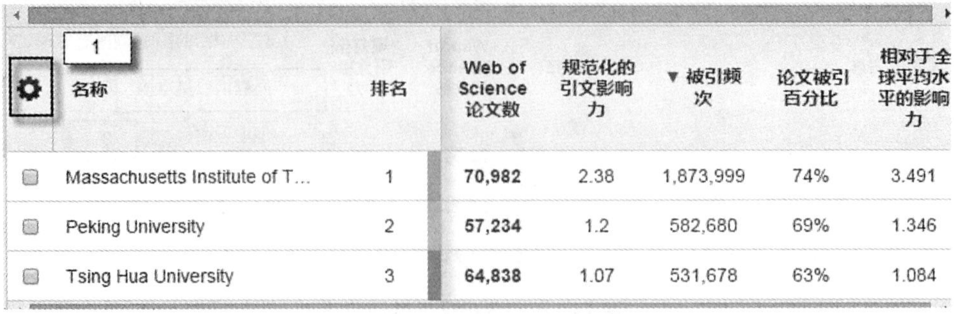

1
名称
排名
Web of Science 论文数
规范化的引文影响力
▼被引频次
论文被引百分比
相对于全球平均水平的影响力
Massachusetts Institute of T… 1 70,982 2.38 1,873,999 74% 3.491
Peking University 2 57,234 1.2 582,680 69% 1.346
Tsing Hua University 3 64,838 1.07 531,678 63% 1.084

图 13-123 分析结果指标选择

②已选指标：可以对已选的指标进行排序或者删除；

③浏览指标：可以添加更多指标，包括国际合作论文、平均百分位等(见图 13-124)。

管理指标
2
3
已选指标 (7)
浏览指标
机构类型
机构类型
添加
引文影响力
论文篇均被引频次 (均值)
添加
国际合作论文
含一位或多位国际共同作者的论文数
添加
平均百分位
添加
Restore Defaults
取消
完成

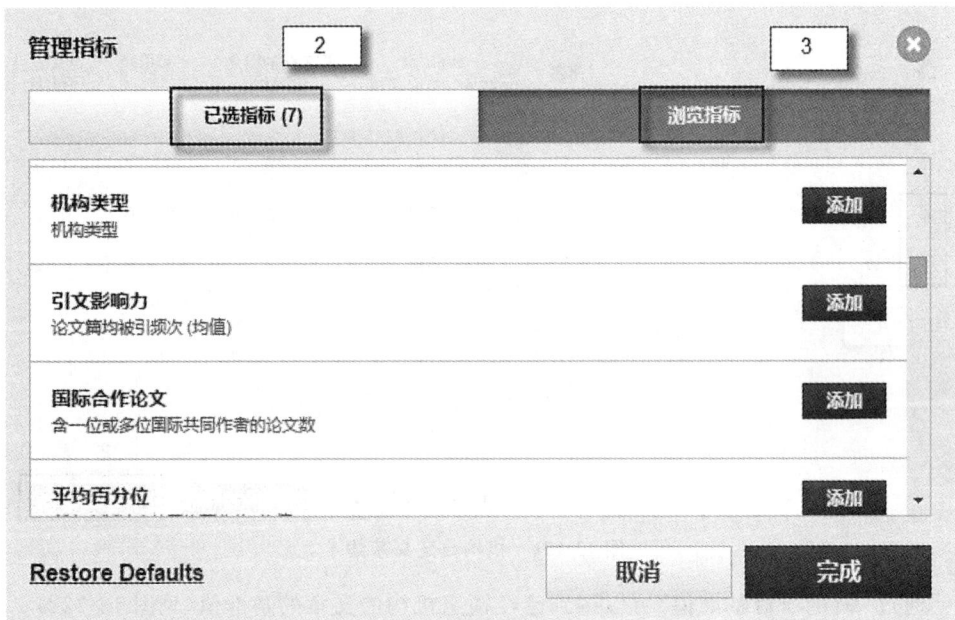

图 13-124 分析结果指标添加

(6)如何导出检索结果和详细文献信息

①点击检索结果中下载图标对检索结果进行下载(见图 13-125)；

1
Save Tile
趋势图
Web of Science 论文数
3
隐藏

图 13-125 检索结果下载 1——下载图标

②点击"导出"可以下载检索结果和相应的指标,勾选"趋势数据"可以导出分年度的数据(见图 13-126);

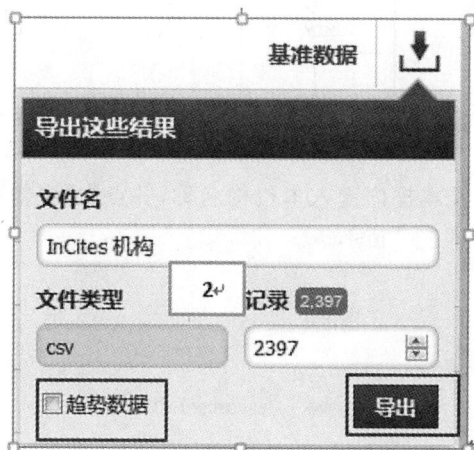

图 13-126 检索结果下载 2——数据及导出

③点击论文数查看每篇论文的详细信息(见图 13-127);

	名称	排名	Web of Science 论文数	规范化的引文影响力	▼ 被引频次	论文被引百分比
	Massachusetts Institute of T...	1	70,982	2.38	1,873,999	74%
	Peking University	2	57,234	1.2	582,680	69%
	Tsing Hua University	3	64,838	1.07	531,678	63%

图 13-127 检索结果下载 3——论文详细信息

④每篇论文的题录信息包括论文标题、作者和详细的引文指标;

⑤下载每篇论文的详细信息(见图 13-128)。

论文标题	作者	来源	卷	期	页	出版年	被引频次 ▼	期刊预期被引频次	类别预期被引频次	期刊化的影响
Piezoelectric nanogenerators based on zinc oxide nanowire arrays	Wang, ZL; Song, JH	SCIENCE	312	51	242-246	2006	2,374	218.19	73.65	10..

图 13-128 检索结果下载 3——引文指标及论文详细信息

(7)如何分析本机构的国际合作情况

①如何分析本机构的合作国家/地区

a.进入"区域"模块(见图 13-129);

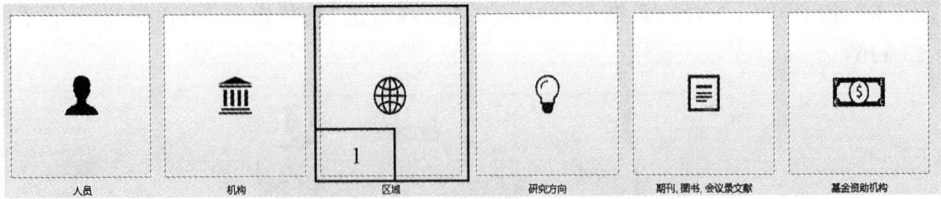

图 13-129　机构合作情况分析——"区域"模块选择

b. 在"合作机构"下的文本框内键入本机构名称,并点击"更新结果"(见图 13-130);

图 13-130　机构合作情况分析——机构名称输入

c. 在上一步得到的结果处,选择某一国家如 USA,选择要分析的内容,例如"期刊";

d. 点击"重新聚焦",可进一步对和 USA 合作论文进行期刊分布的分析(见图 13-131)。

	名称	排名	Web of Science 论文数	规范化的引文影响力	▼ 被引频次	论文被引百分比
☐	CHINA MAINLA...	1	34,525	1.29	389,118	75%
☐	USA	2	7,498	1.82	107,384	76%
☐			1,406	2.37	27,192	79%
☐	(REP GER)	4	1,327	2.36	27,143	82%
☐		5	1,724	1.65	21,167	77%
☐		6	1,401	1.68	20,908	80%
☐	FRANCE	7	864	2.38	19,557	84%

图 13-131　机构合作情况分析——选择分析内容

②如何分析本机构的合作机构

a.进入"机构"模块(见图 13-132);

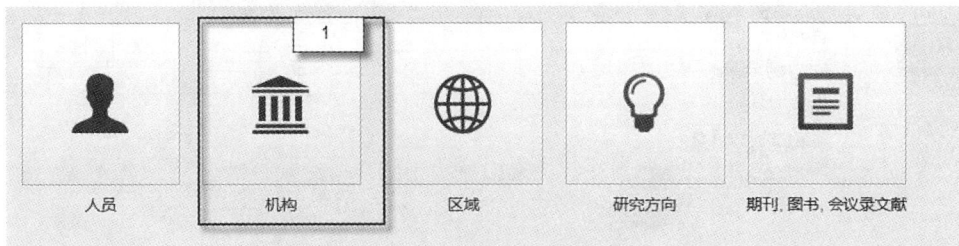

图 13-132　合作机构分析——进入"机构"模块

b.在"按研究网络"的"合作机构"中输入机构名称,系统会自动提示(见图 13-133);

图 13-133　合作机构分析——输入机构名称

c.点击"更新结果"后可得到本机构的合作机构信息。

③如何选择不同的图像呈现方式

在图示区可通过如下 3 种方式调整图像(见图 13-134):

a.选择不同类型的图像,InCites 中的图像类型包括:条形图、气泡图、树状图、饼图、雷达图、地理分布图等;

b.选择作图的指标,包括 Web of Science 论文数、论文被引百分比、被引频次、规范化的引文影响力等;

c.调整图中希望显示的结果数。

(8)如何将 Web of Science 数据导入至 InCites 中进行分析

InCites 与 Web of Science 核心合集的数据相互连接,可以将 Web of Science 数据库中的检索结果导入 InCites 中进行分析,这在针对科研人员和院系层面的科研绩效及影响力分析时经常会用到,需要先在 Web of Science 中检索相关论文,得到需要分析的数据结果,导入 InCites 后再进行影响力、合作机构、期刊分布等方面的分析。

Web of Science 的检索参见相关数据库介绍,在此仅介绍导入方法。

①在 Web of Science 核心合集中进行检索,得到需要分析的数据结果;如果结果符合要求的话,直接在检索结果页面选择"保存到 InCites"(见图 13-135);

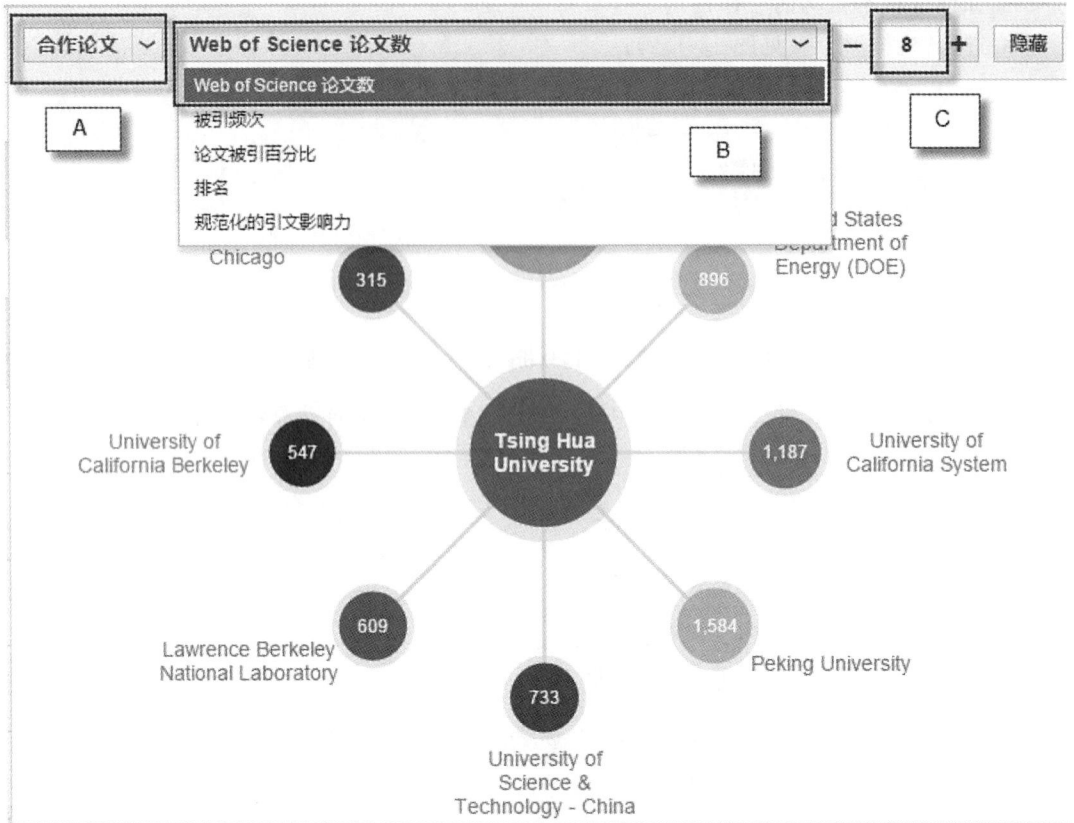

图 13-134　合作机构分析——图像方式

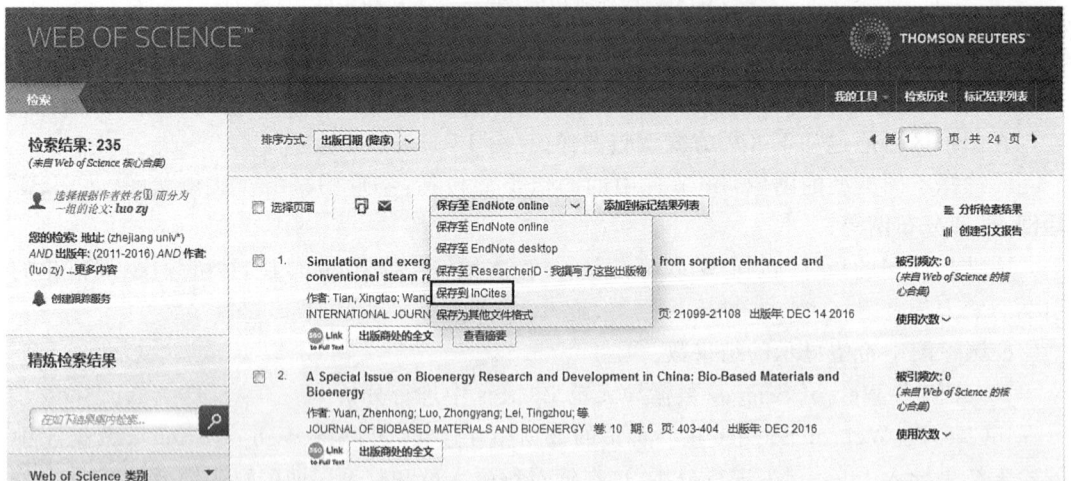

图 13-135　将 Web of Science 数据直接保存到 InCites

②检索结果需要筛选的话,将检索到符合要求的记录"添加到标记结果列表",(见图 13-136);

③打开标记结果列表,将记录导入 InCites,可以选择导入的字段,为了尽可能获得更多信息,一般建议选择除摘要和参考文献外的其他所有字段,点击保存选项,选择"保存到 InCites"(见图 13-137);

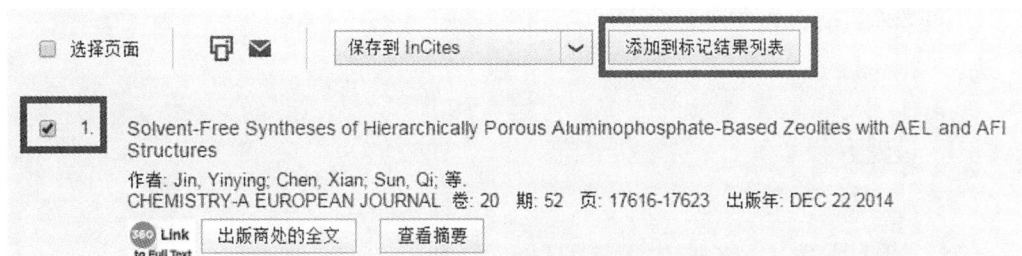

图 13-136　Web of Science 数据添加到"标记结果列表"

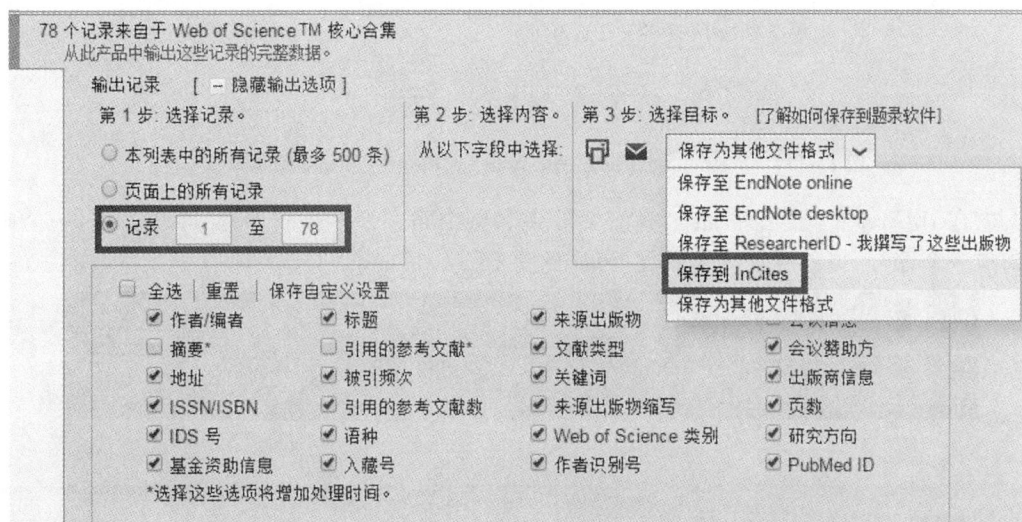

图 13-137　Web of Science"标记结果列表"中的数据保存到 InCites

④输入 InCites 账号名和密码,点击"登录"(见图 13-138);

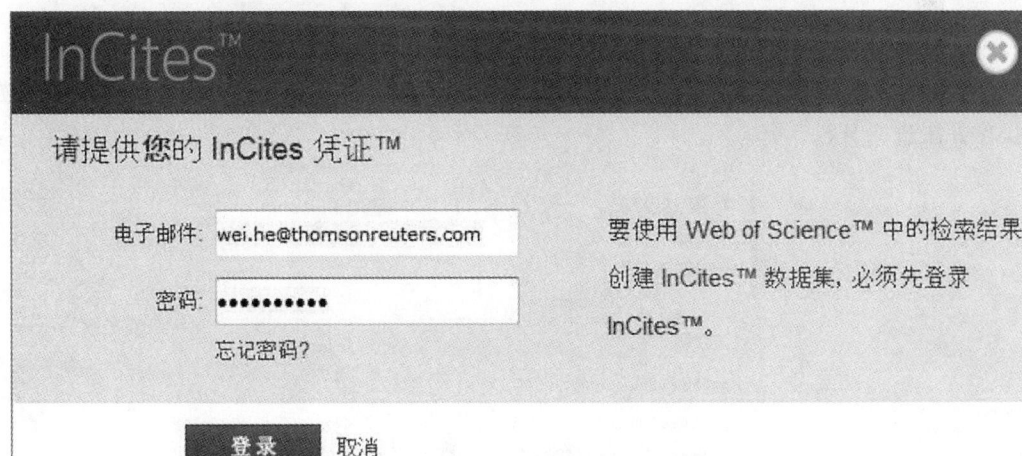

图 13-138　InCites 登录

⑤对该数据集进行命名,然后"保存"(见图 13-139);

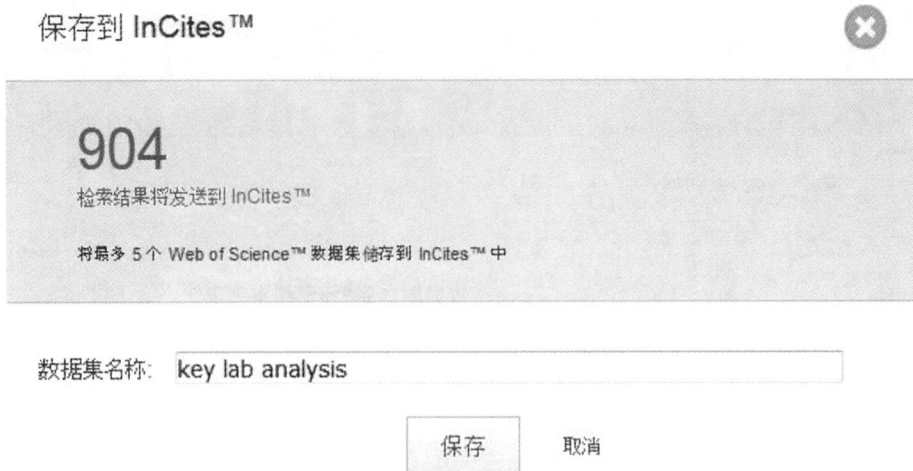

图 13-139 Web of Science 数据保存到 InCites——数据集命名与保存

⑥在 InCites 中,点击左上角"我的文件夹"(一个账号最多可以保存 20 个文档,一个邮箱对应一个账号)可以看到导入的数据集(见图 13-140)。

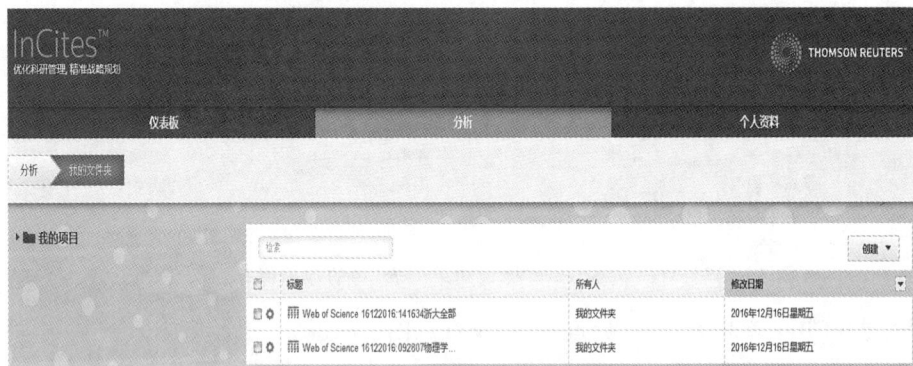

图 13-140 Web of Science 数据保存到 InCites——数据集查看

⑦回到 InCites 的分析页面,选择相应的数据集(见图 13-141),按照前面介绍的各个模块操作方法进行分析。

图 13-141 Web of Science 数据保存到 InCites——数据集选择与分析

第 14 章

网络开放学术资源

14.1 开放存取学术资源概述

开放存取(Open Access,OA)或开放获取,是国际学术界、出版界、图书情报界利用互联网推动科研成果自由传播而采取的行动,是有别于基于订阅的传统出版模式以外的另一种开放出版方式。其目的是通过数字技术和网络化通信,任何人都可以及时、免费、不受任何限制地通过网络获取各类文献信息,包括图书、期刊论文、技术报告、学位论文等全文信息,从而促进科学信息的广泛传播,提升科学研究的利用程度,推进科学信息的长期保存。这是一种新的学术信息交流方法,作者提交作品不期望得到直接的金钱回报,公众可以通过公共网络免费利用他人的研究成果,在客观上有利于人类科学研究的发展。

2001 年 12 月,由慈善家 George Soros 创建的基金网络——开放社会研究所(Open Society Institute)及若干机构提出"布达佩斯开放获取先导计划"(Budapest Open Access Initiative,BOAI),该计划首次提出开放获取概念:文献在 Internet 公共领域里可以被免费获取,允许任何用户阅读、下载、拷贝、传递、打印、检索、超级链接该文献,并为之建立索引,将它们作为素材纳入软件以及其他任何法律许可的应用。用户在使用该文献时不受财力、法律或技术的限制,而只需在存取时保持文献的完整性,对其复制和传递的唯一限制是作者有权控制其作品的完整性及作品被准确接收和引用。当时包括开放社会协会在内的 16 家机构签署了该纲领性文件,到 2013 年年底,签署该文件的成员机构达到了 676 家,包括 Springer、哈佛大学、NASA 等出版社、国际知名高校、科研机构,也包括中国的一些机构。BOAI 将开放获取的传播途径分为两类:开放获取期刊(Open Access Journals)及作者自存档(self-archiving),前者也被称为金色通道,后者则为绿色通道。开放获取期刊是论文在通过同行评议,并达到发表水平的前提下,由期刊网站向外发布的一种方式。该方式采用读者免费,作者付费的营利模式,可以更为广泛、廉价地传播科研成果,并且可以突破纸质期刊出版周期及版面的限制,大大提高科研成果的传播速度。目前,欧美国家的开放获取期刊发表费用基本在 1500 美元至 3000 美元之间,对于发展中国家的学者来说此费用相对较高,但大多数学者都有相关机构的基金支持。根据瑞典隆德大学的开放存取期刊列表(DOAJ)2016年 11 月最新数据显示,目前全球 128 个国家在列的开放获取期刊共 9285 种。作者自存档亦称开放存档,是指作者将预印版论文存储在一个公共平台上,供读者免费下载、阅读、传阅。相对于开放获取期刊的营利模式,作者自存档平台更多的是一种公益性质的免费平台。作者在向传统期刊投稿的同时,也可将自己的预印版论文存放在专门的开放获取知识库中供同行及公众阅读,二者并不冲突。开放存取学术文献(Open Access Literature)除了上述的开放获取期刊和开放存取自存档之外,还有开放存取图书(Open Access Books)、开放存取课件(Open Access Courseware)、开放存取学位论文(Open Access Thesis)、开放存取会议论文(Open Access Conference)以及开放获取知识库(Open Access Repositories,也称机构知识库,Institutional Repository,IR)、电子印本资源(e-Print)等。

近十几年,西方国家在开放获取出版方面取得了显著成就。据统计,1993 年全世界只有 20 种开放期刊,发表的论文 247 篇,而到了 2009 年,全世界开放期刊已达 4767 种,发表论文 191851 篇,开放期刊发表的论文已占当年所有论文的 7.7%。在生物医学领域,开放学术期刊发表的论文在整个学科论文里的比例更高。在开放获取出版的早期,学术团体、专业协会等起到主要作用,而在 2005 年后,商业出版机构成为主要的推动力量,如 Wiley,Springer 等出版巨头纷纷出版开放获取出版项目。欧美国家也相应推出了一些政策,强制一些使用了公共资金的研究成果成为开放获取资源。美国国家学术出版社(National Academies Press)是美国科学技术研究院、医学研究所和国家研究委员会的专门学术出版机构,它在 2011 年 6 月宣布,在先期开放部分图书的基础上,进一步将其所出版的全部图书和科研报告(4000 多种)电子版提供给公众免费下载使用。欧洲开放获取出版网络(Open Access Publishing in European Networks, OAPEN)是欧盟资助的促进欧洲社科学术著作传播的开放获取出版项目,2012 年 OAPEN 推出了 Directory of Open Access Books(DOAB)平台,提供开放获取出版和服务,目前已有几十家出版社和 1000 多种图书上线。其他的国际性组织,如世界银行、国际卫生组织等也已经推行了开放获取政策,这些机构产生的学术著作和科研报告也是开放获取的。

开放获取资源是网络免费资源中最为重要的一种,具有多方面的特征:内容丰富、增长迅速,以网络为传播渠道,分散性、时效性强,动态变化,缺乏稳定性等。因此,那些汇集一个(多个)学科的开放获取学术资源的网站受到用户的欢迎,这些网站不但聚合了相关的网络信息资源,还为用户提供方便的检索和服务入口。

14.2　重要的开放获取网站(1)

以下对人文社会科学领域常用的一些开放获取文献资源网站及其使用方法作简单的介绍。

14.2.1　综合性参考网站

1.搜索引擎

搜索引擎按主题搜集 Internet 上相关的网址和网页,目前 Internet 中搜索功能较强的综合性搜索引擎有 Google、Alltheweb、Yahoo 等。对于那些昙花一现的新闻人物以及不太知名的人物,一般可使用综合型搜索引擎查找,只要在检索框中输入人物姓名等关键词,就能查到大量的相关网页,经过整理就可获得该人物的相关资料。以下是最常用的几个搜索引擎:

(1)Google(http://www.google.com/)

(2)Yahoo(http://www.yahoo.com/)

2. Refdesk.com(http://www.refdesk.com)(见图 14-1)

这是互联网上重要的参考咨询网站,包括词典、百科全书等各种工具书,单是传记网站就收录了 34 个,以及各种事实数据,达到无所不包的地步。

refdesk.com
Fact Checker for the Internet

Our future depends on your support.
2017 contributions = 3% of Goal - *Thank You* Details

Featured Resources

EDITOR'S NOTE:

After owning and publishing Refdesk for twenty-five years, effective January 18, 2017, I am retiring. It has been an honor and a privilege to serve as Refdesk's webmaster. I want to express my deep gratitude and appreciation to Refdesk readers for your support and wish the new editor continued success. Thank you all! - Bob Drudge

Welcome message from our new editor

SITE OF THE DAY:　　　　　　　　　　　　　　　　　　　　　　Support Refdesk

Acronym Finder

"With more than 1,000,000 human-edited definitions, Acronym Finder is the world's largest and most comprehensive

ENCYCLOPEDIAS:
• 1911 Encyclopedia Britannica
• Britannica Online
• Canadian
• Encyclopedia.com
• Encyclopedia of Life
• Legal
• Medical
• Weather
• Wikipedia
• More >>

EURO Conversion Rates
Exchange Rates
Facebook
FedEx Shipping & Logistics

FIND:
• Ancestors
• Apartment Finder
• College
• Doctor
• Elected Officials
• Fact Check.org
• First-Aid Guide
• House | House Value
• Lawyer
• Government Stats
• Health Information
• Legal Information

Refdesk Subject Categories

REFERENCE DESK　　　REFDESK SITE MAP

Facts/Internet
Beginner's Guides
Computer Graphics
Computer Hardware
Computer Software
Devices/Gadgets
Download Page
Free Stuff
Fun Stuff
Hobbies/Recreation
Libraries
Linux Resources
Magazines
Phone Book
Net Resources
Reference Shelves
Time and Date
Weights/Measures

Philosophy
Philosophy

Religion
World Religions

Social Sciences
Business/Career
Crime/Law Enforce.
Education
Environment
Family Matters
Food/Recipes
Health
Homework Helper
Kids Stuff
Legal Resources
Personal Finances
Seniors Online
Sports
Women's Issues

Language
Dictionaries
Encyclopedias
Grammar/Style
Quotations

Natural Sciences
Science
Space/Astronomy
Weather

Applied Sciences
Automotive
Aviation
Career
Mental Health
Military
Pets/Animals

Art/Entertainment
Arts & Culture
Movies
Music
Photography

Literature
Books/Literature
Electronic Texts

Geography/History
Biography
Genealogy
Geography
History
Maps
Population
Travel

图 14-1　Refdesk.com

3. Libraryspot(http://www.libraryspot.com)

这是互联网上重要的参考与咨询网站,收录了 Biography.com、Biographical dictionary

等 7 个传记网站。

14.2.2 期刊论文及摘要

1. DOAJ：Directory of open access journals(http://www.doaj.org/)（见图 14-2）

"开放存取期刊目录"(DOAJ)创建于 2003 年,是由瑞典隆德大学(Lund University)图书馆主办的一个开放存取期刊目录检索系统。目前免费提供 9000 多种期刊的篇目检索和全文检索,是 OA 资源中最有影响力的网站之一。学科范围涵盖自然科学、工程以及商业、经济学、语言与文学、社会科学等 20 个主题。可以通过检索(Search)、主题浏览(Browse Subjects)两种方式查找有关的期刊和论文。主题浏览有期刊浏览和论文浏览两个选项,期刊浏览还可以按国家(Country of publisher)进一步细分浏览。

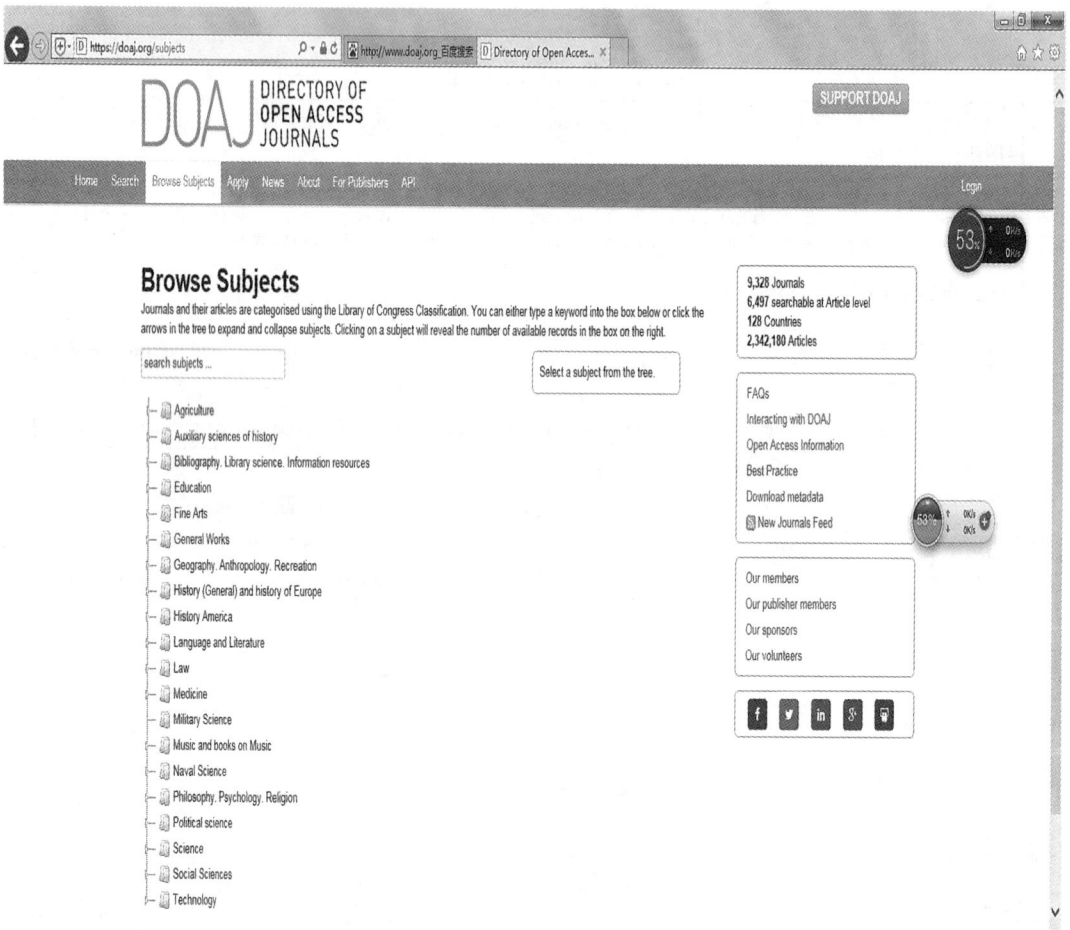

图 14-2　DOAJ

2. JournalTOCs(http://www.journaltocs.ac.uk/)（见图 14-3）

这是目前世界规模最大的最新学术期刊论文目次浏览网站,涵盖 20000 多种学术期刊,读者可以了解某一期刊最新一期所发论文的标题及摘要,以及该期刊以往卷次的篇名信息等,有的开放获取期刊文章还可直接浏览或下载,该平台方便用户及时了解学术研究动态。

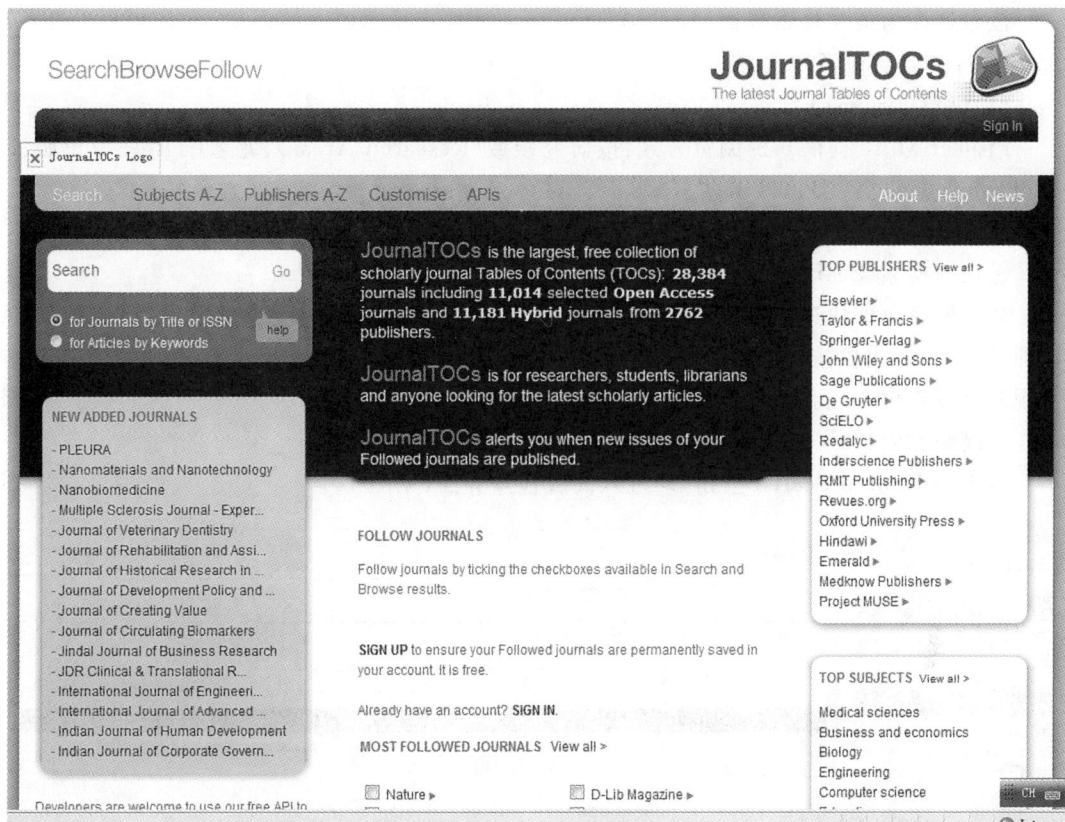

图 14-3　JournalTOCs

3. HighWire Press(http://highwire.stanford.edu/)

1995 年由美国斯坦福大学图书馆创立,目前已收录 1700 种电子期刊及参考书,文章总数已达 600 多万篇,其中 200 多万篇文章可免费获得全文,且数据还在不断增加中。High-Wire Press 学科范围涵盖生命科学、医学、物理学、社会科学等主题。其特点是检索结果可以根据读者的要求不断进行修正,免费文献都在标题下注明"this article is free",可直接阅览或下载。

4. Project Muse(http://muse.jhu.edu/)

Project Muse(Muse 项目)是约翰.霍普金斯大学出版社与其 Milton S. Eisenhower 图书馆的非营利性合作出版项目,成立于 1995 年。从最初的 1 个出版社、49 种在线期刊开始,目前已发展成为有许多知名大学出版社、学(协)会以及 120 多家出版商参与,500 多种期刊的数据库。Muse 是一个非营利项目,其宗旨在于传播高质量的艺术、人文和社会科学领域的学术知识。学科领域涵盖区域(国家)研究、人类学、艺术、西方古典文化、经济、教育、电影戏剧和表演艺术、语言学、法律、文学、图书馆学及出版、音乐、哲学、政治和政策研究、历史、国际关系、科学、社会学、心理学、宗教等。其中在区域(国家)研究、文学、历史、政治、政策研究上尤为突出。Muse 项目对期刊严格甄选,加入该项目的期刊需满足以下基本标准:必须是同行评审期刊,必须是非营利性或学(协)会出版社。此外,期刊的入选还会考虑其在学科领域的排名、影响因子和图书馆员的建议等。数据库收录的期刊是很多著名大学出版社和学(协)会全文期刊的唯一出处。

该数据库为英文检索界面,提供浏览(Browse)、快速检索(Search)、高级检索(Advanced Search)等浏览与检索方法。

(1)浏览(Browse)

Project Muse 提供 5 种浏览方式:按研究领域(Research Areas)、题名(Titles)、出版社(Publishers)、书名(Books)以及按刊名浏览(Journals)。

(2)检索(Search)

①快速检索(Search)

数据库首页即快速检索界面,在检索框内输入检索词,选择相应检索字段,点击搜索图标即可。Muse 提供按内容(Content)、著者(Author)、标题(Title)、出版社(Publishers)几种常规的字段查询方式。

②高级检索(Advanced Search)

点击 Advanced Search 按钮,即进入高级检索界面(见图 14-4)。

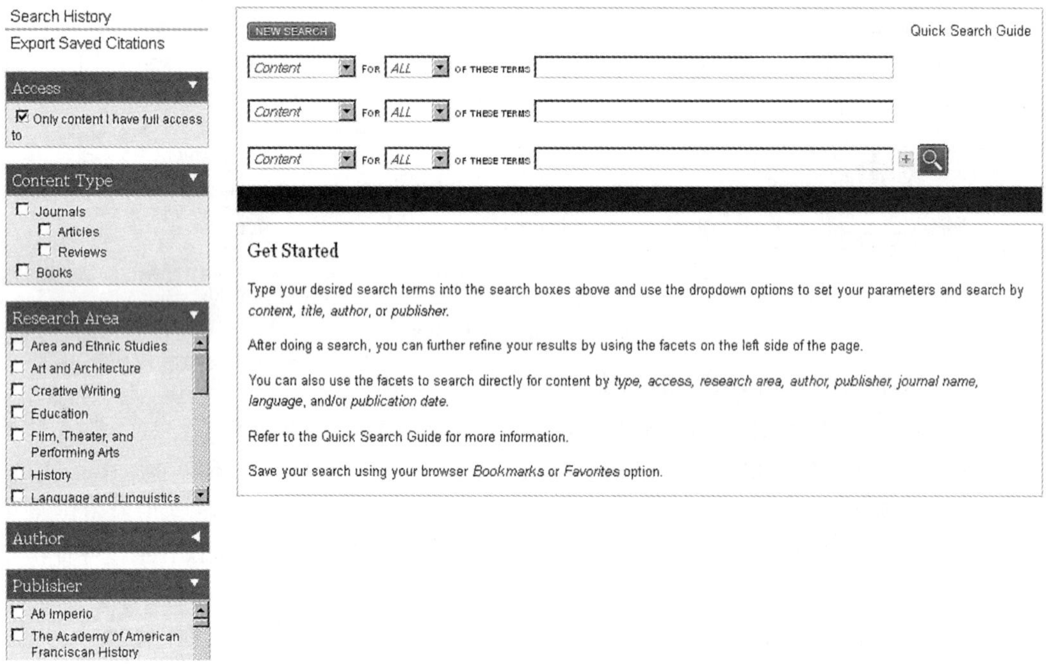

图 14-4　Project Muse(1)

数据库提供三组检索词输入框,通过下拉菜单限定不同的检索字段,如 Title、Author、Content、Publisher;检索词之间关系可使用 ALL /ANY/NONE 进行限定。三种关系分别是:ALL 全部包含,ANY 任意一个词,NONE 不包含。检索框左侧提供了资源类型(Content Type)、研究领域(Research Area)、作者(Author)、出版社(Publisher)等限定选项。

(3)检索结果处理(见图 14-5)

当用户完成检索过程后,检索结果界面呈现题录信息。检索结果的排列方式分相关度、出版日期从新到旧、出版日期从旧到新;系统默认按相关度排列。用户可对每页显示检索结果记录条数进行设置,如每页显示 10、25、50、75、100 条。每条检索结果提供的信息包括:论文题名、作者、来源刊名与卷期、出版时间与页码、全文链接等。用户可对检索结果进行浏览、修正、标记、保存、输出等处理。

图 14-5　Project Muse(2)

①结果浏览。可在结果页中浏览命中记录的题录、文摘、全文信息。

②全文下载

平台提供 PDF、html 两种全文显示方式。点击"Download PDF"即可下载 PDF 格式的全文,打开后可进行保存、打印。点击题名可浏览 html 格式的文摘和全文。

③检索结果的保存、打印、E-mail(见图 14-6)

对于适用的检索结果,点击文章封面图标下的"Save Citation",即可将题录保存到文件夹;点击页面右上角"Saved Citations"或左上角"Export Saved Citations",可以看到保存的结果,可将这些保存过的记录存储到个人电脑,或打印,或通过 E-mail 发送,也可输出到文献管理软件。

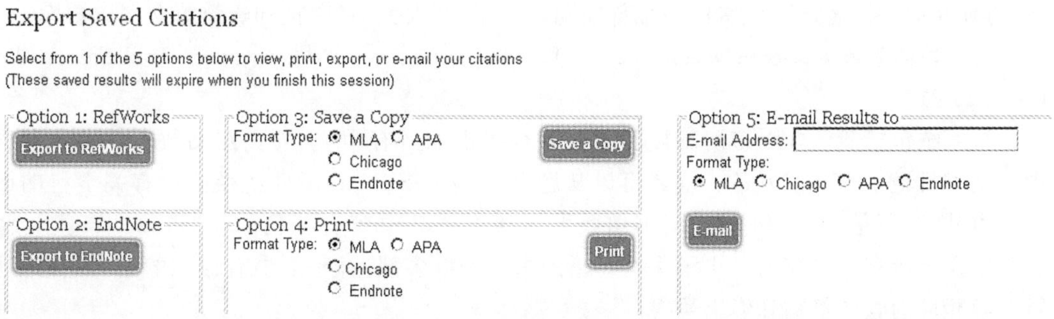

图 14-6　Project Muse(3)

5. 维普期刊数据库(http://202.106.125.34/index.aspx)

这是国内三大中文期刊数据库中收录期刊最多的一个,达 12000 多种,文献总量 3000 多万篇,用户先到"中国国家图书馆"(http://www.nlc.gov.cn/)注册即可免费阅读和下载。

6. "人大"复印报刊资料(见图 14-7)

(https://vpn2.nlc.gov.cn/prx/000/http/202.106.125.44:8080/query/)

这是中国人民大学书报资料中心的专题数据库之一,可阅读、下载或直接打印。用户先到"中国国家图书馆"(http://www.nlc.gov.cn/)注册方可使用。

图 14-7　"人大"复印报刊资料

14.2.3　学术收藏信息

1. 文津搜索(http://202.108.177.43/)

这是中国国家数字图书馆的核心系统,向读者用户提供高效、精准、专业的图书馆领域元数据统一式搜索服务。它汇聚海量文献信息(近 2 亿条数据),包括图书、古文献、论文、期刊报纸、多媒体、缩微文献、文档、词条等覆盖全国图书馆的资源,读者从一个检索口进入(即"文津"),命中的检索结果自动通过多种途径分类排序,命中文献的类型及馆藏信息一目了然,方便获取。读者还可免费使用维普期刊数据库和"人大"复印报刊资料等众多数据库。

2. 中国高等教育文献保障系统(CALIS)(http://opac.calis.edu.cn/opac/simpleSearch.do)(见图 14-8)

该系统包括我国 500 多所高校图书馆联合提供的所有中文、外文图书数据。目前包含中外文书目记录 550 多万条。读者可以从题名、著者、ISBN 等多种途径检索有关学科的图书并可从"馆藏信息"了解哪些图书馆收藏了该书。其中较有特色的是"古籍四部类目浏览",收录了所有成员馆的经史子集类古籍图书 18000 多部,每一部书有详细的书名信息,还可了解相应的收藏机构和索书号等。

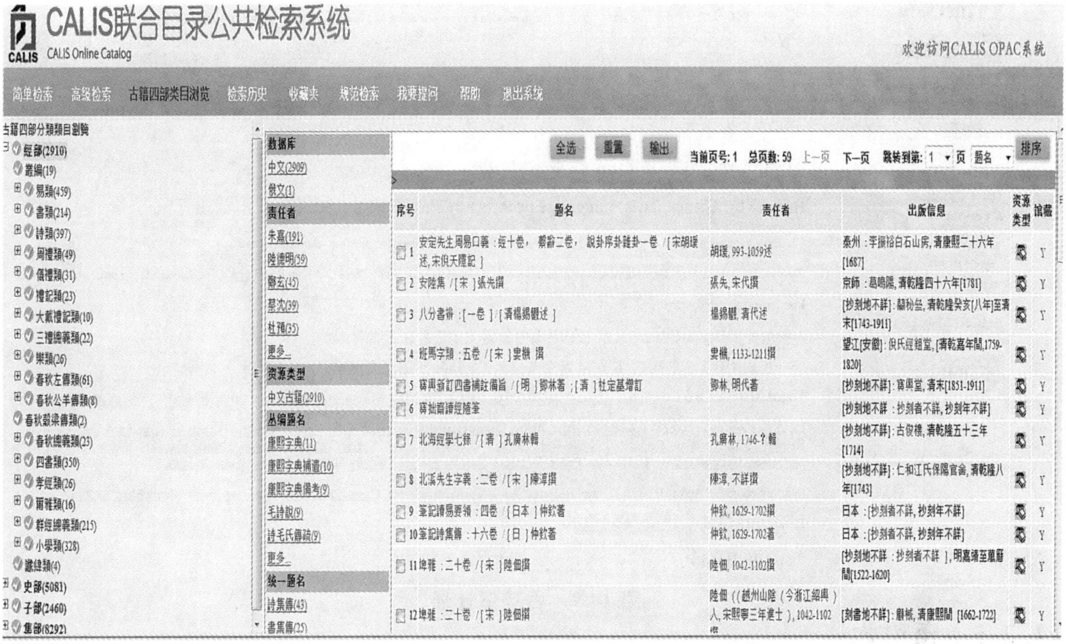

图 14-8　CALIS

14.2.4　电子图书

1. The National Academies Press(NAP)(http://www.nap.edu/topics.php?browse=1/)

NAP 是美国国家科学院下属的学术出版机构,主要出版美国国家科学院、国家工程院、医学研究所和国家研究委员会的报告。从 1992 年开始,计划将印刷本图书逐渐转化成电子图书。目前通过其主站点可免费浏览 4000 多种电子图书,这些图书非常有学术价值,内容覆盖自然科学、社会科学、人物传记等。电子图书采用 PDF 文档格式,保持了书的原貌。可以进行全文检索、打印(一次一页)。

2. Open Library(http://openlibrary.org/subjects/accessible_book♯)

这是由美国 California State Library 图书馆制作的大型电子图书网站,现已有 120 多万册印刷图书数字化的电子图书供读者免费阅读,可从主题、地点、著者姓名、时代等来检索。

3. UC Press E-Books Collection(http://publishing.cdlib.org/ucpressebooks//)

UC Press E-Books Collection,1982—2004 是加州大学出版社和加利福尼亚数字图书馆(California Digital Library,CDL)的联合项目,其中包含近 2000 本加州大学出版社出版的学术著作,内容覆盖科学、历史、音乐、宗教和小说等诸多领域。除供加州大学师生免费利用外,项目特别提供其中的 700 多种电子图书免费在线浏览(题名后加"public"标识),可按主题、题名和作者分类浏览,也可输入检索词检索。

4. Project Gutenberg(http://www.gutenberg.org/catalog)(古登堡计划)(见图 14-9)

这是美国一个将版权过期图书电子化的慈善项目。由 Michael S. Hart 先生发起,所有书籍的输入由志愿者完成,主要是西方文化传统中的文学作品,如小说、诗歌、小故事、戏剧,除此之外,PG 也收录食谱、书目以及期刊,另外还包括一些非文本内容,比如音频文件、乐谱文件等。目前所收书籍 10 万多种。检索十分便捷,可从著者、题名、专题、语种等查找。

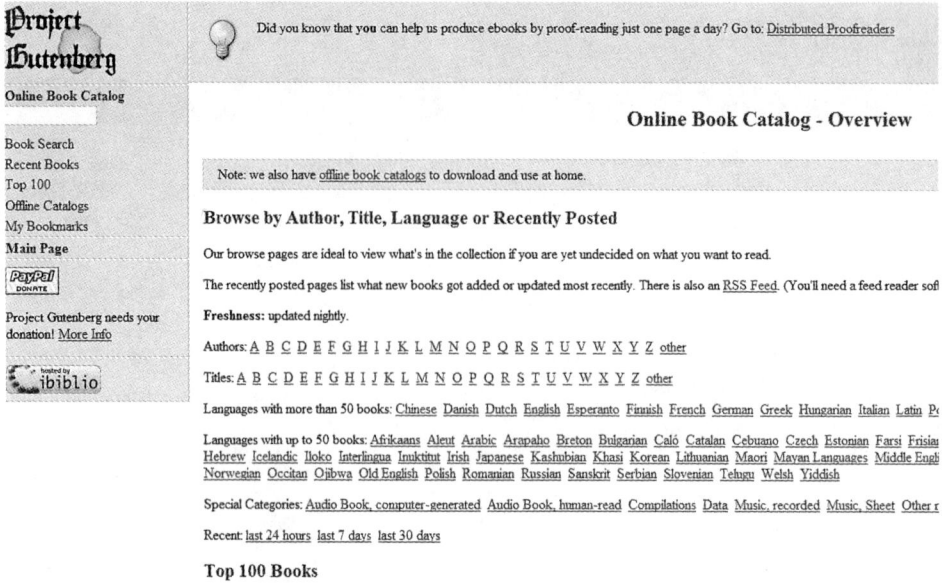

图 14-9　古登堡计划

14.2.5　预引本

社会科学研究网预印本库(SSRN)(http://www.ssrn.com/)(见图 14-10),提供财经、会计、法律、经济、管理等 24 个学科的 70 万篇论文及摘要,这些论文来自学术期刊、会议录和研究报告等,可免费下载论文全文。

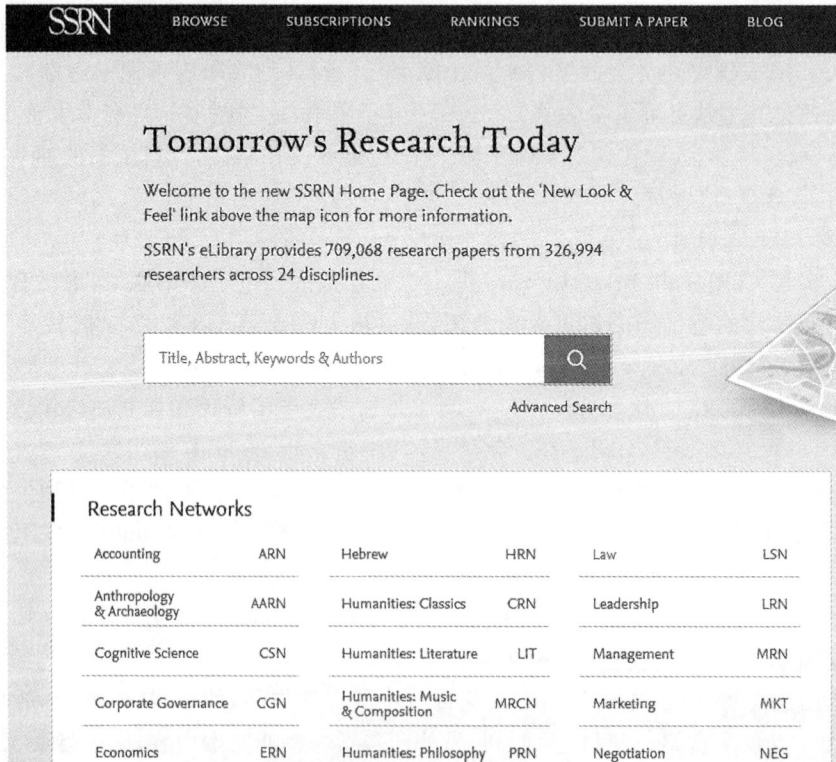

图 14-10　SSRN

用户选择"browse"以后,可以从罗列的各个学科入手,每个学科再分会议论文、期刊论文、机构论文等若干个分支,供用户浏览和下载。另一个检索方法是"Advanced search",输入关键词对题名、摘要等进行检索。

14.2.6　知识库

OpenDOAR(http://www.opendoar.org/countrylist.php)(见图 14-11),是专门收录机构知识库的平台,2005 年由瑞典 Lund 大学和英国 Nottingham 大学共同创建,提供有关机构开放获取仓储的目录列表。2016 年 11 月,OpenDOAR 包含了 3272 个开放仓储。该网站有两个主要的检索途径,一是从国别进行浏览;二是从主题进行检索或浏览。每一个仓储都有详细的描述,包括创办机构、收录的记录、文献内容、主题和语言等。

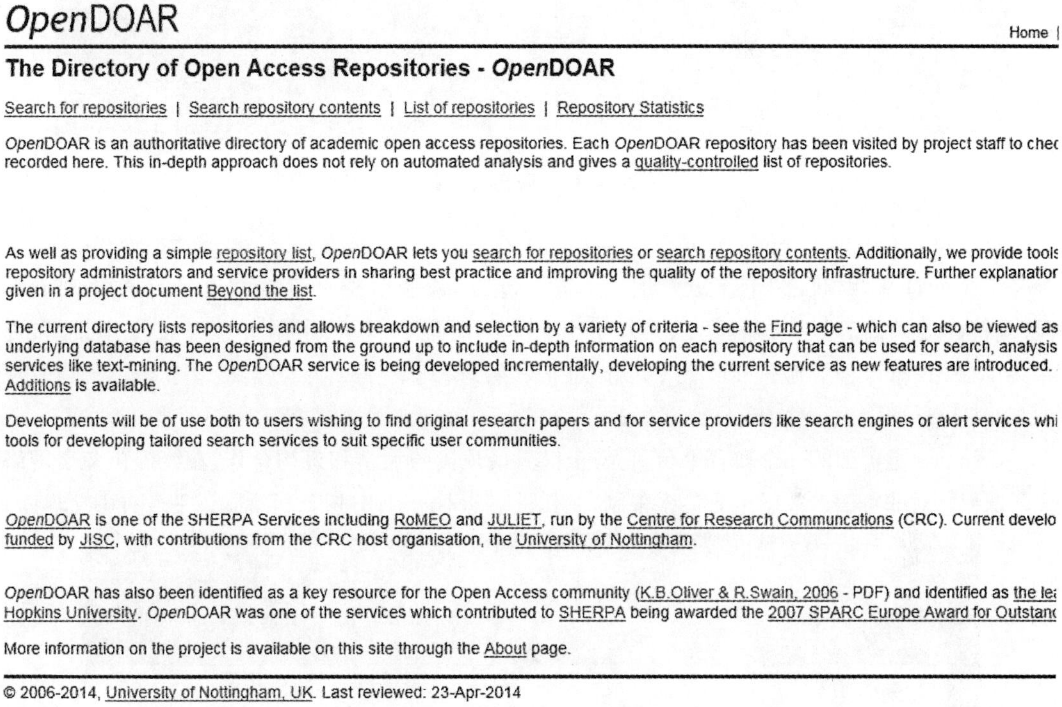

*Open*DOAR

Home |

The Directory of Open Access Repositories - *OpenDOAR*

Search for repositories | Search repository contents | List of repositories | Repository Statistics

*Open*DOAR is an authoritative directory of academic open access repositories. Each *Open*DOAR repository has been visited by project staff to chec recorded here. This in-depth approach does not rely on automated analysis and gives a quality-controlled list of repositories.

As well as providing a simple repository list, *Open*DOAR lets you search for repositories or search repository contents. Additionally, we provide tools repository administrators and service providers in sharing best practice and improving the quality of the repository infrastructure. Further explanatior given in a project document Beyond the list.

The current directory lists repositories and allows breakdown and selection by a variety of criteria - see the Find page - which can also be viewed as underlying database has been designed from the ground up to include in-depth information on each repository that can be used for search, analysis services like text-mining. The *Open*DOAR service is being developed incrementally, developing the current service as new features are introduced. Additions is available.

Developments will be of use both to users wishing to find original research papers and for service providers like search engines or alert services whi tools for developing tailored search services to suit specific user communities.

*Open*DOAR is one of the SHERPA Services including RoMEO and JULIET, run by the Centre for Research Communcations (CRC). Current develo funded by JISC, with contributions from the CRC host organisation, the University of Nottingham.

*Open*DOAR has also been identified as a key resource for the Open Access community (K.B.Oliver & R.Swain, 2006 - PDF) and identified as the lea Hopkins University. *Open*DOAR was one of the services which contributed to SHERPA being awarded the 2007 SPARC Europe Award for Outstand

More information on the project is available on this site through the About page.

© 2006-2014, University of Nottingham, UK. Last reviewed: 23-Apr-2014

图 14-11　OpenDOAR

该检索平台的"Search for repositories"有主题浏览入口,用户可以从主题浏览入口进入检索所需文献;"List of repositories"是对所有仓储按国别编排,用户从国别进入浏览、检索。

14.2.7　开放课件

1. 麻省理工学院开放课程(http://ocw.mit.edu/index.htm)

这是麻省理工学院教学资源的网络版,用以支持并激励教学中的课堂交流,共有 2000 多门,已被翻译成各国语言,中文译版也按学科、专业、教学对象列表以便查阅。

2. 网易公开课(http://open.163.com/)(见图 14-12)

内容包括"国际名校公开课"、"中国大学视频公开课"、"LED"、"可汗学院"。

图 14-12　网易公开课

3. 爱课程(http://www.icourses.edu.cn/)

这是教育部、财政部"十二五"期间启动实施的"高等学校本科教学质量与教学改革工程"支持建设的高等教育课程资源共享平台。本网站集中展示"中国大学视频公开课"和资源共享课,并对课程资源进行运行、更新、维护和管理。

4. Coursera(https://www.coursera.org/browse)(见图 14-13)

Coursera 是美国的一个教育平台,它与全世界最顶尖的大学和机构合作,在线提供免费网络公开课程。对非英语专业学生有诸多限制,尤其是字幕不能双语进行。目前,该平台有中文界面。

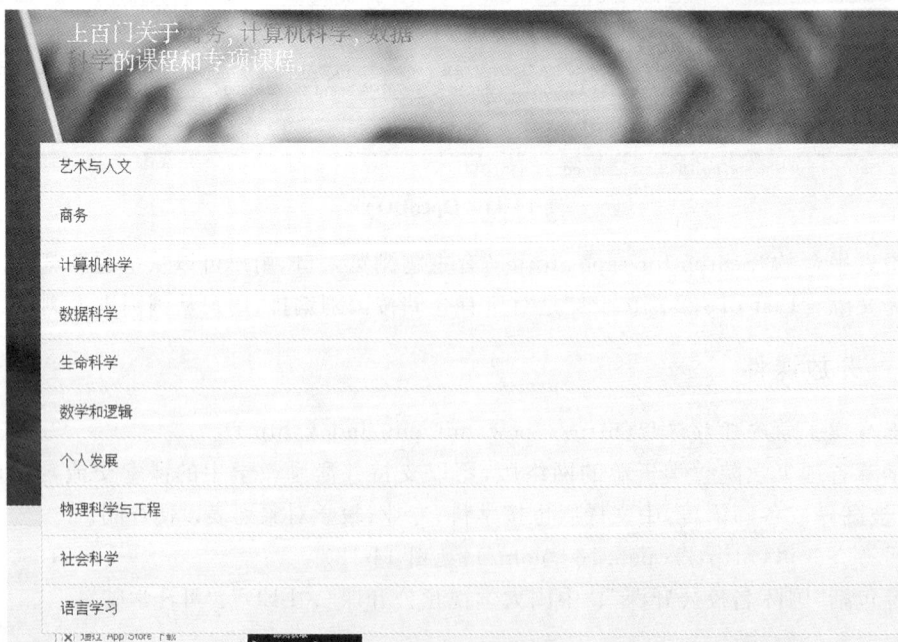

图 14-13　Coursera

14.2.8　语言词典

1. Thesaurus.com(http://thesaurus.com/)

Dictionary.com、Thesaurus.com 和 Reference.com 都是美国著名的辞典网站,现已合并为 Thesaurus.com,是世界上最大的英语免费在线词典。该网站提供英语词汇的完整解释、发音、词源、同义词、反义词、例句等。"word dynamo"提供不同水平、学科的的词汇以及 TOEFL 等考试测试题目;"quotes"可提供某些词汇的典故等出处;"reference"提供了百科全书方面的条目解释;"translator"为 50 多种语言提供互译;"Spanish"提供了 75 万多个西班牙语词汇。

2. Merriam-Webster(http://www.merriam-webster.com/)

这是美国知名的词典出版公司 Merriam-Webster《梅里亚姆・韦伯斯特大学辞典(第十一版)》的网络版。包括两个部分:"dictionary"和"thesaurus",前者侧重词义的解释和正确使用方法,后者侧重一个词的同义词、反义词等延伸词义的列举。

3. Cambridge Dictionaries Online(http://dictionary.cambridge.org/)

这是英国著名的剑桥大学出版社(Cambridge University Press)提供的网上免费词语检索网站。

4. ICBA 爱词霸在线翻译(http://www.iciba.com/)

这是英语查词、翻译、学习的优秀网站,包含百万条各专业英汉词条。提供多个英语专业词库、词霸沙龙、在线翻译、每日一句以及英语学习天地。

5. 学术名词咨询网(http://terms.nict.gov.tw/search_b.php)

这是一个专业的英汉学术名词翻译网站,其"下载专区"把所有的英语词汇分为 100 多个学科领域,供读者下载研究。

6. Familiar Quotations(http://www.bartleby.com/100/)

该网站包括 11000 多个英文名句及其出处。

7. Online etymology dictionary(http://www.etymonline.com/)

这是一个在线英语词源网站,它综合了数部著名的印刷本英语词源词典的内容。

8. Abbreviations(http://www.abbreviations.com/)(见图 14-14)

这是一个专业的英语缩略词、缩写词网站。列举缩略词、缩写词所对应的不同学科的含义,网站提供了包括中文在内的 20 多种语言的转换功能。

9. Webopedia(http://www.webopedia.com/)

这是一个计算机和网络的专业学科词典,能提供最新的词汇。

14.2.9　百科全书

1. Columbia Encyclopedia, Sixth Edition(http://www.infoplease.com/encyclopedia/)

这是美国《哥伦比亚百科全书》第六版,包括 57000 多个条目,可按词条输入检索也可按主题浏览。网站也提供其他在线参考工具,包括字典、索引典、地图等。

2. 维基百科(http://en.wikipedia.org/wiki/Main_Page)

这是一个多语言版本的自由百科全书协作计划,已成为互联网上最受欢迎的参考资料查询网站。从各种热门话题到获取技术或科学题材,维基百科吸引了大批用户前来访问。

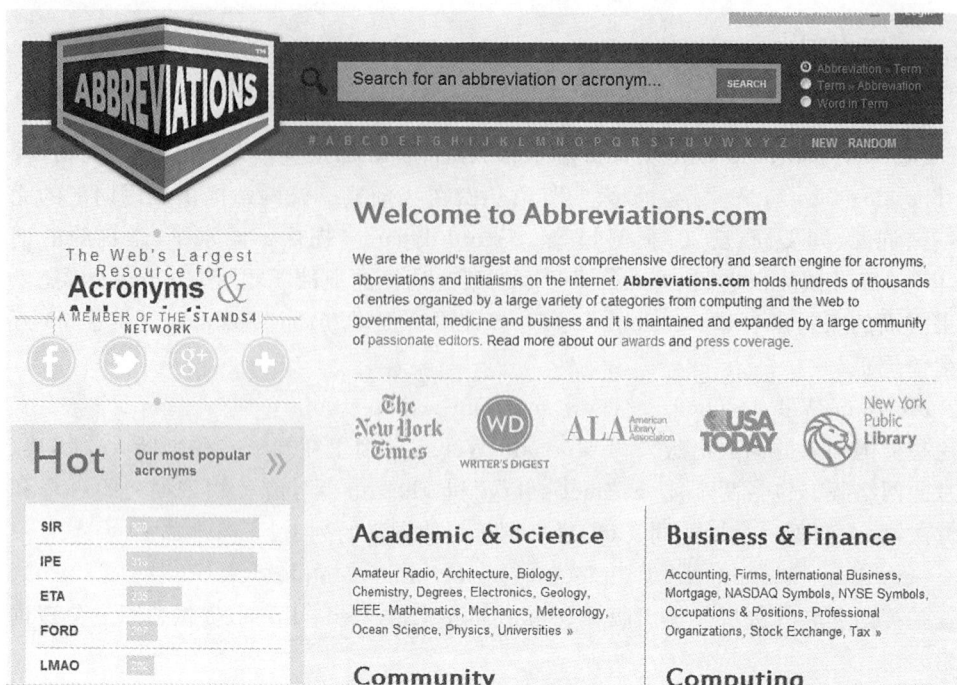

图 14-14　缩略(写)词网站

3.吉尼斯世界大全(http://www.guinnessworldrecords.com/)

可了解各种各样的最新世界纪录。

4.奥林匹克运动会记录(http://www.olympic.org/)

这是国际奥林匹克委员会的官方网站,可查阅有关国际奥运会的各项记录等。

14.3　重要的开放获取网站(2)

14.3.1　重要的国际或国家政府网站

1.联合国及其专门机构网站(http://www.unsystem.org)

这是查找联合国及其专门机构信息的官方站点,可按各机构名称的字母顺序,或机构的专业分类查找各专门机构的网址,并提供链接,还汇集了与联合国相关的其他国际组织的网站信息。

2.背景注释(Background Notes)(https://www.state.gov/outofdate/bgn/)

提供非洲、中东、东亚、太平洋地区、南亚、欧洲、西半球诸地区与国际组织的资料。

3.FirstGov(http://www.firstgov.gov)

Firstgov是美国政府网站,专题涉及农业、食品、医疗、福利、住房、金融、税收、环境、能源、休闲、旅游、学习、谋职、商业、经济、消费服务等。FirstGov的内容以美国政府为主,但也有许多国际内容。

4.美国总统府(白宫)(https://www.whitehouse.gov/)

这是白宫的官方网站,介绍总统机构的设置,总统及家人的个人信息和新闻等。

5.美国政府出版物目录(https://www.gpo.gov/fdsys/)

这是美国政府出版物索引,收录美国政府出版局(GPO)出版的文献。有多种检索途径,必要时可使用高级检索(Advanced Search),检索字段有:著者(或机构名称)、题名、主题、技术报告号、GPO 条款号、《美国政府出版物目录》款目号、OCLC 号、文献号、储藏号、Sudocs 号(Superintendent of Document Classification,文献分类管理号)。

6. 美利坚合众国参议院(the United States Senate)(http://www. senate. gov/index. htm)

该网站提供美国参议院的各种信息,如参议员的个人信息、各种委员会、各种报告和统计数据等。

7. 托马斯(THOMAS)(http://thomas. loc. gov)

这是 Internet 上的美国立法信息网,是美国国会通过国会图书馆提供的服务。提供 1994 年以来联邦政府所有的立法全文,是检索最新联邦政府立法信息的最佳选择,有浏览和高级检索等途径。

8. 美国统计(FedStats)(https://fedstats. sites. usa. gov/)(见图 14-15)

该网站提供美国联邦政府各个方面的统计资料。

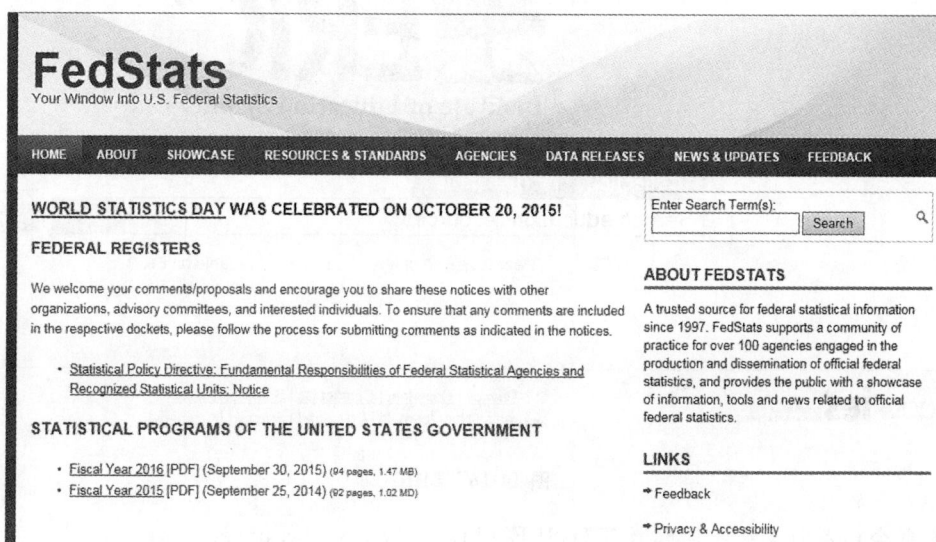

图 14-15　FedStats

14.3.2　法律法规网

1. Legal Research on International Law Issues Using the Internet
(http://www. lib. uchicago. edu/～llou/forintlaw. html♯guides)

该网站提供有关法律方面的主要国际组织和国际法律的网址;各种国际有关法律的研究中心、机构名录;国际法律会议、法律事件的信息;提供 100 多个有关法律研究的指南,是一个综合性法律方面的网站。

2. 中国今日法律(http://www. chinatoday. com/law/a. htm)

该网站由加拿大 Infopacific Development 公司主办,提供有关中国法律教育、法律出版、法律法规、经济贸易方面的法律规定、法律服务、人民法院以及人民检察院方面的消息。

14.3.3　网上教育信息资源

1. 全国哲学社会科学规划办公室(http://www. npopss-cn. gov. cn/)

该网站包括机构设置、重要通知、课题指南、规划管理、基金管理、成果管理、成果宣传、历史资料、项目数据库、学者论坛、各地规划等内容。

2.美国教育部(http://www.ed.gov)

该网站包括美国政府的教育政策、教育预算和教育规划、教育新闻和事件、学生经济资助指南、学生经济资助申请、教育贷款、教育统计资料(Data)、ERIC研究摘要、家长读物、教育技术等方面的内容。

3.ERIC教育资源信息中心(https://eric.ed.gov/)(见图14-16)

ERIC是由美国教育部资助的网站系列和世界上最大的教育资源数据库,储存的期刊论文、研究报告、课程和教学指导、会议报告、出版物等信息百万条,每年大约增加数万个新的信息,可以浏览和检索。

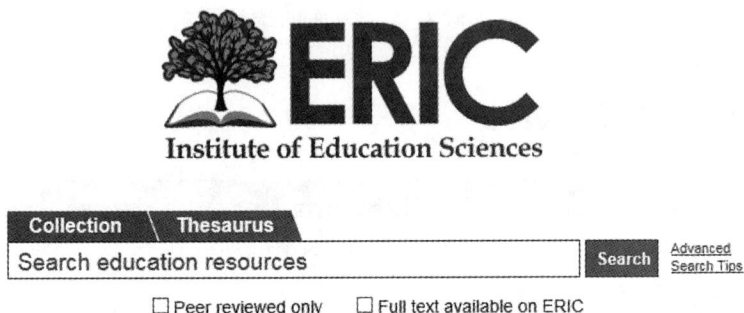

图 14-16　ERIC

4.联合国教科文组织国际教育局(IBE)(http://www.ibe.unesco.org)

1925年,IBE成立于日内瓦,1969年成为联合国教科文组织(UNESCO)的一个组成部分。其职能主要为:提供教育方面的观察资料或教育报告、促进各国在教育方面的政策对话、增强能力建构和传播信息。该网站主要提供全球范围的教育数据和信息、关于国际教育会议的信息以及比较教育方面的信息。

5.美国公共政策与高等教育中心(http://www.highereducation.org)

The National Center for Public Policy and Higher Education 成立于1998年,是一个独立、无党派、非营利性的组织。该组织提供州或国家有关高等教育政策方面的专项分析。网站主要提供以下几方面信息:谁应该受高等教育?高等教育所承担的资金应如何在学生与家庭、高等教育机构、政府政策制定者之间分担?政府投资高等教育的最佳途径是什么?公正政策如何刺激在高等教育领域内的消费?政府的政策如何促进高等教育质量的提高?在网站的报告部分,可以得到该中心所有出版物与资料。

6.高等教育政策研究所(美国)(http://www.ihep.com)

这是1993年建立的一个无党派、非营利性组织,主要提供提高高等教育质量的途径和解决当前高等教育面临难题的方法,网站有大量的研究成果可供浏览。

7. 国家教育与经济中心（美国）(http://www.ncee.org)

该中心设在华盛顿地区,是一个非营利性机构,致力于帮助各国及地区建立符合自己需要的教育与培训系统。其出版物可浏览。

8. 美国国家教育统计中心(NCES)(http://nces.ed.gov)

该网站隶属美国教育部,负责收集、分析美国和其他国家与教育有关的数据资料。该网站的目的是提供有关 NCES 任务和活动的完整信息,以服务于教育和科研团体。

9. 英国高等教育统计局(HESA)(http://www.hesa.ac.uk)

HESA 成立于 1992 年,其职能为收集、分析、报告英国地区公共高等教育管理的全面信息。该网站提供的信息包括:学生数目、教职员工数目以及高校财政状况等。

10. 美国高等教育年鉴(http://www.chronicle.com/)

该网站包括摘自出版物的有关美国高等教育的统计数据。提供有关高校招生、师资以及研究经费等方面的免费资料。但部分数据只向《高等教育编年史》订户开放。

11. Special Education Resources on the Internet(http://seriweb.com/)

它是因特网上的特殊教育资源,收集了因特网上与特殊教育有关的信息资源。并按 24 个专题分类,每个专题下提供具体的可链接网址及其相关注解。

12. Embark(http://www.embark.com)

该网站原名 College Edge,提供 6000 多个高等教育机构、1000 多个专业与职业的资料,有完整的财政资助与 5000 多种奖学金信息、大学入学信息以及管理人员信息。

13. Graduate Schools(http://www.gradschools.com)

该网站收录极其丰富的研究生院信息,可按学科检索,含免费资料、背景资料、广告、学生论坛与讨论区等栏目。

14. 外国大学参考名录

(http://www.edu.tw/bicer/content.aspx? site_content_sn=8487)

该网站汇总了美洲、欧洲、亚洲、大洋洲、非洲等地区各国的大学名录,并提供简单的介绍和网址。

15. Peterson's Guide(http://www.petersons.com/)

该网站提供美国官方认可、位于美国本土或加拿大等地的研究机构和专业学位机构的广泛信息,包括 31000 个各具特色的高校、专业机构及 1600 个研究所。

16. Study in the USA(http://www.studyusa.com)

该网站主要是为美国以外的学生提供美国大学的信息,其特点是以多种语言介绍,可按类别与关键词检索。

17. UScampus(http://www.uscampus.com.tw/)

它是"美国教育基金会"留美网站。

18. Study in Europe(http://ec.europa.eu/education/study-in-europe/)

该网站介绍欧洲 32 个国家的大学,以及这些大学申请入学所需要具备的条件。

19. 英国高校(http://www.scit.wlv.ac.uk/ukinfo/index.php/)

该网站链接了英国各大学的网站主页。

20. 英国文化协会(http://www.britishcouncil.org/zh/hongkong.htm)

该网站提供较为专业、客观的英国留学相关信息。

21. Campusfrance(http://www. chine. campusfrance. org/zh－hans/)

该网站系统介绍如何赴法留学。

22. 日本国际教育支援协会(http://www. jees. or. jp/)

该网站介绍留学日本的一些知识。

14.3.4　网上人物传记资料

传记资料是有关人物的生卒年、学历、婚姻家庭以及其他生平事迹等方面的事实性或评论性资料,在学术研究中具有相当重要的参考作用。查找传记资料的传统方法是到图书馆查阅人名词典、百科全书和相关传记等,然而,传记资料的分散性,特别是各行各业名人的不断涌现,单纯依靠印刷型文献查找很困难。因特网的发展为传记资料的检索提供了极大的方便,从历史名人到昙花一现的新闻人物,都能在网上查到相关的资料。

1. Freeality(http://www. freeality. com/biograph. htm)

这是传记资料的专业性搜索引擎,汇集了各类英文在线传记资料网站,包括综合性传记网站和专题性传记网站,同时具有强大的人物信息资料搜索功能。

2. Biographical Dictionary(http://www. s9. com/)

这是一个创立于 1997 年的人物传记网站,收集了美国、欧洲等世界各国 1 万余条名人传记条目。

3. The List of Popes(http://www. newadvent. org/cathen/12272b. htm)

该网站收录按年代排序的历代教皇名录。

4. The Nobel Prize Internet Archive(http://almaz. com/)(见图 14-17)

该网站介绍历届诺贝尔奖获得者的资料。有关诺贝尔获奖者的资料也可参阅维基百科(http://zh. wikipedia. org)的介绍。

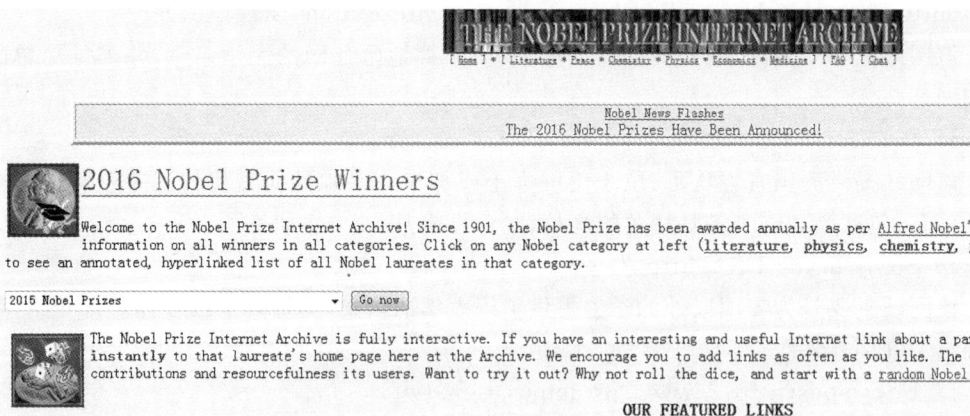

图 14-17　The Nobel Prize Internet Archive

5. Royal and noble genealogical data on the web(http://www. hull. ac. uk/php/cssbct/genealogy/)

该网站由英国 Hull 大学计算机学系研制,汇集了因特网上自古到今的各国皇家和贵族家谱资料。

6. Royal Genealogies (http://ftp. cac. psu. edu/～saw/royal/royalgen. html)

英国皇家成员的族谱。收录历代英国皇室成员的简略传记,并提供索引,索引以字母顺序编排,排列的依据为姓氏,若无姓氏则以名为依据,但若为王子或君王则以名为依据。每一款目列出姓名、称号、生卒年、生卒地、埋葬地、父母、家族、婚姻等。

7. Pulitzer Prize Winners(http://www.pulitzer.org/)

该网站收录 1917 年以来美国普利策获奖人的传记资料及作品展示等相关内容。

8. The MacTutor History of Mathematics archive

(http://www-gap.dcs.st-and.ac.uk/~history/BiogIndex.html)

该网站由苏格兰圣安德鲁大学数学与统计系研制,收录古今著名数学家的传记,可按字顺、年代检索,并有女数学家专题汇编。

9. The Presidents(http://www.whitehouse.gov/about/presidents/)

该网站提供历届美国总统及其配偶等资料。

10. European Parliament(http://www.europarl.europ.eu/portal/en)

这是欧洲议会网站,可选择各成员国的语言进入,汇集了欧盟议员及其来源国等信息。

11. Dictionary of Canadian Biography Online(见图 14-18)

(http://www.biographi.ca/en/index.php)

《加拿大人物传记词典》的网络在线版。

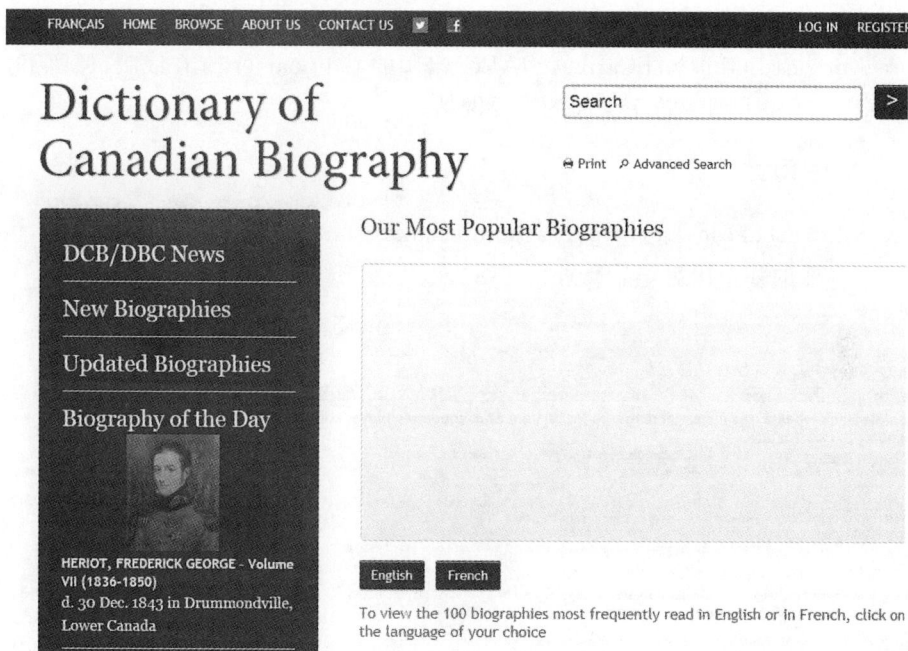

图 14-18　加拿大人物传记词典

14.3.5　语言学习和研究

1. 韩语研究资源(http://www.korean2.nccu.edu.tw/free.php#14)

台湾政治大学图书馆整合的免费网络电子资源,是目前最完整的韩语学习和研究园地。

2. 阿拉伯语研究资源(http://www.arabic2.nccu.edu.tw/free.php#7)

台湾大学图书馆整合的免费网络电子资源,是目前最完整的阿拉伯语学习和研究园地。

3. 日语研究资源(http://jpndbs.lib.ntu.edu.tw/DB/search.jsp)

台湾大学图书馆整合的免费网络电子资源,是目前最完整的日语学习和研究园地。

4. 法语研究资源(http://french2. nccu. edu. tw/)

台湾政治大学整合的目前法语学习研究最完整的网络资源。

5. 德语研究资源(http://german2. nccu. edu. tw/)

台湾政治大学整合的目前德语学习研究最完整的网络资源。

6. 斯拉夫语研究资源(http://www. slavic2. nccu. edu. tw/index. php)

台湾政治大学整合的目前俄语学习研究最完整的网络资源。

7. 德汉汉德词典(http://www. ifad. nkfust. edu. tw/dict/)

该网站提供德语、汉语词汇的互译。

8. Diccionario de la lengua española(RAE)(http://www. rae. es/rae. html)

西班牙皇家语言科学院和其他 21 个西班牙语国家语言科学院的合作数据库,是印刷版《西班牙语词典》(第 22 版)的电子版。

9. Conjugador(http://conjugador. reverso. net/conjugacion-espanol-verbo-ser. html)

西语动词变位网站,同时还提供英语、法语、德语 3 种语言的动词变位。

10. Latinoamérica,Revista de Estudios Latinoamericanos

(http://redalyc. uaemex. mx/src/inicio/HomRevRed. jsp? iCveEntRev=640)

它是 la Universidad Nacional Autónoma de México 下属的 El Centro de Investigaciones sobre América Latina y el Caribe(CIALC)出版的 Latinoamérica 在线版,保留了 2005 年以来的篇章,是了解和研究拉丁美洲的重要网站。

14.3.6　文学网站

1. Absolute Shakespeare(http://absoluteshakespeare. com/)(见图 14-19)

是一个专业的莎士比亚作品及研究网站。

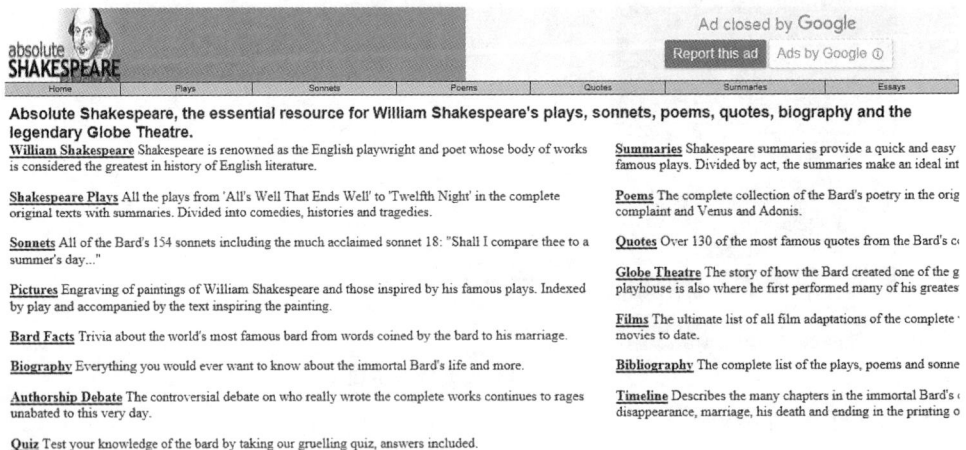

图 14-19　Absolute Shakespeare

2. Quotations Page(http://www. quotationspage. com//)

该网站是一个专门的引语词典网站,收集了 3100 多位名人的 27000 多个名句,可从著者姓名和分类主题进行检索。

3. 世界华文文学资料库(http://ocl. shu. edu. tw)(见图 14-20)

由台湾世新大学中文系、资传系联合研制,下设"华文作家资料"专题,可查阅有关作家的资料。该项目计划收集世界各国华人作家的作品及相关资料。

4. 香港作家与作品（http：//www. hkauthors. com. hk/）

该网站收录 500 多位香港作家及其作品的资料。

5. Contemporary writers in the UK（http：//www. contemporarywriters. com）

该网站提供最新的英国及英联邦国家重要的在世作家之传记、书目、评论、获奖情况和照片等，可按人名字顺浏览，也可按姓名、国籍、书名、获奖名称等多个途径检索。

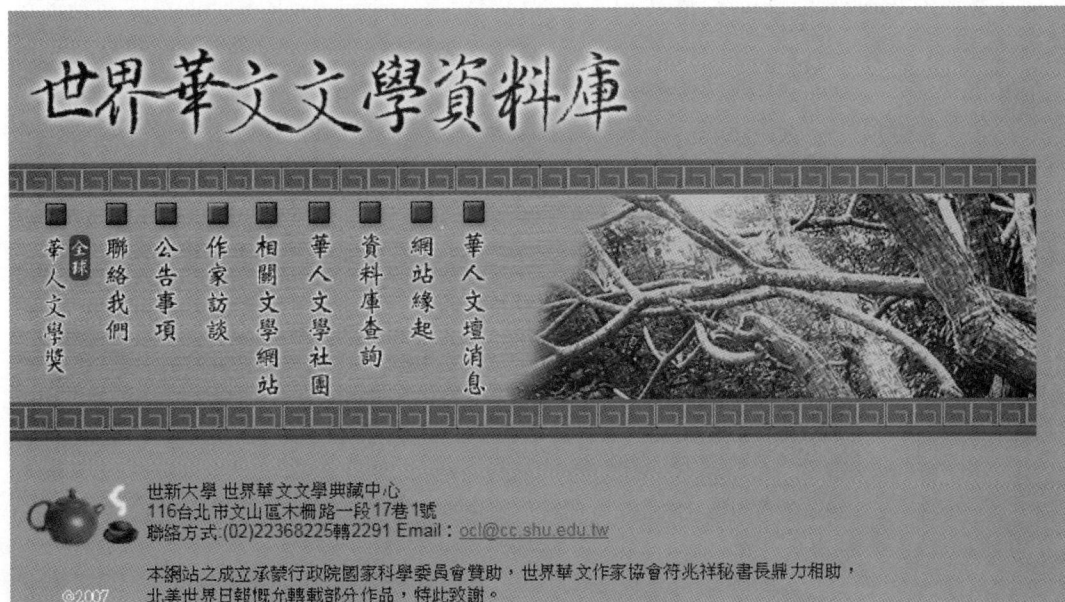

图 14-20　世界华文文学资料库

14.3.7　经济与研究

1. 美国经济分析署（Bureau of Economic Analysis）（http：//www. bea. doc. gov）

该网站提供美国全国性与地方性以及世界范围经济方面的资料和有关经济的论文。

2. 美国财政部（U. S. Department of the Treasury）（https：//www. treasury. gov/Pages/default. aspx）

该网站提供联邦税法、税收统计、纳税指南信息，而各州、市的税务信息可到相应的地名下查找。

3. 美国国际贸易管理委员会（International Trade Administration）（http：//www. ita. doc. gov）

该网站提供美国进出口与国际贸易信息的检索，并提供有关贸易指导。

4. 国际证券委员会组织（http：//www. iosco. org）

该网站内容由 News，Information on IOSCO，Documents Library，Upcoming Events，Annual Report，Objectives，Membership，Lists，Member's Area 等栏目组成。

5. 纽约证券交易所（http：//www. nyse. com）

纽约证券交易所（NYSE）处于当今世界证券市场的领先地位，该网站致力于成为投资者的教室和资讯中心。进入该网站，用户可对这个世界上最大、最优秀的证券市场进行一次仿佛身临其境的网上"巡游"。

6. 香港交易所(http://www.hkex.com.hk/eng/index.htm)

该网站为投资者提供市场资讯和服务,披露上市公司信息。

7. 纽约商品交易所(http://www.nymex.com)

纽约商品交易所为全球最大的期货交易所,交易品种有各种能源和贵重金属。网站为投资人提供相关资讯和服务。设有 Welcome——交易所介绍;Market——包括最新的和历史的交易价格图表等;Hot News Visitors——为访问者提供的服务;Who's who ——包括交易所在各地的联系地址、成员名录、传记、协会及交易所首脑传记等;Reference——包括商品代号、术语表等

8. 伦敦金属交易所(http://www.lme.co.uk)

伦敦金属交易所是世界上最大的有色金属交易市场。该网站为投资人提供相关资讯和服务。

9. 伦敦期权、期货交易所(http://www.liffe.com)

伦敦期权、期货交易所是全欧洲最大的期权、期货交易所,位居世界前三位。该网站比较全面地反映了该交易所的业务范围和特征。

10. 世界银行(http://www.worldbank.org/)

该网站含有"数据库"(data)和"研究数据库"(research)2 个重要部分,前者提供了世界各国多方面的权威经济数据,包括国际收支平衡表(BOP)、开发框架、环境、利率与价格、外债、金融统计、政府财政、国民账户、社会指标、贸易 10 个类目下的 54 个项目,用可视化的图表更清晰地展示数据的动态变化;后者提供多种经济研究文献和数据,主要针对发展问题和政策研究。

11. IDEAS 经济学资料库(http://ideas.repec.org/)(见图 14-21)

该网站收录 170 多种经济学电子期刊,有 100 多万篇文章供阅读和下载。

IDEAS 是"Research Papers in Economics (RePEc) 经济学论文库"的组成部分,后者还有 10 多个其他专题(http://repec.org/)。

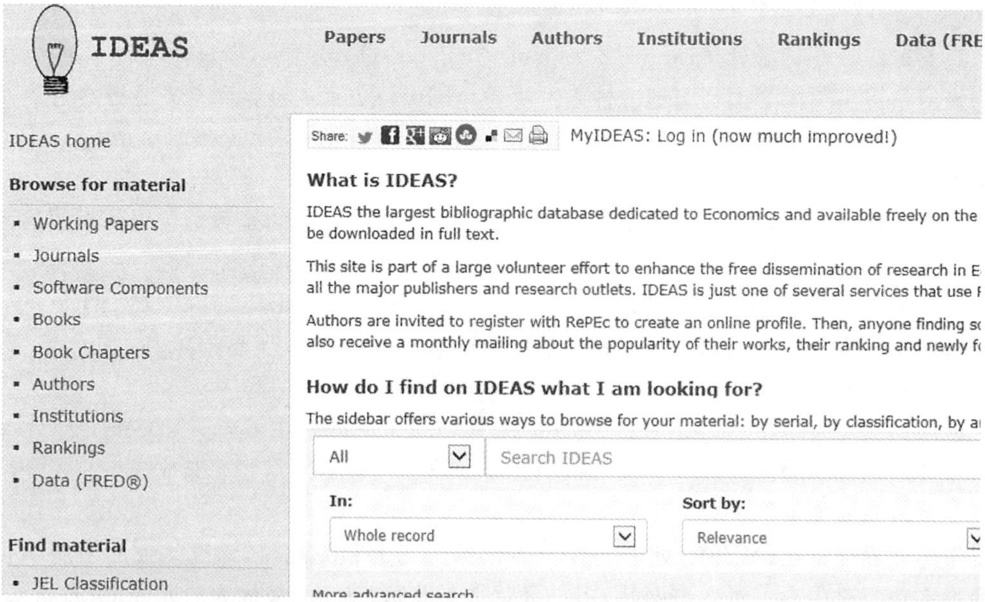

图 14-21　IDEAS

12. Fresher(http://www.refresher.com/)

这是一个英文商业研究网站,提供最新的学术信息,并有大量专业电子书籍供免费浏览和下载。

13. 经济运行中心(CEP)(http://cep.lse.ac.uk/)

经济运行中心——CEP 是由经济社会研究委员会 1990 年在伦敦经济政治学院成立的多学科研究中心。现是欧洲主要经济研究集团之一。

14. 亚利桑那州大学经济科学实验室(ESL)(http://www.econlab.arizona.edu/)

亚利桑那州大学经济科学实验室(ESL)从 1975 年开始在经济行为研究方面是世界主导研究机构之一,并对经济理论、市场行为进行检验。

15. Alta Plana 国际经济学科资源链接(http://altaplana.com/gate.html)

该网站提供各类网址链接:数据和资料、国际组织、政府机构、公司网址、经济学出版物相关网址的链接。

16. 经济合作与发展组织在线——OECD online(http://www.oecd.org)

该网站提供 OECD 成员国的经济发展最新数据、文件、OECD 的经济改革、成员国经济法规数据库等。其中经济学及产业经济栏目提供 OECD 工作报告、经济观点、经济研究、调查报告、专题论述、相关文件的全文。

17. Trading Economics(http://zh.tradingeconomics.com/)

该网站提供了 196 个国家和地区的 30 多万个统计数据,有中文界面可选择。

18. Public Economics, Political Economy of EDIRC(Economics Departments, Institutes and Research Centers in the World)(https://edirc.repec.org/pubecon.html)

EDIRC 是世界上有关经济类的部门、学会协会、研究中心的英文缩写。此网址主要提供世界上有关公共经济学、政治经济学方面的相关部门、学会协会、研究中心的网络信息。

19. Ministries of Revenue or Taxation of EDIRC(Economics Departments, Institutes and Research Centers in the World)(https://edirc.repec.org/minrev.html)

此网址提供世界各国政府税务部门网站链接信息。

20. Financial Economics, Risk and Insurance of EDIRC(Economics Departments, Institutes and Research Centers in the World)(https://edirc.repec.org/finecon.html)

此网址提供世界各地有关财政经济学、风险和保险的研究中心、学会协会和部门信息的数据库。

21. 国际公共财政学学会(德国)(http://www.iipf.net/)

国际公共财政学学会是公共财政学和公共经济学领域一个重要的学术机构。该网站主要介绍了该学会的成员、学术活动信息。可以通过该网站和世界各国公共财政学和公共经济学领域的专家交流研究心得。

22. Financial Management Association International(美国)(http://www.fma.org)

该网站为从业者和世界各国的学者提供最新的金融理论、研究成果和实践经验,包括出版物、会议信息、申请为会员的程序等。

14.3.8 艺术网站

1. World wide arts resources(http://wwar.com/)

该网站收集 12 世纪以来欧美 22000 多位画家的 17 多万幅作品。可从艺术家的姓名、生活年代、国籍等进行检索,再现其每一幅作品并附有简单说明。

2. The Web Gallery of Art(http://www.wga.hu/)

该网站专门介绍 11 世纪以来欧美国家艺术大师精品画作 30000 多幅。可从姓名的字顺、流派、生活年代、职业等多角度进行检索。

3. 书法字典(http://www.shufazidian.com/)

该网站搜集了历代著名书法家的作品,按书体分为五类,供书法爱好者学习、欣赏和临摹。

4. 书法教学资料库(http://163.20.160.14/～word/modules/myalbum_search/)

该网站可通过输入一个字来检索历代书法家的笔迹等,为学习书法提供帮助。

第 **15** 章

科学研究与论文写作

15.1 科研工作概述

科学研究是指对一些现象或问题经过调查、验证、讨论及思考,然后进行推论、分析和综合以获得客观事实的过程,是发现、探索、解释自然和人类社会现象,深化对自然和社会的理解以寻求其规律的一项活动。一般的科学研究程序大致分为五个阶段:选择研究课题、研究设计阶段、搜集资料阶段、整理分析阶段、得出结论阶段。

15.1.1 选 题

科研题目的选择是研究工作的第一步,研究者应在自己熟悉的某一个领域,选择其中有一定研究意义的对象作为题目。题目初步选定后,围绕题目收集与其有关的文献,通过对文献的阅读、归纳和整理,加深对选题的研究价值、研究路径和可能突破方面的全面了解。

15.1.2 研究设计

根据课题的性质,设计出具体的研究方法。人文科学和社会科学的研究方法有别于自然科学的研究方法,社会科学需要收集有关的事实数据,采集数据的方法直接影响其可靠性;人文科学也有其独特的研究方法。

15.1.3 搜集资料

要搜集与研究题目有关的图书、论文等文献资料,除了利用网络检索中外文数据库,还应收集与题目有关的硕博论文、会议文献,利用文献后的参考文献,进一步获得相关的文献。对相关文献比较缺乏的研究题目,可通过咨询图书情报专业人员进行专业检索,以获取相关信息避免科研的重复。

15.1.4 整理分析

获得比较完整的文献资料以后,对已有的文献信息进行阅读、分析、归纳和整理,这也是一个知识的筛选和鉴别的过程。通过理顺研究题目所涉及问题的内在逻辑关系,形成研究问题的观点及结论。

15.1.5 论文撰写

研究成果需要按照一定的规范格式来撰写和表达,一般分为前言部分、主题部分、总结部分和参考文献四部分。

对于大学生和研究生来说,接受科学研究训练,学会获取、分析和利用文献信息的技能并能撰写学术论文,这是大学和研究生学习阶段的重要内容,也关系着之后科研工作能否顺利开展。在人文和社会科学研究领域,文献信息的收集、鉴别、整理是一种古老而又富有生命力的科学研究方法,它贯穿整个研究活动的过程。

15.2 论文写作规范

学术论文,通常也称为研究论文、科研论文,简称论文。国家标准 GB 7713－87 对论文的定义:"学术论文是某一学术课题在实验性、理论性或观测性上具有新的科学研究成果或创新见解和知识的科学记录;或是某种已知原理应用于实际中取得新进展的科学总结,用以学术会议上的宣读、交流或讨论;或在学术刊物上发表;或作其他用途的书面文件。"学术论文是具有原创性的研究成果的表述,通常发表在学术期刊或会议集上。

15.2.1 论文的撰写格式

学术论文没有统一的撰写格式,但有基本的写作程序和要求。论文的结构可分为前置部分、主体部分和结尾部分。前置部分是正文之前的部分,一般包括题名、著者、摘要、关键词、目录等;主体部分包括论文正文、注释和参考文献;结尾部分仅在必要时撰写,包括索引、附录、致谢、作者简介等。目前,理工社科类论文的正文格式趋于一致,通常称为 IMRAD (Introduction,Methods,Research,Results,and Discussion),即引言、方法、结果和讨论。理工科的"方法"包括了方法和材料(Method and Material)。这种格式被国际科学界推荐,得到了世界各国的广泛采用和推广。一般论文格式大致如下:

1. 题目

题目是论文重要组成部分,要求言简意赅准确表达论文的特定研究内容。题目应使用简洁、恰当、鲜明的词语,准确反映论文的主题和内容,以引起读者阅读的欲望。题目应包括论文的主要关键词,切忌使用易引起误解的词语。题目一般要求简洁,不可使用长句。当论文题目不足以很好地表达内容时,可组合使用副标题,如"民国时期我国农业高等教育的开放办学实践——以国立西北农林专科学校及国立西北农学院为例"。主题名与副题名之间用冒号或破折号连接,副标题起到补充、说明的作用。

2. 署名

论文的署名反映了论文的知识权所有者情况,论文著者享有著作权。同时,署名也体现了作者文责自负的承诺,若论文出现剽窃、抄袭、伪造实验数据等问题,作者必须承担全部法律责任。论文署名包括对该论文的知识内容负责的所有人员的姓名、所在工作单位和通信地址等。当涉及多位著者,署名还要考虑个人在论文产生过程中所做的贡献大小按顺序排列。排列第一的作者被视为主要作者。在国外的理工科论文中,还出现了与第一作者等同地位的通信作者(若两人非同一人)。通信作者是负责研究课题的立项、研究内容的策划、研究平台的建立以及论文发表过程中的通信修订。第一作者为文章的主要完成人,在研究思路确定后完成具体科研的文献回顾、课题实施以及对研究中的问题、困难、进展进行解决和调控,对科学创新点进行提炼,完成论文撰写等主要任务。两者的作用视为并列第一作者。

3. 摘要

摘要起源于科技论文,目前在人文社会科学论文中也逐步成为一种写作格式。摘要是让读者通过对它的浏览性阅读,从而了解论文的基本内容,进而决定是否需要获得该论文的全文并通读全文。摘要一般由论文著者撰写。它主要提供论文的内容概要,包括研究的目的、方法、要点、结论等,反映论文的新观点和研究突破处。摘要有文字字数的限制,尽量简明扼要。有的论文摘要还需译成英文,以便被国外的数据库收录和反映。摘要一般采用第三人称写法,不使用“本文”、“作者”、“我们”等作主语,建议采用“对……进行了研究”等记述方法。

4. 关键词

论文增加关键词可以使论文被检索刊物和计算机数据库迅速检索。论文著者根据论文的内容所涉及的主题,选择一些高度概括性的名词或短语作为关键词。关键词不是受控词,著者可以随意根据论文内容和主题取出,一般论文要求著者给出 3~8 个左右的关键词。关键词一般从题名或论文中使用频率最多的词语中提炼出来,以便论文被主题检索系统命中。读者也会从论文的关键词把握论文的主题,以决定是否浏览全文。论文的中英文关键词应该一一对应。

举例:关键词:华人移民;中华武术;海外传播

　　　Keywords:Chinese immigrants;Chinese wushu;overseas promotion

5. 引言

引言(前言、序言等)是论文的开题部分。有时,正文中并不特别写出“引言”这一标题,但在正文的起始部分会有一小段的文字,其作用相同。在此部分著者主要要阐述研究的原因、背景,前人研究的历史、成果和存在的不足之处,本研究的意义和预期要出的成果等,为正文的展开作铺垫。引言部分应做到简明扼要,突出重点,直入主题,对他人研究的评价尽量客观。

6. 正文

正文是论文的核心部分。正文是根据研究的主题把相关资料和素材组织起来,按一定的逻辑叙述,做到条理清楚,数据准确,语言精准,论证合理。在正文部分,撰写者要始终围绕论文的主题,通过研究中发现的有力论据(各种事实或数据)对论点加以论证。

7. 结论

论文结论是整篇文章的结尾,又称结语。论文结论主要是把研究所得出的结果进行归纳并且一一罗列出来,指出本研究的价值与意义所在,以及进一步深入研究的建议等。结论是作者对各种数据材料经过综合分析和逻辑推理而形成的总体观点,是整个研究工作的结晶。对于尚未解决的问题,要客观地说明,不刻意规避或掩盖。在正文部分,必要时可使用图和表格说明,所用的图和表格应该有编号和标题,图表应有"自明性",读者无须阅览全文也能理解图意。图表还应该标明"量、标准规定符号、单位",只有在没有必要的情况下才可以省略。

8.参考文献

参考文献是指作者在撰写论文的过程中涉及的需要对论文的某些论据进行必要的说明而列出的相关文献。参考文献的使用,国家曾经颁发了专门的使用标准。具体使用详见下节。

15.2.2　参考文献的著录

1.引文、注释与参考文献

引文是指为撰写或编辑论著而应用的有关文献资料,通常附在论文、图书的章(节)之后,也有在页面下方以脚注(footnote)形式,以及在正文中以夹注形式出现。引文是借鉴前人研究成果的一种方法,用以充实文章内容,增加理论色彩,增强论辩力量。读者也可以通过引文核查获得相关文献信息。引文有两种主要形式:参考文献和注释中的引文注释。

注释也叫注解,是用简明的文字解释和说明文献中特定的部分,又可分为释义性注释和引文注释两种。释义性注释是对正文中某一特定内容的进一步解释或补充说明;引文注释包括各种不宜列入参考文献的文献信息,如,未公开发表的私人通信,档案资料,内部资料,书稿,古籍,待发表的文献,未公开发表的会议发言等。引文注释可以出现在正文中("夹注")、当页地脚("脚注")和文后("尾注")。脚注一般用数字加圆圈标注(如①、②)。若将注释集中排印在文末,应用(1)、(2)、(3)。参考文献是作者撰写论著时所引用的已公开发表的文献资料,包括引文出处和观点出处,集中列表于文末。参考文献序号用方括号标注(如[1]、[2])。

2.中国参考文献著录规则

参考文献的使用必须遵循基本的学术规范和道德,应该避免使用过程产生的不恰当的引用,如列出一些非相关文献而产生"伪引"现象;使用他人文献而不引用的"剽窃"行为等。参考文献应该是作者真正阅读过的,且对自己研究有启发和帮助作用的文献。

我国就如何正确使用参考文献的著录问题专门制定了《文后参考文献著录规则(GB/T 7714—2005)》,各期刊编辑部在遵循该标准著录原则的基础上,可以制定适合本学科和期刊风格的参考文献著录规则。我国目前各高校学位论文参考文献著录也都以此标准为蓝本。

(1)参考文献著录项目与规则

①主要责任者与其他责任者。主要责任者是指对文献的知识内容或艺术内容负主要责任的个人或团体,包括专著作者、期刊论文作者、学位论文申报人、论文集主编等;其他责任者是指对文献的知识内容或艺术内容负次要责任的个人或团体,如译者、校注者等。关于主要责任者与其他责任者在著录时有以下几条规章:

A. 责任者不超过 3 人时全部照录,责任者之间以逗号分隔;多于 3 个责任者,只著录前 3 人,其后用",等",若为英文姓名,则用",et al"。

B. 主要责任者只列姓名,其后不加"著"、"编"等说明,而其他责任者需要注明责任方式,如"王建,译"。

②题名项。当有正题名和副题名、分卷题名、卷次等其他题名信息时,可以根据情况作取舍,一般用冒号将正题名与其他附加题名信息分隔,如"权力的巅峰:奥巴马演讲精选集","浙江大学学报:人文社会科学版"。

③参考文献类型与载体类型标识。文献类型以单字母来标识:M—专著,C—论文集(会议录),G—汇编,N—报纸文章,J—期刊论文,D—学位论文,R—报告,S—标准,P—专利,A—专著、论文集中析出的文献,Z—其他未说明的文献类型。

电子文献采用两个字母来标识:DB—数据库,CP—计算机程序,EB—电子公告,DB/OL—网上数据库,EB/OL—网上电子公告,J/OL—网上期刊。

④版本项,初版不著录,版本用阿拉伯数字、英文序数缩写表示。古籍版本可以著录为"抄本"、"活字本"等。

⑤出版项。按出版地、出版者、出版年顺序著录。

A. 出版地指出版者所在城市的名称,外国出版社所在城市也可加州名,以增加识别度。有多个城市名,一般取第一个。

B. 出版地不详时,著录[出版地不详],出版者不详著录为[出版者不详],外文则依次为[S. L.],[S. L.]。

C. 出版年为公元纪年,用阿拉伯数字标识。估计而出的出版年置于"[ ]"之内。

⑥未正式出版的学位论文,出版日期的形式为"YYYY-MM-DD"。

⑦网络资源只著录网址,以及发表、更新的日期或引用日期。

⑧页码,采用阿拉伯数字著录,连续页码采用连接符"—",间断的页码用逗号分隔。

(2)参考文献著录格式与示例

①专著

[序号]主要责任者. 题名[M]. 出版地:出版者,出版年:引用起止页码。

举例:

[1]张理明. 柯灵评传[M]. 北京:中国社会科学出版社,2008:12,67—69.

[2]王夫之. 宋论[M]. 刻本. 金陵:曾氏,清同治四年(1845).

②期刊论文

[序号]主要责任者. 题名[J]. 刊名,年,卷(期):起止页码.

期刊的年、卷、期编号有多重形式,根据具体情况又可以分以下几种形式:

年,卷(期):页　　如:2011,15(1):20—22

年,卷:页　　如:2011,45:102—108

年(期):页　　如:2011(1):23—35

举例:

[1]赵世奎,等. 博士修业年限及其影响因素分析——基于中美比较的视角[J]. 教育学术月刊,2014(4):34—37.

③会议录、论文集

[序号]主要责任者. 题名[A]. 来源文献主要责任者. 来源文献题名[C 或 G]. 出版地:出版者,出版年:起止页码.

举例:

[1]祁刚,何毅群. 网络社会中城市图书馆服务空间的再生产[A]. 中国图书馆学会. 中

国图书馆学会年会论文集.2014年卷[C].北京:国家图书馆出版社,2014:78-85.

④学位论文

[序号]主要责任者.题名[D].学位授予地:学位授予单位,学位授予年:页码.

举例:

[1]刘晓晶.林语堂翻译美学研究[D].上海:上海外国语大学,2014:35-36.

⑤科技报告

[序号]主要责任者.题名[R].出版地:出版者,出版年:页码.

举例:

[1]中国机械工程学会.密相气力输送技术[R].北京:1996.

⑥标准

[序号]标准编号,标准名称[S].

举例:

[1]GB/T 7714-2005,文后参考文献著录规则[S].

⑦专利

[序号]专利所有者.专利题名[P].专利国别:专利号,公告日期或公开日期.

举例:

[1]厦门大学.二烷氨基乙醇羧酸酯的制备方法[P].中国:CN1073429,1993-06-23.

⑧报纸文章

[序号]主要责任者.题名[N].报纸名,出版日期(版次).

举例:

[1]林雯.蔡伦前两百五十年,中国就出现造纸术?[N].中国教育报,2016-11-26(1).

⑨电子文献

[序号]主要责任者.题名[文献类型标志/文献载体标志].电子文献的出处或可获得地址,发表或更新日期/引用日期.

举例:

[1]Asher, Andrew D., Lynda M. Duke & Suzanne Wilson. Paths of discovery: comparing the search effectiveness of EBSCO Discovery Service, Summon, Google Scholar, and conventional library resources[J/OL]. http://crl. acrl. org/content/early/2012/05/07/crl-374. short,2016-11-29.

参考文献

[1]于光.信息检索[M].2版.北京:电子工业出版社,2014.

[2]焦玉英,温有奎,陆伟,等.信息检索新论[M].武汉:武汉大学出版社,2008.

[3]黄丽霞,周丽霞,赵丽梅.信息检索教程[M].北京:知识产权出版社,2014.

[4]许萍,肖爱斌主编.信息资源获取与应用[M].北京:中国书籍出版社,2013.

[5]肖明.信息资源管理:理论与实践[M].北京:机械工业出版社,2014.

[6]张雪梅,过仕明.信息检索实用教程[M].哈尔滨:黑龙江教育出版社,2012.

[7]袁曦临.信息检索:从学习到研究[M].南京:东南大学出版社,2011.

[8]邵献图.西文工具书概论[M].北京:北京大学出版社,1998.

[9]朱天俊,李国新.中文工具书基础[M].北京:北京图书馆出版社,1998.

[10]毛一国,卓勇.实用社会科学文献信息检索[M].杭州:浙江大学出版社,2006.

[11]孔青青,包凌,蒋颖.人文社会科学数字资源使用手册[M].北京:社会科学文献出版社,2012.

[12]中国知网(CNKI)数据库介绍信息、使用帮助[EB/OL].http://www.cnki.net.

[13]万方数据检索平台资源更新、帮助[EB/OL].http://g.wanfangdata.com.cn.

[14]维普期刊资源整合服务平台资源介绍、用户使用手册[EB/OL].http://lib.cqvip.com/help/helps.shtml.

[15]ProQuest检索平台数据库介绍、帮助、检索技巧[EB/OL].http://search.proquest.com/?accountid=15198.

[16]EBSCO检索平台资源介绍、帮助[EB/OL].http://search.china.epnet.com.

[17]Emerald检索平台About、Help[EB/OL].http://www.emeraldinsight.com/.

[18]Web of Science核心合集帮助[EB/OL].http://images.webofknowledge.com/WOKRS523_2R2/help/zh_CN/WOS/hp_search.html.

[19]Journal Citation Reports快速使用指南[EB/OL].http://ip-science.thomsonreuters.com.cn/media/jcr_qrc_cn_20150604.pdf.

[20]Essential Science Indicators快速使用指南[EB/OL].http://ip-science.thomsonreuters.com.cn/media/esi_qrc_cn_20150604.pdf.

[21]InCites数据库快速指南[EB/OL].http://ip-science.thomsonreuters.com.cn/media/incites_qrc_cn_20150604.pdf.

[22]InCites数据库常用指标手册[EB/OL].http://ip-science.thomsonreuters.com.cn/media/PT/InCites20150424.pdf.

图书在版编目(CIP)数据

信息组织与利用 / 陈剑光，毛一国，赵惠芳编著.
—杭州：浙江大学出版社，2017.8
ISBN 978-7-308-17244-8

Ⅰ.①信…　Ⅱ.①陈…②毛…③赵…　Ⅲ.①信息组织 ②信息利用　Ⅳ.①G254 ②G203

中国版本图书馆 CIP 数据核字(2017)第 187581 号

信息组织与利用

陈剑光　毛一国　赵惠芳　编著

责任编辑	石国华
责任校对	陈静毅　韦丽娟　李增基
封面设计	刘依群
出版发行	浙江大学出版社
	（杭州市天目山路 148 号　邮政编码 310007）
	（网址：http://www.zjupress.com）
排　版	杭州星云光电图文制作有限公司
印　刷	杭州钱江彩色印务有限公司
开　本	787mm×1092mm　1/16
印　张	21.25
字　数	530 千
版 印 次	2017 年 8 月第 1 版　2017 年 8 月第 1 次印刷
书　号	ISBN 978-7-308-17244-8
定　价	45.00 元